# 舰船电力系统分析

叶志浩 罗宁昭 黄 靖 等 编著

科 学 出 版 社

北 京

# 内 容 简 介

本书共有 8 章。主要内容包括舰船电力系统概述；舰船电力网络；舰船电力负荷计算；舰船电力系统短路电流计算及汇流排选择；电网导线截面网络计算和电缆的选择；舰船电力系统继电保护；舰船配电装置；舰船中压电力系统等。书中内容反映了舰船电力系统的最新技术与成果，可读性较强。

为了加深对基本理论的理解和对实际设备的认识，各章中尽量地给出了装置或系统的典型线路，并做了较深入细致的分析。

本书为船舶电气工程及其自动化专业的教学用书，也可供电气工程专业的技术人员及管理人员参考。

**图书在版编目（CIP）数据**

舰船电力系统分析 / 叶志浩等编著. —北京：科学出版社，2024.6
ISBN 978-7-03-078642-5

Ⅰ. ①舰… Ⅱ. ①叶… Ⅲ. ①军用船-电力系统-系统分析 Ⅳ. ①U674.7

中国国家版本馆 CIP 数据核字（2024）第 110579 号

责任编辑：吉正霞 霍明亮 / 责任校对：高辰雷
责任印制：彭 超 / 封面设计：无极书装

科学出版社 出版
北京东黄城根北街 16 号
邮政编码：100717
http://www.sciencep.com

武汉中科兴业印务有限公司 印刷
科学出版社发行 各地新华书店经销

\*

2024 年 6 月第 一 版 开本：787×1092 1/16
2024 年 6 月第一次印刷 印张：17 1/2
字数：443 000

**定价：75.00 元**
（如有印装质量问题，我社负责调换）

# 前　言

本书为船舶电气工程及其自动化专业舰船电力系统课程的教材。

本书在总结多年教学经验的基础上，根据学员未来工作需求编排本书内容。书中内容以交流电制的水面舰船为主要编写对象，另外对该领域新的科研成果也有一定的反映，以适应未来工作的需要。有关舰船电站自动化的内容，未包括在本书范围内。

本书着重阐述舰船电力系统及其器件的基本概念和基本工作原理，力求做到理论联系实际，着重培养学员分析问题、解决问题的能力，所以除必要的理论分析外，对设备的使用、运行、选用、维修方面的内容也做了适当的安排。本书还编入了少量资料性内容，供读者参考。

本书是在海军工程大学内部讲义《舰船电力系统分析与设计》的基础上做了较大增删修订而成的；对章节进行了重新编排，删除了陈旧的内容，精简了电工测量及指示仪表的相关论述。对继续采用的内容也做了相应的修订和勘误。

本书由叶志浩、罗宁昭、黄靖等编著，参与本书编写及审阅的人员包括：第 1 章叶志浩，第 2 章黄靖，第 3 章罗宁昭，第 4 章肖晗，第 5 章吴楠，第 6 章陈亮，第 7 章李耕，第 8 章吴本祥。沈兵教授对本书进行了全书审阅，提出了宝贵的修改意见，在此表示衷心的感谢。

本书编写过程中还得到了陈诚、武瑾等电力系统教研组各位同志的帮助，在此一并深表谢意。

由于作者水平有限，书中难免有不足之处，恳请读者批评指正。

编　者

2024 年 2 月

# 目　　录

# 第一章

## 舰船电力系统概述

随着舰船电气化、自动化的飞速发展，作为提供各型装备电能供给的系统——舰船电力系统，已经成为舰船最重要的组成部分之一。为使舰船电力系统能安全、可靠地运行，应对该系统有一个全面的认识和了解。

本章概括地阐述舰船电力系统的组成、基本概念和基本要求，以及舰船电力系统的基本参数。

# 第一节　舰船电力系统的组成、基本概念及基本要求

## 一、舰船电力系统的组成

舰船电力系统由电源及其控制设备、电力变换及其控制设备、电力配电网络及其控制设备组成。它与用电设备一起构成了舰船电气系统。其基本任务是按规定的品质向用电设备连续供电。

舰船电力系统的单线简图如图 1-1-1 所示。

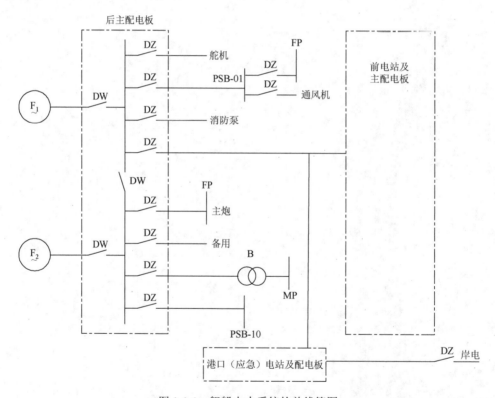

图 1-1-1　舰船电力系统的单线简图

F-主发电机；DW-框架式开关；DZ-塑壳式开关；PSB-负载中心；FP-分配电板；MP-照明分配电板；B-照明变压器

电源是将机械能、化学能等能源转变为电能的装置，舰船上常用的电源是发电机组或蓄电池。

为了对电源和用户进行保护、监视、测量、分配、转换、控制而在系统中设置了配电装置。根据供电范围和对象的不同，配电装置可以分为主配电板、应急配电板、动力分配电板、照明分配电板和蓄电池充放电板等。

为了适应不同用电设备对电源种类的要求，需要对电源电压、电流、频率进行变换，常用的变换器有变压器、变流机组、各种静止式变频器等。

舰船电力配电网络是全舰电缆电线的总称，其作用是将电能与生产者（各种电源）和电能的消费者——负载（即各类用电设备）联系起来。舰船电力网络根据其所连接的负载性质可以分为动力电网、照明电网、应急电网、低压电网、弱电电网等。

## 二、舰船电力系统的基本概念、基本术语

下面给出在描述舰船电力系统时所采用的一些基本概念和基本术语。

电站——电站是舰船电力系统的供电枢纽，是完成舰船供电的最主要环节，通常由一台或几台发电机组及主配电板组成。根据带动发电机的原动机的类型，常用的舰船发电机组有如下几种。

（1）柴油发电机组——用柴油机带动发电机。目前，此种类型的发电机组用得最多。

（2）蒸汽轮发电机组——用汽轮机带动发电机。

（3）燃气轮发电机组——用燃气轮机带动发电机。

电站可以布置在一个或几个地方，一个电站通常布置在一个单独的水密隔舱室内。

主配电板——用于向电力网提供电源连接线、控制电力电源的工作、向主要的负载用户及负载用户群（配电中心）配送电能的综合装置。

配电板——由仪器、仪表、母线构成的综合装置，用于完成设定的配电、参数调节、电气保护和电气设备工作的控制及监测等。

舰船电力系统的工作状态——在某一瞬间或在一定时间范围内，系统具有某些特定的状况和数据组合的状态。

状态参数——电力系统具有该状态特征数据组合的每一个数据（电压、电流、功率、频率等）。

系统参数——由电力系统及其元器件所具有的特征数据及与它们彼此之间工作状态相联系的数据（电阻、电抗、电导、惯性常数等）组合的每一个参数。

舰船电力系统结构——用图示或文字描述的系统所包含的元器件和它们之间的联系，以及元器件的功率等数据说明。

舰船电力系统的配置——电气系统主要元器件空间布置的示意说明。

电气接线图——电源与变换、配电装置，以及电能用户之间相互联系的示意说明图。

电力系统的额定状态——舰船电力系统在额定条件下（符合规定的标准文件）的工作状态（即在规范的电能质量指示及没有故障的条件下）。

故障状态——舰船电力系统在故障或事故发生，或者全系统中或者某个组件中的电能质量指标发生不允许的偏离时的工作状态。

舰船电力系统的稳定状态——系统的状态参数没有实质的改变或者变化得非常缓慢的工作状态。半导体装置也可以用于这类工作状态，这类装置的结构、组成的特性常数在工作时会有所变化，但在电源一个周波的期间内的平均功率是不变的，也可以称为准稳定状态。与此类似，电力系统中满足平均功率不变的其他器件也可以认为是处于稳定工作状态。

舰船电力系统的后故障状态——系统在排除故障以后的稳定工作状态（切除短路、发电机在不同步后的同步或者非同步接入后的同步等）。

电力系统的过渡状态——系统从一个稳定状态到另一个稳定状态的过渡状态。

舰船电力系统的有功功率储备——在状态参数允许的条件下,电能系统可用有功功率与负载功率的差额。

其他一些概念和术语将在后续章节中分别阐述。

## 三、舰船电力系统的基本要求

舰船电力系统能在各种工况下完成其担负的任务,是对舰船电力系统的基本要求,即系统能以规范规定的品质向全舰电力负荷连续供电。这包括:

(1)确保为保持舰船处于正常操作状态和满足正常居住条件所必需的所有电力辅助设备供电,而不需要求助于应急电源;

(2)确保在各种应急状态下,可以向安全所必需的电气设备供电;

(3)确保人员及舰船的安全,免受电气事故的危害。

为此,系统相关设备应采用可靠而先进的技术,要求有最佳费用效益,贯彻统一和互换原则。同型舰船的电力系统组成和电气设备型号、性能一般应相同;设备的安装尺寸和安装位置应尽可能一致;同舰船上使用的同一型号、同一规格的电气设备应能互换;同一型号、同一规格的电气设备,其零部件(包括随舰备件)应能互换。舰用电气设备还应具备体积小、质量轻、结构简单、耐用、使用方便等特点。

舰船担负战斗任务这一特殊使命对舰船电力系统的供电生命力、寿命、可靠性、维修性和安全性,以及适应环境条件的能力都提出了更严格的要求。

舰船电力系统供电生命力要求必须和舰船总体的抗沉性相适应。当舰船遭受战斗损害而仍保持不沉时,剩余电站和配电网络的供电能力必须保证维持舰船机动性、必要的舰船生命力和最低限度的自身能力所必需的重要负载的供电,即要求系统及相关设备具有抗战斗损坏的能力。对大中型水面舰船应设置事故电力网络,能临时拉敷软电缆向电力系统遭受损害部位的重要设备供电。

舰船电力系统的预期工作寿命应与舰船船体设计使用寿命一致。水面舰船电力系统中的发电机组、主配电板、负载中心(区配电板)和电缆线路等主要设备的预期工作寿命的为 25 年。

舰船电力系统的可靠性应满足舰船战术技术指标书中规定的舰船出航可能性和任务可靠性要求。

除去各类计划修理时间和航行检修时间外,电力系统功能正常可以保证舰船正常出航并且技术状态良好的概率,用电力系统可用度 $A_0$ 表示:

$$A_0 = \frac{\text{系统可执行任务时间}}{\text{系统可执行任务时间} + \text{故障修理时间(含等待时间)}}$$

电力系统可用度 $A_0$ 应大于 0.98。

舰船电力系统因内部的突然故障而造成的强迫停用在 2000 h 内不得超过 1 次。重要用电设备入口处的供电恢复应在规定的时间内完成。

系统的基本可靠性由系统中所有可能产生抢救性维修要求的故障决定,用系统的平均失效间隔时间(mean time between failures,MTBF)表征,要求电力系统的 MTBF 不小于 1000 h。

系统的任务可靠性由系统中所有可能导致系统作战功能降低的故障决定,以系统的平均严重失效间隔时间（mean time between critical failures，MTBCF）表征，要求电力系统的 MTBCF 不小于 10 000 h。

对系统的维修性要求主要包括：

（1）应具有良好的可达性；

（2）应提高标准化和互换性程度；

（3）应具有完善的防差错措施及识别标记；

（4）应保证维修安全。

为了达到舰船电力系统安全性的要求，应采用一切必要措施，识别并消除危险，减少风险，保证在寿命周期的所有阶段都能获得最佳的系统安全，这些措施包括：

（1）采用最小风险设计；

（2）采用安全装置（固定的、自动的等）将风险控制到可接受的程度；

（3）采用报警装置，测出险情并及时地发出报警信号，以便采取措施，制止险情发展；

（4）建立防护措施、规程或实行培训制度。

舰船电气设备的工作条件比陆地恶劣得多，环境条件对电气设备的运行性能和工作寿命有严重的影响。例如，当环境温度高时，会造成电机出力不足，绝缘加速老化；若相对湿度高，则会使电气设备绝缘受潮、发胀、分层及变形等，使绝缘性能降低，并且会使金属部件加速腐蚀，镀层剥落；盐雾的存在、霉菌的生长和油雾及灰尘黏结都会使绝缘下降，使工作性能受到影响。此外，当舰船受到严重冲击和振动时，也会造成设备损坏、接触不良或误动作。由此可见舰船用电气设备必须满足"舰船用条件"的要求 [《舰船通用规范总册》（GJB 4000—2000）]，这些条件包括下面几种。

舰船用电气设备必须满足舰用条件的要求，主要包括以下几方面。

（1）空气温度——水面舰船中电气设备在高温和低温下应能正常工作。高温：露天为 60℃，一般舱室为 50℃，水面舰船动力舱室为 55℃，常规潜艇动力舱室为 50℃。低温：露天为−30℃，水面舰船一般舱室为−10℃，常规潜艇一般舱室为 0℃，动力舱室为 0℃。

（2）空气相对湿度为 95%，并有凝露。

（3）盐雾、油雾和霉菌——设备应考虑盐雾、油雾、霉菌的影响。

（4）振动——安装在舰船上的电气设备应能承受舰船主机和螺旋桨所引起的船体振动。

（5）颠震——安装在航速大于 35 km/h 的快艇上的电气设备应能承受海浪冲击船体所引起的船体颠震。

（6）倾斜与摇摆——电气设备应能承受下列倾斜和摇摆：横摇为 ±45°，横摇周期为 3～14 s，横倾为 ±15°，纵倾为 ±10°。

（7）冲击——安装在舰船上的电气设备应能承受舰船自身火炮发射、兵器命中船体和水中兵器的近距离非接触爆炸所引起的船体猛烈冲击。

对系统电磁兼容性的要求：电力系统中各分系统、电气设备在舰船电磁环境中能与其他系统（如警戒、指挥、武器等系统）相互兼容，均能正常地运行和工作；电力系统中任何电气设备不应对其他设备或系统的正常工作产生超过允许值的传导、辐射电磁干扰；有电子组件的敏感电气设备应具有足够的抗电磁干扰的能力。相关标准对军用设备、分系统电磁发射和敏感度给出了明确的要求。

应通过合理的电磁兼容设计，采用抑制电磁干扰的方法（主要包括接地、隔离、屏蔽和滤波），使电力系统中所有电气设备（广义上包括非电力系统中的所有用电设备）均能在电磁污染的环境中正常可靠地工作。

　　舰船电力系统的机动应变性要求：系统在允许的时间内，为应对操控或扰动的影响，从一个有效运行状态过渡到另一个有效运行状态的能力。它由这些因素所决定：基本的或备用电源的临时起动性能；由操控人员或自动控制系统对舰船电力系统重构决定的采纳和执行情况；保护系统的应对能力；事故预警自动装置的工作等。

　　如上面所述，对舰船电力系统及其元器件的要求是多方面的，并在《舰船通用规范总册》（GJB 4000—2000）中做出了相应的规定。但同时也应注意到，这些要求有时是相互矛盾的，如高的可靠性、生命力、安全性等指标，与小的体积、重量及成本等指标是不相容的。因此再一次强调，在舰船设计、建造及不同的开发阶段，都要对舰船电力系统的多标准指标的课题做合理的处置与平衡，以实现系统总体性能的最佳化。

## 第二节　舰船电力系统的特点

　　舰船电力系统与大的陆地电力系统及其他较小功率的独立电力系统之间有着很大的差异，其固有的特点，表现在以下几方面。

### 一、舰船电站

　　为了保证供电的可靠性、经济性，陆上电力系统一般都由十几个甚至数十个不同类型的发电厂联合供电，电力系统的总容量很大，单机容量一般也很大。如我国三峡水电站由 32 台单机容量为 700 MW 的水电机组组成，装机总容量高达 22 400 MW，是目前世界上最大的电站；我国秦山核电站由 1 台 300 MW 机组、2 台 600 MW 机组、2 台 700 MW 机组等 5 台机组组成，装机总容量达 2900 MW。由于舰船电站只供电给一条舰上负载的需要，所以其单机容量和系统容量与陆地相比要小得多。目前我国舰船发电机单机容量一般不超过 2 MW，装机总功率不超过 5 MW。为了使管理维护方便，一条舰上发电机组的型式、容量大多采用相同的类型。

　　由于舰船是海上独立活动单元，为了在舰船的各种工况下，如在航行、作业、停泊、应急等情况下都能连续、可靠、经济、合理地进行供电，舰船上常使用配置多种电站的方法来满足这一要求。

　　舰船电站的种类有下面几种。

　　（1）主电站。在正常情况下向全船供电的电站。

　　（2）停泊电站。在停泊状态或无岸电供电时向停泊时的用电负载供电的电站，一般容量较小。

　　（3）应急电站。在紧急情况下，向为保证舰船安全所必需的负载供电的电站。

　　（4）特殊电站或专用电站。如有的舰船需要 400～1000 Hz 的中频电站供电给武备和导航设备；用专用电站为扫雷设备供电等。

　　舰船电站一般在电源类型、功率，以及电能输送线路上都提供了较大的储备。由于舰船电站容量小，某些大的负载功率与发电机单机容量具有可比性，所以使系统可能存在足够大的扰动，从而带来频率和电压的变化。为此，舰船上广泛地采用自励同步发电机和无刷同步发电机，它们具有相当大的励磁电流增长率 $di_f/dt$、很高的励磁升限（强励能力）$U_{f\max}=6\sim17U_{fe}$，以及一系列特殊的工作特性（其中，$i_f$、$U_f$、$U_{fe}$ 分别为励磁电流、励磁电压和额定励磁电压），同时发电机有承受较大过载的能力。

## 二、发配电装置和电力网

陆上电力系统容量大，发电机功率也大，发电机的出口电压可达数千伏甚至几万伏，因此主配板的电压一般在 10 000 V 以上，发电机开关为高压开关。因此装置的保护及自动装置种类繁多、也很复杂。陆上电力系统供电范围广，送电距离有时长达数千千米，为了减少电压损失与功率损失，必须采用高压输电，这样就需要配备各种电压等级配电装置（断路器、互感器、变压器、避雷器）的输电线路，以满足送变电的要求。目前陆上最高交流输电网络电压已达 1000 kV，直流输电网络电压已达 800 kV，因此输电大多采用架空线路。

舰船上从维护管理可靠、安全、经济、优质及系统容量较小等角度进行考虑，主要通过 400 V 电压等级的发配电设备及各种类型的电缆供电给负载。

舰船电力系统中电压相对较低，电网线路较短，所以在发电机、电缆、自动开关及母线中将承受相对大的额定电流和故障电流，因此在许多时候，这些设备都处在热效应或电动力效应作用可容许的极限状态，因而降低了安全裕度。

在许多情况下，舰船电力系统需要较长的电缆管线，要占据可观的体积、重量，经验表明，在设计、建造和使用中都要予以特别注意。由于舰船发电机与大功率负载具有低电压和大电流的特点，所以舰船电缆截面要用 $3\times70\ \text{mm}^2$、$3\times95\ \text{mm}^2$、$3\times120\ \text{mm}^2$ 多根并联，敷设这样的电缆管线，从工艺上考虑要占据很大的空间位置，安装也很困难，而且当出现战斗和故障时很容易遭受损坏。由于舰船电力系统的电缆线路很短，所以通常主干电缆按发热条件来进行网络计算。

近年来在一些舰船上采用了中压系统（3150 V、6300 V），从而解决了电压偏低所产生的一些问题。但采用中压系统，要增加相应的设备，以及相关的元器件与保护装置。

## 三、电力系统负载的特点

舰船上的负载种类数量繁多，它们在电流种类、电压、功率大小、用途、重要程度及防护性等方面各不相同。又常被集中于狭小舱室内，并处于油、水、汽、振动及高温等环境下工作。为了使负载更好地完成各自的工作，通常按照任务、重要程度、工作状态、工作质量等对舰船负载进行一定的分类，以便合理组织、配置负载供电，提高效率。

负载按任务可以分为导航、控制、通信设备；目标显示、指令传送、射击综合单元；机电装置及生命力保障装置（泵、压缩机、通风机、变换器等）；甲板机械（绞盘机、起重机、升降机等）；日常生活机械和仪器；电力照明等负载。

按负载重要程度划分：需要不间断供电的负载（微程序处理器、计算装置、统一标准时间装置、回转装置等）；因电源自动转换或内部装置起动而极短中断供电的装置；因手动转换而短时中断供电的装置；允许较长时间中断供电的装置等。

除最后一类装置外的其他设备，都属于重要用电设备。重要用电设备的供电应采用不间断电源或至少两路独立供电电源供电，以保障供电的连续性。

相关标准对重要用电设备按其重要程度分为五类，依次排列，排序靠前在战斗损害时可优先得到供电。

**1. Ⅰ类重要用电设备**

（1）应急通信；

（2）应急照明；

（3）消防泵及损管用电设备；

（4）操舵装置用电设备；

（5）对海搜索雷达；

（6）重要的推进保障系统，即对舰船推进装置进行冷启动及机械保护所必需的设备，至少应包括：

①柴油机推进装置（电动燃油泵、电动滑油泵、海水冷却泵、电动鼓风机）；

②蒸汽轮机推进装置（电动点火泵、强制通风鼓风机、电动滑油泵、电动给水泵、电动控制的锅炉截止阀）；

③燃气轮机推进装置（电动燃油泵、电动滑油泵、起动液压泵、冷却水泵、控制模块）；

（7）机舱通风机；

（8）应急发电机原动机的辅助保障系统（海水增压泵、燃油输送泵、机舱通风机、起动空气泵）；

（9）舰内通信及舰船操纵仪器；

（10）航行灯和信号灯；

（11）最低限度的自卫武器。

**2. Ⅱ类重要用电设备**

（1）电子设备（包括雷达、水声、无线电通信、导航仪器等，但武器系统的电子设备除外）；

（2）电子设备舱用通风和空调系统；

（3）消磁系统；

（4）"三防"（防核、防生物和防化学）探测、报警设备及火灾报警、灭火辅助和控制设备；

（5）医疗急救设备；

（6）减摇鳍系统。

**3. Ⅲ类重要用电设备**

（1）舰上集中供电的变频机组；

（2）海军战术数据系统；

（3）导弹系统组件；

（4）导弹系统变电设备；

（5）导弹系统及其相应舱室的通信设备；

（6）重要设备工作舱室的空调装置；

（7）弹药库通风设备；

（8）对海为主的中、大口径火炮的控制系统。

### 4. Ⅳ类重要用电设备

对载有直升机的舰船，除上述用电设备外，还应包括：

（1）直升机供油系统；

（2）直升机着舰保障和指挥系统；

（3）机库门电气控制设备；

（4）直升机起动电源机组和变频机组或直升机其他变电设备；

（5）油汽测爆报警系统；

（6）机库通风设备；

（7）武器升降机。

### 5. Ⅴ类重要用电设备

两栖作战舰船和辅助舰船：

（1）登陆舰大门开闭系统；

（2）作业用绞车；

（3）升降机；

（4）补给船的油水输送系统。

按负载工作状态可以分为长期工作制、短期工作制及重复短期工作制等。

按装置内部不受外界物品和环境侵扰的保护程度可以分为开启式、防护式、防滴式、防溅式、防水式、水密式和潜水式。

## 四、舰船发电机的原动机的特点

在舰船上交流和直流发电机所使用的原动机有柴油机、蒸汽轮机和燃气轮机，现简要阐述一下它们相对的优缺点。

### 1. 柴油机

柴油机的优点如下：

（1）独立性。

（2）经济性。在目前的舰船条件下，由燃料的化学能转换成机械能，柴油机是最经济的机种。对于大型的和高速的柴油机，其燃料消耗率为 $g_e = (200 \sim 230) \mathrm{g}/(\mathrm{kW \cdot h})$。在吸入负压和排出反压时；其燃料消耗率升为 $g_e = (230 \sim 300) \mathrm{g}/(\mathrm{kW \cdot h})$。

（3）较好的重量、体积指标。

（4）可靠和快速的起动能力。功率达 $P_N = 200 \, \mathrm{kW}$ 的柴油机可以用压缩空气起动，也可以用电起动器起动；而更大功率的只能用压缩空气起动。预热 10 s 的柴油机可以带载起动，这对应急状态下的起动是很重要的。

柴油机的缺点如下：

（1）使用寿命低，对于无强度要求的一般船用柴油机，其使用寿命可达 30 000～40 000 h；军舰上带有改进型号的高速柴油机，按其工作任务和运行条件运行寿命变为一般船用柴油机使用寿命的 1/10，为 3000～4000 h。

（2）不均匀的扭转矩。这既由发动机内部燃烧的工作原理所定，也由气缸里燃料给送的不均匀性所致。

（3）小的过载能力。标准规定柴油发电机组应具有在额定功率因数下，12 h 内承受 110% 额定功率连续运行 1 h 的过载能力。

### 2. 蒸汽轮机

蒸汽轮机的优点如下：

（1）高可靠性，高寿命。蒸汽轮机的工作寿命可达 30 000 h，甚至更长。

（2）大的过载能力。标准规定蒸汽轮发电机组应具有在额定功率因数和带 125%额定功率下可连续运行 30 min 的能力。

（3）具有恒定的扭转矩。

蒸汽轮机的缺点如下：

（1）要依赖于蒸汽发生装置、冷凝器等设备。

（2）由于需要能量的双重转换，所以其效率低下。

（3）由于蒸汽轮机高频率的旋转，所以在蒸汽轮机与发电机之间需要装设相适应的减速箱。个别系列型号的蒸汽轮发电机组采用无减速器方案，其转速为 3000 r/min。

（4）蒸汽轮机发电机起动前需要暖机、腔室吹洗等复杂的起动程序。

### 3. 燃气轮机

燃气轮机的优点如下：

（1）独立性。

（2）有恒定的扭转矩。

（3）好的重量、体积指标。由于燃气轮机有高的热负载能力，又是高转速机组，所以它的单位比率指标是最高的。

（4）相对高的工作寿命。

燃气轮机的缺点如下：

（1）低的经济性和效率。燃气轮机发电机的经济指标最低，燃气轮机发电机的燃油消耗率为 400 g/(kW·h)～1 kg/(kW·h)。

（2）燃气轮机发电机组的起动系统复杂。由于很高的额定转速（12 000～13 200 r/min），电力起动器完成起动程序需要 180 s。在涡轮加速和空载输出之后，实现梯形组合负载。例如，某型燃气轮机发电机组在正常输入下实现全载需要 12 min。在舰船没有电能时，要靠蓄电池组来起动，此时它们将工作在深度放电状态。当电池组容量不足或者电池电解液降低等问题出现时，燃气轮机发电机的起动更加复杂，有时甚至成为难以解决的问题。

（3）燃气轮机发电机组的功率取决于外部空气的温度和涡轮通流部分的状态。

（4）《舰船通用规范总册》（GJB 4000—2000）规定燃气轮机发电机组应具有在额定功率因

数下，8 h 内承受 110%额定功率并连续运行 1 h 的过载能力。

## 五、电制

根据《舰船通用规范总册》（GJB 4000—2000）的规定，我国舰船电力系统电制如下所示。

一次电力系统水面舰船和核潜艇应采用三相交流电（50 Hz、380 V）。常规潜艇应采用直流幅压（175～320 V 或 350～640 V）。二次电力系统可以使用三相或单相交流电（50 Hz、380 V、220 V 或 115 V）和三相或单相交流电（400 Hz、380 V、220 V 或 115 V）。核潜艇还可以使用直流幅压（175～320 V）和直流恒压（220 V）。舰载航空勤务部门和直升机设备维修部门可以使用（400 Hz、115 V/200 V）三相四线中性点接地制。在确认需要时，二次电力系统可以使用直流电压（220 V、115 V 或 24 V）和单相交流电（50 Hz、24 V）。

目前大部分水面舰船一次电力系统采用的是三相交流电（50 Hz、380 V），二次电力系统大部分采用的是单相交流电（50 Hz、220 V）。

下面对直流系统与交流系统的优缺点进行比较。

直流系统的优点如下：

（1）直流电动机具有优良的调节特性。

（2）舰船直流电力系统与化学电源（蓄电池组、热电、热离子发生器等）可以很好地匹配。这点对潜艇来说尤其重要，因此其水下电源即来自蓄电池组。

（3）没有保持电源频率稳定的问题。

（4）与交流系统的三线通路不同，直流系统通路只需要两根线。

直流系统的缺点如下：

（1）具有接触电刷和换向器，这增大了重量体积指标，使运行条件复杂化，也降低了可靠性。

（2）舰船电力系统的子系统间无法实现电的隔离，这使得系统的绝缘电阻降低，提高了电流击穿和火灾的危险性。

（3）需要启动装置、磁力站等设备，使电动机的起动系统复杂化。

舰船交流电力系统的优点：

（1）交流电机由于没有换向器和电刷，结构更简单，更可靠，使用也更容易。

（2）电机有较小的重量、较小的体积和较低的价格。

（3）只需具备磁力起动器，实际上所有型号的异步电动机都可以在电网上直接起动。

（4）交流舰船电力系统的元器件比直流系统的更可靠。

（5）通过电压变换使强电系统与生活、控制、检测等弱电系统之间实现电的隔离成为可能。

（6）基于半导体器件的自动控制装置及变压器与直流装置相比，它们更简单、更可靠，而且维护保养的工作也更少。

交流系统的缺点：

（1）异步电动机转速调节复杂。

（2）异步电动机的起动电流为 5～7 倍的额定电流，因此必须对电能质量实施动态监控。

（3）鉴于交流系统的特点，需要保持电网电压和频率的稳定。

（4）当发电机接入并联运行时，需要进行同步操作。

（5）除有功功率外，还有无功功率存在，敷设三芯电缆线路时会产生附加功率损耗 $\Delta P$、$\Delta Q$，增加了电缆线路的重量、体积，其配电子系统也将出现有功功率和无功功率。

前述的交流系统的缺点大多数是可以克服的；采用不同的设计方法、采用新型的元器件，以及改变使用方法都可以消除或减小这些缺陷。如异步电力拖动的转速调节即可以利用多速电动机、变频调速、线绕式转子等方法来解决。总体来说，舰船交流电力系统的效率要高于直流系统，也是当前大多数舰船实际采用的系统。

随着固体半导体技术、集成电路和计算技术广泛地应用于电力半导体设备中，使得有可能将直流系统与交流系统的优点集于一身，并应用于舰船电力系统中，在后面章节中较详细地阐述交-直流混合式电制的综合电力系统的基本情况。

## 六、线制

船舶直流电力系统的几种配电方式主要有三种（见图 1-2-1）：

（1）双线绝缘系统；

（2）负极接地双线系统；

（3）以船体作为负极回路的单线系统。

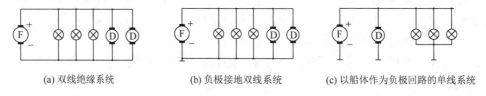

|(a) 双线绝缘系统|(b) 负极接地双线系统|(c) 以船体作为负极回路的单线系统|

图 1-2-1　船舶直流电力系统的几种配电方式

船舶交流电力系统的配电方式有三种（见图 1-2-2）：

（1）三线绝缘系统（三相三线系统）；

（2）中性点接地的四线系统（三相四线系统）；

（3）利用船体作为中性点线回路的三线系统（中性点接地的三线系统）。

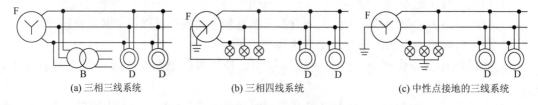

|(a) 三相三线系统|(b) 三相四线系统|(c) 中性点接地的三线系统|

图 1-2-2　船舶交流电力系统的配电方式

三相三线系统的特点是照明系统与动力系统是经过变压器相联系的，所以在系统间只有磁通的联系而没有电气的直接联系，因而相互间影响小。当船舶电网的绝缘电阻符合规范的要求且舰船电力系统的对地电容又较小时，即使其中有一相对船体发生短路故障，仍不会产生单相短路电流。这样，电力系统既具有较好的电气防火安全性，也保证人体触及一相时的电气安全性。但是也带来两个主要问题：一是随着船舶向大型化、自动化发展，电气设备大量增多，电缆线数、长度及其截面的增加，以及防无线电干扰电容的广泛采用，使船舶电力系统的对地电容大为增加，从而使电网相线和船体之间产生了电气联系，并有可能危及人体安全和引起火灾，这使防火及电气安全性大大降低。特别是对采用高电压和中频电源的船舶，更应重视。二是在三相四线系统中，在故障状态或合分闸瞬间可产生 2～5 倍过电压的冲击，这是现代船舶上广泛使用电子元件的计算机、集中控制台和测量仪表必须注意的问题。

对中点接地的三线系统，其特点是电力和照明可由同一电源供给以不同的电压。过电压倍数小且维护方便，不需要经常检查电网的绝缘电阻。当单相接地时便形成短路，且比三相绝缘系统的短路电流要大。但也有人认为合理地选择分段保护后，在故障点附近就能切除分段开关，并根据切断点可方便地检查出故障点，这反而成了这种系统的特点。在中点接地的四线系统中，具有较大的中线电流和三次谐波环流。但这与三相负载的不对称度及两台并联机组的有功和无功负载分配的不均匀有关。因此要加接直流均压线并把不均匀度限制在10%以内。中点接地的三相四线系统与三相三线系统的比较见表 1-2-1。

**表 1-2-1　三相四线系统与三相三线系统的比较**

| 序号 | 比较项目 | 系统方式 | | | |
| | | 三相四线系统 | | 三相三线系统 | |
| | | 状态 | 措施 | 状态 | 措施 |
| 1 | 接地电流 | 均为三相短路电流或更大 | 要求合理选择分段保护，保证及时切除 | 有少量对地分布电容，并随系统容量和线路的增减而增减 | |
| 2 | 暂时性接地故障的后果 | 转为短路 | 要求合理选择分段保护，保证及时切除 | 可能形成断续电弧 | |
| 3 | 一相接地时，其他相的电压升高 | 为相电压 | | 等于或略大于线电压 | |
| 4 | 电弧接地过电压 | 可不考虑 | | 可能很高 | 提高设备耐压 |
| 5 | 操作过电压 | 最低 | | 很高 | 提高设备耐压 |
| 6 | 单相接地延续时间 | 最短 | | 长 | 要求迅速查出故障原因，排除故障 |
| 7 | 单相接地发展到多相短路的可能性 | 最小 | | 最大 | 要求迅速查出故障原因，排除故障 |
| 8 | 接地故障的排除 | 方便 | | 困难 | |
| 9 | 绝缘电阻的监测 | 困难 | 要使设备接地回路断开 | 方便 | |
| 10 | 负载不平衡时中点位移及负载电压的不对称度 | 最小 | | 最大 | |
| 11 | 中线电流 | 有（无危险） | | 无 | |
| 12 | 发电机并联时的三次谐波环流 | 有 | | 无 | |
| 13 | 三次谐波对通信的干扰 | 有 | 报房电源需加装滤波器 | 无 | |

《舰船通用规范总册》（GJB 4000—2000）规定我国舰船电力系统必须采用以下绝缘线制。

（1）直流：双线制。

（2）交流：单相双线制、三相三线制或三相四线制（只适用于 400 Hz 三相四线中性点接地制）。

目前大多数舰船采用三相三线系统，但随着舰船大型化，中压电力系统也将采用三相四线系统。

## 七、舰船电力系统的电制优选次序

《舰船通用规范总册》（GJB 4000—2000）规定我国舰船电力系统电压优选次序要求如下：

（1）大于等于 5 kV·A 的全部机械和设备，应选用 380 V、三相交流定额。

（2）小于 5 kV·A 的全部机械和设备，如果可行，那么应选用 380 V、三相交流定额，如果这种定额不可行，那么按下列次序优选：380 V、单相；220 V、三相；220 V、单相；115 V、三相；115 V、单相。

（3）特殊电压。115 V/220 V、三相、四线、中性点接地。这个电压仅适用于 400 Hz 航空勤务设备。

低压电力系统具备很多优势：

（1）可以直接为负载供电，无须中间转换过程；

（2）电压等级的转换少，中间结构少，其系统的构成相对比较简单；

（3）电压等级低，电气设备的绝缘成本较小。

但也存在很多不足：

（1）船舶耗电日益增长，系统容量不断增大，系统故障短路电流也随之增大，对低压断路器分断能力的要求越来越高，保护难度越来越大；

（2）发电机和负载电动机的单机容量增大，若仍采用低压，则制造困难，而且不经济；

（3）随着系统容量的增大，低压发电机的数量也不断增加，对大容量、多发电机、复杂网络结构的系统进行保护和控制的难度大；

（4）额定电流不断增加，电缆用铜量大，发热量大，线路损耗严重，船上布线施工困难且不经济。

随着舰船电力系统的发展，电压一直在不断提升。低压被界定在 1000 V 以下，1000 V 以下的电气设备的使用与高于 1000 V 的系统的使用在机制上是不相同的。目前舰船电力系统中高压等级包括交流电源电压为 3150 V、6600 V、10 500 V；三相交流负载电压为 3000 V、6300 V、10 000 V。直流电源电压为 1200 V、4000 V；直流负载电压为 1000 V、4000 V。

电压等级选取原则：

（1）满足供电区域内对电力供应的需求；

（2）设备供应与制造技术上的可行、可靠、经济性；

（3）尽量简化同一配电网内的电压等级，减少变换层次。

电压等级选择的影响因素如下所示。

1）潮流

（1）随着电压的升高，额定电流呈线性降低的趋势；而电压降落百分数及电缆上的损耗则随电压的升高呈平方倍数降低。

（2）系统电压等级的上升将会很大程度地提高系统正常运行时的电压质量，降低线路损耗，并降低线路上的电流。

2）短路电流

（1）随着电压等级的升高，短路点流过的短路电流将相应地近似呈反比减小的趋势；

（2）虽然从总体上来看升高系统电压就可以降低短路电流，但电压和短路电流的非线性关系使得通过升高电压以降低短路电流的效果将随电压的升高而减弱。

3）系统容量

（1）系统正常运行时，这些电缆上流过的电流与系统的容量呈线性关系。系统的容量越大，在同一电压等级下将会使系统中相应元件上流过的电流越大。

（2）短路电流始终随着系统容量的升高而线性地增加。因此当系统容量较大时，可能会使系统中出现的短路电流超出允许的范围。

（3）当系统容量较小时，可以采用较低的电压等级；而当系统容量较大时，则有必要采用较高的电压等级。

当低压交流电力系统汇流排的额定容量不大于 6300 A、短路电流对称有效值不超过 100 kA 时，可以采用低压交流电力系统；当电站总容量为 8～10 MW 时，可以根据业主的喜好和习惯选用低压交流电力系统或者中压交流电力系统（如 3 kV 或 6 kV 交流电力系统）；从经济性角度讲可以优先考虑低压交流配电方案；当低压交流电力系统汇流排短路电流对称有效值超过 120 kA 或者电站总容量超过 10 MW 时，应该考虑选取中压交流电力系统，如 3 kV 或 6 kV 交流电力系统；对容量在 10～30 MW 的船舶，应优先选用 6～6.6 kV 电压等级；如果电站总容量超过 50 MW，那么应该优先考虑选用 10～11 kV 或更高电压的交流电力系统。

为了采用更高等级电压，舰船电力系统还要解决下面一些问题。

（1）研究和制造适于中（高）压电力系统的船用元器件。

（2）研究下游子系统运行的相关设备，如变压、配电、保护、控制等设备。

（3）研制相关的技术指导性文件，包括中（高）压、低压子系统的设计、建造、运行；运行组织；人员操控权等级。

（4）解决舰船电力系统中性点接地选用方式的问题。

# 本 章 小 结

本章主要介绍舰船电力系统的基本概念和基本要求。舰船电力系统采用能量密度较大的多相发电机与多相电动机作为主力电源和驱动设备，在系统中多种工作频率并存，具有电力电子设备占比大、系统拓扑结构灵活多变等特点。

# 练 习 题

1. 舰船电力系统由哪些设备组成？对系统的基本要求有哪些。

2. 舰船电力系统的电站、发配电装置、电力网及负载与陆地电力系统及其他小型移动电站相比，有哪些特点。

3. 中华人民共和国国家军用标准对重要用电设备按其重要程度分为几类？都有哪些？按装置结构的保护程度可分为几类。

4. 常用的舰船发电机的原动机有哪几种？各有什么优缺点。

5. 采用低压或中压系统在电力系统技术性能上各有何利弊？今后发展方向怎样。

# 第二章

## 舰船电力网络

# 第一节 概 述

舰船电力网络是由电缆、导线和配电装置以一定的方式连接起来的组合体。通过它将发电装置产生的电能配送到各种用电设备上去，所以电力网络也是电力系统的一个重要组成部分。以往舰船设计的实践表明，选择合适的电网形式，对提高舰船电力系统的质量、增加供电可靠性和生命力，具有很重要的意义。

本章将讨论舰船电网设计的一些基本问题。其中，包括电网的基本要求、电网的类型、应急电网和事故电网等；并扼要介绍新型舰船综合电力系统的组成及特点、区域配电的概念，以及电力网络的重构与故障恢复基本概念和方法。

## 一、舰船电力网络的分类

舰船电力网络可以按其作用划分为基本网络和配电网络。基本网络是指主发电机和主配电板之间、应急发电机和应急配电板之间、主配电板之间，以及主配电板与应急配电板、岸电箱之间的电气连接网。

配电网络则指主配电板、应急配电板到用电设备之间的电气连接网。配电网络又可以划分为一次配电网络和二次配电网络。从主配电板至区域电板或分配电板（盒）的馈线及主配电板直接供电的负载线称为一次配电网络；区配电板或分配电板（盒）至电能负载之间的连接网络称为二次配电网络。

根据用电设备的不同可以将网络分为动力网络、照明网络、舰内通信和信号网络、观通和导航网络、武备网络、消磁网络等。

根据是否为正常供电还可以将电网划分为主网络和应急网络等。

## 二、舰船电力网络的基本要求

### 1. 应具有高度的可靠性和生命力

当发电机局部线路发生故障损坏时，电网有能限制故障范围，继续在大范围内维持供电的能力；当电网严重破坏时，有继续保持最重要设备不间断供电的能力。

（1）从供电可靠性角度考虑，对每项用电负载应采用多路供电，其中，一路电源为正常电源，其他为备用电源，每路电源应是独立的。独立电源是指不同电站，或不同发电机屏间有隔离开关时配电板的每个独立分段。

当设计网络结构时，要考虑电力负载的重要性等级。根据我国舰船设计的实践，舰船电力负荷按其对舰船运行的影响（即重要性），一般可以分为三级。

第一级负载——供电不能中断且直接关系到舰船生命安全的极重要负载，在第一章第二节中所列的Ⅰ类重要用电设备均为第一级负载。

第二级负载——关系到舰船使命任务的重要负载，在第一章第二节中所列的Ⅱ～Ⅴ类重要用电设备均为第二级负载。

第三级负载——不影响舰船主要使命任务，对供电指标要求不高的一般性负载，包括锚机系缆设备、电池充电设备、生活空调设备、厨房用电设备、修理机械等。

第一级负载的供电不能中断，第一级负载和用电设备应保证有两个独立电源的两舷供电。一路为正常电源，另一路为备用电源。备用电源可以是另一个主电站（或主发电机），也可以为应急电站。有应急电站时，部分第一级负载还可以考虑采用三路供电（正常、备用和应急电源）。第三级用电设备则可以仅由一个电源单路供电。如果舰船设置应急发电机和应急电网，那么应首先保证第一级用电设备的供电，当应急发电机容量有富裕时，再依重要性次序向三级设备供电。

多路电源可以是有两个及以上相互独立的主电站的两块主配电板或负载中心（区配电板）提供的正常电源和备用电源；对仅有一个主电站但设有两台发电机组且主汇流排分段隔离装置将主配电板分为两个独立分段，则由独立分段分别提供正常电源和备用电源；设有应急电站的正常电源与备用电源由正常供电电站及应急电站提供。重要设备的两舷供电示意图如图 2-1-1 所示。对不影响舰船战斗活动的一般性负载可以仅由一个电源单独供电，但用电设备应接至最靠近的配电板。

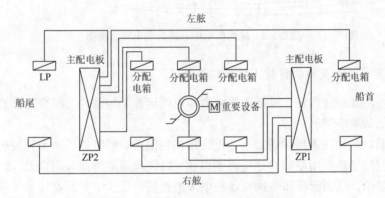

图 2-1-1 重要设备的两舷供电示意图

（2）为了提高供电生命力，舰船电力网络上可以采取开关隔离的方式，在功能工况或某些特殊情况下，由各发电机进行分区供电，从而可以把故障限制在一个区域的小范围内。不仅不同电站可以分区供电，当汇流排采用分段结构时，同一电站的不同发电机组也可以分区供电。在电网布置上，应尽量地减少隔舱供电线（主干电缆）的根数和长度。为此可以采用区域配电由负载中心供电的办法，即在船上划分若干个供电区，在每个区内设置负载中心，向该区域的用电设备供电。除了极端重要的设备由主配电板直接供电，其他设备都由分布在各个区域的负载中心供电。其典型电网示意图如图 2-1-2 所示。安装时，主干电缆应敷设在不易受到损害的位置上。必要时，还要在电缆外部配备适当的保护。

### 2. 应保证供电系统操作简便、灵活

电网结构应能适应各种工况运行状态，并能灵活地进行运行工况的转换；不仅正常运行时能安全可靠地供电，而且在系统故障或电气设备检修及故障时，也能适应调度要求；使停电时间最短，影响范围最小，使电网结构能满足调度灵活、操作方便的基本要求，既能灵活地投切某些机组或线路，又能满足系统在事故、检修及特殊运行方式下的调度要求，不致过多地影响

负载的供电和系统的稳定运行。这一点对负载较多的大、中型舰船更为重要，网络重构技术也应运而生。除此之外，电网还应为改装、扩容留有一定的裕量，便于后期的升级改造。

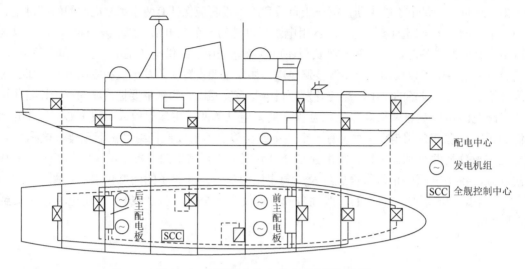

图 2-1-2　采用配电中心的典型电网示意图

**3. 在满足可靠性和灵活性前提下做到经济合理**

电网设计要注意经济指标，包括建造成本和电网运行的经济性（减少操作管理人员、减少线路损耗、降低故障率等）。

在满足舰船功能和技术指标前提下、设计结构应简单、清晰，以减少开关电器数量；对容量较大的网络应适当地采用限制短路电流的措施，以便选用廉价或轻型电器；二次控制与保护方式不应过于复杂，以利运行和节约设备与电缆的投资。设计中要顾及设备安装、电缆敷设对舰船性能和其他部门的影响。应尽量减少线路损耗，降低故障率，减少操作管理人员。

# 第二节　舰船电力网络的类型

在电站设备确定的条件下，电网型式的选择对保证供电的可靠性和生命力具有决定作用。舰船采用的电网型式很多，但其基本类型只有五种，下面我们逐一介绍其结构和特点。

## 一、干线配电制

干线配电制简称干线制，又称树干状供电制。这是一种以少量作为枢干的纵向连线将配电板（盒）串接起来供电的类型，配电板（盒）可以分级串联或将它们的母线直接串联起来。干线配电制原理图如图 2-2-1 所示。

这种类型的主要优点是电网结构简单，可以大大地减少电网干线的数量。这对于希望尽量地减少穿过水密隔舱壁电缆数量的潜艇电力系统是合适的。其缺点有两点，一是供电生命力低，二是当干线输送的电功率大时，干线电缆的截面和重量比馈线制的大。故舰船规范对于串接配电板（盒）的数量有限制。

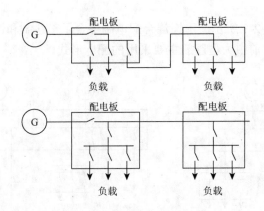

图 2-2-1 干线配电制原理图

## 二、馈线配电制

馈线配电制简称馈线制，又称树枝状或辐射状配电制。它是各用电负载用单独的馈线直接地从主配电板取得电能的供电类型，其原理图如图 2-2-2 所示。

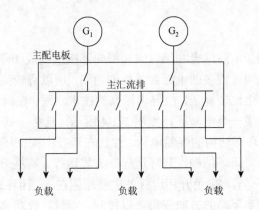

图 2-2-2 馈线配电制原理图

这种供电类型的所有用电设备均由主配电板供电，控制配电很方便。当发电机出现过负载时，在主配电板上可以方便地切断部分不重要负载的供电。由于各馈线在主配电板都有自己的自动开关和保护电器，所以当任何一条馈线上出现短路故障时，相应馈线的保护装置自动跳闸，不致相互影响。

当舰船上用电负载很多时，馈线数量也将很多，故这种类型只能用于用电设备少的小型舰船。主配电板向其所在舱室的负载供电也可能在局部采用这种类型。

## 三、干馈混合配电制

从形式上看，干馈混合配电制是干线制和馈线制的混合配电类型。电网配有一定数量的枢干纵向连线向部分区段配电板（负载中心）或分配电板（盒）供电。然后，由这些配电板向负载供电。其原理图如图 2-2-3 所示。干馈混合配电制综合了干线制和馈线制的各自优点，克服了两类网络的不足，是目前中大型舰船主要采用的配电形式。

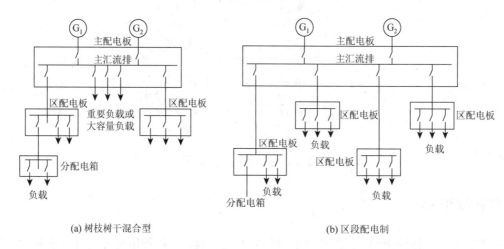

(a) 树枝树干混合型       (b) 区段配电制

图 2-2-3 干馈混合配电制原理图

## 四、环形供电制

采用环形供电制的舰船电网综合利用纵向和横向连接线构成闭环电网，向用电设备供电。环形供电制的优点是可以构成较多的电源到负载的通路，所以有较高的供电可靠性。但这种供电类型在管理和保护设计上比较复杂，故要求较高的技术水平。在两个电站的主配电板之间加上两根跨接线，就可以形成一个电源环，如图 2-2-4 所示，这种形式用得较多。

需要指出的是，采用环形结构的舰船电网，往往在运行中保证环网结构中至少有一个断路器保持断开状态，即采用"闭环结构，开环运行"方式运行。有些舰船上还设置了联锁功能，防止误操作导致形成闭环运行。采用开环运行的主要原因在于：闭环运行后，在环流的作用下，发电机之间有功和无功功率流动的方向变得难以控制，容易导致功率分配不均、系统运行稳定性下降等问题，严重时可能导致系统崩溃，另外，闭环网络在发生短路故障时，短路电流的功率流向不定，这将给供电网络上各断路器的保护整定和保护选择性的实现带来困难。

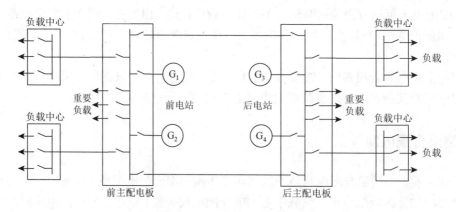

图 2-2-4 环形供电制原理图

## 五、网形供电制

随着舰船电力系统电力负荷功率容量的不断增加，发电机组数量也显著地增加。大型舰船电网逐渐由环形供电结构发展为网形供电结构和梯形供电结构，如图 2-2-5、图 2-2-6 所示。网形结构电网至少形成了两个组合的全闭环，其相对于环形结构电网更加复杂，供电类型更加灵活，负载的供电通路也成倍地增加，但同时其系统保护和运行管理难度也显著地增加。

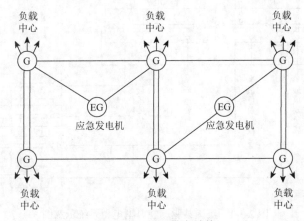

图 2-2-5 网形供电结构

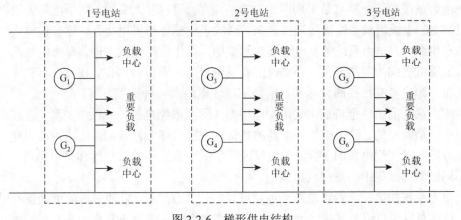

图 2-2-6 梯形供电结构

目前我国主战水面舰船的电力系统，基本上采用了图 2-2-4 所示的前后电站方式，电站间采用一条或两条跨接线连接，网形供电制仅应用于航母等大型水面舰船。随着舰船电力系统技术的不断发展，舰船电网将进一步向着区域配电网络方向发展。

## 第三节 舰船电力网络的实例分析

前面讨论了舰船电力网络的基本型式，本节选择具有代表性的国外典型舰船电网进行介绍和分析。

**1. 英国某驱逐舰的典型电力系统**

英国某驱逐舰典型电力系统示意图如图 2-3-1 所示，这是欧洲国家舰船电网的一种典型供电类型。

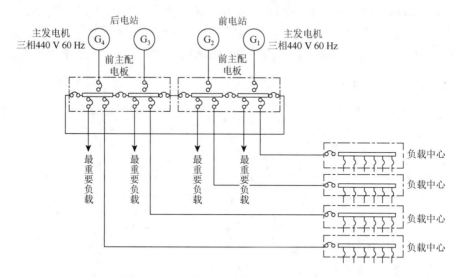

图 2-3-1　英国某驱逐舰典型电力系统示意图

这种电力系统的第一特点是采用两个对等的电站，可以互为备用。两个电站各设两台发电机，它们的主配电板用双重跨接线连接起来，形成了电源环形供电类型。这种供电类型有较高的可靠性和生命力。电力系统的发电设备非常集中，操作使用也很方便。每个电站的主配电板上都设有发电机之间的隔离开关，必要时所有发电机组均可单独工作，实行分区供电，形成更多的独立供电源，具有很高的灵活性。这是驱逐舰电站的一种典型方案。

这种电力系统的第二个特点是采用配电中心（即区域配电板）的供电类型。这在欧美一些舰船电网中也是常见的。除了少数最重要的负载，全舰大部分设备均由配电中心供电，减少了各种设备故障时对主配电板的干扰，从而保证了主配电板工作的可靠性和供电品质。重要设备可以由不同舷侧的配电中心进行双重供电。

这种电力系统的第三个特点是两个电站可以实行并联运行，以便最大限度地保持供电的不间断性。这就对发电机组及其控制器械提出了较高的要求，必须设置电力系统的控制中心，实行全舰性的供电监视和控制。

**2. 美国舰船典型电力系统**

美国舰船典型电力系统如图 2-3-2 所示。美国舰船电力系统的特点是经常采用单台发电机组作为一个独立单元，表明对于自己发电机组的可靠性具有较强的信心。该电力系统选用了两台应急发电机组，它们的运行也是完全独立的，四个主配电板两两相连，同时通过它们与应急配电板的跨接线形成两个闭合的供电环。这样就大大提高了系统供电的可靠性。舰上的重要负载保证是由主配电板和应急配电板两路供电的，在失电时，它们可以自动转换，按照美国舰船设计的观点，两路供电已经能够满足重要设备的供电要求，因为各种配电板之

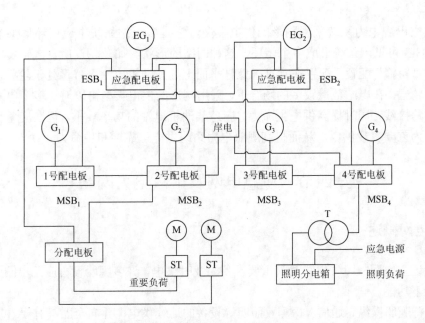

图 2-3-2　美国舰船典型电力系统

间还有其他固定连接线。有些设备如照明等，在主配电板失电时，还可以自动转换到其他备用电源上去。

### 3. 美国航空母舰电力系统

美国航空母舰电力系统如图 2-3-3 所示。

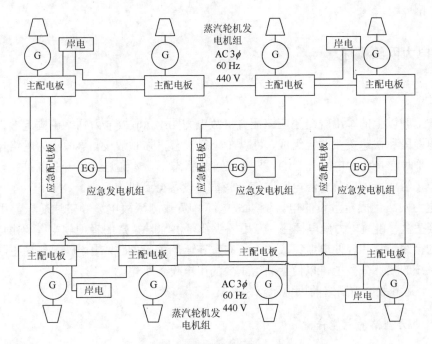

图 2-3-3　美国航空母舰电力系统

美国航空母舰电力系统采用网形的供电类型，它是多电站系统中应用环形供电发展起来的。由图 2-3-3 可见，系统形成多个闭环，这种网络的形状犹如车轮，所有汽轮发电机的电站都好像沿着"轮箍"配置，配置在垂直于龙骨平面上的柴油机电站则好像处于轮心，而其间的跨接线则是轮辐。在电站数量较多的场合下，采用网形的供电类型可以避免多个电站之间错综复杂的母线跨接线，同时提高供电生命力。应急柴油机电站的功率较小，但在应急状态下可以快速起动，为重要负载供电，从而提高舰船电力系统供电可靠性和生命力。

## 第四节　应急电网及事故电力网络

### 一、应急电网概述

为了保证主电网故障失电时对最重要设备的及时供电，许多舰船设有应急电网。应急电网通常具有以下功能。

（1）维持舰船操纵、通信、探测及照明等设备的连续供电，并向全船具有要害功能的设备提供应急电源。

（2）向舰船的损管设备和一些重要的必不可少的控制设备提供应急电源。

（3）通过应急电网和主电网的跨接，用应急发电机起动任何一种机械装置。

（4）必要时，应急配电板也可以提供正常的舰船电力。

应急电网应该保持相对的独立性。在安装和布线上都应尽量地与主电网分开，而且有较高的安全可靠性要求。在特殊情况下，允许适当地降低应急电网的运行指标。

应急电网的电源是应急发电机组或蓄电池组。应急照明蓄电池组的容量一般应保证供电时长不少于 2 h。

### 二、事故电力网络概述

#### 1. 组成和功能

对于护卫舰以上的军用舰船还应该配置事故电力网络。事故电力网络由固定敷设的干线及可移动的电缆段和快速接头联合组成，可以在应急状态下临时敷设。事故电力网络自身通常不包括电源，平时它是和主电网分开的，只有在事故状态下，才通过专用开关的插头，插接至某些特殊部位，组成新的应急电源电路，使一些重要设备得到供电。

事故电力网络由固定敷设的电源侧事故电缆、负载侧事故电缆和贯通舱壁与甲板的短电缆、应急接插盒、事故电力受电插座、专用插头及可供临时拉敷的轻便软电缆等组成。穿过舱壁和甲板的接线装置和轻便电缆组成的系统布置在全船关键部位，用于跨接舰船主配电系统和应急配电系统的损坏分段上，以便重新给重要的用电设备供电。

图 2-4-1 是事故电力网络的供电示意图。

#### 2. 事故电力网络的电能传输

事故电力网络的源头应视舰船的大小及该系统的供电能力选接至主发电机的接线盒处（若

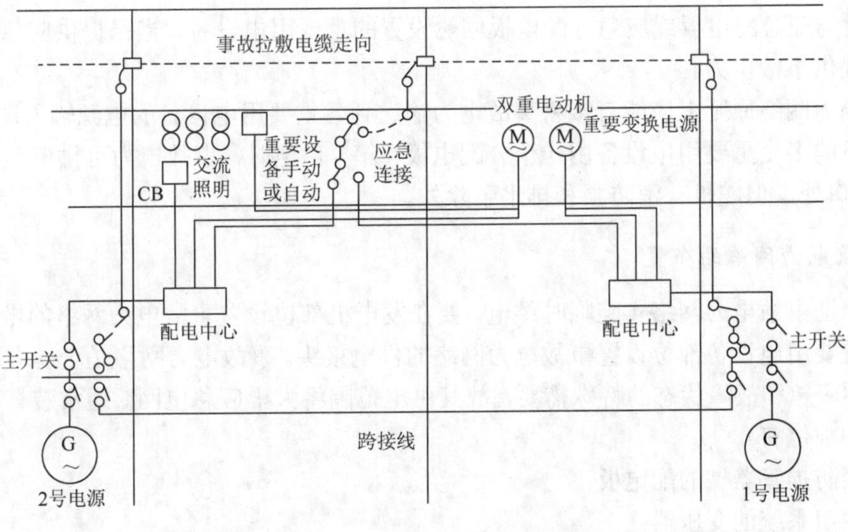

图 2-4-1　事故电力网络的供电示意图

有困难，则可接至主配电板上发电机断路器的电源侧），或接至应急发电机断路器的电源侧。当发电机的单机容量为 500 kW 及以下时，应在左右两舷各设一根电缆立管；当发电机的单机容量大于 500 kW 时，应在左右两舷各设两根电缆立管。

对设有应急电站的舰船在无应急配电板或应急分配电板的水密分舱内，事故电力网络的源头还可以通过应急接插盒和轻便软电缆接至相邻水密分舱的应急配电板或应急分配电板（箱）上。

事故电力网络供电范围主要有如下几种。

（1）一般应为下列设备提供事故电力：

①舵机控制箱；

②消防泵控制箱；

③排水泵控制箱；

④内部通信分配电板（箱）；

⑤重要电子设备的分配电板（箱）；

⑥重要功能系统的分配电板（箱）；

⑦机舱中重要辅助设备的分配电板（箱）；

⑧重要的负载中心配电板；

⑨重要的照明变压器。

（2）事故电力网络的供电范围可视舰船的大小及主配电系统和应急配电系统的设置情况做合理调整，但无论如何至少应为下列设备提供事故电力：

①舵机控制箱；

②移动式电动损害管制设备，如移动式潜水泵、电焊机和电动切割机等；

③固定安装的损害管理设备，如消防泵和排水泵等。

（3）对重要的通信、监控和照明设备，当将备用蓄电池作为应急电源时，可以不再要求提供事故电力。

（4）对与应急配电板或应急分配电板同舱设置的重要用电设备，当已提供应急电力时，可不再要求提供事故电力。

事故电力网络原则上应能直接将事故电力输送到各重要用电设备的电源输入端。当处于同一水密分舱的多个重要用电设备由一个分配电板（箱）供电时，事故电力可供电至该分配电板（箱）的入口处，但舵机、消防泵和排水泵除外。

### 3. 事故电力网络的布置

为了保证事故电力网络实施临时供电，要在发电机部位设置事故电力网络的电源接头，又要在许多重要用电设备部位设置事故电力网络的供电接头。事故电力网络是全船电网的后备手段，它兼顾应急和故障状态的特殊需要，故其供电范围将大于应急电网。通常装有事故供电接头的设备和部位有

（1）消防损管器械的配电板；

（2）照明系统的变压器；

（3）内部通信设备的配电板；

（4）电力设备的配电板；

（5）舰船最重要机械和武器装置；

（6）通用区域配电板（其所在的位置及负载有特殊意义的）。

纵向排列的应急接插盒及临时拉敷的轻便软电缆应布置在主甲板以下，并应尽可能地布置在纵向直通走道内。事故电力网络的上下走线（包括电源引线和各受电设备所在舱室与事故电缆纵向主通道的连接线）应通过立管固定敷设。应急接插盒、事故电力受电插座、需手动转换的事故电力控制盒、临时拉敷轻便软电缆的搁放架及可向事故电力网络供应主电力的供电插座均应布置在易于接近的部位，各种接插盒、插座和控制盒的安装高度应为 1.3～1.8 m。

### 4. 事故电力网络的连接方式

由于在损管的情况下，舰船水密隔舱的密封门必须关闭，所以在这种状态下，就需要依赖固定敷设的电缆段来保证水密隔舱之间的电气连接。而临时拉敷的可移动电缆段则主要在水密隔舱或甲板上做短距离的电力传输。在事故电力网络中固定敷设及可移动的电缆段有以下三种连接方式。

#### 1）舱壁电缆连接方式

该方式需要固定敷设电缆段，安置在水密隔舱壁上。电缆段一般不长，用密封填料函穿过水密隔舱壁。电缆段在水密隔舱壁的两边都设置快速接头，以便与可移动的临时拉敷电缆段相连接。图 2-4-2 为舱壁电缆连接段的方式示意图。

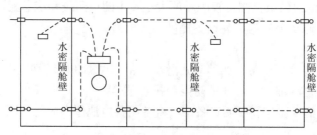

图 2-4-2　舱壁电缆连接段的方式示意图

舱壁电缆连接方式的优点是固定敷设的电缆段很短，因而被击中破坏的概率小，有较强的生命力。系统结构也比较简单。缺点是各个水密隔舱内必须协同动作才能实现事故电力网络连接，增加了组织指挥上的复杂性。此外，该方式在一个水密隔舱进水的情况下，要实现其相邻两个舱之间的事故连接也是十分困难的，因而它只适宜在设有多个连接电源、短距离附近的区域实施事故供电。

2）设置固定敷设纵向电缆的连接方式

该方式是在舰船较安全的部位固定敷设若干纵向电缆，中部又分成几个站，装有接头，与临时应敷的电缆段连接，其示意图如图 2-4-3 所示。

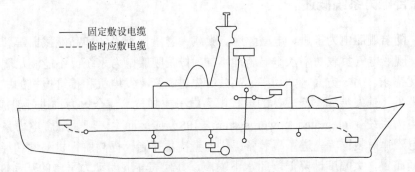

图 2-4-3 固定敷设纵向电缆的连接方式示意图

固定敷设纵向电缆的方式在使用上比较方便，指挥控制灵活，但固定电缆容易被击中损坏，生命力较差。因此，许多规范对该方式的布置是有要求的。通常纵向电缆应布置在损管甲板或最底层甲板的直通通道中，而且要求左右舷至少应各设置一根。

3）设置固定敷设垂向电缆的连接方式

该方式是在舰船不同的横部面上设置若干固定敷设的垂向电缆。某些部位可能配置少量的固定舱壁电缆连接段，而纵向大部分是依靠临时拉敷电缆段来实现事故连接的。图 2-4-4 为固定敷设垂向电缆的连接方式示意图。

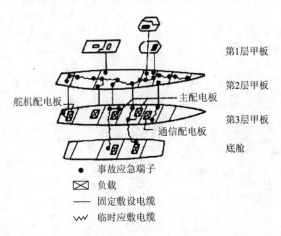

图 2-4-4 固定敷设垂向电缆的连接方式示意图

固定敷设垂向电缆的连接方式的优点是电缆被击中的概率很低，生命力强。但设计时应注意恰当地选择临时拉敷纵向电缆的工作面，例如，可以选择底层甲板直通通道或纵向开阔的甲板面等。为了防止出现一舱进水造成事故电力网络连接困难的情况，可以在多层甲板上设置纵向拉敷连接的工作面，甚至采用障碍比较小的上部甲板作为备用的拉敷工作面。发电机功率较大和要求较高的舰船最好在一个横断面上至少设置两根固定垂向电缆。

# 第五节　舰船综合电力系统

## 一、舰船综合电力系统概述

一方面，随着舰船电力推进、电磁弹射、舰载大容量探测设备和高能武器等新技术的不断发展与完善，舰船电气负载功率水平显著地增加，传统舰船电力系统已不能满足舰船对大容量电能的多样化需求。另一方面，大功率、高效、先进、紧凑发电机和推进电机的成功研制，以及电力电子器件飞速发展和不断成熟的现代电力电子控制技术使全电力推进舰船成为可能，因此舰船综合电力系统（integrated power system，IPS）应运而生。舰船综合电力系统可为电力推进装置、电磁弹射装置等先进军事装备提供能量支撑平台，提高航行机动性和经济性，优化动力装置空间布置，大幅度地降低舰船水下噪声，其代表着舰船动力平台的革命性发展趋势，并将为未来海上作战模式的变革奠定坚实的基础，在海军舰船装备的发展中具有重要的地位。

### 1. 舰船综合电力系统的定义

在舰船综合电力系统的发展过程中，先后出现过混合电力推进系统、综合电力推进系统、综合全电力推进系统、综合电力系统、全电力舰、电力战舰等多种概念。目前基本采用综合电力系统来涵盖上述这些概念。

综合电力系统是指采用电力系统集成技术来实现舰船电能的产生、输送、变换、分配及利用，以满足舰船推进、日用负载、大功率脉冲负载等负荷的需要。它将舰船发供电与推进用电、船载设备用电集成在一个统一的系统内，从而实现发电、配电与电力推进用电及其他设备用电统一调度和集中控制。

### 2. 舰船综合电力系统的组成

舰船综合电力系统的典型结构示意图如图 2-5-1 所示，主要由发电模块、配电模块、变电模块、推进模块、储能模块、监控/管理六大模块组成。

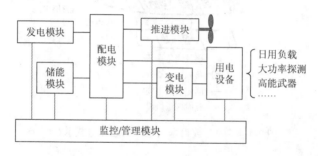

图 2-5-1 舰船综合电力系统的典型结构示意图

发电模块由原动机和发电机组成，用于产生电能；配电模块由电缆、汇流排、断路器和保护装置等组成，用于将电能传送到舰船的各个用电设备和自动识别、隔离系统故障；变电模块根据用电设备的不同电能需求实现电制、电压和频率的变换；推进模块由推进变频器和推进电机组成，推进变频器为推进电机输入电能并控制其转速，推进电机将输入的电能转化为机械能，推动舰船航行；储能模块用于系统电能的存储和释放，既可以在故障状态下为重要负载提供短时电能支撑，又可以为高能武器发射提供瞬时大功率脉冲电能，缓冲其充电和发射期间对舰船电网的冲击；监控/管理模块用于各功能模块的监测、控制和综合管理，协调各模块的工作状态，满足舰船在不同工况下各类负载的用电需求。

**3. 舰船综合电力系统的主要优点**

（1）提高舰船的作战效能。综合电力系统可以对能量进行统一管理和动态分配，既能满足舰船高速航行时动力的需求，又能提供战斗状态下高能武器的用电需求，从而提高舰船作战效能和执行任务的灵活性。

（2）提高舰船的机动性。采用综合电力系统的舰船，其推进系统由于采用变频调速，推进螺旋桨在调速、制动和反转时更为灵活，调节时间更短，对舰船航速、前进、倒车的控制更容易，有利于信息战效能的发挥。

（3）降低热、声和电磁特征信号，提高舰船隐蔽性。在现代海军信息战的对抗中，能够增加我方舰船被敌方舰船感知的距离，推迟敌方舰船对我方舰船如位置、航速等信息的获取，降低敌方舰船信息战的威力。电力推进舰船取消了变速齿轮箱系统和长轴传动系统，推进电动机与主机之间只有电缆构成的柔性连接，切断了主机向外界舰船传播噪声的一个重要途径。综合电力系统还减少了舰船特种装置所需的发电机组、变流机组的种类和数量，这些对于降低舰船的各种热、声和电磁特征信号都有重要的作用。

（4）有利于舰船的总体设计。能量由电缆实现软连接，取消了传统动力系统的减速齿轮箱和长轴传动系统，也不再要求将原动机和螺旋桨布置在同一轴线上，布置更加灵活，缩短了推进轴系长度，有利于扩大舱容。

（5）增强生命力。电力系统的灵活性和模块化使系统能方便地重新组合，由于其不需要齿轮和推进轴，发电模块的布置不考虑推进电动机的位置，并可以将机械设备独立布置在小的无人管理模块上，就不需要大机舱，船上能进行更大的隔离和分舱，提高了安全性，也增强了生命力。

（6）便于实现模块化。综合电力系统采用开放式结构，各单元可以充分地实现通用化、系列化、模块化，可以做到一次开发多次应用，减少动力装备型号，减少舰船设计的工作量，降低舰船的建造和运行成本。

（7）增加能量的利用效率。电力推进优越的低速、调速性能可以实现良好的机桨匹配，在各种工况运行条件下达到最佳的效果，研究表明：驱逐舰采用综合电力系统在 30 年工作寿命期间将比采用机械推进节省 16% 以上的燃料费，从而降低了舰船全寿命费用。统一的中心电站向推进、日用负载和其他专用负载提供电力，能灵活地转移各种负载之间的功率。

（8）减少人员编制。综合电力系统中采用了先进的自动化控制技术，能实现无人监测和自动控制功能，减少人员编制，降低人员的工作强度，以最少的人员编制达到常规舰船的满员效果。美国的研究人员在对 DDG-51 和 DDG-1000 进行对比时，指出采用了综合电力系统的

DDG-1000 的人员数从 DDG-51 的 24 名军官、272 名士兵，降低到 14 名军官、106 名士兵。据估计，采用了综合电力系统的舰船，人员能减少 50%~75%。

## 二、舰船综合电力系统的模块组成

### 1. 发电模块

发电模块主要由原动机和发电机组成。

#### 1）原动机

综合电力系统发电模块的原动机主要有柴油机、蒸汽轮机、燃气轮机、核能反应堆装置和燃料电池五种形式。

（1）柴油机。柴油机是目前舰船电力系统中最为广泛采用的原动机，特别是中、小型舰船，采用柴油机较蒸汽轮机更为经济。为了减轻重量和减小体积，综合电力系统发电模块一般采用高、中速柴油发电机组作为原动机。

（2）蒸汽轮机。一般适用于大功率电力推进船及船上本身需要大量蒸汽消耗的舰船。蒸汽轮机输出功率大，运行可靠性高，使用的燃料价格较为低廉，运行成本低，适于长时间运行。蒸汽轮机的缺点是需要蒸汽锅炉为其提供气源，其动力装置尺寸、重量大，需要占用大量舰船空间。

（3）燃气轮机。燃气轮机功率大、体积小、功率密度高、重量轻、扭矩恒定、振动小、起动快，是舰船综合电力系统优先考虑的原动机，舰用燃气轮机如图 2-5-2 所示。目前世界各国海军提出的综合电力系统方案普遍将燃气轮机作为发电模块原动机的主要形式。但燃气轮机造价昂贵、技术难度大、起动快但过程复杂，其核心技术仍被少数发达国家所垄断。

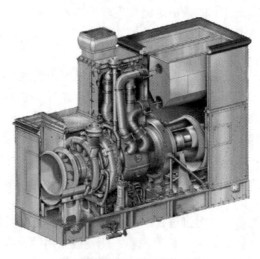

图 2-5-2　舰用燃气轮机

（4）核能反应堆装置。把核能反应堆装置中产生的热能，通过热交换器，加热蒸汽或惰性气体，然后通过蒸汽轮机发电。作为电力推进船，它可以不需储备燃料而航行很长时间，因而适于核动力破冰船、航空母舰等大中型舰船。

（5）燃料电池。燃料电池是直接或间接地使用燃料氧化自由能的化学电池，它与通常的电池不同，只要连续供应燃料就能连续产生电能。此外，它工作可靠，无噪声，并可以根据需要，任意串、并联。这些优点使燃料电池在电力推进的应用中具有广阔的发展前景。

2）发电机

发电机主要有自励同步发电机、永磁发电机、异步发电机和超导发电机四种形式。

自励同步发电机是舰船发电机组的成熟产品，从数十千瓦到兆瓦级都有成型产品，在舰船电力系统中应用广泛，其中，电力集成多绕组新型同步发电机（图 2-5-3）具有高功率密度和高电能品质等优点，其关键技术已获突破，在综合电力系统发电模块中具有极佳的应用前景。

图 2-5-3　电力集成多绕组新型同步发电机

永磁发电机和异步发电机具有功率密度高的突出优点，主要用于高速整流发电机，功率等级可达到数兆瓦级。

超导发电机也具有功率密度高的突出优点，但是有很多关键技术尚未突破，技术比较复杂，可靠性没有保证，目前难以取得实际的应用。

2. 配电模块

配电模块或配电网络承担电能的分配、输送和管理及电力系统的保护等功能。大型水面舰船电力系统电力网络可以分为主干供电网络（或基本网络）和配电网络。按照供配电网络结构形式的不同，配电模块可以采用以下几种形式。

（1）干馈式配电形式。干馈式配电形式应用广泛，但是这种配电形式电缆用量大，穿舱电缆多，供电生命力较弱，供电连续性不高。

（2）环形电网配电形式。环形电网配电形式与干馈式配电形式相比，馈电通路增加，一般主干电网采用环形电网配电形式，增加电站间的连接通路，重要负载采用多路供电，从而提高了供电生命力。同时环形电网配电形式的保护比较复杂，横向保护与纵向保护协调较为困难，运行管理难度增加。

3. 推进模块

典型的推进模块如图 2-5-4 所示。

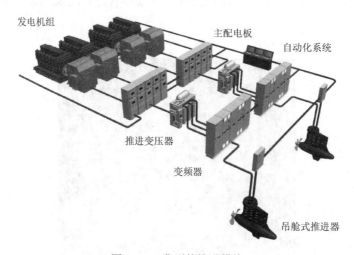

图 2-5-4　典型的推进模块

推进模块由推进电动机、变频器和推进器组成。

1）推进电动机

按电动机类型，推进电动机分为直流推进电动机、交流推进电动机、永磁推进电动机和超导推进电动机。

（1）直流推进电动机。直流推进电动机具有转速、过载、起动和运行性能良好等优点，在潜艇电力推进系统中至今仍占统治地位。为了适应形势发展的需要，我们正不断地改进设计，采用新技术、新结构、新工艺、新材料，以提高推进电动机的性能。直流推进电动机包括单枢单换向器、单枢双换向器、双枢双换向器、双枢四换向器等。

（2）交流推进电动机。电力电子技术和控制技术的飞速发展使得交流调速性能可以与直流调速相媲美、相竞争。交流推进电动机已有逐步替代直流推进电动机的趋势。交流推进电动机包括绕线式异步推进电动机、鼠笼式异步推进电动机、同步推进电动机等。

（3）永磁推进电动机。伴随着永磁材料和交流调速的发展，永磁推进电动机以其明显的优势正广泛地应用在大洋之上。永磁推进电动机在德国 212 型潜艇、俄罗斯"阿穆尔"的常规潜艇上的成功应用及美国、英国、法国等在实用化研究上的硕果累累，有力地证明了它是近中期首选的动力装置，是舰船直流推进电动机的更新换代产品。永磁推进电动机按气隙磁通方向可以分为径向磁通永磁电动机、轴向磁通永磁电动机和横向磁通永磁电动机。按电枢绕组及电势波形，永磁推进电动机可以分为正弦波永磁电动机和方波（梯形波）永磁电动机。

（4）超导推进电动机。高温超导材料的发展引起了世界各国的青睐，是中远期可以提供高效、大功率动力的推进电动机。超导推进电动机有超导单极电动机、超导同步电动机、超导异极电动机（即超导换向器式直流电动机）、特种超导电动机等。其中，超导单极电动机、超导同步电动机具有一定的研究基础，较为成熟。

在舰船电力推进中交流推进电动机占主导地位。在潜艇电力推进中直流推进电动机目前占主导地位。

2）变频器

综合电力系统采用的变频器主要有以下几种。

（1）交直变流器，控制对象为直流电动机。在舰船电力推进应用中，桥式全控晶闸管整流器给直流电动机供电，具有可控的电枢电压，实现直流推进电动机的调速功能。

（2）交-交循环变频器，控制对象为感应或者同步电动机，主要用于速度极低扭矩极高的场合，如破冰船等，另外，该变频器的功率密度较低，输出谐波大，导致较大的振动和噪声。

（3）同步变频器（又称电流源逆变器或者负载换向逆变器），控制对象为同步电动机，主要用于同步电动机变频调速控制，其技术发展已经十分成熟，由于它主要采用晶闸管作为主开关器件，在电压、功率等级和经济性方面具有优势，所以很多采用电力推进的大型民船（邮轮和客轮等）都采用这种结构的变频器，它的主要缺点是功率密度不高，同样存在噪声和振动较大的问题。

（4）电压源型脉宽调制变频器，控制对象为感应电动机、同步电动机或者永磁电动机。该变频器在功率密度、输出谐波、控制性能等方面比其他几种类型的变频器具有更多的优点，另外，它的控制对象也更加灵活，可以是感应电动机、同步电动机或者永磁电动机。脉宽调制（pulse-width modulation，PWM）变频器对电网电制和推进电动机的类型都没有限制。如果采用交流电网，需要增加一套变压整流装置：因为电网是三相三线制，为了获得高品质的直流电源，一般采用 6 相 12 脉波整流或者 12 相 24 脉波整流，这就需要引入一套笨重的移相变压器，二极管整流装置和滤波装置也必不可少，对变频装置而言，这是采用交流电网的一个缺点。如果采用直流电网，那么变频器的直流电源可以直接从电网获取，省去了移相变压器，整流装置可以集成到发电装置中，而发电系统也可以采用高速高功率密度集成发电技术，不但可以减小设备的重量、体积，也可以提高直流电源品质。对于其他舰用低压交流负载设备，可以采用额外的逆变电源供给，或者利用辅助低压交流机组供给。

3）推进器

推进器的种类有常规轴系电力推进、Z 型电力推进器、吊舱式推进器、磁流体推进器。

（1）常规轴系电力推进。常规轴系电力推进是由推进电动机通过轴系直接带动螺旋桨推动舰船前进，与常规机械推进的传动设备基本相同。

（2）Z 型电力推进器。Z 型电力推进器由两对伞型齿轮传动带动螺旋桨的全回转装置。推进电动机在船体内，主要应用于航速低于 15 kn 的拖轮及海上作业船，由于受机械强度和伞型齿轮加工难度的限制，当该推进器作为主推进器时，一般单机不大于 7000 kW。

（3）吊舱式推进器。吊舱式推进器是近年来发展的一种非常先进的新型电力推进系统。吊舱式推进装置结构图如图 2-5-5 所示。

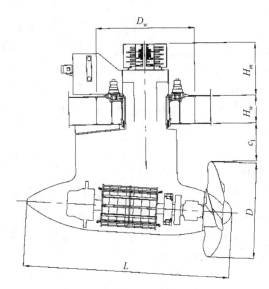

图 2-5-5　吊舱式推进装置结构图

（4）磁流体推进器。磁流体推进器可以分为外磁式磁流体推进器和内磁式磁流体推进器两种。外磁式磁流体推进器的磁场和电场均在推进器的外部，故又称为外部式磁流体推进器。内磁式磁流体推进器的磁场和电场在推进装置的内部，故又称为内部式磁流体推进器。

## 4. 变换模块

依据交流配电和直流配电两种结构，变换模块也相应地分为两种不同类型：

（1）当采用交流区域配电时，大功率的冲负荷变换模块主要包括 6600 V/390 V 日用变压器、390 VAC 变至 320 VDC 的 AC-DC 模块、320 VDC 变至 110 VDC 或 24 VDC 的 DC-DC 模块、320 VDC 变至 220 VAC 的 DC-AC 模块、320 VDC 变至 400 Hz AC 的 DC-AC 模块。

（2）当采用直流配电方案时，电力变换模块主要包括 6600 VAC 至 800 VDC 的 AC-DC 模块、800 VDC 至 600 VDC 的 DC-DC 模块、600 VDC 至 110 VDC 或 24 VDC 的 DC-DC 模块、600 VDC 变至 390 VAC 的 DC-AC 模块、600 VDC 变至 400 Hz AC 的 DC-AC 模块。

## 5. 储能模块

储能模块主要包括五种形式。

（1）蓄电池。蓄电池技术已相当成熟，可以满足舰船的应用需求，但存在功率密度小、脉冲功率不大、充电缓慢等诸多不利因素。

（2）飞轮储能。飞轮储能可以分为两种类型：一种是电动发电机驱动的脉冲发电机组，属于脉冲发电模块，主要用于飞机电磁弹射器或高能武器；另外一种是高速飞轮储能，主要用作应急电源。

（3）燃料电池。燃料电池将是一种理想的储能装置，可以实现分布式的不间断电源。

（4）超导储能。超导储能可以用于高能武器，也可以用于不间断电源，当用于不间断电源时，超导储能装置必须进一步提高容量、可靠性。

（5）电容储能。电容储能还处在基础研究中，正逐渐向实用化方向发展。

### 6. 监控/管理模块

监控/管理模块主要由综合平台管理系统实现，综合平台管理系统源自工业生产中广泛应用的计算机集成制造系统（computer-integrated manufacturing system，CIMS），它是集计算机、通信、网络、自动控制等技术于一体，用网络把舰船平台部分的主要系统及设备连接在一起，为舰船的操作管理人员提供了一个信息采集、显示的自动路径和对这些系统及设备实现自动监控与远距离操纵及智能化管理的优良平台。综合平台管理系统可以实现对综合电力系统的监测、报警、控制和管理。综合平台管理系统一般包括：推进监控系统、电站及电能管理系统、辅机监控系统、损管系统、三防系统、综合舰桥系统、综合状态评估系统、实船在线训练系统、全船保障系统、电视监视系统等分系统。

## 三、舰船综合电力系统举例

### 1. 美国海军水面舰船综合电力系统

美国海军水面舰船综合电力系统由图2-5-6、图2-5-7所示结构和一系列模块组成（表2-5-1和表2-5-2）。美国海军水面舰船综合电力系统与本书介绍的舰船综合电力系统存在一定的差异。

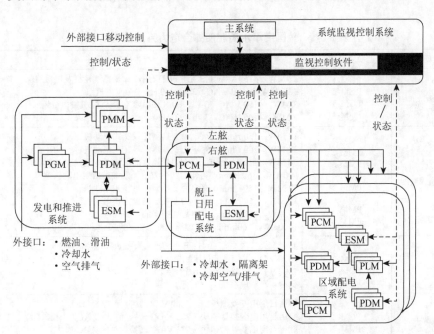

图 2-5-6　美国海军水面舰船综合电力系统的结构

PGM-发电模块；PMM-推进电动机模块；PDM-配电模块；ESM-能量储存模块；PCM-电力变换模块；PLM-平台负载模块

IPS 的结构综合了舰上日用负载与电力推进负载所需的发电、配电、蓄电和电力变换的功能，将其分为七个部分：发电、能量储存、电力变换、电力分配、推进动力、平台负载和电力管理。每个部分都有模块相对应，可以从舰船具体要求出发，从这七类模块中予以选择，组成电力系统结构。

当模块应用于舰船上时，可以设置在四个模块中（图2-5-7）：发电模块、推进电动机模块、电力变换模块、区域配电模块。

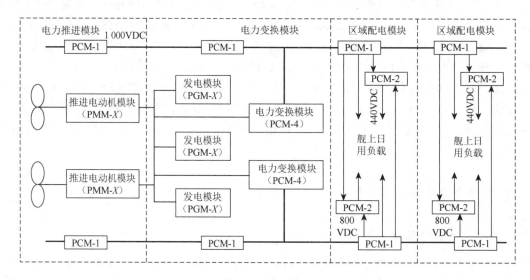

图 2-5-7　美国海军水面舰船综合电力系统的模块

**表 2-5-1　美国海军水面舰船综合电力系统模块系列**

| 模块类型 | 模块名称 | 标准定额参数 |
|---|---|---|
| 发电模块 | PGM-1 | 22 MW，4160 V AC，3 相，60 Hz 中冷回热燃气轮机发电机组 |
| | PGM-2 | 3.75 MW，4160 V AC，3 相，60 Hz 柴油发电机组 |
| | PGM-3 | 3 MW，4160 V AC，3 相，60 Hz 501-K34 燃气轮机发电机组 |
| | PGM-4 | 8 MW，4160 V AC，3 相，60 Hz 柴油发电机组 |
| 推进电动机模块 | PMM-1 | 19 MW，150 r/min，有电力变换器的鼠笼式电动机 |
| | PMM-2 | 38 MW，150 r/min，有电力变换器的鼠笼式电动机 |
| | PMM-3 | 38 MW，±150 r/min，有电力变换器的鼠笼式电动机 |
| | PMM-4 | 800 kW，360 r/min，可伸缩和变方位辅助推进器用电动机 |
| | PMM-5 | 53 MW，150 r/min，有电力变换器的鼠笼式电动机 |
| | PMM-6 | 12 MW，150 r/min，有电力变换器的鼠笼式电动机 |
| | PMM-7 | 28 MW，150 r/min，有电力变换器的鼠笼式电动机 |
| | PMM-8 | 1400 kW，360 r/min，可伸缩和变方位辅助推进器用电动机 |
| 区域配电模块 | PDM-1 | 4160 V AC，3 相，60 Hz 开关和电缆，推进配电系统 |
| | PDM-2 | 1000 V DC 区域直流日用配电系统 |
| | PDM-3 | 1000 V DC 区域交流日用配电系统 |
| | PDM-4 | 脉冲功率配电系统 |
| 电力变换模块 | PCM-1 | 舰用日用电变换器模块，1000 V DC 转换为 775 V DC |
| | PCM-2 | 舰用日用电变换器模块，775 V DC 转换为 450 V AC，3 相，60 Hz 或 400 Hz |
| | PCM-3 | 舰用日用电变换器模块，775 V DC 转换为 155 V DC 或 270 V DC |
| | PCM-4 | 舰用日用电变换器模块，4160 V AC，3 相，60 Hz 转换为 1000 V DC |
| 电力控制模块 | PCOM-1 | 综合电力系统监控软件 |
| | PCOM-2 | 区域级监控软件 |
| 能量储存模块 | ESM-1 | 舰用日用电，1000 V DC |
| | ESM-2 | 舰用日用电，775 V DC |
| 平台负载模块 | PLM-1 | 不可控 450 V AC 舰用日用电负载 |
| | PLM-2 | 可控 450 V AC 舰用日用电负载 |
| | PLM-3 | 不可控 155 V DC 或 270 V DC 舰用日用电负载 |
| | PLM-4 | 可控 115 V DC 或 270 V DC 舰用日用电负载 |

表 2-5-2 各类舰船计划供电要求及综合电力系统模块配置

| 各类舰型 | | 水面战舰 | 两栖战舰 | 航空母舰 | 军用货舰 | 巡航舰 |
|---|---|---|---|---|---|---|
| 计划供电要求 | 满载排水量/t | 9200 | 25 800 | 26 500 | 41 500 | 18 000 |
| | 推进轴数 | 2 | 2 | 2 | 2 | 2 |
| | 推进轴转速/(r/min) | 168 | 165 | 180 | 91 | 150 |
| | 总功率/SHP（注：轴马力） | 72 500 | 40 000 | 13 5000 | 60 000 | 27 750 |
| | 舰用日用负载/kW | 4 250 | 6 500 | 10 700 | 2 400 | 9 000 |
| 模块配置 | 发电模块 | PGM-1 3个<br>PGM-3 1个 | PGM-2 1个<br>PGM-4 5个 | PGM-1 6个<br>PGM-2 2个 | PGM-1 1个<br>PGM-5 4个 | PGM-4 4个 |
| | 推进电动机模块 | PMM-7 2个<br>PMM-4 4个 | PMM-1 2个<br>PMM-8 2个 | PMM-5 2个<br>PMM-8 2个 | PMM-1 2个 | PMM-6 2个 |
| | 配电模块 | PDM-1 4个<br>PDM-2 2个 | PDM-1 6个<br>PDM-2 4个 | PDM-1 8个<br>PDM-2 5个 | PDM-1 2个<br>PDM-2 1个 | PDM-1 2个<br>PDM-2 2个 |
| | 电力变换模块 | PCM-1 N个<br>PCM-2 N个<br>PCM-4 3个 | PCM-1 N个<br>PCM-2 N个<br>PCM-4 4个 | PCM-1 N个<br>PCM-2 N个<br>PCM-4 5个 | PCM-1 N个<br>PCM-2 N个<br>PCM-4 1个 | PCM-1 N个<br>PCM-2 N个<br>PCM-4 N个 |

发电和推进系统以一个专门的配电模块［PDM（power distribution module）-1］为中心。PDM-1 由 4160 V AC，60 Hz 的三相配电电缆和有关设备构成。舰上所有原动机包含在向 PDM-1 供电的发电机模块（power generation module，PGM）中，是发电和推进系统的一部分。该子系统中还有推进电动机模块（power motor module，PMM），可能还含有能量储存模块（energy storage module，ESM）。

舰上日用配电系统以 PDM-2 为核心。PDM-2 由 1000 V DC 配电电缆及有关设备组成。电力变换模块（PCM-4）将 PDM-1 中 4160 V AC 变换成 1000 V DC 供给 PDM-2。能量储存模块也可以连接在 PDM-2 上。

区域配电系统由若干区域配电模块、能量储存模块、电力变换模块和平台负载组成。通过 PCM-1 将 PDM-2 中的 1 kV DC 变换成 800 V DC 输入 PDM-5。PCM-1 还起着故障隔离和限流等作用，提高区域的生命力。舰上日用负载接受直接来自 PCM-1 的电能，同时也接受来自电力变换模块的电能，即将 775 V DC 变换成需要的电能（440 V AC，60 Hz；440 V AC，400 Hz；270 V DC 或 155 V DC）。

最后一项是系统监视控制系统。它包括进行电力管理、故障响应和系统人-机接口的各种必要的软件，即系统级的控制软件（PCON-1）和区域级的控制软件（PCON-2）。假定系统监控系统放在综合电力系统外面的一个计算机和网络化的外部设施中。目前，这个外部设施称为标准监控系统（standard monitoring and control system，SMCS）。尽可能地将综合电力系统控制软件设计成主软件以外的独立部分，以待将来能够发挥计算机和网络的优势。

2. 美国海军核潜艇综合电力系统

20 世纪 90 年代初美国海军开始了一项关于核潜艇的先进的电力推进、发电和配电的综合电力系统课题。美国海军核潜艇综合电力系统的基本网络见图 2-5-8。

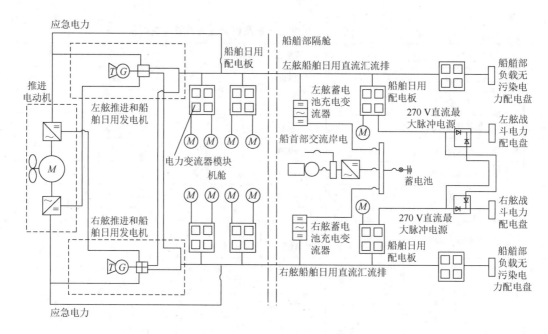

图 2-5-8   美国海军核潜艇综合电力系统的基本网络

美国海军核潜艇综合电力系统包括的主要设备有如下几种。

（1）两台永磁结构的推进蒸汽轮机发电机（额定功率为 15 MW，额定转速为 5300 r/min，额定电压为 890 V，额定频率为 1767 Hz），通过装在发电机内的四组可控整流模块输出 750 V 直流电力，分别给推进电动机和舰船日用系统供电。

（2）发电机两组推进直流模块通过由大功率绝缘栅双极型晶体管（insulated gate bipolar transistor，IGBT）组成 PWM 逆变器来供电给一台额定功率为 25 000 SHP（轴马力）、额定转速为 100 r/min 的 6 相 72 极轴向气隙永磁推进双绕组电动机。

（3）发电机的两组日用整流模块通过舰船日用配电板向沿着直流汇流排各个船体分段内的带逆变模块的负载中心供电。负载中心的由 IGBT 元件组成的 PWM 逆变模块可以提供各船体分段内负载所需的不同类型电力，如 450 V，3 相，60 Hz；120 V，单相，60 Hz 或 400 Hz 及其他电压等级的直流电力。

（4）艇上蓄电池通过直流日用汇流排可以向推进电动机提供应急电力。

（5）艏部隔舱内有 270 V 直流最大脉冲电源向战斗负载提供电力，并设有艏部负载无污染电力配电盘。

从上述可见，美国海军水面舰船与核潜艇综合电力系统有一个共同点就是都采用交-直流混合电制。10 000 t 以下的水面舰船发电模块的电制为 4160 V，60 Hz；发出的交流电力供给推进模块（带电力变频器的鼠笼式电动机），同时通过电力变换模块将 4160 V，60 Hz 交流电变换成 1000 V 直流电，直流输电至各个区域，在各个区域通过电力变换模块将 1000 V 直流电变换成 775 V 直流电，再通过电力变换模块将 775 V 直流电变换成 450 VAC，3 相，60 Hz 或 400 Hz。核潜艇的差别是发电机本身输出交流电（890 V，1767 Hz），但发电模块输出 750 V 直流电，通过直流输电至核潜艇的各个分段，再通过变频器变换成各种负载所需要的电力类型。

3. 英国海军综合全电力推进系统

1987 年 7 月，采用柴油发电机组、燃气轮机联合推进系统的双轴护卫舰下水引起了世界的关注，但由于该系统没有实现真正意义上的综合全电力推进而被英国作为过渡的系统。此后，为了实现综合全电力推进系统，英国制定了综合全电力推进（integrated full electric propulsion，IFEP）系统发展规划，并计划将其用于 2010 年后的水面舰船上。

IFEP 系统采用 WR21 型燃气轮机作为主发电机组的原动机，每台燃气轮机驱动一台 22 MW 的 4 极交流发电机及两台各为 180 r/min、20 MW 的推进电动机，所推荐的电动机为鼠笼感应电动机。采用中压推进汇流排，在推进汇流排和日用汇流排之间用功率变换器连接，两台燃气轮机发电机要求能提供 2×20 MW，并且同时供电给日用负载（最大功率为 2.5 MW）。

图 2-5-9 为英国典型舰船综合全电力推进系统框图。

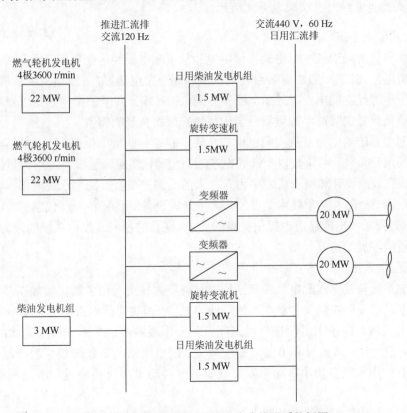

图 2-5-9 英国典型舰船综合全电力推进系统框图

在英国典型舰船综合全电力推进系统中，在低速和巡航速度下，推进功率和日用负载由一台燃气轮机发电机或者一台或多台柴油发电机供给。小功率的柴油发电机连接到推进汇流排和日用汇流排上，其规格和分配取决于对其利用率的考虑，以及在燃气轮机发电机变为不经济的低速航行时对其维持合理效率的要求。交流推进汇流排系统的重要特征是燃气轮机直接驱动（无减速齿轮箱）22 MW 发电机以 3600 r/min 恒速运行，各发电机在 120 Hz 交流汇流排上实现同步。推进功率取自交流汇流排，各电动机由一台带直流环节的变频器驱动。推进汇流排与日用汇流排的连接由可提供高质量电源的旋转变流机（同步电动发电机）实现，旋转变流机能执行频率变换、电压变换、隔离推进汇流排的谐波等功能。

## 四、舰船区域配电系统

区域配电系统是舰船综合电力系统配电网络的主要形式，下面对其进行简要介绍。

舰船配电系统由配电装置及相应的电力网络组成，其基本功能是合理配置电能，采取各种有效措施来保证用电设备得到最可靠的电力供应。传统的舰船配电系统主要采用径向式配电系统，包括干线式、馈线式、干馈混合式、环形配电式等。目前许多国家正在研究实施区域配电系统作为下一代舰船电力系统的组成部分，取代现行的径向式配电系统，这将在提高生命力、减轻重量、减少人员配备及降低总费用等方面带来明显的效益。

### 1. 径向式配电系统与区域配电系统的比较

#### 1）径向式配电系统

径向式配电系统采用从主配电板直接供电和从主配电板经区配电板（或称为负载中心）供电相结合的配电方式。它一般配置多台发电机组和相应配电装置，各发电机组单机或并联运行，三相交流低压电源经主配电板、区配电板和分配电板（箱）向全船配电。变压器用于所需转换电压或为敏感负载提供隔离，变频器用于满足特殊频率负载的需要。

径向式配电系统的电力是从主配电板和负载中心等一些集中位置，经由专用电缆直接配送给贯穿全船的用户负载。结果数以千计的电缆遍布全船，横穿隔舱壁并占用大量的空间用于安装，配电系统在舰船设计和制造成本中占有很大的比例。在船上发生水灾或损坏事件时，实行电气隔离也很困难。随着科学技术的发展，大量新式设备陆续装备新一代舰船，电气化程度不断增高，对电力需求和电能品质也提出更高的要求。现有的径向式配电系统的能力正趋于极限，已逐渐不能适应发展的需要。

#### 2）区域配电系统

区域配电系统与径向式配电系统在结构上具有重大转变，两者的比较如图 2-5-10 所示。

区域配电系统采用左舷及右舷主汇流母线方式，依据实船的水密隔舱将配电范围划分为一定数量的配电区域。两条主汇流排母线之间有两层甲板隔离，分别安装于吃水线的上方和下方，使得距离最大化，从而提高事故时的生命力。配电网络的每条母线穿越全船各配电区域，通过负载中心向用电设备供电，而重要负载则通过自动母线转换装置与所在区域的两个负载中心相连。

区域配电系统用舷侧母线和负载中心取代了传统舰船配电系统中的多层母线，降低了舰船配电的费用。左侧和右侧船舷的母线都由发电模块供电，而自身则为所有的电力区域供电。每个配电区域相互独立，包含风机系统、冷却系统、电力配电系统及其他日用电力系统。配电功能单元用于在其他各功能单元之间实现电力传输，它只和系统控制功能单元交换控制指令和数据信息。相应的配电模块则通常由电缆、开关及故障保护等设备组成。

区域配电系统的优点表现在：

（1）使配电分区界面与舰船的水密分区和结构分区界面相重合，与整个船身的模块化建造相结合，有利于消防系统和空调系统的分区；

（2）只有主汇流排母线穿过水密隔舱壁，使配电板馈线电缆大大减少，既降低了重量和造价，又提高了舰船的生命力；

（3）区域配电技术满足区域造船的要求，电缆敷设与区域建造可以同时进行，允许在区域合拢之前进行设备安装和试验，最后通过两条母线连接各供电区域即可，大大提高了工作效率，降低了生产费用。

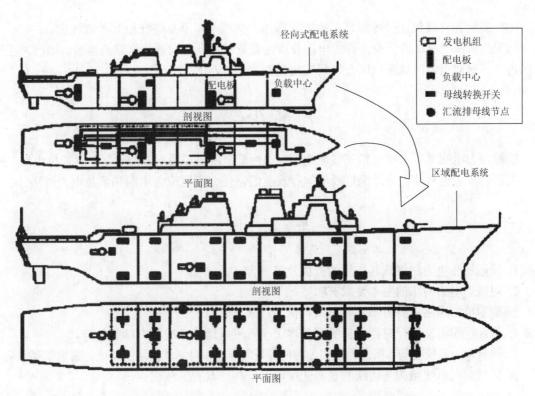

图 2-5-10　径向式配电系统与区域配电系统结构的比较

舰船区域配电系统设计时要充分地考虑电力区域的位置及覆盖面。为了提高舰船生存能力和降低建造费用，有必要使电力区域的界线、防水隔离线和建造区域界线三者统一。但是，电力区域的实际数量和位置是综合权衡的结果，它牵涉到生产效率、生存能力、采购费用等众多因素。若电力区域跨过太多的防水隔离壁板，则配电系统在积水情况下的生存能力就会降低；若跨过太多的建造区域，则需预先敷设的电力电缆和数量也会增加，生产成本直线上升。另外，过多的小规模电力区域会增加负载中心的总数和元器件的采购数量，也增加了维修工作量。

2. 舰船交流区域配电系统

根据主汇流排母线所采用电制的不同，区域配电系统可以分为交流区域配电和直流区域配电两种类型。国外以交流区域配电系统为主，情况如下：

交流区域配电系统的基本组成包括发电机配电板（含同步和并联控制器）、两条左右舷交流主汇流母线、负载中心、变压器、变频器、母线转接装置及交流配电设备等。

20 世纪交流电动机技术的发展使得交流电制特别受到青睐。目前世界各国舰船电力系统绝大多数都是采用交流电制，因此在区域配电概念提出之初采用交流电制似乎是唯一的选择，

然而其一些固有矛盾限制了应用前景，主要有

（1）接入电网的所有电动机必须要有足够的阻尼以减少干扰谐波，而且这些发电机必须严格地同步，其特性必须匹配；

（2）无功功率直接影响电网的品质、电压及其损耗，对于大型舰船电力系统而言治理比较困难；

（3）舰船各种现代化设备需要多种电制形式，交流电源不易进行相互灵活转换。

当采用直流电制，或至少将输配电部分改为直流时，以上问题就可迎刃而解。因此，近年来国内外纷纷对直流区域配电展开了研究与探索。

# 本 章 小 结

舰船电力电网类型主要包括干线配电制、馈线配电制、干馈混合配电制、环形供电制、网形供电制。除主电网外，为了保证舰船航行安全通常还会配置应急电网和事故电力网络。

# 练 习 题

1. 简述舰船电力网络按其作用的分类及各种含义。
2. 对舰船电力网络的基本要求有哪些。
3. 舰船电力网络主要有哪几种型式？试比较其优缺点。
4. 战斗舰船电站运行时都包括哪些基本工况？不同运行工况各有哪些特点。
5. 综合电力系统的基本概念、结构、功能都是怎样的？对基本模块的组成、要求都有哪些。
6. 区域配电系统结构与传统的径向式配电系统相比具有哪些优点。

# 第三章

## 舰船电力负荷计算

舰船电力负荷是由舰船上形形色色的用电设备所构成的。在舰船运行工况不断变化的条件下，各种用电负荷在运行功率、起动次数或工作持续时间上都带有随机的性质，使舰船发电机的负荷功率成为一个随机变量。

舰船电力负荷计算的目的在于：

（1）计算舰船处于各种工况下的平均电力负荷值，作为选择主发电机组的依据；

（2）计算最小负荷工况的平均电力负荷值，以检查主发电机组低负荷下的工作情况；

（3）计算应急工况下的平均电力负荷值，作为选择应急发电机组的依据；

（4）计算停泊工况下的平均电力负荷值，作为是否需要设置停泊发电机组及选择停泊发电机组的依据。

# 第一节　舰船电力负荷的分类及其特点

## 一、舰船电力负荷的分类

舰船电力负荷种类繁多，但大体可划分为以下几种类型。

（1）舰船航行所需的负荷。当舰船处于航行状态时，各种装备所需的电力负荷，包括主机辅助设备、导航设备、舵机、通风机等的负荷。

（2）舰船机动工作所需的负荷。当舰船处于进出港、离靠码头、备航等工况状态时，各种装备（包括空压机、主动舵及其他机动设备）工作所需的电力负荷，工作有较强的随机性。

（3）舰船泊港所需的负荷。当舰船处于停泊状态时，各种装备（包括甲板机械、照明和其他日常生活设备等）工作所需的电力负荷。这类负荷通常是比较低的。靠岸停泊时，应尽可能地由岸上电源来提供电力，以节省舰上发电机组的工作时间。

（4）舰船特种装置所需的负荷。当舰船执行战斗使命时，观通、电子和武器特种设备工作所需的电力负荷（包括导弹、火炮、鱼雷、深弹及声呐、消磁设备等）往往会构成舰船最大的电力负荷工况，而且各种设备也都有其特殊的负荷变化规律。

（5）舰船生活所需的负荷。舰船日常生活所需的电力负荷，包括照明、空调、冷藏、舰内通风设备等。这类负荷与舰船的性质和季节、气候有密切的关系。

电力负荷的分类方法并不是唯一的，例如，在进行负荷计算时，舰船的负载可以分为下面几类：

（1）武器装备，包括火炮、导弹、鱼雷和水雷的拖动及控制设备、多种雷达、声呐、导航、无线电和指挥仪等。

（2）甲板机械，包括舵机、锚机、绞缆机、起重机和减摇装置等。

（3）动力机械，包括为主机服务的鼓风机、滑油泵、燃油泵和冷却水泵等。

（4）系统机械，包括消防泵、淡水泵、造水机、空调装置和通风机等。

（5）照明及其他，包括照明、电热器和充电设备等。

图 3-1-1 是用自动记录仪绘出的某舰船发电机电力负荷的变化曲线。

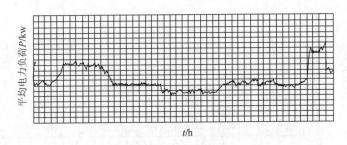

图 3-1-1　某舰船发电机电力负荷的变化曲线

## 二、舰船电力负荷的特点

（1）负荷的大小与舰船所处的工况有密切关系，表 3-1-1 列出了三种具有代表性的舰船在各种工况下的电力负荷情况。

表 3-1-1　三种舰船在各种工况下的电力负荷

| 舰船类型 | 工况 | | | | |
|---|---|---|---|---|---|
| | 停泊 | 锚泊 | 巡航 | 全速航行 | 战斗 |
| CV 级航空母舰（美） | | | 12 464 kW | 27 088 kW | |
| DD963 导弹驱逐舰（美） | 940 kW | | 1 700 kW | | 1 910 kW |
| C70 导弹驱逐舰（法） | | 680 kW（冬）<br>546 kW（夏） | | 856 kW（冬）<br>783 kW（夏） | 1 124 kW（冬）<br>1 194 kW（夏） |

（2）舰船各种设备，尤其是电动机负荷一般均在低于或等于其额定功率的状态下工作，这是因为设备选用标准系列电动机时，总会留有适当的裕度。因此，不要把设备的装置功率（配备电动机的额定功率）和实际的电力负荷等同起来。

（3）不同类型的舰船，其电力负荷的性质有很大的差别。这是因为担负不同使命的舰船其配备的装备和运行工况也是不同的。

（4）舰船电力负荷的工作有很强的系统属性。不属于同一系统的电气设备相互间一般没有运行的制约关系，而属于同一系统的电气设备就会因为系统协同动作的要求而相互间产生制约关系。例如，舰上锚机的工作通常不会受到某台通风机的影响和限制。但同属一个动力系统的两台辅助泵，却必须根据主机的要求协同动作。

（5）舰船电力负荷具有随机性。电力负荷虽多，但基本上可以分为两种形式，一种是运行功率大体上维持不变，它们的随机性质仅仅表现在工作或不工作两种状态的随机交替上，如一些恒流量的泵、恒输出机械的电力拖动负荷等。图 3-1-2 为直线航行时舵机的典型负荷曲线。

另一种是运行功率的大小有较大的波动，它们的随机性质不仅表现在工作状态的交替上，而且表现在负荷功率的数值变化上。图 3-1-3～图 3-1-5 中负荷曲线所表示的即是这种形式的负荷。

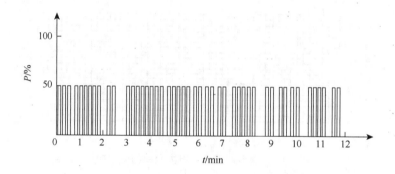

图 3-1-2　直线航行时舵机的典型负荷曲线

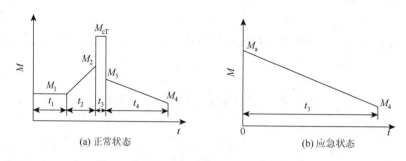

图 3-1-3　起锚机的典型负荷曲线

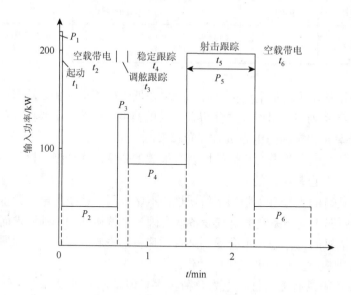

图 3-1-4　火炮系统的典型负荷曲线

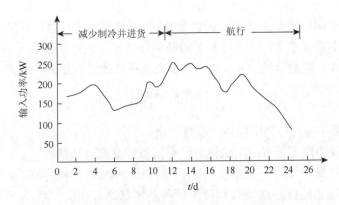

图 3-1-5　冷藏装置的典型负荷曲线

但是，这两种形式负荷所共有的随机性——工作和不工作状态的交替才是舰船电力负荷的最本质的随机性。第二种形式负荷的数值，是用某个恒定的值去表征它们。最常用的就是平均功率、方均根功率和最大功率。

平均功率即变动功率对时间的平均值 $P_m$：

$$P_m = \frac{1}{T} \int_0^T P(t) \mathrm{d}t$$

式中，$T$ 为变动功率的周期；$P(t)$ 为变动功率的即时值。

方均根功率即变动功率的方均根值 $P_r$：

$$P_r = \sqrt{\frac{1}{T} \int_0^T P^2(t) \mathrm{d}t}$$

最大功率即变动功率在一段时间内出现的最大值 $P_{\max}$。最大功率在出现的时间和数值上都带有随机性，持续时间也很短暂，故用它作为负荷计算依据是不经济的。最大功率 $P_{\max}$ 一般作为电力设备设计的过载能力上限或过电流继电器的整定条件。

许多随机变化负荷相叠加并成为舰船电力系统的总负荷。它也必定是一个随机变量。

舰船电力负荷的上述特点给它的计算带来很大的困难，要使电力负荷的计算结果能准确地反映舰船电力负荷的实际情况，就必须充分地考虑这些特点带来的影响。

## 第二节　舰船电力负荷的估算

舰船电力负荷虽然是一个随机变量，但它与舰船的某些要素有一定的内在联系。其中，最主要的要素是舰船的类别、推进功率和排水量。巴诺夫（Папов）和薛莱勃尔（Sehreiber）等统计了大量同类型舰船排水量、推进功率和舰船电力负荷的数据，用统计学中的回归方法加以处理，获得按舰船排水量或推进功率来估算舰船电力负荷值的经验公式。故称这种估算方法采用的模型为回归模型。

采用统计方法估算电力负荷，特别适于用在研制新型舰船时，在电力系统的方案论证阶段对电站总容量的估算。

建立回归模型的要点是收集大量同类舰船的参数，整理出各条舰船的电力负荷 $P_i$ 和该舰排水量 $X$ 及推进功率 $Y$ 等要素之间的对应关系，绘在同一直角坐标图中（一个坐标轴为舰船的电力负荷，另外一个坐标轴为排水量或推进功率），即可看出这些参数相互间的内在联系。然后用舰船电力负荷 $P$ 和排水量 $X$、推进功率 $Y$ 的某种线性或非线性函数关系 $P=f(X,Y)$ 作为这种内在联系的经验公式。函数曲线 $P=f(X,Y)$ 与各个数据点的垂直距离应满足最小二乘原则：

$$\sum_{i=1}^{n}[P_i-f(X_i,Y_i)]^2=\min$$

由上式确定函数关系 $P=f(X,Y)$ 中的各个系数的值。

显然，参考的舰船数量越多，用这种方法得到的结果就越精确。

巴诺夫采用的统计方法是一次线性回归。虽然比较简单，但其精度有一定的限制。该方法的指导思想是将舰船运行分成航行和停泊两种基本状态。在航行状态下舰船电力负荷主要由推进功率决定；在停泊状态下舰船电力负荷主要与舰船排水量有关，然后进行统计，并用线性回归法求取经验公式。图 3-2-1 是舰船电力负荷的直线回归分析。

巴诺夫统计分析的最终结果如下所示。

（1）航行状态用电设备所需的功率主要取决于舰船主机的功率。

对于以低速柴油机为动力的舰船可由以下公式确定电站所需的功率：

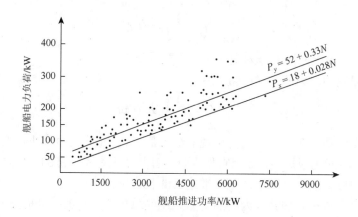

图 3-2-1 舰船电力负荷的直线回归分析

$$P_{\Sigma x}=52+0.0234X$$

式中，$P_{\Sigma x}$ 为航行状态电站功率平均值（kW）；$X$ 为主机功率（hp，1 hp≈735 W）。

（2）停泊状态用电设备所需功率仅与舰船排水量有关，而与主机功率关系不大，这时有

$$P_{\Sigma y}=11+0.002Y$$

式中，$P_{\Sigma y}$ 为停泊状态电站功率（kW）；$Y$ 为舰船排水量（t）。

薛莱勃尔采用的统计方法是多元回归，而且用抛物线公式求取近似经验公式，其复杂程度和计算结果的精确性都有较大的提高。其求取经验公式为

$$P=f(X,Y)=\alpha_0+\alpha_1X+\alpha_2Y+\alpha_3X^2+\alpha_4Y^2+\alpha_5XY$$

式中，$\alpha_i(i=0,1,\cdots,5)$ 为近似多项式系数；$P$ 为发电机总功率，为舰船方案设计时的估算值（kW）；$X$ 为主机功率（kW）；$Y$ 为载重量（t）。

图 3-2-2 为干货船发电机功率与其主机功率和载重量之间函数关系的立体图。

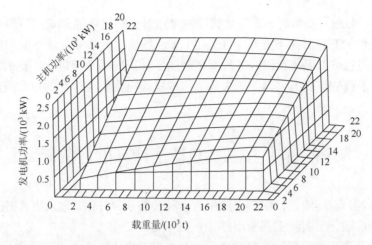

图 3-2-2　干货船发电机功率与其主机功率和载重量之间函数关系的立体图

　　薛莱勃尔对各种类型的船舶进行统计分析，得出各种船型发电机功率计算的近似公式如表 3-2-1 所示。

表 3-2-1　各种船型发电机功率计算的近似公式

| 船舶类型 | 发电机总功率计算回归公式 | 相关系数 |
|---|---|---|
| 干货船 | $P_\Sigma = 0.089\,92 + 0.049\,15\,D + 0.083\,92\,N - 0.0\,007\,345\,D^2$ $+ 0.000\,678\,N^2 - 0.001\,84\,DN$ | 0.89 |
| 散货船 | $P_\Sigma = 0.301\,5 + 0.006\,298\,D + 0.063\,06\,N + 0.000\,027\,5\,D^2$ $+ 0.002\,56\,N^2 - 0.000\,633\,DN$ | 0.89 |
| 涡轮机油轮和石油、散装矿砂船 | $P_\Sigma = 1.439\,6 - 0.007\,221\,D - 0.017\,5\,N - 0.000\,028\,48\,D^2$ $+ 0.000\,447\,N^2 + 0.000\,825\,9\,DN$ | 0.85 |
| 内燃机油轮和石油、散装矿砂船 | $P_\Sigma = 1.554 + 0.038\,4\,D - 0.269N + 0.000\,046\,4\,D^2$ $+ 0.016\,1\,N^2 - 0.002\,31\,DN$ | 0.761 |
| 冷藏船 | $P_\Sigma = -0.208\,8 + 0.150\,0\,D + 0.154\,4N + 0.061\,9\,D^2$ $+ 0.051\,2\,N^2 - 0.122\,8\,DN$ | 0.745 |
| 涡轮机集装箱船 | $P_\Sigma = 9.974\,6 - 0.201\,0\,D - 0.217\,0\,N + 0.001\,51\,D^2$ $+ 0.001\,70\,N^2 + 0.003\,39\,DN$ | 0.841 |
| 内燃机集装箱船 | $P_\Sigma = 0.104\,5 + 0.069\,6\,D + 0.088\,6\,N - 0.001\,57\,D^2$ $+ 0.000\,828\,N^2 - 0.001\,89\,DN$ | 0.965 |

注：$P_\Sigma$ 为发电机总功率（$10^3$ kW）；$D$ 为载重量（$10^3$ t）；$N$ 为主机功率（$10^3$ kW）。

　　在《舰船通用规范总册》（GJB 4000—2000）中，推荐采用的电站总容量估算方法，就是薛莱勃尔采用的统计方法，只不过将载重量换为排水量，具体计算步骤可参考有关资料。

　　必须指出，回归模型的应用是有一定局限的，它不可能对各种工况的负荷情况做出明确的描述。此外，对某种类型舰船进行统计所得到的经验公式也只适用该特定类型的舰船，通常不宜跨类型加以推广使用。民船的统计结果不适用于军舰，登陆舰的统计结果不适用于护卫舰，螺旋桨转速低的舰船的统计结果也不适用于高转速的船。由于技术在不断发展，舰船装备不断增加和更新，当进行统计估算时，收集数据的对象相对于待建舰船来说应是最近若干年来建造的舰船。一般它们的开建时间不宜早于 15～20 年。虽然这种估算方法在应用范围和精度上有一定的局限性，但它可以促使我们对各种类型舰船各种工况的负荷进行广泛的统计，积累有价值的资料。它对于预估舰船电力负荷的大致范围或检验电力负荷计算的可靠程度，仍有一定的实际价值。

## 第三节　按三类负荷法计算电力负荷

三类负荷法是目前舰船设计中广泛应用的一种传统计算方法。它采用表格的形式进行统计计算，简单明了，适合于实际工程应用。

为了使电站合理地适应各种工况的要求，电力负荷的计算通常分工况进行。工况的选择应根据舰船的类型、使命等实际情况确定。所确定的工况应具有典型性，在这些工况下各用电设备的工作概率应是相对稳定的。计算电力负荷时的常用工况如下：

（1）全速；

（2）经济航行工况（巡航工况）；

（3）作业工况；

（4）锚泊工况；

（5）靠离码头工况；

（6）应急工况。

计算时，一般选择其中部分工况进行负荷计算。所选择的工况，必须把最大、最小及经常性的用电工况包括进去。当订货合同对负荷计算的工况划分未做明确规定时，可按锚泊工况、靠岸工况、巡航工况、作业工况和应急工况（若设有应急发电机组）的模式来进行划分。

近年来，大部分舰船都配备了空调设备，夏、冬季用于空调的电功率也相当可观。在进行负荷计算时，应分别加以考虑。

采用三类负荷法计算电力负荷，首先必须收集与了解舰船用电设备的电气参数和使用情况。其中，包括：

（1）各种电力负荷的名称、用途、数量和性质。

（2）电力负荷的额定参数（设备额定功率 $P_e$、额定电压 $U_e$、额定转速 $n_e$、额定功率因数 $\cos\varphi_e$、额定效率 $\eta_e$、额定机械轴功率 $P_{Je}$ 等）。

（3）电力负荷在舰船各种工况下的运行工作情况（机械负荷系数、电动机利用系数、电动机负荷系数、设备的工作概率、连续运行负荷还是重复短时工作负荷等）。

计算某一工况的电力负荷值时，要将该工况下的用电负荷按其使用情况分成三类。

（1）第一类负荷：在该工况下长时间连续使用的负荷，如巡航工况中的舵机、油泵、电航仪器等。

（2）第二类负荷：在该工况下短时或重复短时使用的负荷，如停泊工况下的液压水密门、燃油滑油分油机等。

（3）第三类负荷：指偶然短时使用的负荷及按操作规程可以在电站高峰负荷时间以外使用的负荷，如作业工况下的多功能机床等。

应当指出，负荷分类与工况相关，如电加热玻璃等设备，在靠离码头工况下属一类负荷，而在经济航行工况中属于二类负荷。

三类负荷法计算电力负荷的主要步骤如下：

（1）按表格列出所有用电设备的名称，共计台数，额定机械轴功率 $P_{Je}$，电动机主要参数（型号、转速、效率、功率因数）。

（2）选取电力负荷的计算工况，并确定各种工况下投入运行的设备种类及台数。

（3）计算每台设备的功率值。计算要按工况分别进行。

对于电动机负载，要考虑其在工作时的实际情况。通常电动机额定功率 $P_e$ 大于所拖动机械负荷的额定机械轴功率 $P_{Je}$，对此因素，引入电动机的利用系数 $K_L$ 并加以考虑：

$$K_L = \frac{额定机械轴功率}{电动机额定功率} = \frac{P_{Je}}{P_e}$$

电力拖动机械不一定都在满载下工作，不同工况下同一台负荷的工作情况也不一定一样，对此，我们引入机械负荷系数 $K_{fg}$：

$$K_{fg} = \frac{某工况下机械轴上的实际平均功率}{额定机械轴功率} = \frac{P_{sb}}{P_{Je}}$$

式中，$P_{sb}$ 表示机械轴上的实际平均功率。

许多机械的 $K_{fg}$ 是经验数据，有的则是根据设备实际使用情况测定的。例如，当舵机在离靠码头时，大舵角改变航向的机会很多，这时机械轴上功率就大，一般 $K_{fg}$ 约为 0.8。而在经济航行工况，多数时间舰船按直线航行，航向变化不频繁，一般只用小舵角保持航向即可，因此这时消耗功率就小，远达不到机械额定功率，一般情况下 $K_{fg}$ 约为 0.7。

在某工况下电动机带负荷的实际情况用电动机负荷系数 $K_{fd}$ 表示：

$$K_{fd} = \frac{某工况下机械轴上的平均功率}{电动机额定功率} = \frac{P_{sb}}{P_e} = \frac{P_{Je}}{P_e} \cdot \frac{P_{sb}}{P_{Je}} = K_L \cdot K_{fg}$$

所以电动机负载机械轴上的实际功率为

$$P_{sb} = P_e \cdot K_{fd} = P_e \cdot K_L \cdot K_{fg}$$

根据电动机利用系数 $K_{fd}$，可以通过查阅电动机产品说明书或附录 A 得到此台电动机在某工况下的实际效率 $\eta'$ 和功率因数 $\cos\varphi'$。于是电动机在此工况下从电网吸取的有功功率 $P$ 和无功功率 $Q$ 分别为

$$P = \frac{P_{sb}}{\eta'} = K_{fd}\frac{P_e}{\eta'}, \; Q = P \cdot \tan\varphi'$$

当第 $i$ 种设备共有 $n$ 台同时工作时，这种设备的总功率为

$$P_{\Sigma i} = n \cdot K_{fd}\frac{P_e}{\eta'}, \; Q_{\Sigma i} = n \cdot k_{fd}\frac{P_e}{\eta'}\tan\varphi'$$

对于非电动机的用电设备如照明和电热类负载，可取该设备总功率为额定功率，并按该工况下其实际工作的百分率直接求得消耗功率 $P_i$。

（4）将各工况下各类用电设备的实际消耗功率分别累加起来，算出第Ⅰ、Ⅱ、Ⅲ类负荷的总功率。第Ⅰ类负荷总功率乘以第Ⅰ类负荷的同时系数 $K_{dⅠ}$（0.7～0.9）（考虑工作概率），第Ⅱ类负荷总功率乘以第Ⅱ类负荷的同时系数 $K_{dⅡ}$（0.4～0.6），然后相加得到第Ⅰ、Ⅱ类负荷功率总和 $\sum P'$ 和 $\sum Q'$。

（5）考虑5%的网络损耗，将第Ⅰ、Ⅱ类负荷功率总和 $\sum P'$ 和 $\sum Q'$ 各乘以系数 1.05，作为全船相应工况下的电力负荷功率 $\sum P$ 和 $\sum Q$，第Ⅲ类负荷在全船电力负荷中不予计及。在发电机功率确定之后，其数值可用于检查发电机是否会超过短时过载的允许范围。对第Ⅲ类负荷中功率较大的设备应考虑它们起动对发电机组的影响，必要时，应适当地加大发电机容量。

（6）由上述计算结果，求得相应工况下电力负荷总的功率因数 $\cos\varphi_H$：

$$\cos\varphi_H = \frac{\sum P}{\sqrt{\left(\sum P\right)^2 + \left(\sum Q\right)^2}}$$

三类负荷法的计算精度取决于各种系数选择的合理程序，是一种在很大程度上依赖于经验的计算方法，因此，在有合适的母型船做参考时，计算结果比较准确。

工作概率是舰船电力负荷重要统计属性，也是三类负荷法计算的依据之一。各用电负载在指定工况下的工作概率可以通过以下三种途径获得：

（1）分析各用电负载在指定工况下的工作条件和工作过程，然后估算出工作概率；

（2）上艇或上船实际测量相同或类似的负载在指定工况下的工作与停用时间，经过适当处理后，求出工作概率；

（3）根据已建成舰船所积累的运行资料，整理统计出用电设备的工作概率。

为了让读者对舰船各种设备工作概率有一个概念，表 3-3-1 列举了舰船主要设备工作概率的范围，可供参考。

**表 3-3-1　舰船主要设备工作概率的范围**

| 项目 | 工况 | | | | | | | | | |
|---|---|---|---|---|---|---|---|---|---|---|
| | 停泊 | 锚泊 | 装卸货 | 离靠码头 | 备战备航 | 进出港 | 全速航行 | 经济巡航 | 战斗 | 应急 |
| 第Ⅰ类动力装置辅机 | | | | 0.4～0.8 | 0.4～0.8 | 0.4～0.8 | 0.8～1 | 0.8～1 | | |
| 第Ⅱ类动力装置辅机 | 0.1～0.3 | 0.1～0.3 | 0.1～0.3 | 0.5～0.7 | 0.3～0.5 | 0.5～0.7 | 0.3～0.5 | 0.3～0.5 | | |
| 第Ⅲ类动力装置辅机 | | | | 0.1～0.3 | | 0.1～0.3 | | | | |
| 辅锅炉 | 0.3～0.5 | 0.3～0.5 | 0.3～0.5 | 0.3～0.5 | 0.3～0.5 | 0.3～0.5 | 0.3～0.5 | 0.3～0.5 | 0.3～0.5 | |
| 消防泵 | 0.1～0.3 | 0.1～0.3 | 0.1～0.3 | 0.3～0.6 | 0.1～0.3 | 0.1～0.3 | 0.1～0.3 | 0.1～0.3 | 0.1～0.3 | 0.8～1 |
| 舱底泵 | | | 0.1～0.3 | | | 0.1～0.3 | 0.1～0.3 | | | 0.8～1 |
| 主空压机 | | | | 0.1～0.4 | | 0.1～0.4 | | 0.1～0.3 | 0.1～0.3 | |

续表

| 项目 | 工况 | | | | | | | | | |
|---|---|---|---|---|---|---|---|---|---|---|
| | 停泊 | 锚泊 | 装卸货 | 离靠码头 | 备战备航 | 进出港 | 全速航行 | 经济巡航 | 战斗 | 应急 |
| 污水泵 | 0.1~0.3 | | | | | | 0.1~0.3 | | | |
| 卫生水泵 | 0.3~0.5 | 0.5~0.7 | 0.3~0.5 | 0.3~0.5 | 0.5~0.7 | 0.3~0.5 | 0.5~0.7 | 0.5~0.7 | 0.5~0.7 | |
| 淡水泵 | 0.3~0.5 | 0.5~0.7 | 0.3~0.5 | 0.3~0.5 | 0.5~0.7 | 0.3~0.5 | 0.5~0.7 | 0.5~0.7 | 0.5~0.7 | |
| 冷藏 | 0.3~1 | 0.3~1 | 0.3~1 | 0.3~1 | 0.3~1 | 0.3~1 | 0.3~1 | 0.3~1 | 0.3~1 | |
| 空调 | 0.5~0.7 | 0.5~0.7 | 0.5~0.7 | 0.8~1 | 0.8~1 | 0.8~1 | 0.8~1 | 0.8~1 | 0.8~1 | |
| 厨房用电 | 0.3~0.5 | 0.3~0.5 | 0.3~0.5 | 0.3~0.5 | 0.3~0.5 | 0.3~0.5 | 0.3~0.5 | 0.3~0.5 | 0.3~0.5 | 0.1~0.3 |
| 造水机 | | 0.5~0.7 | | | | | 0.5~0.7 | 0.5~0.7 | | |
| 起货机 | | | 0.6~0.8 | | | | | | | |
| 货舱通风 | | | 0.8~1 | 0.6~0.8 | | 0.6~0.8 | 0.6~0.8 | | | |
| 机舱通风 | | | 0.3~0.5 | 0.5~0.8 | 0.5~0.8 | 0.5~0.8 | 0.8~1 | 0.8~1 | 0.8~1 | |
| 厨房通风 | 0.8~1 | 0.8~1 | 0.8~1 | 0.8~1 | 0.8~1 | 0.8~1 | 0.8~1 | 0.8~1 | 0.8~1 | |
| 厕所通风 | 0.8~1 | 0.8~1 | 0.8~1 | 0.8~1 | 0.8~1 | 0.8~1 | 0.8~1 | 0.8~1 | 0.8~1 | |
| 修理工厂设备 | <0.2 | <0.2 | <0.2 | <0.2 | <0.2 | <0.2 | <0.2 | <0.2 | <0.2 | |
| 减摇 | | | | | | | | | 0.8~1 | 0.8~1 |
| 舵机 | | | | 0.8~1 | 0.8~1 | 0.8~1 | 0.8~1 | 0.8~1 | 0.8~1 | |
| 甲板机械 | | <0.2 | <0.2 | 0.2~0.5 | <0.2 | <0.2 | <0.2 | <0.2 | | |
| 雷达 | | 0.4~0.6 | | | 0.4~0.6 | 0.8~1 | 0.8~1 | 0.4~0.6 | 0.8~1 | |
| 无线电通信 | | 0.3~0.5 | | 0.1~0.3 | 0.6~0.8 | 0.1~0.3 | 0.3~0.5 | 0.3~0.5 | 0.6~0.8 | 0.3~0.5 |
| 导航设备 | <0.2 | <0.2 | <0.2 | 0.4~0.6 | 0.4~0.6 | 0.4~0.6 | 0.4~0.6 | 0.4~0.6 | 0.4~0.6 | 0.4~0.6 |
| 声呐设备 | | | | | 0.5~0.8 | | | 0.3~0.8 | 0.3~0.8 | |
| 照明 | <0.5 | 0.5~0.8 | 0.5~0.8 | 0.5~0.8 | 0.5~0.8 | 0.5~0.8 | 0.5~0.8 | 0.5~0.8 | 0.5~0.8 | 0.5~0.8 |

　　表 3-3-1 中，将舰船动力辅机的工作概率分成三种类型。第 I 类动力装置辅机指直接为主机服务，并与主机同时工作的辅机，如柴油机船上用于主柴油机的海水冷却泵、蒸汽船上用于汽轮机的循环水泵等。第 II 类动力装置辅机指直接为主机服务，但短时间歇工作的辅机。这类辅机包括各种燃油离心分离器、滑油离心分离器及燃油、滑油输送泵等。

　　为了更清楚地说明三类负荷法在舰船电力负荷中的实际应用，表 3-3-2 给出了一艘船的电力负荷计算实例。

表 3-3-2 某船的电力负荷计算实例

| 名称及型号 | 电压 | 数量 | 电动机额定功率/kW | 全套耗电功率/kW | 停泊 机械负荷系数K | 停泊 同时使用系数Kc | 停泊 耗电功率/kW | 停泊 负荷类别 | 靠离码头·日用负荷 机械负荷系数K | 靠离码头·日用负荷 同时使用系数Kc | 靠离码头·日用负荷 耗电功率/kW | 靠离码头·日用负荷 负荷类别 | 靠离码头·侧推负荷 机械负荷系数K | 靠离码头·侧推负荷 同时使用系数Kc | 靠离码头·侧推负荷 耗电功率/kW | 靠离码头·侧推负荷 负荷类别 | 经济航行 机械负荷系数K | 经济航行 同时使用系数Kc | 经济航行 耗电功率/kW | 经济航行 负荷类别 | 全速航行 机械负荷系数K | 全速航行 同时使用系数Kc | 全速航行 耗电功率/kW | 全速航行 负荷类别 | 海上作业·日用负荷 机械负荷系数K | 海上作业·日用负荷 同时使用系数Kc | 海上作业·日用负荷 耗电功率/kW | 海上作业·日用负荷 负荷类别 | 海上作业·侧推负荷 机械负荷系数K | 海上作业·侧推负荷 同时使用系数Kc | 海上作业·侧推负荷 耗电功率/kW | 海上作业·侧推负荷 负荷类别 | 应急 机械负荷系数K | 应急 同时使用系数Kc | 应急 耗电功率/kW | 应急 负荷类别 | 备注 |
|---|---|---|---|---|---|---|---|---|---|---|---|---|---|---|---|---|---|---|---|---|---|---|---|---|---|---|---|---|---|---|---|---|---|---|---|---|---|
| 甲板机械 | | | | | | | | | | | | | | | | | | | | | | | | | | | | | | | | | | | | | |
| 舵机泵站 | | 4.0 | 22.0 | 88.0 | | | | | 0.8 | 0.5 | 35.2 | I | | | | | 0.7 | 0.5 | 30.8 | I | 0.7 | 0.5 | 30.8 | I | 0.8 | 0.5 | 35.2 | I | | | | | 0.6 | 0.5 | 26.4 | I | |
| 组合绞机中央泵站 | | 2.0 | 58.0 | 116.0 | 0.8 | 0.5 | 46.4 | II | 0.8 | 1.0 | 92.8 | I | | | | | | | | | | | | | | | | | | | | | | | | | |
| 液压绞车及液压盘车中央泵站 | | 2.0 | 58.0 | 116.0 | | | | | 0.8 | 1.0 | 92.8 | I | | | | | | | | | | | | | | | | | | | | | | | | | |
| 减摇鳍 | | 2.0 | 35.5 | 71.0 | | | | | | | | | | | | | 0.5 | 1.0 | 35.5 | I | 0.5 | 1.0 | 35.5 | I | 0.5 | 1.0 | 35.5 | I | | | | | | | | | |
| 首侧推 | | 1.0 | 800.0 | 800.0 | | | | | | | | | 1.0 | 1.0 | 800.0 | I | | | | | | | | | | | | | 1.0 | 1.0 | 800.0 | I | | | | | |
| 尾侧推 | | 1.0 | 800.0 | 800.0 | | | | | | | | | 1.0 | 1.0 | 800.0 | I | | | | | | | | | | | | | 1.0 | 1.0 | 800.0 | I | | | | | |
| 救助艇绞车收放装置 | | 2.0 | 45.0 | 90.0 | 0.8 | 1.0 | 72.0 | III | | | | | | | | | | | | | | | | | 0.8 | 1.0 | 72.0 | III | | | | | | | | | |
| 救生艇吊艇架 | | 2.0 | 22.5 | 45.0 | 0.8 | 1.0 | 36.0 | III | | | | | | | | | | | | | | | | | 0.8 | 1.0 | 36.0 | III | | | | | | | | | |
| 液压水密门 | | 10.0 | 1.5 | 15.0 | 0.5 | 1.0 | 7.5 | II | 1.0 | 1.0 | 15.0 | III | | | | | 1.0 | 0.5 | 7.5 | II | 1.0 | 0.5 | 7.5 | II | 1.0 | 0.5 | 7.5 | II | | | | | | 1.0 | 5.5 | II | |
| 登乘舷梯 | | 2.0 | 2.2 | 4.4 | | | | | 1.0 | 1.0 | 4.4 | III | | | | | | | | | | | | | 1.0 | 1.0 | 4.4 | III | | | | | | | | | |
| 电动电缆绞盘 | | 10.0 | 1.0 | 10.0 | | | | | 1.0 | 0.5 | 5.0 | I | | | | | 1.0 | 0.5 | 5.0 | II | 1.0 | 0.5 | 5.0 | II | 1.0 | 0.5 | 5.0 | II | | | | | 1.0 | 0.4 | 6.0 | II | |
| 尾通道小艇收放装置 | | 2.0 | 11.0 | 22.0 | 0.8 | 1.0 | 17.6 | III | | | | | | | | | | | | | | | | | 0.8 | 1.0 | 17.6 | III | | | | | | | | | |
| 防爆升降机 | | 1.0 | 3.0 | 3.0 | 0.8 | 1.0 | 2.4 | III | | | | | | | | | 0.8 | 1.0 | 2.4 | III | | | | | 0.8 | 1.0 | 2.4 | III | | | | | | | | | |
| 折臂吊 | | 4.0 | 18.5 | 74.0 | 0.8 | 0.5 | 29.6 | II | | | | | | | | | 0.8 | 0.5 | 29.6 | III | | | | | 0.8 | 0.5 | 29.6 | III | | | | | | | | | |
| 动力机械 | | | | | | | | | | | | | | | | | | | | | | | | | | | | | | | | | | | | | |
| 主机电动燃油泵 | | 2.0 | 4.0 | 8.0 | | | | | 0.8 | 0.5 | 3.2 | I | | | | | 0.8 | 0.5 | 3.2 | I | 0.8 | 0.5 | 3.2 | I | 0.8 | 1.0 | 6.4 | I | | | | | | | | | |
| 中央冷却低温淡水泵 | | 3.0 | 45.0 | 135.0 | | | | | 0.8 | 0.5 | 54.0 | II | | | | | 0.8 | 0.5 | 54.0 | I | 0.8 | 0.5 | 54.0 | I | 0.8 | 0.5 | 54.0 | I | | | | | | | | | |
| 中央冷却海水泵 | | 3.0 | 45.0 | 135.0 | | | | | 0.8 | 0.5 | 54.0 | II | | | | | 0.8 | 0.5 | 54.0 | I | 0.8 | 0.5 | 54.0 | I | 0.8 | 0.5 | 54.0 | I | | | | | | | | | |

续表

| 名称及型号 | 电压 | 数量 | 电动机额定功率/kW | 全套耗电功率/kW | 停泊-K | 停泊-Ko | 停泊-耗电/kW | 停泊-类别 | 靠离码头日用-K | 靠离码头日用-Ko | 靠离码头日用-耗电/kW | 靠离码头日用-类别 | 靠离码头侧推-K | 靠离码头侧推-Ko | 靠离码头侧推-耗电/kW | 靠离码头侧推-类别 | 经济航行-K | 经济航行-Ko | 经济航行-耗电/kW | 经济航行-类别 | 全速航行-K | 全速航行-Ko | 全速航行-耗电/kW | 全速航行-类别 | 海上作业日用-K | 海上作业日用-Ko | 海上作业日用-耗电/kW | 海上作业日用-类别 | 海上作业侧推-K | 海上作业侧推-Ko | 海上作业侧推-耗电/kW | 海上作业侧推-类别 | 应急-K | 应急-Ko | 应急-耗电/kW | 应急-类别 | 备注 |
|---|---|---|---|---|---|---|---|---|---|---|---|---|---|---|---|---|---|---|---|---|---|---|---|---|---|---|---|---|---|---|---|---|---|---|---|---|---|
| 冷却淡水槽压泵 | | 2.0 | 5.5 | 11.0 | | | | | 0.8 | 0.5 | 4.4 | I | | | | | 0.8 | 0.5 | 4.4 | I | 0.8 | 0.5 | 4.4 | I | 0.8 | 0.5 | 4.4 | I | | | | | | | | | |
| CPP液压泵站调距油泵 | | 4.0 | 18.5 | 74.0 | | | | | 0.8 | 0.5 | 29.6 | I | | | | | 0.8 | 0.5 | 29.6 | I | 0.8 | 0.5 | 29.6 | I | 0.8 | 0.5 | 29.6 | I | | | | | | | | | |
| CPP桨毂润滑保压油泵 | | 2.0 | 1.0 | 2.0 | | | | | 0.8 | 1.0 | 1.6 | I | | | | | 0.8 | 1.0 | 1.6 | I | 0.8 | 1.0 | 1.6 | I | 0.8 | 1.0 | 1.6 | I | | | | | | | | | |
| 电动空压机 | | 2.0 | 22.0 | 44.0 | | | | | 0.8 | 0.5 | 17.6 | III | | | | | 0.8 | 0.5 | 17.6 | III | 1.0 | 0.5 | 22.0 | III | 0.8 | 0.5 | 17.6 | III | | | | | 0.8 | 0.5 | 17.6 | III | |
| 电动燃油输送泵 | | 2.0 | 11.0 | 22.0 | 0.8 | 0.5 | 8.8 | I | 0.8 | 0.5 | 8.8 | I | | | | | 0.8 | 1.0 | 17.6 | I | 0.8 | 1.0 | 17.6 | I | 0.8 | 1.0 | 17.6 | I | | | | | | | | | |
| 滑油分油机 | | 2.0 | 41.1 | 82.2 | 0.8 | 0.5 | 32.9 | II | 0.8 | 0.5 | 32.9 | II | | | | | 0.8 | 0.5 | 32.9 | II | 0.8 | 0.5 | 32.9 | II | 0.8 | 0.5 | 32.9 | II | | | | | | | | | |
| 燃油分油机 | | 2.0 | 6.2 | 12.4 | 0.8 | 0.5 | 5.0 | | 0.8 | 0.5 | 5.0 | III | | | | | 0.8 | 0.5 | 5.0 | II | 0.8 | 0.5 | 5.0 | II | 0.8 | 0.5 | 5.0 | II | | | | | | | | | |
| 主机电动燃油备用泵 | | 2.0 | 4.0 | 8.0 | | | | | 0.8 | 0.5 | 3.2 | III | | | | | 0.8 | 0.5 | 3.2 | III | 0.8 | 0.5 | 3.2 | III | 0.8 | 0.5 | 3.2 | III | | | | | | | | | |
| 主机电动滑油备用泵 | | 2.0 | 75.0 | 150.0 | | | | | 0.8 | 1.0 | 120.0 | III | | | | | 0.8 | 1.0 | 120.0 | III | 0.8 | 1.0 | 120.0 | III | 0.8 | 1.0 | 120.0 | III | | | | | | | | | |
| 油渣泵 | | 1.0 | 2.2 | 2.2 | | | | | 0.8 | 1.0 | 1.8 | III | | | | | | | | | | | | | | | 0.0 | | | | | | | | | | |
| 滑油驳运泵 | | 2.0 | 3.0 | 6.0 | | | | | 0.8 | 1.0 | 4.8 | III | | | | | | | | | | | | | | | 0.0 | | | | | | | | | | |
| 主机高温淡水泵 | | 2.0 | 22.0 | 44.0 | | | | | 0.8 | 1.0 | 35.2 | III | | | | | 1.0 | 1.0 | 44.0 | III | 1.0 | 1.0 | 44.0 | III | 1.0 | 1.0 | 44.0 | III | | | | | | | | | |
| 停泊冷却淡水泵 | | 1.0 | 5.5 | 5.5 | 0.8 | 1.0 | 4.4 | I | 0.8 | 1.0 | 4.4 | III | | | | | 0.8 | 1.0 | 4.4 | III | 0.8 | 1.0 | 4.4 | III | 0.8 | 1.0 | 4.4 | III | | | | | 0.8 | 1.0 | 4.4 | I | |
| 停泊冷却海水泵 | | 1.0 | 5.5 | 5.5 | 0.8 | 1.0 | 4.4 | I | 0.8 | 1.0 | 4.4 | III | | | | | 0.8 | 1.0 | 4.4 | III | 0.8 | 1.0 | 4.4 | III | 0.8 | 1.0 | 4.4 | III | | | | | 0.8 | 1.0 | 4.4 | I | |
| 高温水预热单元 | | 2.0 | 87.0 | 174.0 | | | | | 0.8 | 0.5 | 139.2 | III | | | | | 0.8 | 0.5 | 139.2 | III | 0.8 | 0.5 | 139.2 | III | 0.8 | 0.5 | 139.2 | III | | | | | | | | | |
| 齿轮箱电动滑油备用泵 | | 2.0 | 23.0 | 46.0 | | | | | 0.8 | 0.5 | 18.4 | III | | | | | 0.8 | 0.5 | 18.4 | III | 0.8 | 0.5 | 18.4 | III | 0.8 | 0.5 | 18.4 | III | | | | | | | | | |
| 电动单轨行车 | | 4.0 | 2.2 | 8.8 | 0.8 | 0.5 | 3.5 | III | 0.8 | 0.5 | 3.5 | III | | | | | 0.8 | 0.5 | 3.5 | III | 0.8 | 0.5 | 3.5 | III | 0.8 | 0.5 | 3.5 | III | | | | | | | | | |
| 电动污油泵 | | 2.0 | 2.2 | 4.4 | 0.8 | 1.0 | 3.5 | III | 0.8 | 1.0 | 3.5 | III | | | | | 0.8 | 1.0 | 3.5 | III | 0.8 | 1.0 | 3.5 | III | 0.8 | 1.0 | 3.5 | III | | | | | | | | | |

续表

| 用电设备 | | | | | 停泊 | | | | 撤离码头 日用负荷 | | | | 撤离码头 侧推负荷 | | | | 经济航行 | | | | 全速航行 | | | | 海上作业 日用负荷 | | | | 海上作业 侧推负荷 | | | | 应急 | | | | 备注 |
|---|---|---|---|---|---|---|---|---|---|---|---|---|---|---|---|---|---|---|---|---|---|---|---|---|---|---|---|---|---|---|---|---|---|---|---|---|---|---|
| 名称及型号 | 电压 | 数量 | 电动机额定功率/kW | 全套耗电功率/kW | 机械负荷系数 K | 同时使用系数 $K_c$ | 耗电功率/kW | 负荷类别 | 机械负荷系数 K | 同时使用系数 $K_c$ | 耗电功率/kW | 负荷类别 | 机械负荷系数 K | 同时使用系数 $K_c$ | 耗电功率/kW | 负荷类别 | 机械负荷系数 K | 同时使用系数 $K_c$ | 耗电功率/kW | 负荷类别 | 机械负荷系数 K | 同时使用系数 $K_c$ | 耗电功率/kW | 负荷类别 | 机械负荷系数 K | 同时使用系数 $K_c$ | 耗电功率/kW | 负荷类别 | 机械负荷系数 K | 同时使用系数 $K_c$ | 耗电功率/kW | 负荷类别 | 机械负荷系数 K | 同时使用系数 $K_c$ | 耗电功率/kW | 负荷类别 | 备注 |
| 动力 AC220V 监控系统设备 | 220V | 1.0 | 20.0 | 20.0 | 0.7 | | 14.0 | | 0.7 | 1.0 | 14.0 | Ⅳ | | | | | 0.7 | 1.0 | 14.0 | Ⅳ | 0.7 | 1.0 | 14.0 | Ⅳ | 0.7 | 1.0 | 14.0 | Ⅳ | | | | | | | 4.0 | Ⅰ | |
| 多功能机床 | | 1.0 | 3.0 | 3.0 | 0.8 | 1.0 | 2.4 | Ⅲ | 0.8 | 1.0 | 2.4 | Ⅲ | | | | | 0.8 | 1.0 | 2.4 | Ⅲ | 0.8 | 1.0 | 2.4 | Ⅲ | 0.8 | 1.0 | 2.4 | Ⅲ | | | | | | | | | |
| 砂轮机 | | 1.0 | 0.5 | 0.5 | 0.8 | 1.0 | 0.4 | Ⅲ | 0.8 | 1.0 | 0.4 | Ⅲ | | | | | 0.8 | 1.0 | 0.4 | Ⅲ | 0.8 | 1.0 | 0.4 | Ⅲ | 0.8 | 1.0 | 0.4 | Ⅲ | | | | | | | | | |
| 直流电焊机 | | 1.0 | 21.0 | 21.0 | 0.8 | 1.0 | 16.8 | Ⅲ | 0.8 | 1.0 | 16.8 | Ⅲ | | | | | 0.8 | 1.0 | 16.8 | Ⅲ | 0.8 | 1.0 | 16.8 | Ⅲ | 0.8 | 1.0 | 16.8 | Ⅲ | | | | | | | | | |
| 台钻 | | 1.0 | 0.5 | 0.5 | 0.8 | 1.0 | 0.4 | Ⅲ | 0.8 | 1.0 | 0.4 | Ⅲ | | | | | 0.8 | 1.0 | 0.4 | Ⅲ | 0.8 | 1.0 | 0.4 | Ⅲ | 0.8 | 1.0 | 0.4 | Ⅲ | | | | | | | | | |
| 电动单轨行车 | | 4.0 | 2.2 | 8.8 | 0.8 | 0.5 | 3.5 | Ⅲ | 0.8 | 0.5 | 3.5 | Ⅲ | | | | | 0.8 | 0.5 | 3.5 | Ⅲ | 0.8 | 0.5 | 3.5 | Ⅲ | 0.8 | 0.5 | 3.5 | Ⅲ | | | | | | | | | |
| 轴带电机启动电机 | | 1.0 | 105.0 | 105.0 | 1.0 | 0.5 | | | 1.0 | 0.5 | 52.5 | Ⅲ | | | | | 1.0 | 0.5 | 52.5 | Ⅲ | 1.0 | 0.5 | 52.5 | Ⅲ | 1.0 | 0.5 | 52.5 | Ⅲ | | | | | | | | | |
| 轴带电机励磁 | | 1.0 | 2.0 | 2.0 | 1.0 | 1.0 | | | 1.0 | 0.5 | 1.0 | Ⅰ | | | | | 1.0 | 0.5 | 1.0 | Ⅰ | | | | | 1.0 | 0.5 | 1.0 | Ⅰ | | | | | | | | | |
| | | | | | | | | | | | | | | | | | | | 0.0 | | | | 0.0 | | | | 0.0 | | | | | | | | | | |
| 系统 | | 1套 | | 70.0 | 0.8 | 0.3 | 14.0 | Ⅰ | 0.8 | 0.4 | 22.4 | Ⅰ | | | | | 0.8 | 0.5 | 28.0 | Ⅰ | 0.8 | 0.5 | 28.0 | Ⅰ | 0.8 | 0.5 | 28.0 | Ⅰ | | | | | | | | | |
| 风机 | | 4.0 | 22.0 | 88.0 | 0.8 | 0.8 | 17.6 | Ⅰ | 0.8 | 0.3 | 17.6 | Ⅰ | | | | | 0.8 | 0.5 | 35.2 | Ⅰ | 0.8 | 0.5 | 52.8 | Ⅰ | 0.8 | 0.8 | 52.8 | Ⅰ | | | | | | | 18.0 | Ⅰ | |
| 机舱轴流风机 | | 2.0 | 55.0 | 110.0 | 0.6 | 0.5 | 33.0 | Ⅱ | 0.6 | 0.5 | 33.0 | Ⅱ | | | | | 0.8 | 0.5 | 44.0 | Ⅰ | 0.8 | 0.5 | 44.0 | Ⅰ | 0.8 | 0.5 | 44.0 | Ⅰ | | | | | | | | | |
| 消防水泵 | | 1.0 | 30.0 | 30.0 | 0.6 | 1.0 | 18.0 | Ⅱ | 0.6 | 1.0 | 18.0 | Ⅱ | | | | | 0.7 | 1.0 | 21.0 | Ⅱ | 0.7 | 1.0 | 21.0 | Ⅱ | 0.7 | 1.0 | 21.0 | Ⅱ | | 0.6 | | 18.0 | Ⅱ | | 18.0 | Ⅱ | |
| 应急消防水泵 | | 6.0 | 3.0 | 18.0 | 0.8 | 0.3 | 4.8 | Ⅲ | 0.8 | 0.3 | 4.8 | Ⅲ | | | | | 0.8 | 0.5 | 7.2 | Ⅱ | 0.8 | 0.5 | 7.2 | Ⅱ | 0.8 | 0.5 | 7.2 | Ⅱ | | | | | | | | | |
| 可移式潜水电泵 | | 2.0 | 4.0 | 8.0 | 0.8 | 0.5 | 3.2 | Ⅲ | 0.8 | 0.5 | 3.2 | Ⅲ | | | | | 0.8 | 0.5 | 3.2 | Ⅲ | 0.8 | 0.5 | 3.2 | Ⅲ | 0.8 | 0.5 | 3.2 | Ⅲ | | | | | | | | | |
| 往复式专用泵 | | 1.0 | 1.5 | 1.5 | 0.8 | 1.0 | 1.2 | Ⅲ | 0.8 | 1.0 | 1.2 | Ⅲ | | | | | 0.8 | 1.0 | 1.2 | Ⅲ | 0.8 | 1.0 | 1.2 | Ⅲ | 0.8 | 1.0 | 1.2 | Ⅲ | | | | | | | | | |
| 污油泵 | | 1.0 | 15.0 | 15.0 | 1.0 | 1.0 | 15.0 | Ⅲ | 1.0 | 1.0 | 15.0 | Ⅲ | | | | | 1.0 | 1.0 | 15.0 | Ⅱ | 1.0 | 1.0 | 15.0 | Ⅲ | 1.0 | 1.0 | 15.0 | Ⅲ | | 0.8 | 1.0 | 12.0 | Ⅱ | | 12.0 | Ⅱ | |
| 高压细润水多灭火装置 | | 1.0 | 15.0 | 15.0 | | | | | | | | | | | | | | | | | | | | | | | | | | | | | | | | | |

续表

| 名称及型号 | 电压 | 数量 | 电动机额定功率/kW | 全套耗电功率/kW | 停泊 K | 停泊 Ks | 停泊耗电/kW | 停泊类别 | 靠离码头日用 K | 靠离日用 Ks | 靠离日用耗电/kW | 靠离日用类别 | 经济航行 K | 经济 Ks | 经济耗电/kW | 经济类别 | 全速航行 K | 全速 Ks | 全速耗电/kW | 全速类别 | 海上作业日用 K | 海上日用 Ks | 海上日用耗电/kW | 海上日用类别 | 备注 |
|---|---|---|---|---|---|---|---|---|---|---|---|---|---|---|---|---|---|---|---|---|---|---|---|---|---|
| 生活污水处理装置 |  | 3.0 | 7.0 | 21.0 | 0.9 | 0.3 | 6.2 | II | 0.9 | 0.3 | 6.2 | II | 0.9 | 0.7 | 12.7 | II | 0.9 | 0.3 | 6.2 | II | 0.9 | 0.3 | 6.2 | II | |
| 舱底油污水处理装置 |  | 1.0 | 7.5 | 7.5 | 1.0 | 1.0 | 7.5 | III | 1.0 | 1.0 | 7.5 | III | 1.0 | 1.0 | 7.5 | III | 1.0 | 1.0 | 7.5 | III | 1.0 | 1.0 | 7.5 | III | |
| 变频恒压淡水供水装置 |  | 1套 |  | 11.0 | 0.8 | 0.5 | 4.4 | I | 0.8 | 0.5 | 4.4 | I | 0.8 | 1.0 | 8.8 | I | 0.8 | 1.0 | 8.8 | I | 0.8 | 1.0 | 8.8 | I | |
| 热水暖风机 |  | 10.0 | 0.3 | 2.5 | 1.0 | 0.4 | 1.0 | I | 1.0 | 0.4 | 1.0 | II | 1.0 | 0.6 | 1.5 | I | 1.0 | 0.6 | 1.5 | I | 1.0 | 0.6 | 1.5 | I | |
| 淡水舱净水装置 |  | 1.0 | 6.5 | 6.5 | 0.6 | 1.0 | 3.9 | I | 0.6 | 1.0 | 3.9 | I | 0.7 | 1.0 | 4.6 | I | 0.7 | 1.0 | 4.6 | I | 0.7 | 1.0 | 4.6 | I | |
| 热水系统 |  | 1.0 | 35.0 | 35.0 | 0.3 | 1.0 | 10.5 | I | 0.6 | 1.0 | 21.0 | I | 0.7 | 1.0 | 24.5 | I | 0.7 | 1.0 | 24.5 | I | 0.7 | 1.0 | 24.5 | I | |
| 冷藏机组 |  | 1.0 | 15.0 | 15.0 | 0.4 | 1.0 | 6.0 | I | 0.6 | 1.0 | 9.0 | I | 0.7 | 1.0 | 10.5 | I | 0.7 | 1.0 | 10.5 | I | 0.7 | 1.0 | 10.5 | I | |
| 冷藏机组淡水泵控制箱 |  | 1.0 | 38.0 | 38.0 | 0.4 | 1.0 | 15.2 | I | 0.6 | 1.0 | 22.8 | I | 0.7 | 1.0 | 26.6 | I | 0.7 | 1.0 | 26.6 | I | 0.7 | 1.0 | 26.6 | I | |
| 热泵式热水器 |  | 1.0 | 12.0 | 12.0 | 0.4 | 1.0 | 4.8 | I | 0.6 | 1.0 | 7.2 | I | 0.7 | 1.0 | 8.4 | I | 0.7 | 1.0 | 8.4 | I | 0.7 | 1.0 | 8.4 | I | |
| 对外消防控制柜 |  | 1.0 | 35.0 | 35.0 | 0.8 | 1.0 | 28.0 | III | 0.8 | 1.0 | 28.0 | III | 0.7 | 1.0 | 24.5 | III | 0.7 | 1.0 | 24.5 | III | 0.7 | 1.0 | 24.5 | III | |
| 冷却水泵机组控制箱 |  | 1.0 | 70.0 | 70.0 | 0.4 | 1.0 | 28.0 | — | 0.3 | 1.0 | 21.0 | — | 0.7 | 1.0 | 49.0 | — | 0.7 | 1.0 | 49.0 | — | 0.7 | 1.0 | 49.0 | — | |
| 冷水机组 |  | 1套 |  | 164.0 | 0.4 | 0.4 | 65.6 | I | 0.3 | 0.3 | 49.2 | I | 0.7 | 1.0 | 114.8 | I | 0.7 | 1.0 | 114.8 | I | 0.7 | 1.0 | 114.8 | I | 1、无空调工况,本项不计入 |
| 空调 |  | 1套 |  | 102.0 | 0.8 | 0.4 | 32.6 | II | 0.8 | 0.5 | 40.8 | II | 0.8 | 0.7 | 55.7 | II | 0.8 | 0.6 | 49.0 | II | 0.8 | 0.7 | 57.1 | II | 2、有空调工况,按控制冷功率计算 |
| 减摇水舱阻尼驱动器 |  | 2.0 | 0.7 | 1.4 | 0.6 | 1.0 | 1.3 | I | 1.0 | 1.0 | 1.4 | I | 1.0 | 1.0 | 1.4 | I | 1.0 | 1.0 | 1.4 | I | 1.0 | 1.0 | 1.4 | I | |
| 燃油热水供热装置 |  | 2.0 | 1.6 | 3.2 | 0.4 | 1.0 | 1.3 | II | 1.0 | 1.0 | 3.2 | II | 1.0 | 1.0 | 3.2 | II | 1.0 | 1.0 | 3.2 | II | 1.0 | 1.0 | 3.2 | II | |
| 高温水循环泵 |  | 1.0 | 0.8 | 0.8 | 0.6 | 1.0 | 0.5 | I | 0.8 | 1.0 | 0.6 | I | 0.8 | 1.0 | 0.6 | I | 1.0 | 1.0 | 0.6 | I | 0.8 | 1.0 | 0.6 | I | |

续表

| 用电设备 名称及型号 | 电压 | 数量 | 电动机额定功率/kW | 全套耗电功率/kW | 停泊 机械负荷系数K | 停泊 同时使用系数Ks | 停泊 耗电功率/kW | 停泊 负荷类别 | 靠离码头 日用负荷 机械负荷系数K | 靠离码头 日用负荷 同时使用系数Ks | 靠离码头 日用负荷 耗电功率/kW | 靠离码头 日用负荷 负荷类别 | 靠离码头 侧推负荷 K | 靠离码头 侧推负荷 Ks | 靠离码头 侧推负荷 耗电功率/kW | 靠离码头 侧推负荷 负荷类别 | 经济航行 机械负荷系数K | 经济航行 同时使用系数Ks | 经济航行 耗电功率/kW | 经济航行 负荷类别 | 全速航行 机械负荷系数K | 全速航行 同时使用系数Ks | 全速航行 耗电功率/kW | 全速航行 负荷类别 | 海上作业 日用负荷 机械负荷系数K | 海上作业 日用负荷 同时使用系数Ks | 海上作业 日用负荷 耗电功率/kW | 海上作业 日用负荷 负荷类别 | 海上作业 侧推负荷 K | 海上作业 侧推负荷 Ks | 海上作业 侧推负荷 耗电功率/kW | 海上作业 侧推负荷 负荷类别 | 应急 机械负荷系数K | 应急 同时使用系数Ks | 应急 耗电功率/kW | 应急 负荷类别 | 备注 |
|---|---|---|---|---|---|---|---|---|---|---|---|---|---|---|---|---|---|---|---|---|---|---|---|---|---|---|---|---|---|---|---|---|---|---|---|---|---|
| 热水暖风机 | | 10.0 | 0.3 | 2.5 | 0.8 | 0.4 | 0.8 | II | 0.8 | 0.6 | 1.2 | II | | | | | 0.8 | 0.8 | 1.6 | II | 0.8 | 0.8 | 1.6 | II | 0.8 | 0.8 | 1.6 | II | | | | | | | | | |
| 减摇水舱液压机组 | | 1.0 | 2.0 | 2.0 | | | 0.0 | | 1.0 | 1.0 | 2.0 | | | | | | 1.0 | 1.0 | 2.0 | I | 1.0 | 1.0 | 2.0 | I | 1.0 | 1.0 | 2.0 | I | | | | | | | | | |
| 压载水泵 | | 2.0 | 18.5 | 37.0 | 1.0 | 0.5 | 18.5 | III | | | | | | | | | | | | | | | | | | | | | | | | | | | | | |
| 液水驳运泵 | | 2.0 | 5.5 | 11.0 | 1.0 | 0.5 | 5.5 | II | 1.0 | 0.5 | 5.5 | II | | | | | 1.0 | 0.5 | 5.5 | II | 1.0 | 0.5 | 5.5 | II | 1.0 | 0.5 | 5.5 | II | | | | | | | | | |
| 压载水处理装置 | | 2.0 | 5.5 | 11.0 | 1.0 | 0.5 | 5.5 | II | 1.0 | 0.5 | 5.5 | II | | | | | 1.0 | 0.5 | 5.5 | II | 1.0 | 0.5 | 5.5 | II | 1.0 | 0.5 | 5.5 | II | | | | | | | | | |
| 气调保鲜 | | 1.0 | 22.0 | 22.0 | 0.4 | 1.0 | 8.8 | I | 0.8 | 1.0 | 17.6 | I | | | | | 0.8 | 1.0 | 17.6 | II | 0.8 | 1.0 | 17.6 | II | 0.8 | 1.0 | 17.6 | I | | | | | | | | | |
| 阀门遥控系统 | | 2.0 | 12.0 | 12.0 | 0.5 | 1.0 | 6.0 | II | 0.5 | 1.0 | 6.0 | II | | | | | 0.5 | 1.0 | 6.0 | I | 0.5 | 1.0 | 6.0 | I | 0.5 | 1.0 | 6.0 | II | | | | | | | | | |
| 反渗透海水淡化装置 | | 2.0 | 8.0 | 16.0 | 0.8 | 0.5 | 6.4 | I | 0.8 | 0.5 | 6.4 | I | | | | | 0.8 | 1.0 | 12.8 | III | 0.8 | 1.0 | 12.8 | III | 0.8 | 1.0 | 12.8 | I | | | | | | | | | |
| 推车式电汽蒸发生器 | | 1.0 | 30.0 | 30.0 | | | | | 1.0 | 1.0 | 30.0 | III | | | | | 1.0 | 1.0 | 30.0 | | 1.0 | 1.0 | 30.0 | | 1.0 | 1.0 | 30.0 | III | | | | | | | | | |
| 专用冷水机组 | | 1.0 | 7.3 | 7.3 | 0.3 | 1.0 | 2.2 | I | 0.3 | 1.0 | 2.2 | I | | | | | 0.7 | 1.0 | 5.1 | I | 0.7 | 1.0 | 5.1 | I | 0.7 | 1.0 | 5.1 | I | | | | | | | | | |
| 1m³饮用淡水不锈钢罐防冻电加热 | | 2.0 | 7.3 | 14.6 | 1.0 | 0.5 | 7.3 | III | 1.0 | 0.5 | 7.3 | III | | | | | 1.0 | 0.5 | 7.3 | III | 1.0 | 0.5 | 7.3 | III | 1.0 | 0.5 | 7.3 | III | | | | | | | | | |
| 照明生活用电整流器等 | | | | | | | | | | | | | | | | | | | | | | | | | | | | | | | | | | | | | |
| 正常照明 | | 1套 | | 100.0 | 0.4 | 1.0 | 40.0 | I | 0.4 | 1.0 | 40.0 | I | | | | | 0.7 | 1.0 | 70.0 | I | 0.7 | 1.0 | 70.0 | I | 0.7 | 1.0 | 70.0 | I | | | | | | | | | |
| 应急照明 | | | | 40.0 | 0.4 | 1.0 | 16.0 | I | 0.4 | 1.0 | 16.0 | I | | | | | 0.7 | 1.0 | 28.0 | I | 0.7 | 1.0 | 28.0 | I | 0.7 | 1.0 | 28.0 | I | | | | | 0.5 | 1.0 | 20.0 | I | |
| 通信、导航等 | | 1套 | | 20.0 | 0.5 | 1.0 | 10.0 | I | 1.0 | 1.0 | 20.0 | I | | | | | 1.0 | 1.0 | 20.0 | I | 1.0 | 1.0 | 20.0 | I | 1.0 | 1.0 | 20.0 | I | | | | | | | 6.0 | I | |
| 厨房设备 | 220V | 1套 | | 10.0 | 0.4 | 1.0 | 4.0 | II | 0.4 | 1.0 | 4.0 | I | | | | | 0.7 | 1.0 | 7.0 | I | 0.7 | 1.0 | 7.0 | I | 0.7 | 1.0 | 7.0 | I | | | | | | | | | |
| 厨房设备 | | 1套 | | 100.0 | 0.4 | 1.0 | 40.0 | II | 0.4 | 1.0 | 40.0 | I | | | | | 0.7 | 1.0 | 70.0 | I | 0.7 | 1.0 | 70.0 | I | 0.7 | 1.0 | 70.0 | I | | | | | | | | | |

续表

| 名称及型号 | 数量 | 电动机额定功率/kW | 全套耗电功率/kW | 停泊 K | 停泊 Ko | 停泊 耗电功率/kW | 停泊 负荷类别 | 靠离码头 日用负荷 K | Ko | kW | 类别 | 靠离码头 侧推负荷 K | Ko | kW | 类别 | 经济航行 K | Ko | kW | 类别 | 全速航行 K | Ko | kW | 类别 | 海上作业 日用负荷 K | Ko | kW | 类别 | 海上作业 侧推负荷 K | Ko | kW | 类别 | 应急 K | Ko | kW | 类别 | 备注 |
|---|---|---|---|---|---|---|---|---|---|---|---|---|---|---|---|---|---|---|---|---|---|---|---|---|---|---|---|---|---|---|---|---|---|---|---|---|
| 充放电装置 | 2.0 | 3.0 | 6.0 | 0.8 | 1.0 | 4.8 | I | 0.8 | 1.0 | 4.8 | I | | | | | 0.8 | 1.0 | 4.8 | I | 0.8 | 1.0 | 4.8 | I | 0.8 | 1.0 | 4.8 | I | | | | | 0.6 | 1.0 | 3.6 | I | |
| 机舱监测报警网络 | 1套 | | 5.0 | 1.0 | 1.0 | 5.0 | I | 1.0 | 1.0 | 5.0 | I | | | | | 1.0 | 1.0 | 5.0 | I | 1.0 | 1.0 | 5.0 | I | 1.0 | 1.0 | 5.0 | I | | | | | 0.8 | 1.0 | 4.0 | I | |
| 第I类负载总和 | | | | | | 347.9 | I | | | 698.5 | I | | | | | | | 901.6 | I | | | 906.4 | I | | | 928.2 | I | | | | | | | 90.8 | I | |
| 第II类负载总和 | | | | | | 215.5 | I | | | 197.3 | I | | | | | | | 113.1 | I | | | 127.6 | I | | | 131.1 | I | | | | | | | 41.5 | I | |
| 考虑同时系数的第I类负荷 | | | | 0.7 | | 243.5 | | 0.7 | | 489.0 | | | | | | 0.7 | | 631.1 | | 0.7 | | 634.5 | | 0.7 | | 649.7 | | | | | | | 0.7 | | 63.6 | |
| 考虑同时系数的第II类负荷 | | | | 0.4 | | 86.2 | | 0.4 | | 78.9 | | | | | | 0.4 | | 45.2 | | 0.4 | | 51.0 | | 0.4 | | 52.4 | | | | | | | 0.4 | | 16.6 | |
| 考虑同时系数的第I和II类负荷总和 | | | | | | 329.7 | | | | 567.9 | | | | | | | | 676.4 | | | | 685.5 | | | | 702.2 | | | | | | | | 80.2 | |
| 考虑电网损失5%所需总功率（M/0.95） | | | | | | 346.2 | | | | 596.3 | | | | | | | | 710.2 | | | | 719.8 | | | | 737.3 | | | | | | | | 84.2 | |
| （使用空调工况） | | | | 1.0 | | 420.0 | | 1.0 | 2 000.0 | 420.0 | | 1.0 | | 2 000.0 | 80.0 | 1.0 | 2 000.0 | 420.0 | | 1.0 | | 420.0 | | 1.0 | 2 000.0 | 420.0 | | 1.0 | | 2 000.0 | 80.0 | 1.0 | | 1.0 | 120.0 | |
| 运行柴油发电机台数及功率 | | | | 3X420 | | 82.4 | | 3X420 | | 29.8 | 71.0 | | | 1X420 | | 3X420 (*) | 1X2000 (*) | 35.5 | 84.5 | | | 1X420 | 85.7 | 3X420 | | 36.9 | 58.5 | | | | | | | | 70.1 | 应急发 X1 |
| 运行轴带发电机台数及功率 | | | | 岸电 | | 柴发 X1 | | 无 | | 轴发 X2 或轴发 X1+柴发 X2 | | | 1X2000 | 轴发 X1+柴发 X2 | | 1X2000 (*) | 2X2000 (*) | 轴发 X1 | 柴发 X2 | | | 无 | 柴发 X2 | 无 | | 轴发 X2 | 轴发 X1+柴发 X3 | | | | | 无 | | 无 | | |

续表

| 用电设备 | | | | | 停泊 | | | | 靠离码头 | | | | | | | | 经济航行 | | | | 全速航行 | | | | 海上作业 | | | | | | | | 应急 | | | | 备注 |
|---|---|---|---|---|---|---|---|---|---|---|---|---|---|---|---|---|---|---|---|---|---|---|---|---|---|---|---|---|---|---|---|---|---|---|---|---|---|
| | | | | | | | | | 日用负荷 | | | | 侧推负荷 | | | | | | | | | | | | 日用负荷 | | | | 侧推负荷 | | | | | | | | |
| 名称及型号 | 电压 | 数量 | 电动机额定功率/kW | 全套耗电功率/kW | 机械负荷系数 $K$ | 同时使用系数 $K_o$ | 耗电功率/kW | 负荷类别 | 机械负荷系数 $K$ | 同时使用系数 $K_o$ | 耗电功率/kW | 负荷类别 | 机械负荷系数 $K$ | 同时使用系数 $K_o$ | 耗电功率/kW | 负荷类别 | 机械负荷系数 $K$ | 同时使用系数 $K_o$ | 耗电功率/kW | 负荷类别 | 机械负荷系数 $K$ | 同时使用系数 $K_o$ | 耗电功率/kW | 负荷类别 | 机械负荷系数 $K$ | 同时使用系数 $K_o$ | 耗电功率/kW | 负荷类别 | 机械负荷系数 $K$ | 同时使用系数 $K_o$ | 耗电功率/kW | 负荷类别 | 机械负荷系数 $K$ | 同时使用系数 $K_o$ | 耗电功率/kW | 负荷类别 | |
| 第Ⅰ类负载总和 | 不使用空调工况 | | | | | | | 249.7 | | | | 608.5 | | | | | | | | 731.1 | | | | 742.6 | | | | 756.3 | | | | | | | | 90.8 | |
| 第Ⅱ类负载总和 | | | | | | | | 215.5 | | | | 197.3 | | | | | | | | 113.1 | | | | 106.6 | | | | 131.1 | | | | | | | | 41.5 | |
| 考虑同时系数的第Ⅰ类负载 | | | | | | | 0.7 | 174.8 | | | 0.7 | 426.0 | | | | | | | 0.7 | 511.8 | | | 0.7 | 519.8 | | | 0.7 | 529.4 | | | | | | | 0.7 | 63.6 | |
| 考虑同时系数的第Ⅱ类负载 | | | | | | | 0.4 | 86.2 | | | 0.4 | 78.9 | | | | | | | 0.4 | 45.2 | | | 0.4 | 42.6 | | | 0.4 | 52.4 | | | | | | | 0.4 | 16.6 | |
| 考虑同时系数的第Ⅰ和Ⅱ类负载总和 | 不使用空调工况 | | | | | | | 261.0 | | | | 504.9 | | | | | | | | 557.0 | | | | 562.5 | | | | 581.9 | | | | | | | | 80.2 | |
| 考虑电网损失5%所需总功率（$M$*1.05） | | | | | | | | 274.0 | | | | 530.1 | | | | | | | | 584.9 | | | | 590.6 | | | | 610.9 | | | | | | | | 84.2 | |
| 运行柴油发电机台数及功率 | | | | | 岸电 | | 1.0 | 420.0 | | | 2.0 | 420.0 | | | | | | | 2.0 | 420.0 | | | 2.0 | 420.0 | | | 2.0 | 420.0 | | | | | | | 1.0 | 120.0 | |
| 运行轴带发电机台数及功率 | | | | | | | | | 1.0 | 2 000.0 | | | | | 1.0 | 2 000.0 | 1.0 | 2 000.0 | | | | | | | 1.0 | 2 000.0 | | | | | 1.0 | 2 000.0 | | | | | |
| 柴油/轴带发电机负荷率% | | | | | | | 65.2 | | 26.5 | | 63.1 | | | | 80.0 | | 29.2 | | 69.6 | | | | 70.3 | | 30.5 | | 72.7 | | | | 80.0 | | | | 70.1 | | |
| 备用柴油运行发电机台数及功率 | | | | | 3X420 | | 1X420 | | 3X420 | | 1X420 | | | | | | 3X420 | | 1X420 | | | | 1X420 | | 3X420 | | 1X420 | | | | | | 无 | | | | *经济航行工况下，若轴带发电机处于PTI工作模式，则不向日用电网及侧推负荷供电，由两台主柴发供电，备用一台主柴发 |
| 备用轴带发电机台数及功率 | | | | | 无 | | | | 无 | | 1X2000 | | | | | | 1X2000（*） | | 2X2000（*） | | 无 | | | | 无 | | | | | | | | 无 | | | | |
| 发电机组类型及台数 | | | | | 岸电 | | 柴发 X1 | | 轴发 X2 或轴发 X1+柴发 X2 | | | | | | | | 轴发 X1 | | 柴发 X2 | | 柴发 X2 | | | | 轴发 X2 | | 轴发 X1+柴发 X2 | | | | | | 应急柴发 X1 | | | | |

# 第四节　电力负荷的计算机仿真法

运用计算机仿真法计算电力负荷，就是根据各用电设备的工作概率利用电子计算机对舰船电力系统总负荷的构成行为进行随机模仿，从中得到舰船电力负荷的统计功率。计算机仿真法比其他方法具有更高的计算精度。

利用计算机模拟计算负荷，需要明确舰船电力负荷的数量、功率及各项负荷的工作概率。故该方法适用于电力系统的初步设计和技术设计阶段。在计算时也要进行工况划分，分别求出各典型工况下的负荷值。

首先，将设计舰船的负载逐一统计。为避免遗忘某些用电负载，可以按类进行统计。根据各用电负载的属性，一般可以分为以下几类：

（1）动力装置用辅机，包括为主机和锅炉服务的各种辅机，如滑油泵、海水泵、淡水泵、空压机、鼓风机等；

（2）甲板机械，包括舵机、锚机、绞盘机、减摇装置、起货机和舷梯起吊机等；

（3）舱室辅机，包括生活用水泵、消防泵、舱底泵、压载泵和为辅锅炉服务的辅机等；

（4）冷藏通风机械，包括制冷机、通风和空调装置等；

（5）观通导航设备，包括雷达、电视和通信设备等；

（6）照明及生活用电，包括各种照明灯、信号灯、航行灯、探照灯、风扇、电灶和电热器等；

（7）机修及其他，包括维修机械及其他用电负载等。

对于小型舰船，由于用电设备不多，所做的分类可适当地减少，甚至可以不进行分类。

负载统计完成后，需计算各典型工况下各负载所需的有功功率和无功功率。根据用电负载的特点，一般可以分为下面四种情况来进行处理。

（1）对于输出功率基本恒定的电动机类负载，其所需的有功功率为

$$P = \frac{K_L K_{fg} P_e}{\eta}$$

式中，$K_L$ 为电动机的利用系数；$K_{fg}$ 为在指定工况下的机械负荷系数；$P_e$ 为电动机的额定功率；$\eta$ 为电动机在实际负荷状态下的效率。

所需的无功功率为

$$Q = P \cdot \tan(\arccos\varphi)$$

式中，$\cos\varphi$ 为电动机在实际负荷状态下的功率因数。

（2）对于输出功率变化的电动机类负载，可以根据它的典型有功负荷曲线计算出一个典型工作周期内的功率方均根值从而得到其所需的有功功率，而典型有功负荷曲线可以通过对相同或类似设备在舰船上实际用电情况的测试记录或对其典型工作程序的分析得出。

若起锚机的典型有功负荷曲线如图 3-4-1 所示，则其所需的有功功率为

$$P = \sqrt{\frac{P_1^2 t_1 + \frac{1}{3}\left(P_1^2 + P_2^2 + P_1 P_2\right)t_2 + P_3^2 t_3 + \frac{1}{3}\left(P_4^2 + P_5^2 + P_4 P_5\right)t_4}{t_1 + t_2 + t_3 + t_4}}$$

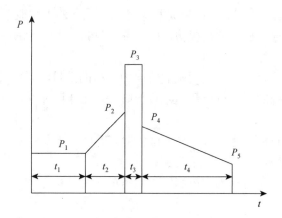

图 3-4-1　起锚机的典型有功负荷曲线

若图 3-4-1 所给的曲线不是典型的有功负荷曲线，而是机械轴上的典型机械负荷曲线，则应先将 $P_1 \sim P_5$ 除以相应负荷状态下的效率，然后再按上述方式进行计算。在相应负荷状态下的效率可以查阅附录 A。

通过计算典型无功负荷曲线的均方根得到所需的无功功率，计算的方法与所需有功功率的计算方法相同。典型无功负荷曲线可以通过相同或类似设备在舰船上实际用电情况的测试记录或对其典型工作程序的分析得出，也可以通过典型有功负荷曲线换算得到。例如，对于图 3-4-1，只要将 $P_1 \sim P_5$ 通过 $Q_i = P_i \cdot \tan(\arccos\varphi_i)$ 换算为 $Q_1 \sim Q_5$，再按图 3-4-1 的形状将它们近似地用直线相连，即可得到对应的典型无功负荷曲线。其中的 $\cos\varphi_i$ 为相应负荷状态下的功率因数，它们可以通过查阅附录 A 或有关的产品说明书得到。

若典型的有功、无功曲线或机械负荷曲线是一条光滑的曲线，则可近似地用一系列矩形和梯形来等效。

（3）对于同属于一个系统且相互之间存在着固定的协同、制约或依赖关系的多个用电设备，应根据系统的实际工作情况或程序来考虑。在这种情况下，典型负荷曲线应是多个用电设备组成系统的负荷曲线，而且一般是以用电功率的形式表示的。若系统负荷是由若干台电动机组成的，当从该系统负荷的典型有功负荷曲线换算它的典型无功负荷曲线时，应注意在换算过程中对系统中的各台电动机要进行分别处理。

（4）对于照明和电热类负载，可以直接将其额定功率作为所需的功率，所需无功功率取为 0。

下一步工作是确定各用电负载的工作概率。确定方法与第三节所述相同。一般可以将负载的工作概率从 0～1 均匀地分为 10 档（每隔 0.1 为一档）。具体某一负载的工作概率可按四舍五入的原则划归某一档次。例如，某电力负荷在巡航工况下的工作概率为 0.57，则在该工况下，将其工作概率归入 0.6 档（将其工作概率记为 0.6）。

当计算机仿真计算时，我们让计算机产生 $S$ 个随机数（$S$ 为正整数，每个随机数出现的机会均等），并根据用电设备的工作概率给它们分配一定范围的随机数。这些随机数的数目占 $S$

个随机数的百分比等于该设备的工作概率。当函数发生器出现这些随机数时，表示相应的设备处于工作状态。这就达到了模拟该设备工作概率的目的。

例如，取 $S = 1000$，对于工作概率为 0.2 的电力负荷，可以选 0～199 的所有随机数来表示它们是工作的。这 200 个随机数正好是 1000 个随机数的 20%。随机数发生器均匀地产生 0～1000 的随机数，每个数产生的机会都是相同的，因此随机数落在 0～199 的概率为 0.2。

同样，对于工作概率为 0.5 的电力负荷，可以选 0～499 的所有随机数来表示它们是工作的。对于工作概率为 0.7 的电力负荷，可以选 0～699 的所有随机数来表示它们是工作的。

计算机模拟计算的过程如下（以 $S = 1000$ 为例）：

（1）将舰船所有电力负荷按工作概率分组，组的数目即为前述电力负荷工作概率分档数目，可以根据需要而定。如工作概率分为十档。则工作概率归入 0.1 档的全部负荷组成第一组，工作概率归入 0.2 档的负荷组成第二组，以此类推。下面以 10 为分组数进行讨论。

（2）首先统计计算各组中第一项负荷的功率和。具体方法是由计算机产生一个随机数，若随机数为 237，按照前述随机数的分配方法，它落在工作概率为 0.3 和大于 0.3 的负荷组所属的随机数范围内，未落在工作概率为 0.1 的负荷组所属的随机数 0～99 和工作概率为 0.2 的负荷组所属的随机数 0～199 内，故抽签的结果是工作概率等于 0.3 和大于 0.3 的各组中的第一项负荷工作，而第一组、第二组中的第一项负荷不工作。凡是中签（即被认为处于工作状态）的电力负荷，其功率加入舰船电力负荷总功率中，其余的在此次抽签中不予计及。接着，随机数发生器又产生第二个任意的随机数，对各组中第二个负荷进行类似的检验和处理，一直重复到电力负荷数量最多的那个组的最后一个电力负荷，完成一个周期，取得了一个舰船电力负荷的总功率数。

在实际计算时，将各组中负荷的有功功率排成一个 $n \times m$ 的矩阵，其中，$n$ 为实际划分的概率档次数，$m$ 为各概率档次数中负载最多一档那组负载的个数；而矩阵元素 $P_{ij}$（$1 \leqslant i \leqslant n$，$1 \leqslant j \leqslant m$）为属于第 $i$ 档概率并排在第 $i$ 位负载的有功功率（若某一个位置上没有负载，则相应的元素取为 0）。然后，将矩阵输入计算机中进行仿真计算。

（3）反复进行上述计算。每个周期都可以得到一个舰船电力负荷的总功率，其数值可能均不相同。从大量的循环所得负荷总功率值中找出最大的值和最小的值，以此为界将功率范围划分成多个小段。统计循环所得功率数值正好落入每个小段中的次数，据此可以绘出舰船电力负荷的功率-频数分布曲线。它是以总功率的分布范围为横坐标区间，在每个功率小段内，以负荷功率值落入该功率段内的次数（即频数）为纵坐标绘出的阶梯形曲线。若以频数的相对值（占总功率值数目的百分比）为纵坐标，则绘出的曲线称为电力负荷的相对频数分布曲线。

电力负荷工作概率分为 10 档时计算机仿真的模型框图如图 3-4-2 所示。

电力负荷仿真计算的准确度与循环计算的次数和功率-频数分布曲线的功率分段数目有关。实践表明，为了取得较好的效果，循环计算的次数最好在 1000 次以上，曲线的功率分段数目最好在 20 段以上。

采用计算机仿真法计算一艘船战斗工况的电力负荷，输入矩阵和电力负荷的功率-频数分布曲线分别如表 3-4-1 和图 3-4-3 所示。

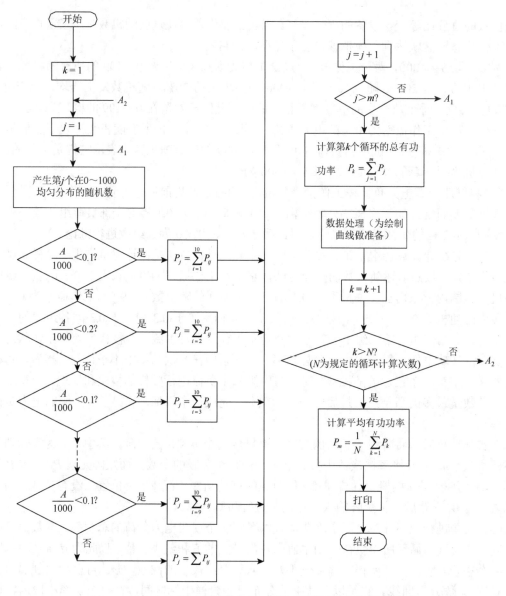

图 3-4-2  电力负荷工作概率分为 10 档时计算机仿真的模型框图

表 3-4-1  输入矩阵

| 工作概率 | 负荷 |
| --- | --- |
| 0.1 | 甲板机械（$P = 180\,\text{kW}$，$\cos\varphi_{HI} = 0.8$），其余为零 |
| 0.2 | 某武器系统 1（$P = 80\,\text{kW}$，$\cos\varphi_{HI} = 0.7$）<br>声呐（$P = 5\,\text{kW}$，$\cos\varphi_{HI} = 0.95$）<br>电动空压机两台（$P = 2\times90\,\text{kW}$，$\cos\varphi_{HI} = 0.9$），其余为零 |
| 0.3 | 动力辅机（$P = 400\,\text{kW}$，$\cos\varphi_{HI} = 0.8$）<br>消防泵五台（$P = 5\times80\,\text{kW}$，$\cos\varphi_{HI} = 0.8$），其余为零 |
| 0.4 | 某武器 2 两台（$P = 2\times100\,\text{kW}$，$\cos\varphi_{HI} = 0.8$），其余为零 |

续表

| 工作概率 | 负荷 |
|---|---|
| 0.5 | 某武器 3 两台（$P=2\times100\ \text{kW}$，$\cos\varphi_{HI}=0.8$）<br>直升机（$P=40\ \text{kW}$，$\cos\varphi_{HI}=0.8$）<br>辅锅炉两台（$P=2\times22\ \text{kW}$，$\cos\varphi_{HI}=0.9$）<br>通风系统（$P=140\ \text{kW}$，$\cos\varphi_{HI}=0.8$），其余为零 |
| 0.6 | 某武器 4 六台（$P=6\times30\ \text{kW}$，$\cos\varphi_{HI}=0.8$）<br>冷藏设备三套（$P=3\times18\ \text{kW}$，$\cos\varphi_{HI}=0.8$），其余为零 |
| 0.8 | 声呐设备（$P=30\ \text{kW}$，$\cos\varphi_{HI}=0.95$）<br>某武器 2 指挥仪（$P=10\ \text{kW}$，$\cos\varphi_{HI}=0.95$）<br>无线电（$P=70\ \text{kW}$，$\cos\varphi_{HI}=0.95$）<br>空调设备两套（$P=2\times150\ \text{kW}$，$\cos\varphi_{HI}=0.8$），其余为零 |
| 0.9 | 某探测设备（$P=250\ \text{kW}$，$\cos\varphi_{HI}=0.9$），其余为零 |
| 1.0 | 武器 3 指挥仪（$P=54\ \text{kW}$，$\cos\varphi_{HI}=0.95$）；舵机（$P=75\ \text{kW}$，$\cos\varphi_{HI}=0.8$）<br>导航设备（$P=30\ \text{kW}$，$\cos\varphi_{HI}=0.9$）；照明设备（$P=180\ \text{kW}$，$\cos\varphi_{HI}=0.8$）<br>减摇装置（$P=80\ \text{kW}$，$\cos\varphi_{HI}=0.8$）；消磁（$P=80\ \text{kW}$，$\cos\varphi_{HI}=0.9$） |

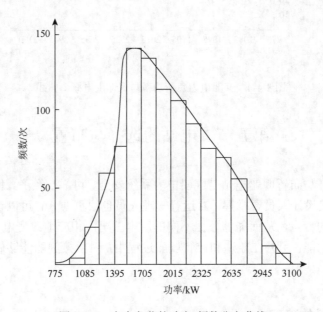

图 3-4-3　电力负荷的功率-频数分布曲线

　　对于电站的无功负荷，只要建立一个与有功功率矩阵 $P_{ij}$ 相似的功率因数矩阵 $\cos\varphi_{ij}$ 或无功功率矩阵 $Q_{ij}$，即可进行同样的仿真计算。

　　电站负荷的平均功率因数可以根据平均有功功率 $P_m$ 和平均无功功率 $Q_m$ 来计算，计算公式为

$$\cos\varphi_m=\cos\left(\arctan\frac{Q_m}{P_m}\right)$$

最后，当计算电站负荷值时，也应计入 5%的网络损耗。

采用计算机仿真法计算电力负荷值的另一个优点，是用它的计算结果可以画出保证供电概率曲线，据此使设计人员了解电站功率能保证用电设备需要的把握程度。保证供电概率曲线是横坐标为电站提供的负荷功率，纵坐标为电站负荷功率能够保证供电概率的曲线。由于有了计算出的许多个电力负荷总功率值，每给出一个电站提供的负荷功率，即可求得数值小于及等于此电站负荷功率的电力负荷功率值的比例，即满足供电要求的概率。

根据前面计算某船战斗工况电力负荷的结果，可以画出图 3-4-4 所示的保证供电概率曲线。

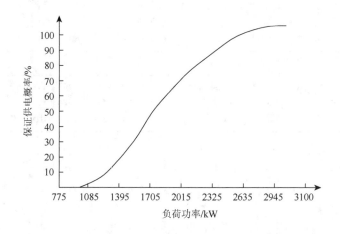

图 3-4-4　某船电力负荷功率与保证供电概率曲线

# 第五节　电站的选择与布置

正确合理地选择与布置舰船电站是舰船电力系统安全、可靠、经济、优质地向全舰负载供电的重要保证。不仅设计人员要掌握，对运行管理人员也很重要，它可以帮助机电管理人员深入地了解舰船电站的特点，从而能够根据不同的用电工况，相应地改变电力系统的运行方式，充分地发挥电站的功能；另外在监造和接管舰船过程中，对所接舰船能够做出有理论依据的校验和评价。

## 一、舰船电站容量的确定

确定电站容量是以全舰电力负荷计算为基础的。计算可以采用需要系数法、三类负荷法及便于提供多种预测信息、适应用电设备变化调整、计算方便的其他方法。不管采用何种方法，都应反映用电负荷的最大工况、最小工况及常用工况的情况，以便满足各种典型用电工况的供电需求。

在具体确定电站容量时还应遵循下述原则（本节的要求是以等于或大于 1000 t 的水面舰船为对象的）：

（1）对于可能进行现代化改装的舰船，为了在其整个使用寿命期内具有足够的电力，在舰船最大用电工况所需电力和舰船应急情况所需电力中，一般都要包括将来对电子设备、武器设备和某些电力设备进行现代化改装需要的增额。

在舰船最大用电工况所需电力中需要考虑下列的增额系数：

①新建战斗舰船为 20%～25%；

②新建辅助船为 15%～20%。

舰船应急情况所需电力的增额系数为 20%。

（2）舰船电站要有生命力功率储备，当船体相邻舱室破损仍能保持不沉时，余下的主发电机组或者主发电机组和应急发电机组能够提供舰船最大用电工况所需的电力。

（3）从发电机组的效率和利用率方面考虑，在运行周期较长的工况下投入运行机组的负荷应大于其额定功率的 50%。

（4）必须考虑辅机发电机组与主发电机组的寿命比，不应相差过大。

## 二、舰船电站的配置

舰船电站一般分为主电站、应急电站、停泊电站。主电站是每船必备的，而应急电站和停泊电站则按相关规定设置。

基于生命力的考虑，水面舰船应配置两个或两个以上的主电站，至少要配置三台主发电机组。

考虑发电机组的机动性和经济性，对原动机的种类也做了相应的要求。以蒸汽轮机推进的水面舰船，应配置以蒸汽轮机驱动的主发电机组，另外还应配置一台或几台以独立原动机（如柴油机或燃气轮机）驱动的、具有应急起动能力的主发电机组。必要时可再配置一台或几台独立原动机驱动的应急发电机组；以柴油机推进的舰船、以燃气轮机推进的舰船或者以柴油机和燃气轮机联合推进的舰船，都应配置以柴油机驱动或者以燃气轮机驱动的主发电机组。

为了有利于机组并联运行的稳定性和减少维修保养的工作量，对以柴油机、燃气轮机推进的舰船，要求各主电站要相同；主电站中发电机组的台数、型号、额定功率和制造工艺必须完全相同；以蒸汽轮机推进的舰船，各主电站可以不同，但是其中蒸汽轮机发电机组的型号、额定功率和制造工艺应该相同，柴油机发电机组或者燃气轮机发电机组的型号、额定功率和制造工艺也应该相同。

设置应急电站的条件是，当船体相邻舱室破损仍能保持不沉时，余下的主发电机组不能提供舰船最大用电工况所需的电力；由柴油机或者燃气轮机驱动的主发电机组，如果设置在相隔两道或两道以上水密隔舱，那么当船体相邻舱室破损仍能保持不沉，余下的主发电机组仍能提供舰船最大用电工况所需电力时，可以不配置应急电站。

应急电站应能向Ⅰ类重要用电设备应急供电。应急电站一般不宜兼作停泊电站。

当舰船停泊状态下全船用电量较少，致使一台主发电机组处于不允许的长期低工况运行时，应配置停泊电站。在一般情况下当舰船停泊状态全船用电量等于或者小于一台主发电机组额定容量的一半时，可以考虑配置停泊电站。

## 三、舰船电站的布置

电站应布置在具有防止战斗损害和隐蔽性良好的区域内。为了最大限度地防止战斗损坏和保证供电的连续性，多台主发电组应沿舰船的纵向和横向分开布置，并应位于设计水线以下。当布置发电机组时，应使其转轴与舰船艏艉线平行。

主电站之间要相互远离布置，以保证水面舰船船体发生相邻舱室破损而舰船不沉的单一事故后，主电站保持完好的能力符合规范要求。

由蒸汽轮机驱动的主发电机组应布置在靠近蒸汽气源的舱室内；由柴油机或燃气轮机驱动的发电机组构成的电站，其位置应尽量地与负载的分布情况协调，缩短电缆长度。

应急电站应布置在舰船所有主发电机组所在舱室破损或者所有主发电机组所在舱室及相邻舱室都破损而船体仍能保持不沉的破损水线以上，并且要与主发电机组至少隔开两道水密隔舱，便于保护舰船供电生命力的部位。

停泊电站一般应与主电站同舱布置，以便于操作管理。

## 四、发电机组的选择

在确定电站的发电机组结构时，一般要考虑以下几个方面的问题。

（1）机组总容量必须达到前述电站容量的要求。

（2）从供电生命力考虑，应采用多台发电机供电，当一台机组维修或出现故障时，仍有足够容量的机组供电。

（3）从发电机组的效率和利用率方面考虑，在运行周期较长的工况下投入运行机组的负荷应大于其额定功率的50%。

（4）以汽轮机推进的舰船，要配置以汽轮机驱动的主发电机组，另外还需配备一台或数台以独立原动机（如柴油机或燃气轮机）驱动的发电机组，以满足蒸汽来源断绝情况下的供电需要。在蒸汽动力舰船上利用推进动力锅炉作为蒸汽轮机发电机的供气源，可以简化机组的配套设备，提高运行经济性。

（5）以柴油机、燃气轮机推进的舰船，可全部配置柴油机发电机组或全部配置燃气轮机发电机组，或者同时配置这两种机组。

（6）舰船电站应尽可能地减少发电机组的品种，有条件时，应尽量地选用同类型机组，以便于操作管理和减少备件的数量。

根据新制订的军用标准《舰船通用规范总册》（GBJ 4000—2000）的规定，正常排水量在1000 t 以上的水面舰船，应至少配置 4 台发电机组。在蒸汽轮机推进的舰船上各主电站可以不同，但其中蒸汽轮机发电机组的型号、额定功率应相同。在柴油机、燃气轮机推进的舰船上各主电站中的主发电机组的台数、型号、额定功率须完全相同。排水量为 500~1000 t 的水面舰船应至少配置三台发电机组。排水量小于 500 t 的水面舰船可以配置两台主发电机组。对于登陆艇、扫雷艇、勤务艇和其他小型艇，可在保证舰船使命任务的前提下，按具体情况配置主发电机组的台数。

# 本 章 小 结

舰船电力负荷计算是舰船电力系统设计的基础，目前大多数舰船设计采用三类负荷法对舰船电力系统负荷进行计算，并辅助以计算机仿真法进行核算。电动机负荷系数、同时系数等参数选取对计算结果影响较大，计算时需要一定的经验积累。

# 练 习 题

1. 进行舰船电力负荷计算的目的是什么？舰船电力系统负荷是如何分类的？其主要特点是什么。
2. 常用的电力负荷计算方法有哪几种？其主要特点各是什么。
3. 三类负荷计算法和计算机仿真法进行负荷计算的步骤是怎样的。
4. 舰船电站的容量是如何确定的？主电站的配置和布置有哪些要求。
5. 选择发电机组时应考虑哪些方面的基本要求。

# 第四章

## 舰船电力系统短路电流计算及汇流排设计

　　当舰船电力系统因战斗破损或操作不当及设备本身的问题而发生短路故障时，通常会产生较大的电流，影响舰船的正常工作甚至危及安全，因此短路计算是舰船电力系统保护设计中一项非常重要的内容。本章介绍短路计算的目的及意义，分析比较短路电流常用的计算方法；在同步发电机和异步电动机三相突然短路理论基础上，详细地阐述舰船交流电力系统短路电流计算方法，并通过实例进行详细的推导；最后介绍汇流排选择及其电动力稳定性和热稳定性的校核方法。

# 第一节　概　　述

## 一、短路电流计算的目的

　　短路是舰船电力系统最为严重的故障形式，它是由电气设备绝缘老化、受机械损伤、战斗中电气设备受炮火损伤、舱室进水及误操作等造成的。在舰船电力系统实际运行中，短路故障是难以避免的。

　　当舰船电力系统发生短路故障时，引起系统总阻抗减小（减小程度视短路点在系统中的位置而异），因而各支路的电流较正常运行情况增大许多倍，系统各点的电压也将大幅度地下降，在短路点附近更为严重。短路是很严重的故障，危害很大。即使短路的持续时间很短，短路电流所产生的电动力效应和热效应，也可能使发电机、电缆和汇流排等受到损坏。此外，短路还会造成电网电压下降，影响用电设备的正常工作，如使继电器误动作、电动机转矩下降甚至停转等。短路造成的后果主要表现在以下几个方面：

　　（1）短路时回路电流剧增，可能会产生电弧进而引起火灾；

　　（2）在短路回路中电流的电动力效应和热效应将损坏电气设备（电机、电器、电缆和汇流排等）；

　　（3）短路电流可能超过自动开关的最大断流能力进而损坏开关；

　　（4）短路会导致电网电压急剧下降，破坏发电机并联运行的稳定性，可能导致系统崩溃。

　　在舰船电力系统保护设计中，针对短路故障的保护设计是其中的一项主要内容。在设计过程中，必须充分地估计到系统可能发生的短路故障，以便采取有效措施来保证系统正常运行。各种规范和标准都要求在舰船电力系统设计中进行电网短路电流的计算。舰船电力系统短路电流计算的准确性对系统额定电压的确定、发电机组和供配电系统的选择、保护系统的设计、各级短路器通断能力的指标整定、发电机长期并联最大功率限值的选取、各导电器械承受短路电动力效应和热效应范围的校验有着重大的指导意义。

　　在舰船电力系统设计中，当网络结构、电缆型号、发电机型号等确定后，需要进行短路电流计算。短路电流计算的结果主要用于以下四个方面：

　　（1）校验所选择开关的断流容量；

　　（2）校验汇流排的电动力效应的稳定性；

　　（3）为电力系统的选择性保护整定提供数据；

　　（4）校验电气设备（如开关、汇流排、电缆等）的热稳定性。

　　舰船交流电力系统十分复杂，并且与陆上输配电系统相比有很大的不同，就短路电流计算方面而言，其主要特征有以下几个方面：

（1）主电源以发电机为主，额定电压相对较低，发电机功率大而且经常并联工作，故其短路电流数值较大。

（2）电网电缆线路短、截面大，而且除照明系统外很少串入变压器，故回路阻抗小，短路电流相对额定电流的倍数也较大。

（3）电力负载种类很多，感应电动机占比较大，而且部分电动机的容量与发电机的容量可相比拟，因此电动机也是短路电流很大的供给源；另外，电动机容量等级差别较大，制造厂及产品规格也不统一，给短路电流计算带来复杂性。

（4）馈线阻抗对短路电流的影响较大，在计算短路电流时必须加以考虑。

（5）电网的电阻在回路阻抗中占的比例较大，从而使电磁过程的时间常数减小，短路电流周期分量相对有较大的衰减。

（6）在不同工况下，发电装置和感应负荷的总额定功率差别很大，从而使相应短路电流随电网的初始状态不同而发生变化。

对于流经短路电流时间非常短的电气设备，通常不做热稳定性校验。在交流电力系统中，发电机的主开关和汇流排中流过短路电流的时间长达 0.6 s，这有可能使它们超过容许温度，因此应做热稳定性校验。

在舰船直流电力系统中发生的短路，主要是正极负极之间的短路，只有直流三线制的舰船上才有正极或负极对中线的短路。在舰船交流电力系统中，有单相短路（三相四线制系统）、线与线之间的两相短路和三相短路。线与线之间两相冲击短路电流约为三相冲击短路电流的86.6%，单相冲击短路电流约为三相冲击短路电流的 1.35 倍。由于舰船一般采用三相三线制交流电力系统，所以短路电流主要计算三相短路这一最严重的情况，而线与线之间的两相短路电流可以通过乘以系数 0.866 近似得出。

## 二、短路电流常用计算方法比较

### 1. 常用计算方法

由于舰船电力系统短路故障的巨大危害性，世界上许多国家都曾投入大量精力进行研究，并于二十世纪六七十年代达到了高潮。在舰船电力系统设计阶段，正确地计算短路电流可以提高设备及系统的可靠性，而错误地计算短路电流会导致严重的事故或使设备费用增加。舰船电力系统短路故障是一个复杂的电磁过渡过程，受发电机和电动机的设备分布、电网结构形式、励磁和调速系统控制方式等多种因素的影响，几乎不可能求取短路电流的精确值，因此在工程上通常都采用简化和近似的计算方法。

我国在短路故障研究领域起步较晚，在计算方法方面，二十世纪六七十年代舰船电力系统短路电流计算主要是根据苏联的方法；到二十世纪八十年代后，参照国际电工委员会（International Electrotechnical Commission，IEC）和美国军事标准先后制定了中国国家标准《船舶交流电力系统的短路计算》（GB 3321—1982）和中国国家军用标准《舰船交流电力系统短路电流计算》（GJB 173A—2015）。在研究方法上，一些高等院校和研究所先后建立了电力系统动态模拟实验室，通过模拟实验开展相关研究。近年来，随着计算机仿真技术的发展，建立系统的数学模型并通过计算机进行仿真计算的方式，将短路故障的研究提高到一个新水平。

目前，用于舰船交流电力系统短路电流计算的方法基本上都是针对辐射状电力网络结构的，常用的方法如下：

（1）中国国家标准《船舶交流电力系统的短路计算》（GB 3321—1982）；

（2）中国国家军用标准《舰船交流电力系统短路电流计算》（GJB 173A—2015）；

（3）国际电工委员会计算方法；

（4）等效发电机法；

（5）日本电气协同研究会精密计算方法；

（6）图解方法；

（7）美国海军标准计算方法。

### 2. 短路电流计算方法异同

上述所有方法都是以电机和电力系统短路过渡过程基本理论为基础的，根据舰船电力系统的具体特点，在忽略某些因素后使用近似的计算公式，只是理论推导条件不同、计算方法的难易不等，得到的结果有所差异。

总体来说，这些计算方法相同之处如下：

（1）所有发电机均按他励交流发电机三相突然短路来考虑；

（2）均计算短路后 1/2 周期时的短路电流；

（3）除个别情况（如美国海军标准计算方法）计算三相平均和最大不对称有效短路电流外，一般是计算对称短路电流和不对称最大峰值短路电流。

不同之处在于：

（1）当发电机在负载状态短路时，对短路电流增量的处理方式；

（2）交流分量衰减的处理方法；

（3）直流分量的计算方法；

（4）电动机馈送的短路电流计算方法；

（5）总短路电流的计算方法；

（6）远离主汇流排短路时对主汇流排到短路点间线路阻抗的处理；

（7）馈线阻抗对时间常数的影响。

舰船交流电力系统短路电流各种计算方法特征比较如表 4-1-1 所示。

表 4-1-1　舰船交流电力系统短路电流各种计算方法特征比较

| 计算方法 | 发电机交流分量衰减 | 发电机有负载时的处理 | 外阻抗导致的时间常数变化 | 电动机馈送短路电流的计算 | 从汇流排到短路点的馈线阻抗计算 | 短路点总短路电流的处理 |
|---|---|---|---|---|---|---|
| 中国国家标准《船舶交流电力系统的短路计算》（GB 3321—1982） | 考虑超瞬态衰减，忽略瞬态衰减 | 仅考虑发电机交流分量增加10% | 发电机和电动机计算中都考虑 | 根据各电动机的参数计算 | 分别与发电机和电动机串联 | 发电机和电动机分量的代数和 |
| 中国国家军用标准《舰船交流电力系统短路电流计算》（GJB 173A—2015） | 不衰减 | 不考虑 | — | 当汇流排短路时，用额定电流乘以一定倍数计算，并将馈线阻抗考虑在内 | 同上 | 同上 |

续表

| 计算方法 | 发电机交流分量衰减 | 发电机有负载时的处理 | 外阻抗导致的时间常数变化 | 电动机馈送短路电流的计算 | 从汇流排到短路点的馈线阻抗计算 | 短路点总短路电流的处理 |
|---|---|---|---|---|---|---|
| 国际电工委员会计算方法 | 考虑超瞬态衰减，忽略瞬态衰减 | 仅考虑发电机交流分量增加10% | 仅在发电机计算中考虑 | 汇流排和馈线端短路都采用额定电流乘以一定倍数计算 | 分别与各发电机串联 | 同上 |
| 等效发电机法 | 同上 | 同上 | 在发电机和电动机计算中都考虑 | 根据各电动机的参数计算 | 与等效发电机串联 | 汇流排短路为各分量代数和；馈线端短路，按一台等效发电机短路计算 |
| 日本电气协同研究会精密计算方法 | 同上 | 交流分量和负载电流矢量相加 | 同上 | 同上 | 分解为并联阻抗，分别与发电机和电动机相串联 | 各分量的矢量和 |
| 图解方法 | 同上 | 仅考虑发电机交流分量增加10% | 仅在发电机计算中考虑 | 当汇流排短路时，用额定电流乘以一定倍数来计算 | 与等效发电机串联 | 汇流排短路为各分量代数和；馈线端短路，按一台等效发电机短路计算 |
| 美国海军标准计算方法 | 不衰减 | 不考虑 | — | 当汇流排短路时，用额定电流乘以一定倍数计算，并将馈线阻抗考虑在内 | 分别与发电机和电动机串联 | 发电机和电动机分量的代数和 |

### 3. 各种计算方法评价

由于实船条件下影响短路电流的因素非常多，很难通过实船实验来验证某种方法的计算精度。限于条件，在此仅从理论上进行简要分析。

（1）中国国家标准《船舶交流电力系统的短路计算》（GB 3321—1982）。该方法计算精度较高，当邻近主汇流排时，按国际电工委员会计算方法处理；当馈线端短路时，根据馈线阻抗修正发电机及电动机馈送的短路电流。

（2）中国国家军用标准《舰船交流电力系统短路电流计算》（GJB 173A—2015）。该方法计算简便，但由于不考虑交流分量的衰减，将使发电机短路电流的计算值偏大。

长期以来，我国海军在舰船电力系统设计建造过程中，普遍采用中国国家军用标准中的计算方法。通过实际计算和分析发现，该方法计算值误差较大，主要是由于对发电机短路电流周期分量衰减的处理方法造成的。该方法在计算发电机馈送的短路电流时，仅计及非周期分量的衰减，而未考虑周期分量的超瞬态衰减过程。这是由于当时国内大多数舰船上装备的主发电机的超瞬态短路时间常数较大，在短路后半个周期处，发电机短路电流周期分量的超瞬态衰减较小，忽略此项衰减对整个短路电流计算值影响不大。而目前广泛地应用于我国海军舰船电力系统的交流发电机的超瞬态短路时间常数较小，一般仅为几十毫秒，短路后发电机短路电流周期分量的超瞬态过程衰减很快，因此不考虑此项衰减会造成短路电流计算结果偏大。

（3）国际电工委员会计算方法。该方法比较容易计算，对发电机短路电流计算精度较高，但在馈线端短路时，未根据馈线阻抗对电动机馈送的短路电流做修正，使计算结果偏大。

（4）等效发电机法。该方法计算稍微复杂，特别是在电力系统有很多台电动机时，逐台计算其母线短路电流十分复杂，但计算值的准确度较高。因此，为了便于计算，除特殊的电动机

（如大容量的及安装地点远离母线的电动机等）外，可考虑取假定的、与此多台电动机等效的电动机，在此情况下，所取等效电动机的特性精度将决定计算精度。

（5）日本电气协同研究会精密计算方法。由于该方法采用了向量进行计算，因此计算精度很高，但计算过程非常复杂。

（6）图解方法。该方法实际属于国际电工委员会计算方法改型的等效发电机方法，其利用曲线图进行求解，仅仅采用代数方法进行计算，所以该方法非常简便。但不可避免的是该方法读取数值的精度较差。

（7）美国海军标准计算方法。该方法的计算精度与中国国家军用标准中的计算方法相近，但其求出的计算值为三相平均不对称有效值和最大不对称有效值，因此需做必要的换算。

# 第二节　同步发电机和异步电动机的三相突然短路电流

舰船交流电力系统短路电流计算方法很多，且均以电机过渡过程的基本原理为基础，因此有必要从理论上对同步发电机和异步电动机这两种短路电流主要馈送源的短路过渡过程进行分析研究。

## 一、同步发电机的三相突然短路电流

同步发电机是舰船电力系统短路电流的主要供给源。发电机定子和转子的饱和、电流互感器的饱和及整流器的非线性等因素使得发电机的短路电流计算十分复杂，很难用一个解析式精确地进行表达。通常所说的计算公式，都是在做了某些假设后的近似解析计算。

同步电机由多个有电磁耦合关系的绕组构成，定子绕组同转子绕组之间还有相对运动，突然短路时的暂态过程要比恒电势源电路复杂得多。对突然短路暂态过程进行物理分析的理论基础是超导体闭合回路磁链守恒原则。为了简化分析，设发电机在短路前空载运行，在短路过程中转速保持同步速不变及励磁电压恒定。

根据电机学基本原理，当同步发电机在出线端口处发生三相突然短路时，端电压 $U = 0$，直轴去磁电枢反应磁链与主磁链大小相等，方向相反，气隙磁链为零（忽略定子电阻）。此时定子电势 $E_0$ 被短路电流在定子电抗上的压降所平衡，即短路电流的大小被定子电抗所限定。

定子电抗的大小由电枢反应磁链磁路的磁阻大小所决定。从短路初瞬到短路电流稳定，电枢反应磁链所经过的磁路在改变，因此电抗的大小也有所不同。

在短路初瞬，由于阻尼绕组与励磁绕组的感应电流和磁通阻止各自磁链突变，而使电枢反应磁链 $\psi''_{ad}$ 被赶到气隙中磁通，如图 4-2-1（a）所示（图中只画出右半边，左半边省略），这时磁路磁阻很大，所以电抗很小，称作纵轴（直轴）超瞬变电抗 $x''_d$，这也是短路电流周期分量在短路初期很大的原因。

因为励磁绕组及阻尼绕组都有电阻，而感应的电流都是无源的。因而随着过渡过程的进行，阻尼绕组中的感应电流先衰减到零，这时的电枢反应磁链 $\psi'_{ad}$ 能穿过阻尼绕组的铁芯，磁路磁阻减小，如图 4-2-1（b）所示，此时电抗也增大一些，称为纵轴（直轴）瞬变电抗 $x'_d$，短路电流也随之减少一些。

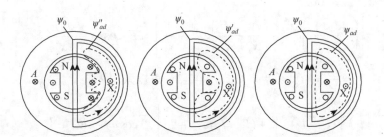

(a) 超瞬变过程　　　　(b) 瞬变过程　　　　(c) 稳态过程

图 4-2-1　磁链路径的变化示意图

随着时间推移，当励磁绕组中感应电流衰减完毕，此时电枢反应磁链 $\psi_{ad}$ 与主磁链 $\psi_0$ 一样穿过整个转子铁芯，如图 4-2-1（c）所示，随着磁路磁阻减小，电抗增大为 $x_d$，即是电机的纵轴（直轴）同步电抗，而短路电流也达到了稳态值，短路过渡过程结束。

在现行的国家军用标准中，对同步发电机短路电流的计算是以空载短路电流为基础的。发电机运行在额定电压、额定频率、恒压励磁和空载的条件下，不考虑短路后的转速变化和发电机定子电枢电阻，在发电机出线端口处发生突然三相短路时的 $A$ 相短路电流为

$$i_a = \left[\left(\frac{1}{x_d''} - \frac{1}{x_d'}\right)e^{-\frac{t}{T_d''}} + \left(\frac{1}{x_d'} - \frac{1}{x_d}\right)e^{-\frac{t}{T_d'}} + \frac{1}{x_d}\right]\sqrt{2}E_o\cos(\omega t + \gamma_o)$$

$$-\frac{\sqrt{2}E_o}{2}e^{-\frac{t}{T_a}}\left[\left(\frac{1}{x_d''} + \frac{1}{x_q''}\right)\cos\gamma_o + \left(\frac{1}{x_d''} - \frac{1}{x_q''}\right)\cos\left(2\omega t + \gamma_o\right)\right] \quad (4\text{-}2\text{-}1)$$

式中，$x_d''$、$x_d'$、$x_d$ 分别为电机的纵轴（直轴）超瞬变电抗、纵轴（直轴）瞬变电抗和纵轴（直轴）同步电抗；$x_q''$ 为横轴（交轴）超瞬变电抗；$T_d''$、$T_d'$、$T_a$ 分别为短路电流超瞬变分量、瞬变分量和非周期分量衰减的时间常数；$E_o$ 为发电机的相电势（有效值），等于空载运行时的额定端电压。$\gamma_o$ 为短路初始时刻（$t=0$）转子上 N 磁极轴线转过 $A$ 相绕组轴线的角度（电弧度），即 $A$ 相的短路合闸角。令 $t=0$ 可得 $i_a=0$，这是短路前发电机为空载而电流不能突变的缘故。

将式（4-2-1）中的 $\gamma_o$ 换为 $\left(\gamma_o - \frac{2\pi}{3}\right)$ 和 $\left(\gamma_o + \frac{2\pi}{3}\right)$，即 $B$ 相绕组电流 $i_b$ 和 $C$ 相绕组电流 $i_c$。

对于隐极电机，由于其 $x_d''$ 与 $x_q''$ 数值相差很小，即 $x_d'' \approx x_q''$，短路电流可以简化为

$$i_a = \left[\left(\frac{1}{x_d''} - \frac{1}{x_d'}\right)e^{-\frac{t}{T_d''}} + \left(\frac{1}{x_d'} - \frac{1}{x_d}\right)e^{-\frac{t}{T_d'}} + \frac{1}{x_d}\right]\sqrt{2}E_o\cos(\omega t + \gamma_o) - \frac{\sqrt{2}E_o}{x_d''}e^{-\frac{t}{T_a}}\cdot\cos\gamma_o \quad (4\text{-}2\text{-}2)$$

式（4-2-2）为国内外普遍采用的同步发电机在他励空载情况下发生突然三相短路后的短路电流的近似表达式，由两项组成，第一项为幅值随时间衰减的周期分量，第二项为随时间衰减的非周期分量。

由式（4-2-2）可知，突然三相短路后，定子各相电流与短路瞬时的短路合闸角 $\gamma_o$ 有关。非周期电流的初始值与基波电流的初始值大小相等，方向相反，当 $\gamma_o = 0$ 或 $\gamma_o = \pi$ 时，非周期分量最大，$A$ 相绕组的电流峰值也最大。在这种情况下，$A$ 相总电流在 $T/2$ 时达到最大值。$\gamma_o = 0$ 时的 $A$ 相电流为

$$i_a = \left[\left(\frac{1}{x_d''} - \frac{1}{x_d'}\right)e^{\frac{t}{T_d''}} + \left(\frac{1}{x_d'} - \frac{1}{x_d}\right)e^{\frac{t}{T_d'}} + \frac{1}{x_d}\right]\sqrt{2}E_o\cos\omega t - \frac{\sqrt{2}E_o}{x_d''}e^{-\frac{t}{T_a}} \tag{4-2-3}$$

令 $I_g'' = \dfrac{E_o}{x_d''}$，$I_g' = \dfrac{E_o}{x_d'}$，$I_g = \dfrac{E_o}{x_d}$，则式（4-2-3）可以改写为

$$i_a = \left[(I_g'' - I_g')e^{-\frac{t}{T_d''}} + (I_g' - I_g)e^{-\frac{t}{T_d'}} + I_g\right]\sqrt{2}\cos\omega t - \sqrt{2}I_g''e^{-\frac{t}{T_d'}} \tag{4-2-4}$$

式（4-2-3）的曲线如图 4-2-2 所示，短路后，差不多经过 1/2 周期的时间，电流 $i_a$ 达到其最大值。

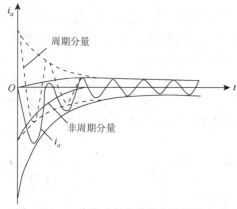

图 4-2-2　同步发电机的空载突然短路电流

## 二、异步电动机的三相突然短路电流

当舰船交流电力系统发生短路时，不仅发电机作为短路电流供给源，而且正在运行的异步电动机也是短路电流很大的供给源。这是因为在短路瞬时，原来在电网上运行的异步电动机组及其带动的旋转机械负载在惯性作用下还会继续旋转。短路前电动机的气隙磁通在转子绕组中产生的磁链在短路后不会突变，在内部将产生三相电势，由于三相电势的存在而向短路系统供电。根据这一实际情况，在研究舰船交流电力系统短路时，应该考虑电动机的短路电流。

异步电动机和同步发电机的瞬变过程从电磁现象的本质来说，具有相同的物理基础。因此，可以在同步电机短路后瞬变过程的基础上，根据异步电机的特点，推导出异步电机在短路后的瞬变过程。

异步电动机由定、转子耦合电路组成，在许多方面与同步发电机相似，但也存在一些差别，主要表现在如下几个方面：

（1）没有专门励磁绕组，次级绕组相当于同步电机的阻尼绕组；

（2）当异步电动机与电网脱开时，由于没有励磁而不能保持额定电压；

（3）以小的转差率运行，但由于没有原动机作用，转速逐渐降低；

（4）纵轴（直轴）和横轴（交轴）完全对称。

在电力系统短路后瞬间，异步电动机的转速可视为不变，和转子导体相交链的磁通以一定的时间常数逐渐衰减，产生的短路电流包括非周期分量和周期分量两个部分。当异步电动机短路电流最大峰值也出现在短路后半个周期（$t = T/2 = 0.01$ s）时，其计算公式为

$$I_{pm} = \sqrt{2}\frac{U_e}{Z'}e^{-\frac{0.01}{T_o'}} + \sqrt{2}\frac{U_e}{Z'}e^{-\frac{0.01}{T_{ad}}} \tag{4-2-5}$$

式中，$Z'$ 为电动机的暂态阻抗；$T_o'$ 为周期分量衰减的时间常数；$T_{ad}$ 为非周期分量衰减的时间常数；$U_e$ 为电动机的额定电压（有效值）。

现代舰船上的电动机种类繁多且数量很大，容量等级差别较大，制造厂及产品规格也不统一，无法逐台计算电动机馈送的短路电流，宜采用等效电动机法并通过经验公式来近似计算。

## 第三节　舰船交流电力系统短路电流计算

### 一、短路电流的计算电路和阻抗

计算短路电流时，必须先画出计算电路，确定短路点，然后计算短路阻抗。

**1. 短路计算电路图的绘制**

为了简化计算，通常根据所选工况的单线原理图来绘制短路计算电路图，其一般包括：

（1）在给定工况下并联工作的发电机和电动机电源；

（2）可以用一个或几个等效电动机来表示的所有电动机负荷；

（3）相应支路上的导电部分，如汇流排母线、馈线电缆、开关、变压器等。

当计算短路电流时，为了计入电网中运行的所有电动机馈送的短路电流，在汇流排上接入了一个等效电动机 M。

**2. 短路点的选择**

短路点应根据断路器和自动开关的整定及系统保护性能设计和检验的需要来确定。选择短路点的原则是使该点短路后，流过所选择、整定或校验的电气设备的电流最大。对于情况相同的点，可取其中一点来代表。除特殊要求外，只考虑金属性短路，不计过渡电阻。

如图 4-3-1 所示，当校验汇流排的电动力稳定性或开关 1 的断流容量时，可以选择图中1 号开关旁 A 点作为短路点。此时所有工作发电机与除了经 1 号开关供电设备的所有工作电动机的短路电流都流过汇流排和 1 号开关。

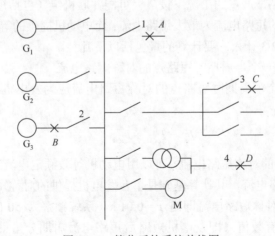

图 4-3-1　简化后的系统单线图

在校验开关 2 的断流容量时，应选 B 点作为短路点。因为当 B 点短路时，另外两台工作发电机和所有工作电动机的短路电流都经过 2 号开关；如果选择 2 号开关靠汇流排侧一点作为短路点，那么只有发电机 $G_3$ 的短路电流流过 2 号开关，这显然不是最严重的情况。

同理，当校验分配电板上的开关 3 和开关 4 时，应分别选开关附近的 $C$ 点和 $D$ 点作为短路点。

当舰船上有两个电站时，两个电站之间联络线上的电气设备（电缆、联络开关）也应用短路电流进行校验。这时可将距较大容量电站的主配电板汇流排约 10 m 处联络线上的一点作为短路点。

### 3. 短路阻抗的计算

确定短路电路之后，为了计算短路电流还需要知道短路电路中各元件的阻抗，并算出综合阻抗。元件阻抗包括发电机的内阻抗、电缆阻抗、变压器副边归算到原边的阻抗、变压器的短路阻抗、分流器或电流互感器的阻抗、保护继电器或自动开关过电流脱扣线圈阻抗、相复励装置电流线圈阻抗及每个连接点接触电阻等。其中，因为各种电流线圈、汇流排、接触点的阻抗数值较小，在计算中可以忽略。

对于交流电力系统，在三相对称短路时可以用单相电路来求解，即将所有△形接法的三相电力系统元件变换成等值的 Y 形接法后，取其单相阻抗值构成单相电路，然后进行求解。

## 二、短路电流计算中需要计算的电流值

在校验、整定、选择电气设备时，所需的短路电流值各不相同，例如，当校核自动开关的极限分断能力时需要三相短路电流周期分量的初始有效值，而在校核极限接通能力时则需要短路电流（全电流）最大峰值等。因此通常需要计算以下几种参数。

### 1. 最大短路电流

在舰船电力系统短路最严重的工况下按最大可能并联机组（包括短时转移负载的发电机）总功率计算发电机提供的短路电流为最大短路电流；而电动机提供的等效额定电流一般按最大可能并联机组总功率的 2/3 计入。要计算的量包括以下几种。

1）发电机短路后第一个半周期时短路点的对称短路电流

发电机短路后第一个半周期时短路点的对称短路电流应为发电机与电动机此时提供的对称短路电流之和，即

$$I_{ac} = I_{acM} + I_{acG} \tag{4-3-1}$$

式中，$I_{acM}$ 为电动机提供的对称短路电流，可以用电动机等效额定电流通过经验公式算出；$I_{acG}$ 为发电机提供的对称短路电流，其计算基础是单台发电机提供的对称短路电流。

单台发电机提供的对称短路电流即是 $t = 0.01$ s（系统频率为 50 Hz）为中心的一个周期内短路电流周期分量的有效值（即发电机短路后短路电流周期分量第一个周期的有效值）。由式（4-2-3）可知，要计算此值需要发电机的相关参数，如 $X_d''$、$X_d'$、$T_d''$、$T_d'$、$T_a$ 等。从《舰船电站品种系列》（GJB 3884A—2020）所指定的舰用发电机的短路电流计算数据可知，时间常数 $T_d''$ 为 1～5 ms；而 $T_d'$ 为 50～150 ms。这样在计算发电机短路后第一个半周期时的对称短路电流时，可以忽略 $e^{-0.01/T_d''}$ 的衰减，即认为 $e^{-0.01/T_d'} \approx 1$，从而可以得到此时发电机馈送的对称短路电流有效值为

$$I_{ac0g} = (I''_g - I'_g)e^{-\frac{T}{2T''_d}} + I'_g \qquad (4\text{-}3\text{-}2)$$

式中，$T$ 为发电机电流的周期；$I_{ac0g}$ 下标中的"0"代表发电机短路前为空载。

当发电机短路前带有负载时，发电机馈送的对称短路电流可用空载时的对称短路电流乘以适当的系数求得。对称短路电流与发电机负荷率的关系曲线如图 4-3-2 所示。图中 $I_{ng}$ 为发电机的额定电流；$I$ 为短路前发电机的负载电流；$I_{ac0g}$ 为空载时的对称短路电流；$I_{acg}$ 为有载短路时的对称短路电流。

当短路故障发生在发电机带额定负载时，有

$$I_{acg} = 1.1 I_{ac0g} \qquad (4\text{-}3\text{-}3)$$

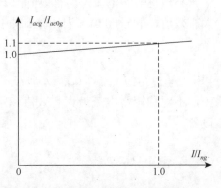

图 4-3-2 对称短路电流与发电机负荷率的关系曲线

但在计算最大不对称短路电流时，其增量可以忽略不计，这是因为发电机提供的最大不对称短路电流并不按与对称短路电流相同的比例增大，其比例变小了一些；同时当电动机带负载时，电动机提供的短路电流又是减少的。

与对称短路电流类似，下面讨论的各量也只涉及单台发电机馈送的短路电流。

2）不对称短路电流最大峰值

短路电流最大峰值大约在短路后半个周期出现，当发电机电压频率为 50 Hz 时，这个时间约为短路后的 0.01 s。由式（4-2-3）可知，当忽略 $e^{-0.01/T'_d}$ 项的衰减时，不对称短路电流最大峰值为

$$I_{pg} = \left[(I''_g - I'_g)e^{-\frac{0.01}{T''_d}} + I'_g\right]\sqrt{2} + \sqrt{2}I''_g e^{-\frac{0.01}{T_a}} = \sqrt{2}I_{ac0g} + I_{dcg} \qquad (4\text{-}3\text{-}4)$$

式中，$I_{dcg} = \sqrt{2}I''_g e^{-\frac{0.01}{T_a}}$，为短路后 $t = 0.01$ s 时发电机短路电流非周期分量；$T_a = \dfrac{X''_d}{\omega R_a}$ 为发电机非周期分量衰减的时间常数，$R_a$ 为发电机定子单相绕组的电阻，$\omega = 2\pi f = 100\pi$ rad/s，$f = 50$ Hz，$X''_d$ 为发电机单相绕组的超瞬变电抗。

所以 $I_{dcg}$ 可以写成

$$I_{dcg} = \sqrt{2}I''_g e^{-\frac{\pi R_a}{X''_d}} \qquad (4\text{-}3\text{-}5)$$

3）不对称短路电流最大有效值

根据式（4-2-3），不对称短路电流 $i_a$ 由周期分量 $i_p$ 和非周期分量 $i_{np}$ 构成。有效值是指以 $t$ 时为中心的一个周期内周期分量 $i_p$ 的有效值 $I_{p(t)}$ 和非周期分量 $i_{np}$ 在 $t$ 时的值 $I_{np(t)}$ 的均方根值，即

$$I_t = \sqrt{I_{p(t)}^2 + I_{np(t)}^2} \qquad (4\text{-}3\text{-}6)$$

非周期分量的最大初始值（即 $\gamma_0 = 0$ 或 $\pi$）出现在短路后第一个半周期处，在 $t = 0.01$ s（频率为 50 Hz）处计算的不对称短路电流有效值即为最大有效值：

$$I_{\max g} = \sqrt{I_{ac0g(0.01)}^2 + I_{dcg(0.01)}^2} \qquad (4\text{-}3\text{-}7)$$

4）不对称短路电流平均有效值

不对称短路电流平均有效值指 $t$ 时刻三相不对称短路电流有效值的平均值，这里仍是求最大有效值，既 $t=0.01\,\mathrm{s}$ 为计算点的三相不对称短路电流有效值的平均值 $i_{\mathrm{avg}}$，即

$$I_{\mathrm{avg}} = \frac{1}{3}(I_{\max \cdot A} + I_{\max \cdot B} + I_{\max \cdot C}) \tag{4-3-8}$$

式中，$I_{\max \cdot A}$、$I_{\max \cdot B}$、$I_{\max \cdot C}$ 分别为 $A$ 相、$B$ 相、$C$ 相在 $t=0.01\,\mathrm{s}$ 时不对称短路电流平均有效值。

不对称短路电流最大有效值和不对称短路电流平均有效值也常用作校验开关或其他电气设备。

### 2. 最小短路电流

应在以下条件下算出最小短路电流：

（1）考虑容量最小的单台发电机提供的短路电流；

（2）不考虑电动机提供的短路电流；

（3）当短路发生在转子轴线与 $A$ 相绕组轴线夹角 $\gamma_0 = \pi/2$ 时，此时非周期分量为零，即不考虑非周期分量；

（4）按照线路短路的条件进行计算。

按照上述条件，实际只计算短路电流对称分量的初始有效值。

### 3. 短路功率因数

短路功率因数是指短路回路的功率因数，只要找出短路回路综合阻抗中的电阻与电抗，即可求出短路功率因数。

开关的实际断流能力与短路电路的功率因数有关，当选择和校核自动开关的断流能力时，需要计算短路功率因数，以便与厂家给出的最小允许功率因数进行比较。

### 4. 稳态短路电流

当舰船电力系统突然发生短路时，为了进行选择性保护，各级自动开关的断路器都有一个整定时间，最长可达 $0.6\,\mathrm{s}$（如 DW18 型开关整定时间为 $0.66\,\mathrm{s}$，DW94 型开关整定时间为 $0.6\,\mathrm{s}$，DW914 型开关整定时间则为 $0.42\,\mathrm{s}$）。此时某些电网的短路电流已达稳定状态，为了校验动作的选择性，需要进行稳态短路电流计算。

稳态是指：

（1）发电机的内电抗已转化为稳态的直轴同步电抗 $X_d$；

（2）励磁电流已调整结束；

（3）电动机供给的短路电流已衰减掉。

为了确定稳态短路电流，需要知道励磁系统特性，包括发电机的空载特性和励磁装置的输入输出关系。考虑到短路电流的去磁作用使发电机磁路不饱和，发电机电势与励磁电流的关系应取初始线性段。对于相复励装置，由于短路电流很大，其输出励磁电流可以认为是最大饱和输出，根据强励倍数设计，一般为 2～3 倍的额定励磁电流，由此求得发电机的电势，再根据综合阻抗，求出稳态短路电流。

## 三、主汇流排附近短路时的短路电流

1. 发电机馈送的短路电流

1）单台发电机运行时

单台发电机在主汇流排附近发生短路时，其超瞬态对称短路电流初始有效值：

$$I_g'' = \frac{V_{Ng}}{Z_d''} \tag{4-3-9}$$

式中，$V_{Ng}$ 为发电机额定相电压，通常它与发电机空载相电压及式（4-2-3）中的相电势（有效值）$E_0$ 相等；$Z_d'' = \sqrt{(R_a + R_c)^2 + (X_d'' + X_c)^2}$，$X_d''$ 为发电机超瞬变电抗。

其瞬态对称短路电流初始有效值：

$$I_g' = \frac{V_{Ng}}{Z_d'} \tag{4-3-10}$$

式中，$Z_d' = \sqrt{(R_a + R_c)^2 + (X_d' + X_c)^2}$，$X_d'$ 为发电机瞬变电抗，$R_a$ 为发电机单相绕组电阻，$R_c$ 为发电机至主配电板电缆单相电阻，$X_c$ 为发电机至主配电板电缆单相电抗。

当短路发生后第一个半周期时，发电机馈送的对称短路电流（即短路电流周期分量最大有效值）由式（4-2-4）可得

$$I_{ac0g} = (I_g'' - I_g')e^{-\frac{0.01}{T_d''}} + I_g' \tag{4-3-11}$$

式中，$T_d''$ 为发电机直轴超瞬态短路时间常数（以秒计）。

当短路发生在发电机带额定负载时，发电机馈送的短路电流：

$$I_{acg} = 1.1 I_{ac0g} \tag{4-3-12}$$

不对称短路电流最大峰值：

$$I_{pg} = \sqrt{2} I_{ac0g} + I_{dcg} \tag{4-3-13}$$

式中

$$I_{dcg} = \sqrt{2} I_g'' e^{-\frac{T/2}{T_{dcbg}}} \tag{4-3-14}$$

$T$ 为发电机电压周期；$T_{dcbg}$ 为计及发电机至主汇流排之间的线路阻抗影响的发电机非周期时间常数，其数值为

$$T_{dcbg} = \frac{X_d'' + X_c}{\omega(R_a + R_c)} = \frac{X_d'' + X_c}{2\pi f R_a \left(1 + \frac{R_c}{R_a}\right)} = \frac{T_a + \frac{X_c}{2\pi f R_a}}{1 + \frac{R_c}{R_a}} \quad (\text{s}) \tag{4-3-15}$$

若以毫秒计，则有

$$T_{dcbg} = \frac{T_a + \frac{1000 X_c}{2\pi f R_a}}{1 + \frac{R_c}{R_a}} \quad (\text{ms}) \tag{4-3-16}$$

式中，$T_a = \dfrac{X_d''}{\omega R_a}$，为发电机非周期时间常数。

由式（4-3-7）可得不对称短路电流最大有效值：

$$I_{\max g} = \sqrt{I_{ac0g(0.01)}^2 + I_{dcg(0.01)}^2} \tag{4-3-17}$$

式中，$I_{ac0g(0.01)}$ 已由式（4-3-11）给出，而 $I_{dcg(0.01)}$ 由式（4-3-14）给出。

在国家军用标准《舰船交流电力系统短路电流计算》（GJB 173A—2015）中，给出了一个简化计算公式：

$$I_{\max g}' = I_{ac0g} \cdot \sqrt{1 + 2\mathrm{e}^{-\frac{T}{T_{dcbg}}}} \tag{4-3-18}$$

式（4-3-18）是将式（4-3-14）中的 $I_g''$ 用 $I_{ac0g}$ 取代后得到的，显然 $I_{ac0g}$ 比 $I_g''$ 小，故用式（4-3-18）算出的值比式（4-3-17）算出的值偏小。发电机短路前带负载的情况也按照式（4-3-13）和式（4-3-18）进行计算，但需要把 $I_{ac0g}$ 替换成 $I_{acg}$。

稳态短路电流为

$$I_k = \frac{I_{kf}}{I_{of}} \cdot \frac{(S \cdot C \cdot R) \cdot X_d I_{Ng}}{X_d + X_c} \tag{4-3-19}$$

式中，$I_{kf}$ 为发电机短路后的稳态励磁电流；$I_{of}$ 为发电机空载额定电压时的励磁电流；$I_{Ng}$ 为发电机的额定电流；$S \cdot C \cdot R$ 为发电机的短路比，它等于有额定励磁电流时稳态短路电流与发电机额定电流之比；$(S \cdot C \cdot R) \cdot X_d I_{Ng}$ 为有额定励磁电流时的励磁电势 $E_e$；$I_{kf}/I_{of}$ 为励磁装置的强励倍数。

稳态短路电流为强励条件下的励磁电势与短路回路电抗之比，这里显然忽略了发电机定子电阻与电缆电阻（它们相对电抗来说都很小）。

在缺乏确切数据的情况下，可将 $I_k$ 取为发电机额定电流的 3.2 倍，即 $I_k = 3.2 I_{Ng}$。

2）多台发电机并联运行时

当短路前机组并联时，可将 $n$ 台发电机提供的短路电流进行相加。

短路发生后第一个半周期时的对称短路电流：

$$I_{ac} = \sum_{i=1}^{n} I_{acgi} \tag{4-3-20}$$

式中，$I_{acgi}$ 由式（4-3-11）或式（4-3-12）计算。

不对称短路电流最大有效值：

$$I_{\max} = \sum_{i=1}^{n} I_{\max gi} \tag{4-3-21}$$

式中，$I_{\max gi}$ 由式（4-3-17）计算。

不对称短路电流最大峰值：

$$I_p = \sum_{i=1}^{n} I_{pgi} \tag{4-3-22}$$

式中，$I_{pgi}$ 由式（4-3-13）和式（4-3-14）计算。

### 2. 电动机馈送的短路电流

多台电动机馈送的短路电流很难进行较精确的计算，在国家标准《船舶交流电力系统的短路计算》（GB 3321—1982）中采用了国际电工委员会推荐的计算方法，而国家军用标准《舰船交流电力系统短路电流计算》（GJB 173A—2015）中则采用了更为简单的计算方法，即在求最大短路电流时，将所有运行的电动机等效为一台直接并在主汇流排上的大电动机，其额定电流为

$$I_{NM} = \frac{2}{3}(I_{Ng1} + I_{Ng2} + \cdots) = \frac{2}{3}I_{NG} \tag{4-3-23}$$

式中，$I_{Ng1}$，$I_{Ng2}$，$\cdots$为短路时提供短路电流各台发电机的额定电流；$I_{NG}$为等效发电机的额定电流。

在短路发生后第一个半周期时等效电动机馈送的对称短路电流：

$$I_{acM} = 3.3I_{NM} \tag{4-3-24}$$

不对称短路电流最大有效值：

$$I_{\max M} = 4.0I_{NM} \tag{4-3-25}$$

不对称短路电流最大峰值：

$$I_{pM} = 7.0I_{NM} \tag{4-3-26}$$

### 3. 在主汇流排附近短路时短路点的短路电流

流向短路点的短路电流应为发电机馈送的短路电流与等效电动机馈送的短路电流之和。可用式（4-3-20）～式（4-3-22）及式（4-3-24）～式（4-3-26）进行计算。

短路发生后第一个半周期时的对称短路电流：

$$I_{ac} = \sum_{i=1}^{n} I_{acgi} + 3.3I_{NM} \tag{4-3-27}$$

不对称短路电流最大有效值：

$$I_{\max} = \sum_{i=1}^{n} I_{\max gi} + 4.0I_{NM} \tag{4-3-28}$$

不对称短路电流最大峰值：

$$I_p = \sum_{i=1}^{n} I_{pgi} + 7.0I_{NM} \tag{4-3-29}$$

## 四、在主汇流排外馈线处短路时短路电流的计算

在主汇流排外馈线处短路时，主汇流排至短路点的网络阻抗不可忽略，这一段阻抗用$R_f + jX_f$表示，它主要包括电缆阻抗、变压器阻抗等。

### 1. 发电机馈送的短路电流

考虑一般情况，当有$n$台发电机并联运行时，可以将这些发电机在主汇流排处综合成一台等效发电机，为此先要求出等效发电机的相关参数。

1）$n$ 台相同规格发电机并联时的等效发电机参数

等效发电机的超瞬变电抗、瞬变电抗和电枢电阻分别为

$$X_D'' = \frac{X_d'' + X_c}{n} \tag{4-3-30}$$

$$X_D' = \frac{X_d' + X_c}{n} \tag{4-3-31}$$

$$R_A = \frac{R_a + R_c}{n} \tag{4-3-32}$$

式中，$X_d''$、$X_d'$、$R_a$ 分别为单台发电机的超瞬变电抗、瞬变电抗和电枢电阻；$R_c$ 与 $X_c$ 分别为单台发电机至主汇流排电缆的单相电阻和单相电抗。

等效发电机的非周期时间常数：

$$T_A = \frac{X_D''}{\omega R_A} = \frac{X_d'' + X_c}{\omega(R_a + R_c)} = T_{dcbg} \tag{4-3-33}$$

其已由式（4-3-15）给出。

等效发电机的纵轴（直轴）超瞬态短路时间常数

$$T_D'' = \frac{T_d''\left(1 + \dfrac{X_c}{X_d''}\right)}{1 + \dfrac{X_c}{X_d'}} \tag{4-3-34}$$

由于发电机至主汇流排距离较短，一般 $X_c$ 比 $X_d''$ 及 $X_d'$ 均小两个数量级，所以忽略 $X_c$ 后

$$T_D'' \approx T_d'' \tag{4-3-35}$$

2）$n$ 台不同规格发电机并联运行时的等效发电机参数

先计算等效发电机各项相应的短路电流：

$$I_G'' = \sum_{i=1}^{n} I_{gi}'' \tag{4-3-36}$$

$$I_G' = \sum_{i=1}^{n} I_{gi}' \tag{4-3-37}$$

$$I_{ac0G} = \sum_{i=1}^{n} I_{ac0gi} \tag{4-3-38}$$

$$I_{acG} = \sum_{i=1}^{n} I_{acgi} \tag{4-3-39}$$

$$I_{dcG} = \sum_{i=1}^{n} I_{dcgi} \tag{4-3-40}$$

$I_{gi}''$、$I_{gi}'$、$I_{ac0gi}$、$I_{acgi}$、$I_{dcgi}$ 分别由式（4-3-9）～式（4-3-13）进行计算。

于是等效发电机的各项参数分别为

$$X_D'' = \frac{V_{Ng}}{I_G''} \tag{4-3-41}$$

$$X_D' = \frac{V_{Ng}}{I_G'} \tag{4-3-42}$$

$$T_A = \frac{1000}{2f \ln\left(\dfrac{\sqrt{2}I_G''}{I_{dcG}}\right)} \quad \text{(ms)} \tag{4-3-43}$$

$$T_D'' = \frac{1000}{2f \ln\left(\dfrac{I_G'' - I_G'}{I_{acG} - I_G'}\right)} \quad \text{(ms)} \tag{4-3-44}$$

$$R_A = \frac{1000X_D''}{2\pi f T_A} \tag{4-3-45}$$

式中，$V_{Ng}$ 为发电机额定电压。

3）发电机馈送的短路电流

因为此时要计及主汇流排至短路点间的线路阻抗，所以在短路点处呈现的合成超瞬变阻抗和瞬变阻抗分别为

$$Z_{eG}'' = \sqrt{(R_A + R_f)^2 + (X_D'' + X_f)^2} \tag{4-3-46}$$

$$Z_{eG}' = \sqrt{(R_A + R_f)^2 + (X_D' + X_f)^2} \tag{4-3-47}$$

由于有线路阻抗的影响，等效发电机的时间常数也要进行相应的修正。

当 $n$ 台同规格发电机并联运行时，等效发电机的非周期时间常数：

$$T_{dceG} = \frac{X_D'' + X_f}{\omega(R_A + R_f)} \times 1000 = \frac{\dfrac{X_d'' + X_c}{n} + X_f}{\omega\left(\dfrac{R_a + R_c}{n} + R_f\right)} \times 1000$$

$$= \frac{T_a + \dfrac{1000(X_c + nX_f)}{2\pi f R_a}}{1 + \dfrac{R_c + nR_f}{R_a}} \quad \text{(ms)} \tag{4-3-48}$$

等效发电机直轴超瞬态短路时间常数：

$$T_{eG}'' = \frac{T_D''\left(1 + \dfrac{X_f}{X_D''}\right)}{1 + \dfrac{X_f}{X_D'}} \tag{4-3-49}$$

将 $X_D'' = (X_d'' + X_c)/n$、$X_D' = (X_d' + X_c)/n$、$T_D'' = T_d'' \cdot \dfrac{1 + X_c/X_d''}{1 + X_c/X_d'}$ 代入并化简得

$$T_{eG}'' = \frac{T_d''\left(1 + \dfrac{X_c + nX_f}{X_d''}\right)}{1 + \dfrac{X_c + nX_f}{X_d'}} \tag{4-3-50}$$

当 $n$ 台不同规格发电机并联运行时，其等效发电机的时间常数分别为

$$T_{dceG} = \frac{T_A + \dfrac{1000 X_f}{2\pi f R_A}}{1 + \dfrac{R_f}{R_A}} \qquad (4\text{-}3\text{-}51)$$

$$T''_{eG} = \frac{T''_D \left(1 + \dfrac{X_f}{X''_D}\right)}{1 + \dfrac{X_f}{X'_D}} \qquad (4\text{-}3\text{-}52)$$

式（4-3-34）、式（4-3-49）和式（4-3-52）是考虑发电机至短路点间电抗的发电机直轴超瞬态时间常数修正公式，涉及较多理论问题，故在此不做推证。

做了上述准备工作之后，即可写出发电机馈送的各项短路电流：

$$I''_G = \frac{V_{Ng}}{Z''_{eG}} \qquad (4\text{-}3\text{-}53)$$

$$I'_G = \frac{V_{Ng}}{Z'_{eG}} \qquad (4\text{-}3\text{-}54)$$

$$I_{ac0G} = (I''_G - I'_G)\mathrm{e}^{-\frac{T}{2}/T''_{eG}} + I'_G \qquad (4\text{-}3\text{-}55)$$

$$I_{acG} = 1.1 I_{ac0G} \qquad (4\text{-}3\text{-}56)$$

$$I_{dcG} = \sqrt{2} I''_G \mathrm{e}^{-\frac{T}{2}/T_{dceG}} \qquad (4\text{-}3\text{-}57)$$

$$I_{\max G} = I_{ac0G} \cdot \sqrt{1 + 2\mathrm{e}^{-T/T_{dceG}}} \qquad (4\text{-}3\text{-}58)$$

$$I_{pG} = \sqrt{2} I_{ac0G} + I_{dcG} \qquad (4\text{-}3\text{-}59)$$

### 2. 电动机馈送的短路电流

针对并接在主汇流排上的等效电动机产生的短路电流部分，本节采用下面各式来进行计算。首先计算 $I'_M$：

$$I'_M = \frac{V_{NM}}{\sqrt{\left(\dfrac{0.07 V_{NM}}{I_{NM}} + R_f\right)^2 + \left(\dfrac{0.19 V_{NM}}{I_{NM}} + X_f\right)^2}} \qquad (4\text{-}3\text{-}60)$$

式中，$V_{NM}$ 为电动机的额定相电压；$I_{NM} = \dfrac{2}{3}(I_{Ng1} + I_{Ng2} + \cdots) = \dfrac{2}{3} I_{NG}$。

然后求得等效电动机馈送的短路电流周期分量有效值、最大峰值、不对称电流最大有效值和平均有效值：

$$I_{acM} = 0.67 I'_M \qquad (4\text{-}3\text{-}61)$$

$$I_{pM} = \lambda I'_M \qquad (4\text{-}3\text{-}62)$$

$$I_{\max M} = 0.81 I'_M \qquad (4\text{-}3\text{-}63)$$

$$I_{AVgM} = 0.71 I'_M \qquad (4\text{-}3\text{-}64)$$

$\lambda$ 值需要根据 $\beta$ 值的范围从 $\lambda$ 值表中选定，如表 4-3-1 所示，其中

$$\beta = \frac{\dfrac{0.07V_{NM}}{I_{NM}} + R_f}{\dfrac{0.19V_{NM}}{I_{NM}} + X_f} \tag{4-3-65}$$

表 4-3-1　$\lambda$ 值表

| $\beta$ | $\lambda$ | $\beta$ | $\lambda$ |
|---|---|---|---|
| $\beta < 0.55$ | 1.3 | $0.7 \leqslant \beta < 0.9$ | 1.1 |
| $0.55 \leqslant \beta < 0.7$ | 1.2 | $0.9 \leqslant \beta$ | 1.0 |

当短路点距主汇流排较远、网络阻抗较大时,电动机产生的电流就很小了。当 $Z''_{eG} \geqslant 5Z''_D$ 时,电动机馈送的电流可以忽略不计,即认为 $I'_M = 0$。

### 3. 短路点的短路电流

流向短路点的短路电流等于发电机和电动机馈送的短路电流算术和。

短路发生后第一个半周期时的对称短路电流:

$$I_{ac} = I_{acG} + I_{acM} = I_{acG} + 0.67 I'_M \tag{4-3-66}$$

不对称短路电流最大有效值:

$$I_{\max} = I_{\max G} + I_{\max M} = I_{\max G} + 0.81 I'_M \tag{4-3-67}$$

不对称短路电流最大峰值:

$$I_p = I_{pG} + I_{pM} = I_{pG} + \lambda I'_M \tag{4-3-68}$$

### 4. 变压器次级侧短路时短路电流的计算

当短路点位于变压器次级侧时,要首先求出初级侧的短路电流,然后折算至次级。为此,变压器次级侧的线路阻抗要先折算至原边。

变压器次级侧的阻抗用 $R_{f_2} + \mathrm{j}X_{f_2}$ 表示,则折算至初级侧的值为

$$R'_{f_2} + \mathrm{j}X'_{f_2} = \left(\frac{U_{N_1}}{U_{N_2}}\right)^2 (R_{j_2} + \mathrm{j}X_{f_2}) \tag{4-3-69}$$

式中,$U_{N_1}$、$U_{N_2}$ 分别为原、副边的额定电压。

变压器的短路阻抗作为线路阻抗的一部分计入线路阻抗中,则有

$$R_f = R_{f_1} + R_T + R'_{f_2} \tag{4-3-70}$$

$$X_f = X_{f_1} + X_T + X'_{f_2} \tag{4-3-71}$$

式中,$R_{f_1}$ 与 $X_{f_1}$ 为初级侧至主汇流排的线路电阻和感抗;$R_T$ 和 $X_T$ 为变压器的短路阻抗。

式(4-3-70)和式(4-3-71)仅适用于绕组为星形接法的变压器,如果变压器原边为三角形接法,那么应将每相的阻抗换算为星形接法时的阻抗(包括变压器阻抗和次级侧线路阻抗折算值),折算公式为

$$R_Y = \frac{1}{3} R_\Delta \tag{4-3-72}$$

$$X_Y = \frac{1}{3} X_\Delta \tag{4-3-73}$$

变压器初级侧的短路电流可用式（4-3-53）～式（4-3-68）求出。变压器次级侧的短路电流的各值为

$$I_{ac2} = I_{ac} \cdot \frac{U_{N_1}}{U_{N_2}} \tag{4-3-74}$$

$$I_{max2} = I_{max} \cdot \frac{U_{N_1}}{U_{N_2}} \tag{4-3-75}$$

$$I_{p2} = I_p \cdot \frac{U_{N_1}}{U_{N_2}} \tag{4-3-76}$$

上述公式中的 $I_{ac}$、$I_{max}$ 和 $I_p$ 分别由式（4-3-66）～式（4-3-68）进行计算。

## 五、最小短路电流和短路功率因数

### 1. 最小短路电流

电网由容量最小的一台发电机供电，如果发生线与线短路故障且电流中无非周期分量时，可能会产生最小短路电流。最小短路电流为对称短路电流初始有效值，其计算公式为

$$I_{min} = 0.866 \frac{V_{Ng}}{Z_k} \tag{4-3-77}$$

式中，$Z_k = \sqrt{(R_{ai} + R_{ci} + R_f)^2 + (X''_{di} + X_{ci} + X_f)^2}$，$i$ 为最小容量的机组序号（当各发电机组容量相同时，可以任选一台发电机）。

### 2. 短路功率因数

开关的实际断流能力与短路电路的功率因数有关，当选择和校核开关断流容量时，需要计算短路功率因数 $\cos\varphi_k$。

当邻近主汇流排短路时，短路功率因数为

$$\cos\varphi_k = \frac{R_A}{Z''_D} \tag{4-3-78}$$

式中，$Z''_D = \sqrt{R_A^2 + X''^2_D}$

当远离主汇流排短路时，短路功率因数为

$$\cos\varphi_k = \frac{R_k}{Z_k} \tag{4-3-79}$$

式中，$Z_k = \sqrt{R_k^2 + X_k^2}$，$R_k = R_A + R_f$，$X_k = X''_D + X_f$。

当短路功率因数低于所选用开关的给定值时，应根据开关制造厂提供的数据进行开关分断能力的换算。在缺乏确切数据的情况下，可以采用附录 C 中的方法进行换算，但换算结果应得到产品制造厂的同意。

本书中短路电流计算中常用的符号、代号见附录 G。

## 第四节　舰船交流电力系统短路电流计算实例

### 一、电力系统结构及计算参数

根据短路电流计算的需要，画出了下面的某型舰船电力系统结构示意图，如图 4-4-1 所示。图中 $G_1 \sim G_5$ 为交流同步发电机，M 为等效电动机，1 CB~11 CB 为开关，$F_1 \sim F_8$ 为选定的短路点。

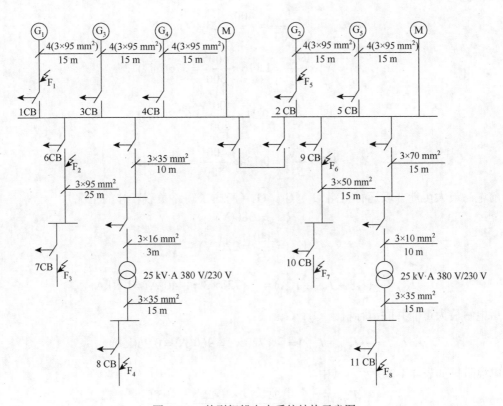

图 4-4-1　某型舰船电力系统结构示意图

各发电机的参数如表 4-4-1 所示。

表 4-4-1　各发电机的参数

| 名称 | 代号 | 视在功率 $S_{Ng}$/(kV·A) | 额定功率 $P_{Ng}$/kW | 额定电压 $U_{Ng}$/V | 额定电流 $I_{Ng}$/A | 额定频率 $f$/Hz | 直轴电抗 $X_d$ | 超瞬变电抗 $X_d''$ |
|---|---|---|---|---|---|---|---|---|
| 蒸汽轮机<br>发电机组 | $G_1$<br>$G_2$ | 500 | 400 | 400 | 720 | 50 | 1.176 | 0.124 |
| 柴油发<br>电机组 | $G_3$<br>$G_4$ | 500 | 400 | 400 | 720 | 50 | 1.176 | 0.124 |

| 名称 | 代号 | 电枢电阻 $R_a$/mΩ | 空载励磁电流 $I_{af}$/A | 短路励磁电流 $I_{kf}$/A | 短路比 $S \cdot C \cdot R$ | 瞬变电抗 $X_d'$ | 超瞬变时间常数 $T_d''$/ms | 非周期时间常数 $T_a$/ms |
|---|---|---|---|---|---|---|---|---|
| 蒸汽轮机发电机组 | $G_1$ $G_2$ | 4.3 | 97.5 | 377 | 1 | 0.21 | 3 | 32 |
| 柴油发电机组 | $G_3$ $G_4$ | 4.3 | 97.5 | 377 | 1 | 0.21 | 3 | 32 |

发电机电抗计算

$$V_{Ng} = \frac{U_{Ng}}{\sqrt{3}} = \frac{400}{\sqrt{3}} = 230(V)$$

$$X_d = X_d^* \times \frac{U_{Ng}^2}{S_{Ng}} = 1.176 \times \frac{400^2}{500} = 376(m\Omega)$$

$$X_d' = X_d'^* \times \frac{U_{Ng}^2}{S_{Ng}} = 0.21 \times \frac{400^2}{500} = 67.2(m\Omega)$$

$$X_d'' = X_d''^* \times \frac{U_{Ng}^2}{S_{Ng}} = 0.124 \times \frac{400^2}{500} = 39.7(m\Omega)$$

前电站最大可能并联运行机组 $G_1$、$G_3$、$G_4$（考虑了短路负载转移的工况）。

$$U_{Nm} = 380(V)$$

$$V_{Nm} = \frac{380}{\sqrt{3}} = 220(V)$$

$$I_{NM} = \frac{2}{3}(I_{Ng1} + I_{Ng3} + I_{Ng4}) = \frac{2}{3} \times 720 \times 3 = 1440(A) = 1.4(kA)$$

后电站最大可能并联运行机组 $G_2$、$G_5$。

$$I_{NM} = \frac{2}{3}(I_{Ng2} + I_{Ng5}) = \frac{2}{3} \times 720 \times 2 = 960(A) = 0.96(kA)$$

电缆阻抗如表 4-4-2 所示，其中

$$电缆阻抗 = \frac{电缆长度 \times 单位长度阻抗}{并联根数}$$

表 4-4-2 电缆阻抗

| 序号 | 短路点 | 电缆名称 | 规格/mm² | 长度/m | 并联根数 | 单位长度阻抗/(mΩ/m) | 阻抗/mΩ |
|---|---|---|---|---|---|---|---|
| 1 | $F_1$ | 发电机至汇流排 | 3×95 | 15 | 4 | 0.214 + j0.0809 | 0.803 + j0.303 |
| 2 | $F_3$ | 汇流排至短路点 | 3×95 | 25 | 1 | 0.214 + j0.0809 | 5.35 + j2.02 |
| 3 | $F_4$ | 汇流排至短路点的一段 | 3×35 | 10 | 1 | 0.581 + j0.0871 | 5.81 + j0.87 |
| 4 | $F_4$、$F_8$ | 汇流排至短路点的一段 | 3×35 | 15 | 1 | 0.581 + j0.0871 | 8.72 + j1.31 |
| 5 | $F_4$ | 汇流排至短路点的一段 | 3×16 | 3 | 1 | 1.27 + j0.0921 | 3.81 + j0.28 |
| 6 | $F_8$ | 汇流排至短路点的一段 | 3×70 | 15 | 1 | 0.296 + j0.0821 | 4.44 + j1.23 |
| 7 | $F_7$ | 汇流排至短路点 | 3×50 | 15 | 1 | 0.429 + j0.0845 | 6.44 + j1.27 |
| 8 | $F_8$ | 汇流排至短路点的一段 | 3×10 | 10 | 1 | 2.02 + j0.0957 | 20.2 + j0.96 |

变压器参数：25 kV·A；380 V/230 V；$r_T = 0.024$；$X_T = 0.0255$；$R_T = 0.024 \times 380^2 / 25 = 139(\text{m}\Omega)$；$X_T = 0.0255 \times 380^2 / 25 = 147(\text{m}\Omega)$。

要求用短路电流的最大峰值和对称分量有效值来校核本例中舰船选用的开关短路接通能力和分断能力。

## 二、短路电流及短路功率因数计算

采用列表的方式给出计算步骤及结果。

### 1. $F_1$ 点短路流经 1 CB 的最大短路电流及功率因数计算

由 $G_3$、$G_4$ 两台发电机组并联运行馈送短路电流，发电机至汇流排的电缆规格为 $3 \times 95 \text{ mm}^2$（截面积），电缆长度为 15 m，采用 4 根并联的方式，计算结果如表 4-4-3 所示。

表 4-4-3　$F_1$ 点短路流经 1 CB 的最大短路电流及功率因数计算结果

| 序号 | 计算项目及公式 | 计算 | 结果 | 单位 |
|---|---|---|---|---|
| 1 | $R_{ai} + R_{ci}$ | $R_{a3} + R_{c3} = R_{a4} + R_{c4} = 4.3 + 0.8$ | 5.1 | m$\Omega$ |
| 2 | $X'_{di} + X_{ci}$ | $X'_{d3} + X_{c3} = X'_{d4} + X_{c4} = 67.2 + 0.3$ | 67.5 | m$\Omega$ |
| 3 | $X''_{di} + X_{ci}$ | $X''_{d3} + X_{c3} = X''_{d4} + X_{c4} = 39.7 + 0.3$ | 40 | m$\Omega$ |
| 4 | $R_A = (R_{ai} + R_{ci})/2$ | $R_A = 5.1/2$ | 2.55 | m$\Omega$ |
| 5 | $X''_D = (X''_{di} + X_{ci})/2$ | $X''_D = 40/2$ | 20 | m$\Omega$ |
| 6 | $Z''_D = \sqrt{R_A^2 + X''^2_D}$ | $Z''_D = \sqrt{2.55^2 + 20^2}$ | 20.2 | m$\Omega$ |
| 7 | $Z''_d = \sqrt{(R_{ai} + R_{ci})^2 + (X''_{di} + X_{ci})^2}$ | $Z''_d = \sqrt{5.1^2 + 40^2}$ | 40.3 | m$\Omega$ |
| 8 | $Z'_d = \sqrt{(R_{ai} + R_{ci})^2 + (X'_{di} + X_{ci})^2}$ | $Z'_d = \sqrt{5.1^2 + 67.5^2}$ | 67.7 | m$\Omega$ |
| 9 | $I''_g = \dfrac{V_{Ng}}{Z''_d}$ | $I''_g = \dfrac{230}{40.3}$ | 5.7 | kA |
| 10 | $I'_g = \dfrac{V_{Ng}}{Z'_d}$ | $I'_g = \dfrac{230}{67.7}$ | 3.4 | kA |
| 11 | $T_{dcbg} = \dfrac{T_a + (1000 X_c / 2\pi f R_a)}{1 + (R_c / R_a)}$ | $T_{dcbg} = \dfrac{32 + 3/(x 4.3)}{1 + 0.8/4.3}$ | 27.2 | ms |
| 12 | $I_{acog} = (I''_g - I'_g)\mathrm{e}^{\frac{T}{2}/T''_d + I'_g}$ | $I_{acog} = 2.3\mathrm{e}^{-10/3} + 3.4$ | 3.482 | kA |
| 13 | $I_{acg} = 1.1 I_{acog}$ | $I_{acg} = 1.1 \times 3.482$ | 3.83 | kA |
| 14 | $I_{dcg} = \sqrt{2} I''_g \mathrm{e}^{-\frac{T}{2}/T_{dcbg}}$ | $I_{dcg} = \sqrt{2} \times 5.7 \times \mathrm{e}^{-10/27.2}$ | 5.58 | kA |

续表

| 序号 | 计算项目及公式 | 计算 | 结果 | 单位 |
|---|---|---|---|---|
| 15 | $I_{pg} = \sqrt{2}I_{acog} + I_{dcg}$ | $I_{pg} = \sqrt{2} \times 3.482 + 5.58$ | 10.5 | kA |
| 16 | $I_{ac} = 2I_{acg} + 3.3I_{NM}$ | $I_{ac} = 2 \times 3.83 + 3.3 \times 1.44$ | 12.412 | kA |
| 17 | $I_p = 2I_{pg} + 7I_{NM}$ | $I_p = 2 \times 10.5 + 7 \times 1.44$ | 31.08 | kA |
| 18 | $\cos\phi_k = \dfrac{R_A}{Z_D''}$ | $\cos\phi_k = \dfrac{2.55}{20.2}$ | 0.126 | |

2. $F_2$ 点短路流经 6 CB 的最大短路电流及功率因数

$G_1$、$G_3$、$G_4$ 三台发电机组并联运行馈送短路电流，发电机至汇流排的电缆规格为 $3 \times 95 \text{ mm}^2$，电缆长度为 15 m，采用 4 根并联的方式，计算结果如表 4-4-4 所示。

表 4-4-4   $F_2$ 点短路流经 6 CB 的最大短路电流及功率因数计算结果

| 序号 | 计算项目及公式 | 计算 | 结果 | 单位 |
|---|---|---|---|---|
| 1 | $R_{ai} + R_{ci}$ | $R_{ai} + R_{ci} = 4.3 + 0.8$ | 5.1 | mΩ |
| 2 | $X_{di}'' + X_{ci}$ | $X_{di}'' + X_{ci} = 39.7 + 0.3$ | 40 | mΩ |
| 3 | $R_A = (R_{ai} + R_{ci})/3$ | $R_A = 5.1/3$ | 1.7 | mΩ |
| 4 | $X_D'' = (X_{di}'' + X_{ci})/3$ | $X_D'' = 40/3$ | 13.3 | mΩ |
| 5 | $Z_D'' = \sqrt{R_A^2 + X_D''^2}$ | $Z_D'' = \sqrt{2.55^2 + 20^2}$ | 13.4 | mΩ |
| 6 | $I_{acg}$ | 见表 4-4-3 序号 13 | 3.83 | kA |
| 7 | $I_{pg}$ | 见表 4-4-3 序号 15 | 10.5 | kA |
| 8 | $I_{ac} = 3I_{acg} + 3.3I_{NM}$ | $I_{ac} = 3 \times 3.83 + 3.3 \times 1.44$ | 16.242 | kA |
| 9 | $I_p = 3I_{pg} + 7I_{NM}$ | $I_p = 3 \times 10.5 + 7 \times 1.44$ | 41.58 | kA |
| 10 | $\cos\varphi_k = \dfrac{R_A}{Z_D''}$ | $\cos\varphi_k = \dfrac{1.7}{13.4}$ | 0.127 | — |

3. $F_3$ 点短路流经 7 CB 的最大短路电流及功率因数

$G_1$、$G_{33}$、$G_4$ 三台发电机组并联运行馈送短路电流，汇流排至短路点的电缆规格为 $3 \times 95 \text{ mm}^2$，电缆长度为 25 m，计算结果如表 4-4-5 所示。

表 4-4-5   $F_3$ 点短路流经 7 CB 的最大短路电流及功率因数计算结果

| 序号 | 计算项目及公式 | 计算 | 结果 | 单位 |
|---|---|---|---|---|
| 1 | $R_A$ | 见表 4-4-4 序号 3 | 1.7 | mΩ |
| 2 | $X_D''$ | 见表 4-4-4 序号 4 | 13.3 | mΩ |
| 3 | $R_f$ | 见表 4-4-2 序号 2 | 5.35 | mΩ |

续表

| 序号 | 计算项目及公式 | 计算 | 结果 | 单位 |
|---|---|---|---|---|
| 4 | $X_f$ | 见表 4-4-2 序号 2 | 2.02 | mΩ |
| 5 | $R_K = R_A + R_f$ | $R_K = 1.7 + 5.35$ | 7.05 | mΩ |
| 6 | $X_K = X_D'' + X_f$ | $X_K = 13.3 + 2.02$ | 15.32 | mΩ |
| 7 | $Z_K = \sqrt{R_K^2 + X_K^2}$ | $Z_K = \sqrt{7.1^2 + 15.32^2}$ | 16.9 | mΩ |
| 8 | $Z_{eG}'' = \sqrt{(R_A + R_f)^2 + (X_D'' + X_f)^2}$ | $Z_{eG}'' = \sqrt{7.1^2 + 15.32^2}$ | 16.9 | mΩ |
| 9 | $X_D' = (X_d' + X_c)/3$ | $X_D' = 67.5/3$ | 22.5 | mΩ |
| 10 | $Z_{eG}' = \sqrt{(R_A + R_f)^2 + (X_D' + X_f)^2}$ | $Z_{eG}' = \sqrt{7.1^2 + 24.52^2}$ | 25.33 | mΩ |
| 11 | $I_G'' = \dfrac{V_{Ng}}{Z_{eG}''}$ | $I_G'' = \dfrac{230}{16.9}$ | 13.609 | kA |
| 12 | $I_G' = \dfrac{V_{Ng}}{Z_{eG}'}$ | $I_G' = \dfrac{230}{25.53}$ | 9.009 | kA |
| 13 | $T_{dceG} = \dfrac{T_a + 1000(X_c + nX_f)/(2\pi f R_a)}{1 + (R_c + nR_f)/R_a}$ | $T_{dceG} = \dfrac{32 + 4.71}{1 + 3.92}$ | 7.5 | ms |
| 14 | $T_{eG}'' = \dfrac{T_d''[1 + (X_c + nX_f)/X_d'']}{1 + (X_c + nX_f)/X_d'}$ | $T_{eG}'' = \dfrac{3.48}{1.095}$ | 3.18 | ms |
| 15 | $I_{acoG} = (I_G'' - I_G')\mathrm{e}^{-\frac{T}{2}/T_{eG}'} + I_G'$ | $I_{acoG} = 0.2 + 9$ | 9.2 | kA |
| 16 | $I_{acG} = 1.1 I_{acoG}$ | $I_{acG} = 1.1 \times 9.2$ | 10.12 | kA |
| 17 | $I_{dcG} = \sqrt{2}I_G'' \mathrm{e}^{-\frac{T}{2}/T_{dceG}}$ | $I_{dcG} = \sqrt{2} \times 3.587$ | 5.073 | kA |
| 18 | $I_{pG} = \sqrt{2}I_{acoG} + I_{dcG}$ | $I_{pG} = 13.011 + 5.073$ | 18.08 | kA |
| 19 | $\dfrac{0.07V_{Nm}}{I_{NM}} + R_f$ | $\dfrac{0.07V_{Nm}}{I_{NM}} + R_f = \dfrac{0.07 \times 220}{1.44} + 5.35$ | 16 | mΩ |
| 20 | $\dfrac{0.19V_{Nm}}{I_{NM}} + X_f$ | $\dfrac{0.19V_{Nm}}{I_{NM}} + X_f = \dfrac{0.19 \times 220}{1.44} + 2$ | 31 | mΩ |
| 21 | $I_M' = \dfrac{V_{NM}}{\sqrt{\left(\dfrac{0.07V_{Nm}}{I_{NM}} + R_f\right)^2 + \left(\dfrac{0.19V_{Nm}}{I_{NM}} + X_f\right)^2}}$ | $I_M' = \dfrac{220}{\sqrt{16^2 + 31^2}} = \dfrac{220}{34.9}$ | 6.303 | kA |
| 22 | $\beta = \left(\dfrac{0.07V_{Nm}}{I_{NM}} + R_f\right) \Big/ \left(\dfrac{0.19V_{Nm}}{I_{NM}} + X_f\right)$ | $\beta = 16/31$ | 0.516 | |
| 23 | $\lambda$ | 见 $\lambda$ 值表 | 1.3 | |
| 24 | $I_{ac} = I_{acg} + 0.67 I_M'$ | $I_{ac} = 10.12 + 0.67 \times 6.303$ | 14.343 | kA |
| 25 | $I_p = I_{pG} + \lambda I_M'$ | $I_p = 18.08 + 1.3 \times 6.303$ | 26.274 | kA |
| 26 | $\cos\phi_k = \dfrac{R_K}{Z_K}$ | $\cos\phi_k = \dfrac{7.1}{16.9}$ | 0.42 | |

### 4. $F_4$ 点短路流经 8 CB 的最大短路电流及功率因数

$G_1$、$G_3$、$G_4$ 台发电机组并联运行，汇流排至短路点的电缆规格为 $3\times35\ mm^2$，电缆长度为 10 m；电缆规格为 $3\times16\ mm^2$，电缆长度为 3 m；变压器次级侧电缆规格为 $3\times35\ mm^2$，电缆长度为 15 m。变压器规格为 25 kV·A，380 V/230 V，采用星形接法，计算结果如表 4-4-6 所示。

**表 4-4-6　$F_4$ 点短路流经 8 CB 的最大短路电流及功率因数计算结果**

| 序号 | 计算项目及公式 | 计算 | 结果 | 单位 |
|---|---|---|---|---|
| 1 | $R_A$ | 见表 4-4-4 序号 3 | 1.7 | $m\Omega$ |
| 2 | $X''_D$；$X'_D$ | 见表 4-4-4 序号 4；见表 4-4-5 序号 9 | 13.3；22.5 | $m\Omega$ |
| 3 | $R_f = R_{f1} + R_T + R_{f2}\left(\dfrac{U_{N1}}{U_{N2}}\right)^2$ | $R_f = 5.8 + 3.8 + 139 + 8.7\times\left(\dfrac{380}{230}\right)^2$ | 172.3 | $m\Omega$ |
| 4 | $X_f = X_{f1} + X_T + X_{f2}\left(\dfrac{U_{N1}}{U_{N2}}\right)^2$ | $X_f = 0.87 + 0.28 + 147 + 1.3\times\left(\dfrac{380}{230}\right)^2$ | 151.7 | $m\Omega$ |
| 5 | $R_K = R_A + R_f$ | $R_K = 1.7 + 172.3$ | 174 | $m\Omega$ |
| 6 | $X_K = X''_D + X_f$ | $X_K = 13.3 + 151.7$ | 165 | $m\Omega$ |
| 7 | $Z_K = Z''_{eG} = \sqrt{R_K^2 + X_K^2}$ | $Z_K = Z''_{eG} = \sqrt{174^2 + 165^2}$ | 240 | $m\Omega$ |
| 8 | $X'_D + X_f$ | 22.5 + 151.7 | 174.2 | $m\Omega$ |
| 9 | $Z'_{eG} = \sqrt{R_K^2 + (X'_D + X_f)^2}$ | $Z'_{eG} = \sqrt{174^2 + 174.2^2}$ | 246.2 | $m\Omega$ |
| 10 | $I''_G = \dfrac{V_{Ng}}{Z''_{eG}}$ | $I''_G = \dfrac{230}{240}$ | 0.958 | kA |
| 11 | $I'_G = \dfrac{V_{Ng}}{Z'_{eG}}$ | $I'_G = \dfrac{230}{246.2}$ | 0.934 | kA |
| 12 | $Z_K \geqslant 5Z''_D$ <br> 电动机馈送的电流可忽略 | 240 > 5×13.4 | | |
| 13 | $T''_{eG} = \dfrac{T''_d[1 + (X_c + nX_f)/X''_d]}{1 + (X_c + nX_f)/X'_d}$ | $T''_{eG} = \dfrac{3\times12.471}{7.777}$ | 4.8 | ms |
| 14 | $I_{dceG}$ 计算方法同表 A5 序号 13 | $I_{dceG} = \dfrac{32 + 337.283}{121.395}$ | 3 | ms |
| 15 | $I_{acoG} = (I''_G - I'_G)e^{\frac{T}{2}/T''_{eG}} + I'_G$ | $I_{acoG} = 0.003 + 0.934$ | 0.937 | kA |
| 16 | $I_{ac} = I_{acg} = 1.1I_{acog}$ | $I_{ac} = I_{acg} = 1.1\times0.937$ | 1.031 | kA |
| 17 | $I_{dcG} = \sqrt{2}I''_G e^{\frac{T}{2}/T_{dceG}}$ | $I_{dcG} = \sqrt{2}\times0.958\times0.0357$ | 0.048 | kA |
| 18 | $I_p = I_{pG} = \sqrt{2}I_{acoG} + I_{dcG}$ | $I_p = I_{pG} = 1.325 + 0.048$ | 1.373 | kA |

续表

| 序号 | 计算项目及公式 | 计算 | 结果 | 单位 |
|---|---|---|---|---|
| 19 | $I_{ac2} = \dfrac{U_{N1}}{U_{N2}} I_{ac}$ | $I_{ac2} = \dfrac{380}{230} \times 1.031$ | 1.703 | kA |
| 20 | $I_{p2} = \dfrac{U_{N1}}{U_{N2}} I_p$ | $I_{p2} = \dfrac{380}{230} \times 1.373$ | 2.268 | kA |
| 21 | $\cos\phi_k = \dfrac{R_K}{Z_K}$ | $\cos\phi_k = \dfrac{174}{240}$ | 0.725 | |

### 5. F$_2$ 点短路流经 1 CB、3 CB 或 4 CB 的稳态短路电流

由一台发电机组馈送短路电流（最小工况），发电机至汇流排的电缆规格为 $3 \times 95\ \text{mm}^2$，电缆长度为 15 m，采用 4 根并联的方式，计算结果如表 4-4-7 所示。

表 4-4-7　F$_2$ 点短路流经 1 CB、3 CB 或 4 CB 的稳态短路电流计算结果

| 序号 | 计算项目及公式 | 计算 | 结果 | 单位 |
|---|---|---|---|---|
| 1 | $X_d$ | | 376 | mΩ |
| 2 | $X_c$ | 见表 4-4-2 序号 1 | 0.303 | mΩ |
| 3 | $S \cdot C \cdot R$ | | 1 | — |
| 4 | $I_K = \dfrac{I_{Kf}/I_{of}(S \cdot C \cdot R) \cdot X_d I_{Ng}}{X_d + X_c}$ | $I_K = \dfrac{(377/97.5) \times 1 \times 376 \times 0.72}{376 + 0.303}$ | 2.781 | kA |

### 6. F$_3$ 点短路流经 6 CB 的最小短路电流

最小工况由一台发电机组馈送短路电流，计算结果如表 4-4-8 所示。

表 4-4-8　F$_3$ 点短路流经 6 CB 的最小短路电流计算结果

| 序号 | 计算项目及公式 | 计算 | 结果 | 单位 |
|---|---|---|---|---|
| 1 | $R_{ai} + R_{ci}$ | $R_{ai} + R_{ci} = 4.3 + 0.8$ | 5.1 | mΩ |
| 2 | $X_{di}'' + X_{ci}$ | $X_{di}'' + X_{ci} = 39.7 + 0.3$ | 40 | mΩ |
| 3 | $R_f$ | 见表 4-4-2 序号 2 | 5.35 | mΩ |
| 4 | $X_f$ | 见表 4-4-2 序号 2 | 2.02 | mΩ |
| 5 | $R_K = R_{ai} + R_{ci} + R_f$ | $R_K = 5.1 + 5.35$ | 10.5 | mΩ |
| 6 | $X_K = X_{di}'' + X_{ci} + X_f$ | $X_K = 40 + 2.02$ | 42.02 | mΩ |
| 7 | $Z_K = \sqrt{R_K^2 + X_K^2}$ | $Z_K = \sqrt{10.52^2 + 42.02^2}$ | 43.3 | mΩ |
| 8 | $I_{\min} = \dfrac{V_{Ng}}{Z_K} \times 0.866$ | $I_{\min} = \dfrac{230}{43.3} \times 0.866$ | 4.600 | kA |

**7. $F_5$ 点短路流经 2 CB 的最大短路电流及功率因数**

后电站由 $G_5$ 发电机馈送短路电流，发电机至汇流排的电缆规格为 $3 \times 95 \text{ mm}^2$，电缆长度为 15 m，采用 4 根并联的方式，计算结果如表 4-4-9 所示。

**表 4-4-9　$F_5$ 点短路流经 2 CB 的最大短路电流及功率因数计算结果**

| 序号 | 计算项目及公式 | 计算 | 结果 | 单位 |
|---|---|---|---|---|
| 1 | $R_{ai} + R_{ci}$ | $R_{a5} + R_{c5} = 4.3 + 0.8$ | 5.1 | mΩ |
| 2 | $X''_{di} + X_{ci}$ | $X''_{d5} + X_{c5} = 39.7 + 0.3$ | 40 | mΩ |
| 3 | $X'_{di} + X_{ci}$ | $X'_{d5} + X_{c5} = 67.2 + 0.3$ | 67.5 | mΩ |
| 4 | $Z''_{di} = \sqrt{(R_{ai} + R_{ci})^2 + (X''_{di} + X_{ci})^2}$ | $Z''_{d5} = \sqrt{5.1^2 + 40^2}$ | 40.3 | mΩ |
| 5 | $Z'_{di} = \sqrt{(R_{ai} + R_{ci})^2 + (X'_{di} + X_{ci})^2}$ | $Z'_{d5} = \sqrt{5.1^2 + 67.5^2}$ | 67.7 | mΩ |
| 6 | $I''_g = \dfrac{V_{Ng}}{Z''_d}$ | $I''_g = \dfrac{230}{40.3}$ | 5.707 | kA |
| 7 | $I'_g = \dfrac{V_{Ng}}{Z'_d}$ | $I'_g = \dfrac{230}{67.7}$ | 3.4 | kA |
| 8 | $I_{acg}$ | 见表 4-4-3 序号 13 | 3.83 | kA |
| 9 | $I_{pg}$ | 见表 4-4-3 序号 15 | 10.5 | kA |
| 10 | $I_{ac} = I_{acg} + 3.3 I_{NM}$ | $I_{ac} = 3.83 + 3.3 \times 0.96$ | 6.998 | kA |
| 11 | $I_p = I_{pg} + 7 I_{NM}$ | $I_p = 10.5 + 7 \times 0.96$ | 17.22 | kA |
| 12 | $\cos \varphi_k = \dfrac{R_{ai} + R_{ci}}{Z''_{di}}$ | $\cos \varphi_k = \dfrac{5.1}{40.3}$ | 0.127 | — |

**8. $F_6$ 点短路流经 9 CB 的最大短路电流及功率因数**

后电站由 $G_2$、$G_5$ 发电机馈送短路电流，发电机至汇流排的电缆规格为 $3 \times 95 \text{ mm}^2$，电缆长度为 15 m，采用 4 根并联的方式，计算结果如表 4-4-10 所示。

**表 4-4-10　$F_6$ 点短路流经 9 CB 的最大短路电流及功率因数计算结果**

| 序号 | 计算项目及公式 | 计算 | 结果 | 单位 |
|---|---|---|---|---|
| 1 | $R_{ai} + R_{ci}$ | $R_{a5} + R_{c5} = 4.3 + 0.8$ | 5.1 | mΩ |
| 2 | $X''_{di} + X_{ci}$ | $X''_{d5} + X_{c5} = 39.7 + 0.3$ | 40 | mΩ |
| 3 | $X'_{di} + X_{ci}$ | $X'_{d5} + X_{c5} = 67.2 + 0.3$ | 67.5 | mΩ |
| 4 | $R_A$ | $R_A = 5.1/2$ | 2.55 | mΩ |
| 5 | $X''_D$ | $X''_D = 40/2$ | 20 | mΩ |

| 序号 | 计算项目及公式 | 计算 | 结果 | 单位 |
|---|---|---|---|---|
| 6 | $Z_D'' = \sqrt{R_A^2 + X_D''^2}$ | $Z_D'' = \sqrt{2.55^2 + 20^2}$ | 20.2 | mΩ |
| 7 | $Z_{di}'' = \sqrt{(R_{ai} + R_{ci})^2 + (X_{di}'' + X_{ci})^2}$ | $Z_{d5}'' = \sqrt{5.1^2 + 40^2}$ | 40.3 | mΩ |
| 8 | $Z_{di}' = \sqrt{(R_{ai} + R_{ci})^2 + (X_{di}' + X_{ci})^2}$ | $Z_{d5}' = \sqrt{5.1^2 + 67.5^2}$ | 67.7 | mΩ |
| 9 | $I_g'' = \dfrac{V_{Ng}}{Z_d''}$ | $I_g'' = \dfrac{230}{40.3}$ | 5.707 | kA |
| 10 | $I_g' = \dfrac{V_{Ng}}{Z_d'}$ | $I_g' = \dfrac{230}{67.7}$ | 3.4 | kA |
| 11 | $I_{acg}$ | 见表 4-4-9 序号 8 | 3.83 | kA |
| 12 | $I_{pg}$ | 见表 4-4-9 序号 9 | 10.5 | kA |
| 13 | $I_{ac} = 2I_{acg} + 3.3I_{NM}$ | $I_{ac} = 2 \times 3.83 + 3.3 \times 0.96$ | 10.828 | kA |
| 14 | $I_p = 2I_{pg} + 7I_{NM}$ | $I_p = 2 \times 10.5 + 7 \times 0.96$ | 27.72 | kA |
| 15 | $\cos\varphi_k = \dfrac{R_A}{Z_D''}$ | $\cos\varphi_k = \dfrac{2.55}{20.2}$ | 0.127 | — |

**9. $F_7$ 点短路流经 10 CB 的最大短路电流及功率因数**

$G_2$、$G_5$ 发电机组并联运行，汇流排至短路点的电缆规格为 $3 \times 50\ \text{mm}^2$，电缆长度为 15 m，计算结果如表 4-4-11 所示。

**表 4-4-11 $F_7$ 点短路流经 10 CB 的最大短路电流及功率因数计算结果**

| 序号 | 计算项目及公式 | 计算 | 结果 | 单位 |
|---|---|---|---|---|
| 1 | $R_A$ | 见表 4-4-10 序号 4 | 2.55 | mΩ |
| 2 | $X_D''$ | 见表 4-4-10 序号 5 | 20 | mΩ |
| 3 | $X_D' = (X_{di}' + X_{ci})/2$ | $X_D' = 67.5/2$ | 33.75 | mΩ |
| 4 | $R_f$ | 见表 4-4-2 序号 7 | 6.44 | mΩ |
| 5 | $X_f$ | 见表 4-4-2 序号 7 | 1.27 | mΩ |
| 6 | $R_K = R_A + R_f$ | $R_K = 2.55 + 6.44$ | 8.99 | mΩ |
| 7 | $X_K = X_D'' + X_f$ | $X_K = 20 + 1.27$ | 21.27 | mΩ |
| 8 | $Z_K = Z_{eG}'' = \sqrt{R_K^2 + X_K^2}$ | $Z_K = \sqrt{8.99^2 + 21.3^2}$ | 23.1 | mΩ |
| 9 | $Z_{eG}' = \sqrt{R_K^2 + (X_D' + X_f)^2}$ | $Z_{eG}' = \sqrt{8.99^2 + 35^2}$ | 36.2 | mΩ |

| 序号 | 计算项目及公式 | 计算 | 结果 | 单位 |
|---|---|---|---|---|
| 10 | $I_G'' = \dfrac{V_{Ng}}{Z_{eG}''}$ | $I_G'' = \dfrac{230}{23.1}$ | 9.957 | kA |
| 11 | $I_G' = \dfrac{V_{Ng}}{Z_{eG}'}$ | $I_G' = \dfrac{230}{36.2}$ | 6.354 | kA |
| 12 | $T_{eG}'' = \dfrac{T_d''[1+(X_c+nX_f)/X_d'']}{1+(X_c+nX_f)/X_d'}$ | $T_{eG}'' = \dfrac{3 \times 1.0715}{1+0.0423}$ | 3.08 | ms |
| 13 | $T_{dceG} = \dfrac{T_a + 1000(X_c+nX_f)/(2\pi f R_a)}{1+(R_c+nR_f)/R_a}$ | $T_{dceG} = \dfrac{32+2.1}{4.18}$ | 8.2 | ms |
| 14 | $I_{acoG} = (I_G'' - I_G')\mathrm{e}^{-\frac{T}{2}/T_{eG}'} + I_G'$ | $I_{acoG} = 0.14 + 6.354$ | 6.494 | kA |
| 15 | $I_{acG} = 1.1 I_{acoG}$ | $I_{acG} = 1.1 \times 6.494$ | 7.143 | kA |
| 16 | $I_{dcG} = \sqrt{2} I_G'' \mathrm{e}^{-\frac{T}{2}/T_{dceG}}$ | $I_{dcG} = \sqrt{2} \times 2.941$ | 4.16 | kA |
| 17 | $I_{pG} = \sqrt{2} I_{acoG} + I_{dcG}$ | $I_{pG} = 9.184 + 4.16$ | 13.344 | kA |
| 18 | $\dfrac{0.07 V_{Nm}}{I_{NM}} + R_f$ | $\dfrac{0.07 V_{Nm}}{I_{NM}} + R_f = \dfrac{0.07 \times 220}{0.96} + 6.44$ | 22.5 | mΩ |
| 19 | $\dfrac{0.19 V_{Nm}}{I_{NM}} + X_f$ | $\dfrac{0.19 V_{Nm}}{I_{NM}} + X_f = \dfrac{0.19 \times 220}{0.96} + 1.27$ | 44.8 | mΩ |
| 20 | $I_M' = \dfrac{V_{NM}}{\sqrt{\left(\dfrac{0.07 V_{Nm}}{I_{NM}} + R_f\right)^2 + \left(\dfrac{0.19 V_{Nm}}{I_{NM}} + X_f\right)^2}}$ | $I_M' = \dfrac{220}{\sqrt{22.5^2 + 44.8^2}}$ | 4.38 | kA |
| 21 | $\beta = \left(\dfrac{0.07 V_{Nm}}{I_{NM}} + R_f\right)\Big/\left(\dfrac{0.19 V_{Nm}}{I_{NM}} + X_f\right)$ | $\beta = 22.5/44.8$ | 0.5 | — |
| 22 | $\lambda$ | 见表 4-3-1 | 1.3 | — |
| 23 | $I_{ac} = I_{acg} + 0.67 I_M'$ | $I_{ac} = 7.143 + 2.935$ | 10.078 | kA |
| 24 | $I_p = I_{pG} + \lambda I_M'$ | $I_p = 13.344 + 5.694$ | 19.038 | kA |
| 25 | $\cos \varphi_k = \dfrac{R_K}{Z_K}$ | $\cos \varphi_k = \dfrac{8.99}{23.1}$ | 0.389 | — |

**10. $F_8$ 点短路流经 11 CB 的最大短路电流及功率因数**

$G_2$、$G_5$ 发电机组并联运行，汇流排至短路点的电缆规格为 $3 \times 70~\text{mm}^2$，电缆长度为 15 m；电缆规格为 $3 \times 10~\text{mm}^2$，电缆长度为 10 m；变压器次级侧电缆规格为 $3 \times 35~\text{mm}^2$，电缆长度为 15 m。变压器为 25 kV·A，380 V/230 V，采用星形接法，计算结果如表 4-4-12 所示。

表 4-4-12　$F_8$ 点短路流经 11 CB 的最大短路电流及功率因数计算结果

| 序号 | 计算项目及公式 | 计算 | 结果 | 单位 |
|---|---|---|---|---|
| 1 | $R_A$ | 见表 4-4-10 序号 4 | 2.55 | mΩ |
| 2 | $X''_D$ | 见表 4-4-10 序号 5 | 20 | mΩ |
| 3 | $R_f = R_{f1} + R_T + R_{f2}\left(\dfrac{U_{N1}}{U_{N2}}\right)^2$ | $R_f = 4.44 + 20.2 + 139 + 8.72 \times \left(\dfrac{380}{230}\right)^2$ | 187 | mΩ |
| 4 | $X_f = X_{f1} + X_T + X_{f2}\left(\dfrac{U_{N1}}{U_{N2}}\right)^2$ | $X_f = 1.23 + 0.96 + 147 + 1.31 \times \left(\dfrac{380}{230}\right)^2$ | 153 | mΩ |
| 5 | $R_K = R_A + R_f$ | $R_K = 2.55 + 187$ | 190 | mΩ |
| 6 | $X_K = X''_D + X_f$ | $X_K = 20 + 153$ | 173 | mΩ |
| 7 | $Z_K = Z''_{eG} = \sqrt{R_K^2 + X_K^2}$ | $Z_K = Z''_{eG} = \sqrt{190^2 + 173^2}$ | 257 | mΩ |
| 8 | $X'_D$ | 见表 4-4-11 序号 3 | 33.75 | mΩ |
| 9 | $Z'_{eG} = \sqrt{R_K^2 + (X'_D + X_f)^2}$ | $Z'_{eG} = \sqrt{190^2 + (33.75 + 153)^2}$ | 266.4 | mΩ |
| 10 | $T''_{eG} = \dfrac{T''_d[1 + (X_c + nX_f)/X''_d]}{1 + (X_c + nX_f)/X'_d}$ | $T''_{eG} = \dfrac{3 \times [1 + (0.3 + 2 \times 153)/39.7]}{1 + (0.3 + 2 \times 153)/67.2}$ | 4.7 | ms |
| 11 | $T_{dceG} = \dfrac{T_a + 1000(X_c + nX_f)/(2\pi f R_a)}{1 + (R_c + nR_f)/R_a}$ | $T_{dceG} = \dfrac{32 + 10 \times 306.3/(\pi \times 4.3)}{1 + 374.8/4.3}$ | 3 | ms |
| 12 | $Z_K \geqslant 5Z''_D$<br>电动机馈送的电流可以忽略 | $257 > 5 \times 20.2$ | — | |
| 13 | $I''_G = \dfrac{V_{Ng}}{Z''_{eG}}$ | $I''_G = \dfrac{230}{257}$ | 0.895 | kA |
| 14 | $I'_G = \dfrac{V_{Ng}}{Z'_{eG}}$ | $I'_G = \dfrac{230}{266.4}$ | 0.863 | kA |
| 15 | $I_{acoG} = (I''_G - I'_G)e^{\frac{T}{2/T'_{eG}}} + I'_G$ | $I_{acoG} = 0.032 \times e^{-10/4.7} + 0.863$ | 0.867 | kA |
| 16 | $I_{ac} = I_{acg} = 1.1 I_{acog}$ | $I_{ac} = I_{acg} = 1.1 \times 0.867$ | 0.954 | kA |
| 17 | $I_{dcG} = \sqrt{2} I''_G e^{\frac{T}{2/T_{dceG}}}$ | $I_{dcG} = \sqrt{2} \times 0.895 \times e^{-10/3}$ | 0.045 | kA |
| 18 | $I_{ac} = I_{acG}$ | — | 0.954 | kA |
| 19 | $I_p = I_{pG} = \sqrt{2} I_{acoG} + I_{dcG}$ | $I_p = I_{pG} = \sqrt{2} \times 0.867 + 0.045$ | 1.271 | kA |
| 20 | $\cos\varphi_k = \dfrac{R_K}{Z_K}$ | $\cos\varphi_k = \dfrac{190}{257}$ | 0.74 | — |

## 11. $F_6$ 点短路流经 2 CB 的稳态短路电流

最小运行工况由 $G_2$ 发电机组馈送短路电流，发电机至汇流排电缆规格为 $3 \times 95\ \text{mm}^2$，电缆长度为 15 m，采用 4 根并联的方式，计算结果如表 4-4-13 所示。

表 4-4-13　$F_6$ 点短路流经 2 CB 的稳态短路电流计算结果

| 序号 | 计算项目及公式 | 计算 | 结果 | 单位 |
|---|---|---|---|---|
| 1 | $X_d$ | — | 376 | mΩ |
| 2 | $X_c$ | 见表 4-4-2 序号 1 | 0.303 | mΩ |
| 3 | $S \cdot C \cdot R$ | — | 1 | — |
| 4 | $I_K = \dfrac{I_{Kf}/I_{of}(S \cdot C \cdot R) \cdot X_d I_{Ng}}{X_d + X_c}$ | $I_K = \dfrac{(377/97.5) \times 1 \times 376 \times 0.72}{376 + 0.303}$ | 2.781 | kA |

## 12. $F_7$ 点短路流经 9 CB 的最小短路电流

最小工况由一台发电机组馈送短路电流，计算结果如表 4-4-14 所示。

表 4-4-14　$F_7$ 点短路流经 9 CB 的最小短路电流计算结果

| 序号 | 计算项目及公式 | 计算 | 结果 | 单位 |
|---|---|---|---|---|
| 1 | $R_{ai} + R_{ci}$ | $R_{ai} + R_{ci} = 4.3 + 0.8$ | 5.1 | mΩ |
| 2 | $X''_{dt} + X_{ci}$ | $X''_{di} + X_{ci} = 39.7 + 0.3$ | 40 | mΩ |
| 3 | $R_K = R_A + R_f$ | $R_K = 5.1 + 6.44$ | 11.54 | mΩ |
| 4 | $X_K = X''_D + X_f$ | $X_K = 40 + 1.27$ | 41.3 | mΩ |
| 5 | $Z_K = \sqrt{R_K^2 + X_K^2}$ | $Z_K = \sqrt{11.54^2 + 41.3^2}$ | 42.9 | mΩ |
| 6 | $I_{\min} = \dfrac{V_{Ng}}{Z_K} \times 0.866$ | $I_{\min} = \dfrac{230}{42.9} \times 0.866$ | 4.642 | kA |

## 13. 短路计算结果和选用配电器汇总

短路计算结果和选用配电器汇总表如表 4-4-15 所示。

表 4-4-15　短路计算结果和选用配电器汇总表

| 序号 | 开关代号 | 短路点 | 对称短路电流/kA | 短路电流峰值/kA | 功率因数 | 短路点 | 稳态短路电流 | 短路点 | 最小短路电流 |
|---|---|---|---|---|---|---|---|---|---|
| 1 | 1 CB | $F_1$ | 6.998 | 17.22 | 0.127 | — | — | — | — |
| 2 | 2 CB | $F_5$ | 6.998 | 17.22 | 0.127 | — | — | — | — |
| 3 | 6 CB | $F_2$ | 10.83 | 27.72 | 0.126 | $F_2$ | 2.781 | — | — |
| 4 | 7 CB | $F_3$ | 9.99 | 20.71 | 0.338 | — | — | $F_3$ | 4.600 |
| 5 | 8 CB | $F_4$ | 1.642 | 2.207 | 0.713 | — | — | — | — |
| 6 | 9 CB | $F_6$ | 10.828 | 27.72 | 0.127 | $F_6$ | 2.781 | — | — |
| 7 | 10 CB | $F_7$ | 10.078 | 19.038 | 0.389 | — | — | $F_7$ | 4.642 |
| 8 | 11 CB | $F_8$ | 0.945 | 1.271 | 0.74 | — | — | — | — |

# 第五节　汇流排的设计

主配电板的汇流排也称母线，其截面按其长期工作电流及汇流排允许负载电流进行选择，然后还需校核短路时所选汇流排的电动力稳定性和热稳定性。

## 一、舰船电力系统汇流排的设计原则

### 1. 汇流排材料、类型与布置方式选择

电力系统汇流排是大截面的载流体，通常固定在绝缘子上使用。

1）汇流排材料

舰船电力系统中的汇流排由于实际环境（如温度、湿度、盐雾、霉菌等条件）比较恶劣，为了保证其安全可靠性，应采用硬质高纯度（99.5%以上）的铜型材，即硬铜母线。

2）汇流排类型

舰船电力系统汇流排一般采用敞露型，汇流排导体的截面形状主要有矩形、槽形和管形。截面形状影响汇流排导体的散热、集肤效应系数和机械强度。矩形截面汇流排周长大，散热面积大，散热条件好；在同一允许工作电流下，矩形汇流排的截面积较小，所耗金属材料相应也少；矩形平面便于螺栓连接，安装简单。因而，舰船电力系统汇流排通常采用矩形截面型式。从集肤效应与机械强度的角度考虑，矩形汇流排截面的宽度一般不超过 10 mm，宽度与高度之比为 0.05～0.1。

当单片的矩形截面汇流排载流量不能满足要求时，可以采用多片的矩形截面汇流排，但由于此时散热条件变差，多片矩形截面汇流排的载流量不是随导体片数增加而成倍增加的，尤其是当每相超过 3 片时，单位截面的有效载流量下降较多，所以矩形截面汇流排一般最多只用到 4 片。槽形导体和圆管形导体的载流能力强，集肤效应系数小，电流分布比较均匀，散热条件好，机械强度高，但造价较高，安装也不方便。

当承载的工作电流为 2 kA 左右时，一般采用单片矩形汇流排；当承载的工作电流为 2～5 kA 时，一般采用 2～4 片组成的多片矩形汇流排，片间留有宽度等于汇流排截面宽度的通风间隙；当承载的工作电流为 5～8 kA 时，可以采用双槽形汇流排导体；当承载的工作电流为 8 kA 以上时，宜采用圆管汇流排导体。

3）汇流排布置方式

舰船电力系统矩形汇流排导体的布置方式常采用三相水平立放布置和三相水平平放布置，汇流排的布置方式影响散热和机械强度。汇流排导体采用三相水平立放布置的散热条件好，载流量大，但机械强度较差；汇流排导体采用三相水平平放布置的机械强度较高，但散热条件较差。

### 2. 舰船电力系统矩形汇流排设计的原则

设计汇流排导体时，应该根据正常工作条件（包括额定电压、额定电流、频率、开断电流等）、短路条件（包括热稳定、动稳定和短路持续时间等）、环境条件（包括温度、湿度、海域高度介质状态等）进行综合考虑。

1）矩形汇流排截面尺寸的选择

矩形汇流排的截面尺寸可按以下四点进行选择。

（1）按持续工作电流选择。为了保证汇流排的长期安全运行，汇流排长期允许的最大持续电流应大于或等于回路的最大持续工作电流。

（2）按经济电流密度选择。为了考虑汇流排长期运行的经济性，除配电装置的汇流排及断续运行或较短的汇流排外，一般可按经济电流密度选择导体的截面积。计算公式为

$$S_{Mj} = I_e / \delta_j \tag{4-5-1}$$

式中，$S_{Mj}$ 为汇流排经济截面积 $(m^2)$；$I_e$ 为额定工作电流 $(A)$；$\delta_j$ 为经济电流密度 $(A/m^2)$。铜裸导体的经济电流密度如表 4-5-1 所示。

**表 4-5-1　铜裸导体的经济电流密度**

| 最大负荷利用小时数/h | $\delta_j /(A/m^2)$ |
| --- | --- |
| 3000 以下 | 3.0 |
| 3000~5000 | 2.25 |
| 5000 以上 | 1.75 |

（3）按发热条件选择。在最大允许连续负荷电流下，导体发热不超过导体所允许的温度，不会因过热而引起导体绝缘损坏或加速老化，也不会因此而影响导体的机械强度，使得导体整体强度下降，硬铜母线长期运行最高允许温度为90℃。

（4）按短路时的热稳定最小截面积进行校验。在短路情况下，导体必须保证在短路时间内承受短路电流通过导体时产生的热效应，以保证供电安全。

2）矩形汇流排短路效应的校验

短路效应包括电磁效应和热效应，故汇流排设计要满足短路时的动稳定校验和热稳定校验，确保在短路持续时间里汇流排及整个电力系统的安全稳定。

## 二、舰船电力系统汇流排导体的长期发（散）热与载流量计算

### 1. 矩形汇流排的长期发热与散热计算

舰船电力系统中的敞露矩形汇流排一般都是自然冷却的。载流汇流排导体的发热量通过导热、对流和辐射传递到周围环境中。由于敞露汇流排沿长度方向的温度分布可以认为是均匀的，所以热计算可取单位长度汇流排导体为计算对象。

1）汇流排导体对流散热的计算

汇流排导体向周围空气的换热属于自然对流换热。自然对流换热分为大空间自然对流换热和有限空间自然对流换热。大空间自然对流换热是指换热面附近没有足以影响流体热边界层发展的物体情况下的自然对流换热。每一相汇流排导体的外侧为大空间自然对流换热；每一相汇流排导体片间属于有限空间自然对流换热。矩形汇流排导体自然对流散热的计算步骤如下所示。

（1）取汇流排表面与空气的平均温度为定性温度，即

$$t_m = (t_M + t_0) / 2 \tag{4-5-2}$$

式中，$t_M$ 为汇流排表面的温度（℃）；$t_0$ 为汇流排周围的空气温度（℃）。

（2）定性尺寸（m）取汇流排截面的高度

$$L = h \qquad (4\text{-}5\text{-}3)$$

（3）空气的容积膨胀系数（1/K）为

$$\beta_m = 1/(t_m + 273) \qquad (4\text{-}5\text{-}4)$$

（4）已知定性温度 $t_m$，查看表 4-5-2 可以求得物性参数 $v_m$（空气运动黏度，$\text{m}^2/\text{s}$）、$Pr_m$（普朗特数）、$\lambda_m$（介质的导热系数，$\text{W/m} \cdot ℃$）。

表 4-5-2　干空气的热物理性质（$p = 101325\,\text{Pa}$）

| $t_m/℃$ | $\rho/(\text{kg/m}^3)$ | $C_p/(\text{kJ/kg} \cdot ℃)$ | $\lambda_m \times 10^2/(\text{W/m} \cdot ℃)$ | $\alpha \times 10^6/(\text{m}^2/\text{s})$ | $\mu \times 10^6/(\text{kg/m} \cdot \text{s})$ | $v_m \times 10^6/(\text{m}^2/\text{s})$ | $Pr_m$ |
|---|---|---|---|---|---|---|---|
| −40 | 1.515 | 1.013 | 2.12 | 13.8 | 15.2 | 10.04 | 0.728 |
| −30 | 1.453 | 1.013 | 2.20 | 14.9 | 15.7 | 10.80 | 0.723 |
| −20 | 1.395 | 1.009 | 2.28 | 16.2 | 16.2 | 11.61 | 0.716 |
| −10 | 1.342 | 1.009 | 2.36 | 17.4 | 16.7 | 12.43 | 0.712 |
| 0 | 1.293 | 1.005 | 2.44 | 18.8 | 17.2 | 13.28 | 0.707 |
| 10 | 1.247 | 1.005 | 2.51 | 20.0 | 17.6 | 14.16 | 0.705 |
| 20 | 1.205 | 1.005 | 2.59 | 21.4 | 18.1 | 15.06 | 0.703 |
| 30 | 1.165 | 1.005 | 2.67 | 22.9 | 18.6 | 16.00 | 0.701 |
| 40 | 1.128 | 1.005 | 2.76 | 24.3 | 19.1 | 16.96 | 0.699 |
| 50 | 1.093 | 1.005 | 2.83 | 25.7 | 19.6 | 17.95 | 0.698 |
| 60 | 1.060 | 1.005 | 2.90 | 27.2 | 20.1 | 18.97 | 0.696 |
| 70 | 1.029 | 1.009 | 2.96 | 28.6 | 20.6 | 20.02 | 0.694 |
| 80 | 1.000 | 1.009 | 3.05 | 30.2 | 21.1 | 21.09 | 0.692 |
| 90 | 0.972 | 1.009 | 3.13 | 31.9 | 21.5 | 22.10 | 0.690 |
| 100 | 0.946 | 1.009 | 3.21 | 33.6 | 21.9 | 23.13 | 0.688 |
| 120 | 0.898 | 1.009 | 3.34 | 36.8 | 22.8 | 25.45 | 0.686 |
| 140 | 0.854 | 1.013 | 3.49 | 40.3 | 23.7 | 27.80 | 0.684 |

（5）计算格拉晓夫数：

$$Gr_m = g\beta_m(t_M - t_0)h^3/v_m^2 \qquad (4\text{-}5\text{-}5)$$

式中，$g$ 为重力加速度，取 $g = 9.81\,\text{m/s}^2$。

（6）计算努塞尔数。汇流排表面自然对流换热采用邱吉尔推荐的公式：

$$Nu_m = \left\{ 0.60 + 0.387 \left[ \frac{Gr_m Pr_m}{\left(1 + \left(\dfrac{0.559}{Pr_m}\right)^{9/16}\right)^{16/9}} \right]^{1/6} \right\}^2 \qquad (4\text{-}5\text{-}6)$$

（7）计算对流换热系数（$\text{W/m}^2 \cdot \text{K}$）：

$$\alpha = \frac{Nu_m \lambda_m}{h} \qquad (4\text{-}5\text{-}7)$$

（8）汇流排导体每相每米对流换热量为

$$Q_{MD} = \alpha F_M (t_M - t_0) \qquad (4\text{-}5\text{-}8)$$

式中，$F_M$ 为每米导体的对流换热面积 $(m^2)$。

对于单片矩形汇流排，汇流排导体每相每米对流换热量为

$$Q_{MD} = 2\alpha(b + h)(t_M - t_0) \qquad (4\text{-}5\text{-}9)$$

对于多片矩形汇流排，总的对流换热量为内、外表面对流换热量之和。外表面的对流换热系数 $\alpha_w = \alpha$，故外表面的对流换热量 $Q_W = \alpha_w F_W (t_M - t_0)$；内表面的对流换热系数 $\alpha_N = C_\alpha \alpha_W$，故内表面的对流换热量为 $Q_N = \alpha_N F_N (t_M - t_0)$，其中，$F_W$、$F_N$ 分别为每米导体的外表面和内表面面积 $(m^2)$；$C_\alpha$ 为以外表面换热系数为基准的内表面相对换热系数，当间隙为垂直放置时，可取 $C_\alpha = 0.1$；当间隙为水平放置时，可取 $C_\alpha = 0$。故总的对流换热量为

$$Q_{MD} = Q_W + Q_N = (F_W + C_\alpha F_N)\alpha_W (t_M - t_0) \qquad (4\text{-}5\text{-}10)$$

2）汇流排导体辐射散热的计算

汇流排表面的辐射散热量取决于汇流排表面的温度、表面辐射率和汇流排与周围物体的相对位置（即物体之间的角系数）。温度不同的任意两物体之间的辐射换热量为

$$Q_{F12} = \varepsilon_n \sigma F_1 (T_1^4 - T_2^4) \qquad (4\text{-}5\text{-}11)$$

式中，$\sigma = 5.67 \times 10^{-8}$ 为斯特藩-玻尔兹曼常数；$F_1$ 为物体 1 的表面积；$\varepsilon_n = \dfrac{1}{\dfrac{1}{\varepsilon_1} + \dfrac{F_1}{F_2}\left(\dfrac{1}{\varepsilon_2} - 1\right)}$ 为

系统黑度，$\varepsilon_1$、$\varepsilon_2$ 分别为物体 1 和 2 的表面黑度；$F_2$ 为物体 2 的表面积；$T_1$ 和 $T_2$ 分别为物体 1 和物体 2 表面热力学温度。

由式（4-5-11）可知，当计算每片汇流排向环境散热时，可取 $\varepsilon_n = \varepsilon_1$。

计算同相的两片汇流排间的辐射散热，由于两片汇流排的距离很近且面积相等 $F_1/F_2 = 1$，辐射到周围环境的辐射热量可以忽略，计算片间辐射换热时可以只计算两片间的辐射换热量，取 $\varepsilon_n = \dfrac{1}{\dfrac{1}{\varepsilon_1} + \dfrac{1}{\varepsilon_2} - 1}$。

当计算相间两片汇流排间的散热时，除每片汇流排向周围环境散热外，还要同时考虑该片面向邻相汇流排的辐射传热。利用三物体辐射换热模型，邻相间两片汇流排的辐射换热计算公式为

$$\frac{\sigma T_1^4 - J_1}{\dfrac{1 - \varepsilon_1}{\varepsilon_1 F_1}} + \frac{J_2 - J_1}{\dfrac{1}{F_1 \varphi_{12}}} + \frac{\sigma T_0^4 - J_1}{\dfrac{1}{F_1(1 - \varphi_{12})}} = 0 \qquad (4\text{-}5\text{-}12)$$

$$\frac{\sigma T_2^4 - J_2}{\dfrac{1 - \varepsilon_2}{\varepsilon_2 F_2}} + \frac{J_1 - J_2}{\dfrac{1}{F_2 \varphi_{21}}} + \frac{\sigma T_0^4 - J_2}{\dfrac{1}{F_2(1 - \varphi_{21})}} = 0 \qquad (4\text{-}5\text{-}13)$$

式中，$J_1$ 与 $J_2$ 分别为物体 1 和物体 2 表面的有效辐射，需要通过辐射方程联立求解；$\varphi_{12}$ 与 $\varphi_{21}$ 分别为物体 1 对物体 2 和物体 2 对物体 1 的角系数。有效辐射 $J$ 是辐射换热计算中的重要概念，它等于表面的自身辐射 $E$ 和反射辐射 $\rho G$ 之和，$E = \sigma T^4$，$G$ 为外界的投射辐射，$\rho$ 为表面反射率，对于灰体，$\rho = 1 - \varepsilon$。

$\varphi$ 是一个纯粹的几何参数，它取决于两相汇流排导体表面形状大小和相互间的位置及距

离。对于如图 4-5-1 所示的三相两片矩形汇流排布置示意图，$\varphi$ 的具体计算式如下所示。

$A$、$B$、$C$ 三相片间的角系数 $\varphi$ 为

$$\varphi = \sqrt{1+\left(\frac{b}{h}\right)^2} - \frac{b}{h} \tag{4-5-14}$$

$A$、$B$ 相间或 $B$、$C$ 相间角系数 $\varphi$ 为

$$\varphi = \sqrt{1+\left(\frac{a-3b}{h}\right)^2} - \frac{a-3b}{h} \tag{4-5-15}$$

在图 4-5-1 中，$b$ 为汇流排矩形截面的宽度，$h$ 为矩形截面的高度，$a$ 为相邻两相间的中心相间距。

3）热缩汇流排导体散热的计算

除辐射和对流散热外绝缘材料表面的散热，还存在从汇流排表面向绝缘材料外的导热。

对采用聚乙烯（polyethylene，PE）热缩管绝缘材料包覆的汇流排，汇流排损耗的热量需要通过绝缘材

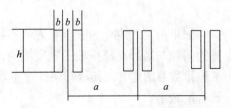

图 4-5-1　三相两片矩形汇流排布置示意图

料的导热传递到外表面，然后再通过自然对流与辐射传递到周围环境和空气中。由辐射和对流散热可以计算出达到平衡时热缩管绝缘材料外表面的温度。热缩管内汇流排外表面温度可由导热定律求解。通过汇流排绝缘材料导出的热量为 $I^2 r_w$，由傅里叶导热定律得到汇流排绝缘材料内表面温度计算公式：

$$t_{pn} = t_{pw} + \frac{I^2 r_w}{2(h+b)\lambda_p / \delta_p} \tag{4-5-16}$$

式中，$t_{pn}$ 为汇流排表面温度；$t_{pw}$ 为热缩管绝缘材料外表面温度；$\lambda_p$ 为热缩管绝缘材料的导热系数；$\delta_p$ 为热缩管绝缘材料的厚度；$I$ 为流过汇流排的电流；$r_w$ 为汇流排的电阻。对聚乙烯热缩管，其导热系数 $\lambda_p = 0.2\,\mathrm{W/(m \cdot ℃)}$，表面辐射率 $\varepsilon_p = 0.9$。

4）汇流排导体的热平衡方程

汇流排的热平衡计算是汇流排设计计算的主要内容，即校核已经初步选定结构尺寸的汇流排，当在额定工况条件下长期运行时，其各部位温升是否满足规定值，即 $\Delta t_M \leqslant 40℃$（环境温度为 $50℃$）。将上述各量计算出后，即可对汇流排导体列出热平衡方程式。单位长度汇流排导体的损耗发热量 $P$：

$$P = I_M^2 r_{M0} K_f \tag{4-5-17}$$

式中，$I_M$ 为通过导体的长期最大工作电流（A），对发电机主回路取发电机额定电流的 1.05 倍，即 $I_M = 1.05 I_e$；$r_{M0}$ 为汇流排导体 $t_M$（℃）时的单位长度直流电阻值（$\Omega/\mathrm{m}$），$r_{M0} = \rho_{20}[1+\alpha_{20}(t_M-20)]/S$，铜汇流排电阻率 $\rho_{20} = 0.0174\,\Omega\mathrm{mm}^2/\mathrm{m}$，电阻温度系数 $\alpha_{20} = 0.0039\,1/℃$，$S$ 为汇流排截面积；$K_f$ 为导体集肤效应系数，可取为 1。

在热稳定的情况下，这些热量分别以辐射散热量 $Q_{\mathrm{MF}}$、对流散热量 $Q_{\mathrm{MD}}$ 的形式传给周围环境。若不考虑日照影响，对于每相每米汇流排导体应满足热平衡式：

$$P = Q_{\mathrm{MF}} + Q_{\mathrm{MD}} \tag{4-5-18}$$

在通常情况下，汇流排的中相导体由于受两侧相的遮挡更严重一些，它在辐射换热的情况

下，其辐射换热的角系数更大，因此中相要比两侧相的散热效果差，温度也最高，故在热计算过程中应计算中相。如果中相满足了温升要求，那么其他两相肯定也能满足要求。

2. 矩形汇流排载流量的计算

用 $t_{xu}=90℃$ 代替前面的 $t_M$，再根据热平衡关系式（4-5-18），可以求得导体的允许电流（载流量）为

$$I_{xu}=\sqrt{\frac{Q_{MF}+Q_{MD}}{r_{M0}K_f}} \tag{4-5-19}$$

如果单片汇流排的安全载流量不够，那么可以采用多片矩形汇流排叠成。叠成时，两汇流排的间隙与矩形汇流排截面宽度相同，这样可以使汇流排的热量散布到空气中。但是由于每相汇流排数目的增加，其冷却条件比单片汇流排差，故安全载流量不是与片数成正比的而是相应地有所减小。

1）单片汇流排载流量计算

$A$ 相单位长度的热平衡方程：

$$I_a^2 r_m = \alpha_{d1}(2h+2b)(T_a-T_0)+\varepsilon_a(h+2b)\sigma(T_a^4-T_0^4)+\frac{\sigma T_a^4-J_a}{\frac{1-\varepsilon_a}{\varepsilon_a h}} \tag{4-5-20}$$

式中，$\alpha_{d1}$ 为汇流排大空间自然对流换热系数；$J_a$ 为 $A$ 相表面的有效辐射；$T_a$ 与 $T_0$ 分别为 $A$ 相汇流排和环境空气的热力学温度；$h$ 与 $b$ 分别为汇流排矩形截面的高度和宽度；$I_a$ 为流过汇流排的电流；$r_m$ 为汇流排的电阻；$\varepsilon_a$ 为 $A$ 相表面辐射率。

$B$ 相导体单位长度的热平衡方程：

$$I_b^2 r_m = \alpha_{d1}(2h+2b)(T_b-T_0)+\varepsilon_b 2b\sigma(T_b^4-T_0^4)+2\frac{\sigma T_b^4-J_b}{\frac{1-\varepsilon_b}{\varepsilon_b h}} \tag{4-5-21}$$

式中，$J_b$ 为 $B$ 相表面的有效辐射；$T_b$ 与 $T_0$ 分别为 $B$ 相汇流排和环境空气的热力学温度。

当三相电流相等时，$A$ 相和 $C$ 相的温度相等，$B$ 相温度最高。因此，当汇流排电流已知后，利用式（4-5-19）～式（4-5-21）可以求解 $T_a$ 和 $T_b$，由于还有 $J_a$ 和 $J_b$ 两个未知量，需要建立另外两个方程，利用相间的辐射换热模型可得

$$\frac{\sigma T_a^4-J_a}{\frac{1-\varepsilon_1}{\varepsilon_1 h}}+\frac{J_b-J_a}{\frac{1}{h\varphi_{12}}}+\frac{\sigma T_0^4-J_a}{\frac{1}{h(1-\varphi_{12})}}=0 \tag{4-5-22}$$

$$\frac{\sigma T_b^4-J_b}{\frac{1-\varepsilon_2}{\varepsilon_2 h}}+\frac{J_a-J_b}{\frac{1}{h\varphi_{21}}}+\frac{\sigma T_0^4-J_b}{\frac{1}{h(1-\varphi_{21})}}=0 \tag{4-5-23}$$

式中，$\varphi_{12}$ 与 $\varphi_{21}$ 分别为 $B$ 相对 $A$ 相和 $A$ 相对 $B$ 相的角系数。上述方程可以解出 4 个未知数。如果已知 $B$ 相汇流排的最高温度，那么可以确定汇流排的载流量。

对于外敷热缩绝缘材料的汇流排，按内部汇流排温度确定载流量。只要外敷的热缩绝缘材料不是很厚，不影响散热，则载流量的计算与导体表面是否裸露、镀银或油漆无关。

首先由式（4-5-20）～式（4-5-23）计算出热缩绝缘材料外表面温度后，再根据式（4-5-16）计算汇流排绝缘材料内表面温度。

　　表 4-5-3 为单片表面油漆矩形汇流排的载流量，表 4-5-4 为单片表面镀银矩形汇流排的载流量，表 4-5-5 为单片表面外敷热缩管绝缘材料矩形汇流排的载流量。

表 4-5-3 单片表面油漆矩形汇流排的载流量 （单位：A）

| 高 $h$/mm | 宽 $b$/mm | | | | | | |
| --- | --- | --- | --- | --- | --- | --- | --- |
| | 2 | 3 | 4 | 5 | 6 | 8 | 10 |
| 15 | 155 | 195 | 230 | 260 | 290 | 345 | 400 |
| 20 | 200 | 250 | 295 | 335 | 370 | 440 | 505 |
| 25 | 250 | 310 | 360 | 410 | 455 | 535 | 610 |
| 30 | 295 | 365 | 425 | 480 | 535 | 630 | 715 |
| 40 | 385 | 480 | 555 | 625 | 690 | 810 | 920 |
| 50 | 480 | 590 | 685 | 770 | 850 | 1000 | 1125 |
| 60 | 570 | 700 | 815 | 916 | 1010 | 1175 | 1330 |
| 80 | 750 | 920 | 1070 | 1200 | 1320 | 1540 | 1740 |
| 100 | 930 | 1140 | 1320 | 1480 | 1630 | 1900 | 2140 |
| 120 | 1110 | 1360 | 1580 | 1770 | 1940 | 2250 | 2540 |
| 160 | 1460 | 1800 | 2080 | 2330 | 2560 | 2960 | 3340 |

表 4-5-4 单片表面镀银矩形汇流排的载流量 （单位：A）

| 高 $h$/mm | 宽 $b$/mm | | | | | | |
| --- | --- | --- | --- | --- | --- | --- | --- |
| | 2 | 3 | 4 | 5 | 6 | 8 | 10 |
| 15 | 120 | 150 | 175 | 195 | 215 | 255 | 290 |
| 20 | 155 | 190 | 220 | 250 | 275 | 325 | 370 |
| 25 | 190 | 235 | 270 | 305 | 335 | 395 | 445 |
| 30 | 220 | 275 | 320 | 360 | 395 | 460 | 520 |
| 40 | 290 | 355 | 415 | 465 | 510 | 595 | 670 |
| 50 | 355 | 435 | 505 | 570 | 625 | 730 | 820 |
| 60 | 420 | 515 | 600 | 675 | 740 | 860 | 970 |
| 80 | 550 | 680 | 785 | 880 | 965 | 1120 | 1260 |
| 100 | 680 | 835 | 970 | 1080 | 1190 | 1380 | 1550 |
| 120 | 810 | 990 | 1150 | 1290 | 1410 | 1640 | 1840 |
| 160 | 1065 | 1310 | 1510 | 1690 | 1860 | 2150 | 2410 |

表 4-5-5 单片表面外敷热缩管绝缘材料矩形汇流排的载流量 （单位：A）

| 高 $h$/mm | 宽 $b$/mm | | | | | | |
| --- | --- | --- | --- | --- | --- | --- | --- |
| | 2 | 3 | 4 | 5 | 6 | 8 | 10 |
| 15 | 150 | 185 | 220 | 250 | 280 | 330 | 385 |
| 20 | 195 | 240 | 285 | 320 | 355 | 425 | 485 |
| 25 | 240 | 295 | 345 | 390 | 435 | 515 | 585 |

续表

| 高 $h$/mm | 宽 $b$/mm | | | | | | |
|---|---|---|---|---|---|---|---|
| | 2 | 3 | 4 | 5 | 6 | 8 | 10 |
| 30 | 285 | 350 | 410 | 465 | 510 | 605 | 685 |
| 40 | 370 | 460 | 535 | 605 | 665 | 780 | 885 |
| 50 | 460 | 565 | 660 | 740 | 820 | 960 | 1080 |
| 60 | 545 | 675 | 780 | 880 | 970 | 1130 | 1280 |
| 80 | 720 | 890 | 1030 | 1150 | 1270 | 1480 | 1670 |
| 100 | 890 | 1100 | 1270 | 1430 | 1570 | 1830 | 2050 |
| 120 | 1070 | 1310 | 1520 | 1700 | 1870 | 2180 | 2450 |
| 160 | 1410 | 1730 | 2000 | 2250 | 2470 | 2860 | 3210 |

当相间距离较近，$B$ 相的温度将高于 $A$ 相和 $C$ 相，载流量应按 $B$ 相温度确定。考虑相间距离影响后的载流量可用式（4-5-20）～式（4-5-23）进行计算；也可以查看表 4-5-7，利用单片矩形汇流排的相间距离系数 $C_x$ 进行修正。根据表 4-5-3～表 4-5-5，查出单片汇流排的载流量 $I$，再由 $I_{xu} = C_x I$ 确定实际相间距情况下的载流量。

当环境温度改变时，实际的汇流排载流量还需要按式（4-5-24）进行修正。

当实际环境温度为 $\theta$ 时的载流量为

$$I'_{xu} = I_{xu}\sqrt{\frac{90-\theta}{40}} \qquad (4\text{-}5\text{-}24)$$

$I_{xu}$ 是环境温度为50℃、铜母排长期稳定运行允许的最高温度为90℃时的载流量。

2）两片矩形汇流排载流量计算

三相两片矩形汇流排的热平衡方程如下所示。

$A$ 相第一片导体单位长度的热平衡方程：

$$I_{a1}^2 r_m = \alpha_{d1}(h+2b)(T_{a1}-T_0) + \alpha_{d2}h(T_{a1}-T_0) + \varepsilon_{a1}(h+2b)\sigma(T_{a1}^4-T_0^4) + \varepsilon_s h\sigma(T_{a1}^4-T_{a2}^4) \qquad (4\text{-}5\text{-}25)$$

式中，$\alpha_{d1}$ 与 $\alpha_{d2}$ 分别为汇流排大空间自然对流换热系数和汇流排片间窄通道中的自然对流换热系数。

$A$ 相第二片矩形汇流排导体单位长度的热平衡方程：

$$I_{a2}^2 r_m = \alpha_{d1}(h+2b)(T_{a2}-T_0) + \alpha_{d2}h(T_{a2}-T_0) + \varepsilon_{a2}(h+2b)\sigma(T_{a2}^4-T_0^4) + \varepsilon_s h\sigma(T_{a2}^4-T_{a1}^4) + \frac{\sigma T_{a2}^4 - J_{a2}}{\dfrac{1-\varepsilon_{a2}}{\varepsilon_{a2}h}}$$

$$(4\text{-}5\text{-}26)$$

式中，$J_{a2}$ 为 $A$ 相第二片表面的有效辐射。

$B$ 相第一片导体单位长度的热平衡方程：

$$I_{b1}^2 r_m = \alpha_{d1}(h+2b)(T_{b1}-T_0) + \alpha_{d2}h(T_{b1}-T_0) + \varepsilon_{b1}(h+2b)\sigma(T_{b1}^4-T_0^4) + \frac{\sigma T_{b1}^4 - J_{b1}}{\dfrac{1-\varepsilon_{b1}}{\varepsilon_{b1}h}} \qquad (4\text{-}5\text{-}27)$$

式中，$J_{b1}$ 为 $B$ 相第一片表面的有效辐射。

当三相电流相等时，$B$ 相两片的温度相同，两片间的辐射换热为零。因此，当汇流排电流已知后，利用式（4-5-25）～式（4-5-27）可以求解 $T_{a1}$、$T_{a2}$ 和 $T_{b1}$，由于三方程中还有 $J_{a2}$ 和 $J_{b1}$ 两个未知量，需要建立另外两个方程，利用相间的辐射换热模型可得

$$\frac{\sigma T_{a2}^4 - J_{a2}}{\frac{1-\varepsilon_1}{\varepsilon_1 h}} + \frac{J_{b1} - J_{a2}}{\frac{1}{h\varphi_{12}}} + \frac{\sigma T_0^4 - J_{a2}}{\frac{1}{h(1-\varphi_{12})}} = 0 \qquad (4\text{-}5\text{-}28)$$

$$\frac{\sigma T_{b1}^4 - J_{b1}}{\frac{1-\varepsilon_2}{\varepsilon_2 h}} + \frac{J_{a2} - J_{b1}}{\frac{1}{h\varphi_{21}}} + \frac{\sigma T_0^4 - J_{b1}}{\frac{1}{h(1-\varphi_{21})}} = 0 \qquad (4\text{-}5\text{-}29)$$

式中，$\varphi_{12}$ 和 $\varphi_{21}$ 分别为 B 相第一片对 A 相第二片和 A 相第二片对 B 相第一片的角系数。由式（4-5-25）~式（4-5-29）可以解出 5 个未知数。根据 B 相汇流排的最高温度，由上述方程可以确定汇流排的载流量。

3）三片矩形汇流排和四片矩形汇流排载流量的计算

三片矩形汇流排与四片矩形汇流排载流量的计算方法和两片矩形汇流排载流量的计算方法相同。

表 4-5-6 为二片、三片和四片表面油漆汇流排载流量表，该数据是按环境温度 50℃、允许温升 40℃时计算得到的，相间距离大于 5 m，不考虑相间相互影响。

4）汇流排实际载流量的修正计算

当相间距离较小时，B 相的温度将高于 A 相和 C 相，载流量应按 B 相中温度最高片的温度确定。多片矩形汇流排实际载流量的计算应根据相间距、每相汇流排片数和实际环境温度进行修正。

考虑相间距离影响后的载流量可用式（4-5-25）~式（4-5-29）进行计算，也可以查看表 4-5-7，利用单片矩形汇流排相间距离系数 $C_x$ 进行修正。当考虑片数的影响进行修正时，首先根据表 4-5-6，查出多片矩形汇流排的载流量 $I$，再由 $I_{xu} = C_P C_x I$ 确定多片矩形汇流排实际相间距情况下的载流量。其中，$C_P$ 为片数修正系数，片数 $P=2$，$C_P=1.003$；片数 $P=3$，$C_P=1.066$；片数 $P=4$，$C_P=1.089$。

若环境温度发生变化，汇流排实际载流量的计算用式（4-5-24）进行修正。

表 4-5-6　多片表面油漆矩形汇流排的载流量　　　　　　　　（单位：A）

| 矩形汇流排截面尺寸 $(h \times b)$ / mm | 每相汇流排片数 | | |
|:---:|:---:|:---:|:---:|
| | 2 | 3 | 4 |
| 60×6 | 1500 | 1600 | 1860 |
| 60×8 | 1750 | 1920 | 2240 |
| 60×10 | 2000 | 2200 | 2600 |
| 80×6 | 1950 | 2070 | 2380 |
| 80×8 | 2300 | 2450 | 2840 |
| 80×10 | 2600 | 2800 | 3280 |
| 100×6 | 2400 | 2550 | 2890 |
| 100×8 | 2800 | 3000 | 3440 |
| 100×10 | 3200 | 3400 | 3950 |
| 120×10 | 3750 | 4000 | 4620 |
| 140×10 | 4300 | 4600 | 5280 |
| 160×10 | 4880 | 5200 | 5940 |

表 4-5-7　单片矩形汇流排相间距离系数 $C_x$

| 高 $h$/mm | 相邻两相汇流排相间距离 $a$/m | | | | | | | | | | |
|---|---|---|---|---|---|---|---|---|---|---|---|
| | 0.04 | 0.05 | 0.06 | 0.08 | 0.1 | 0.12 | 0.16 | 0.2 | 0.3 | 0.5 | 5 |
| 15 | 0.965 | 0.970 | 0.976 | 0.982 | 0.985 | 0.987 | 0.991 | 0.992 | 0.995 | 0.996 | 1.0 |
| 20 | 0.952 | 0.962 | 0.966 | 0.974 | 0.979 | 0.982 | 0.987 | 0.990 | 0.993 | 0.996 | 1.0 |
| 25 | 0.938 | 0.949 | 0.956 | 0.966 | 0.973 | 0.977 | 0.983 | 0.987 | 0.990 | 0.995 | 1.0 |
| 30 | 0.923 | 0.937 | 0.945 | 0.958 | 0.966 | 0.972 | 0.979 | 0.983 | 0.989 | 0.994 | 1.0 |
| 40 | 0.899 | 0.915 | 0.925 | 0.941 | 0.952 | 0.960 | 0.970 | 0.976 | 0.984 | 0.990 | 1.0 |
| 50 | 0.876 | 0.893 | 0.905 | 0.925 | 0.939 | 0.949 | 0.961 | 0.969 | 0.979 | 0.988 | 1.0 |
| 60 | 0.854 | 0.875 | 0.889 | 0.911 | 0.927 | 0.938 | 0.952 | 0.962 | 0.975 | 0.986 | 1.0 |
| 80 | 0.822 | 0.842 | 0.858 | 0.883 | 0.901 | 0.914 | 0.933 | 0.945 | 0.963 | 0.977 | 1.0 |
| 100 | 0.799 | 0.820 | 0.836 | 0.862 | 0.881 | 0.897 | 0.918 | 0.935 | 0.955 | 0.974 | 1.0 |
| 120 | 0.783 | 0.801 | 0.817 | 0.844 | 0.864 | 0.880 | 0.906 | 0.921 | 0.947 | 0.969 | 1.0 |
| 160 | 0.757 | 0.774 | 0.787 | 0.813 | 0.834 | 0.850 | 0.877 | 0.898 | 0.928 | 0.958 | 1.0 |

## 三、舰船电力系统汇流排电动力稳定校验

电动力稳定性是指汇流排导体在短路电动力作用下不发生失稳或变形、不被破坏的能力。设计选择汇流排时，必须进行电动力稳定校验。

### 1. 校验要求

汇流排的电动力稳定校验要求汇流排在短路持续时间内能够承受因短路电流而产生的巨大电动应力的作用，以及在自振频率上满足机械共振的稳定条件。

（1）汇流排导体最大短路应力 $\sigma$ 应小于或等于导体材料的允许应力 $\sigma_{xu}$，即 $\sigma \leqslant \sigma_{xu}$；

（2）绝缘子支持点最大反力（弯曲力）$R$ 应小于或等于绝缘子的允许载荷 $P_{xu}$ 或 $P'_{xu}$，即 $R \leqslant P_{xu}$（受拉伸载荷时）或 $R \leqslant P'_{xu}$（受弯曲载荷时）。

### 2. 校验计算

汇流排电动力稳定校验要求可以转化成计算以下四点：

（1）计算短路电流通过硬汇流排时产生的最大电动力；

（2）计算由机械强度确定的汇流排绝缘子最大允许跨距；

（3）计算由机械共振条件确定的汇流排绝缘子最大允许跨距；

（4）计算绝缘子支持点的最大反力（弯曲力）。

本节的校验计算是针对三相（多片）矩形水平立放（平放）汇流排系统的，如图 4-5-2 所示。当发生三相短路且流过短路冲击电流时，中相汇流排相间短路电动力效应最大；当每相主汇流排由多片子汇流排组成时，中相主汇流排所受相间短路电动力效应与中相边片子汇流排所受片间短路电动力效应之和最大，故以这两种情况校验汇流排导体的短路电动力稳定性。

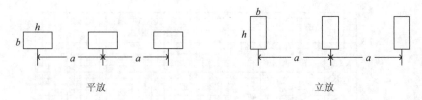

平放　　　　　　　　　　　　立放

图 4-5-2　三相矩形汇流排水平布置

1）计算短路电流通过硬汇流排时产生的最大相间电动力

单位长度汇流排所受到的最大短路电动力 (N/m) 的计算方法如下：

（1）单片矩形汇流排。单片矩形汇流排系统只需计算中相汇流排最大相间电动力，计算公式为

$$F_m = \frac{\sqrt{3}Ki_{sh}^2}{a} \times 10^{-7} \qquad (4\text{-}5\text{-}30)$$

式中，$K$ 为矩形汇流排片间形状系数，可以查看图 4-5-3；$i_{sh}$ 为汇流排三相短路冲击电流 (A)；$a$ 为相邻两相汇流排的相间中心距离 (m)。

（2）多片矩形汇流排。最大电动力包括中相主汇流排所受相间短路电动力 $F_m$ 和中相边片子汇流排所受片间短路电动力 $F_s$。相间短路电动力的计算同式（4-5-30）；片间短路电动力计算公式如下：

每相由两片子汇流排组成时，$\quad F_s = K_{12}i_{sh}^2 \times 10^{-7} / 4b \qquad (4\text{-}5\text{-}30a)$

每相由三片子汇流排组成时，$\quad F_s = (2K_{12} + K_{13})i_{sh}^2 \times 10^{-7} / 18b \qquad (4\text{-}5\text{-}30b)$

每相由四片子汇流排组成时，$\quad F_s = (6K_{12} + 3K_{13} + 2K_{14})i_{sh}^2 \times 10^{-7} / 96b \qquad (4\text{-}5\text{-}30c)$

$K_{12}$、$K_{13}$、$K_{14}$ 分别为边片子汇流排与其他子汇流排的片间形状系数，如图 4-5-3 所示。

2）计算由机械强度确定的汇流排绝缘子最大允许跨距

短路电流通过硬汇流排产生的应力 $\sigma(\text{Pa})$ 定义为

$$\sigma = \frac{M}{W} \qquad (4\text{-}5\text{-}31)$$

式中，$M$ 为短路电流在硬汇流排上产生的力矩（或弯矩）（N·m）；$W$ 为汇流排截面与电动力方向相垂直轴的截面系数（m³）。

（1）单片矩形汇流排。力矩 $M$ 与三相汇流排布置的具体结构有关，当汇流排跨数 ≤2 时，$M = F_m l^2 / 8$，当汇流排跨数 >2 时，$M = F_m l^2 / 10$。$l$ 为汇流排绝缘子的跨距；$W$ 为汇流排的截面系数，对于水平平放汇流排，$W = bh^2 / 6$，对于水平立放汇流排，$W = b^2 h / 6$。

导体材料的最大允许应力，硬铜为 $\sigma_{xu} = 140\text{ MPa}$，硬铝 $\sigma_{xu} = 70\text{ MPa}$。

当计算结果不能满足 $\sigma_m \leqslant \sigma_{xu}$ 时，可以采取下列措施：①减小跨距 $l$；②增大汇流排的相间距离 $a$；③增大汇流排的截面积 $S = bh$。

为了便于计算和施工，可以根据材料的最大允许应力来确定汇流排的最大允许跨距 $l_{\max}$：

$$l_{\max} = \sqrt{8\sigma_{xu}W / F_m} \quad （汇流排跨数 \leqslant 2） \qquad (4\text{-}5\text{-}32a)$$

或

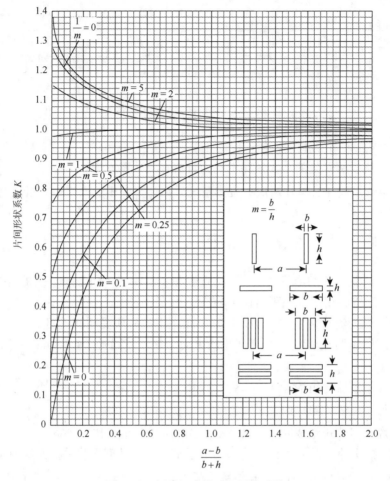

图 4-5-3  矩形汇流排片间形状系数

$$l_{\max} = \sqrt{10\sigma_{xu}W / F_m} \quad (汇流排跨数 > 2) \tag{4-5-32b}$$

若取 $l \leqslant l_{\max}$，则满足动稳定要求。

（2）多片矩形汇流排。汇流排最大短路电动应力由主汇流排相间应力 $\sigma_m$ 和同相子汇流排片间应力 $\sigma_s$ 叠加而成，即

$$\sigma_{\max} = \sigma_m + \sigma_s \tag{4-5-33}$$

式中，相间应力 $\sigma_m$ 仍用式（4-5-31）进行计算，但 $W$ 应为多片矩形汇流排导体的截面系数。对于水平平放的每相多片矩形汇流排系统，$W = n \cdot b^2 h / 6$，$n$ 为子汇流排片数；对于水平立放的每相多片矩形汇流排系统，$W_2 = 1.44\, b^2 h$，$W_3 = 3.3\, b^2 h$，$W_4 = 5.81\, b^2 h$。

$W_2$、$W_3$、$W_4$ 是每相子汇流排分别为 2 片、3 片、4 片时的多片矩形汇流排截面系数。

边片子汇流排导体所受弯矩 $M_s$ 可按两端固定的匀载荷梁进行计算：

$$M_s = F_s l_s^2 / 12 \tag{4-5-34}$$

式中，$F_s$ 为单位长度汇流排导体所受的片间电动应力（N/m）；$l_s$ 为片间衬垫跨距（m）。

片间作用应力为

$$\sigma_s = M_s / W_s = F_s l_s^2 / 12 W_s \tag{4-5-35}$$

$W_s$ 为单片矩形汇流排截面垂直于电动力方向轴的截面系数。若多片矩形汇流排的最大应力 $\sigma_{\max} = \sigma_m + \sigma_s \leqslant \sigma_{xu}$，则汇流排满足电动力稳定要求。取 $l_{\max} = l_{s\max}$，并按材料的最大允许应力来确定多片矩形汇流排绝缘子的最大允许跨距。也可以根据片间允许应力 $\sigma_{sxu}$（其值为 $\sigma_{xu} - \sigma_m$）来确定最大允许衬垫跨距 $l_{s\max}$：

$$l_{s\max} = \sqrt{12\sigma_{sxu}W_s / F_s} \tag{4-5-36}$$

若取 $l_s \leqslant l_{s\max}$，则汇流排满足动稳定要求。

（3）计算由机械共振条件确定的汇流排绝缘子最大允许跨距。为了避免共振产生的巨大电动力破坏，应计算汇流排的固有振动频率，使其分布在可能的共振频率范围以外，实在无法避免时，应进行相关修正。

①计算汇流排的固有振动频率。在考虑汇流排作为单自由度的振动系统中，可以将汇流排系统视为两端固定的超静定直梁，对三相无自动重闭的矩形汇流排系统，汇流排固有振动频率 $f_c$(Hz) 的计算公式如下所示。

单片矩形汇流排系统：

$$f_c = \frac{\gamma}{l^2}\sqrt{\frac{EJ}{m'}} \tag{4-5-37a}$$

多片矩形汇流排系统主汇流排：

$$f_c = \frac{\gamma}{l^2}\sqrt{\frac{EJ_s}{m'_s}} \tag{4-5-37b}$$

多片矩形汇流排系统子汇流排：

$$f_{cs} = \frac{3.56}{l_s^2}\sqrt{\frac{EJ_s}{m'_s}} \tag{4-5-37c}$$

式中，$\gamma$ 为频率系数，与绝缘子支持点的类型和数量有关，见表 4-5-8；$E$ 为汇流排材料的弹性模量，汇流排为 $73.5 \sim 127\,\text{GN/m}^2$；$J$ 为汇流排导体截面积的惯性矩（$m^4$）；$J_s$ 为单片矩形汇流排截面积的惯性矩（$m^4$）；$m'$ 为单位长度汇流排导体的质量（kg/m）；$m'_s$ 为单位长度单片矩形汇流排的质量（kg/m）；$l$ 为汇流排绝缘子的跨距（m）。

表 4-5-8　频率系数 $\gamma$ 值

| 固支 1 跨 | 简支 1 跨 | 简支 2 跨 | 简支 3 跨 | 简支 4 跨 | 简支 5 跨 | 简支 6 跨 | 简支 7 跨 | 简支 8 跨 |
|---|---|---|---|---|---|---|---|---|
| 3.56 | 1.57 | 2.45 | 2.95 | 3.16 | 3.30 | 3.34 | 3.42 | 3.56 |

②计算汇流排系统避免共振的最大允许跨距。最大共振幅值发生在 100 Hz 处，考虑到汇流排系统的振动阻尼，应将汇流排的自振频率限制在 100 Hz 以上。由于短路电动力的频谱均分布于 160 Hz 以下，在工程中可以将 155 Hz 作为汇流排自振频率的下限，计算机械共振条件下汇流排绝缘子的最大允许跨距。

单片矩形汇流排系统汇流排绝缘子的最大允许跨距：

$$l_{0\max} = \sqrt{\frac{\gamma}{155}} \cdot \sqrt[4]{\frac{EJ}{m'}} \tag{4-5-38a}$$

多片矩形汇流排系统的主汇流排最大允许跨距 $l_{0\max}$ 和子汇流排衬垫最大允许跨距 $l_{0s\max}$ 计算公式为

$$l_{0\max} = \sqrt{\frac{\gamma}{155}} \cdot \sqrt[4]{\frac{EJ_s}{m'_s}} \qquad (4\text{-}5\text{-}38b)$$

$$l_{0s\max} = \sqrt{\frac{3.56}{155}} \cdot \sqrt[4]{\frac{EJ_s}{m'_s}} \qquad (4\text{-}5\text{-}38c)$$

所以，设计、选择、校验汇流排时，汇流排跨距应满足以下条件：主汇流排跨距 $l \leq l_{\max}$ 且 $l \leq l_{0\max}$；子汇流排衬垫 $l_s \leq l_{s\max}$ 且 $l_s \leq l_{0s\max}$。

额定电压为 0.4 kV 的变、配电系统中汇流排绝缘子支持点的跨距应不大于 0.9 m，若跨距大于 0.9 m 且无法加设支持点，应加设汇流排绝缘夹板。

（4）计算绝缘子支持点的最大反力（弯曲力）

①计算绝缘子允许载荷。支持绝缘子的机械强度安全系数，短路校验时不应低于 1.67。当绝缘子顶部的破坏载荷为 $P$ 时，拉伸允许载荷为

$$P_{xu} = P / 1.67 \qquad (4\text{-}5\text{-}39a)$$

当校验抗弯强度时，应将其顶部的允许载荷换算至汇流排作用力中心的位置上，即

$$P'_{xu} = PH_w / (1.67 H'_w) \qquad (4\text{-}5\text{-}39b)$$

式中，$P$ 为绝缘子顶部的破坏载荷；$H_w$ 与 $H'_w$ 分别为绝缘子危险截面至顶部和汇流排轴心的距离。

②计算绝缘子支持点最大反力（弯曲力）。汇流排绝缘子支持点最大反力（弯曲力）为

$$R = \alpha V_F F_m \qquad (4\text{-}5\text{-}40)$$

式中，$\alpha$ 为支持点反力（弯曲力）系数，$V_F$ 为支持点动态应力与静态应力之比。

$\alpha$ 系数表见表 4-5-9。

表 4-5-9　$\alpha$ 系数表

| 固支 1 跨 | 简支 1 跨 | 简支 2 跨 | 简支 3 跨及以上 |
|---|---|---|---|
| 0.5 | 0.5 | 1.25 | 1.1 |

三相短路时，$V_F$ 值见表 4-5-10。

表 4-5-10　$V_F$ 值

| $f_c / f$ | $V_F$ |
|---|---|
| < 0.04 | $0.232 + 3.52e^{-1.45\kappa} + 0.166\lg(f_c / f)$ |
| 0.04~0.8 | 取 $V_{F_1}$ 和 $V_{F_2}$ 的最大值<br>$V_{F_1} = 0.839 + 3.52e^{-1.45\kappa} + 0.6\lg(f_c / f)$<br>$V_{F_2} = 2.38 + 6.00\lg(f_c / f)$ |
| 0.8~1.2 | 1.8 |

续表

| $f_c / f$ | $V_F$ |
|---|---|
| 1.2～1.6 | $1.23 + 7.2\lg(f_c / f)$ |
| 1.6～2.4 | 2.7 |
| 2.4～3.0 | $8.59 - 15.5\lg(f_c / f)$ |
| 3.0～6.0 | $1.50 - 0.646\lg(f_c / f)$ |
| >6.0 | 1.0 |

$f$ 为系统频率（Hz）；$\kappa$ 为短路电流冲击系数，若 $\kappa \geqslant 1.6$，则表 4-5-10 中取 $\kappa = 1.6$；$f_c$ 为汇流排固有振动频率，按式（4-5-37a）和式（4-5-37b）计算。

**3. 矩形汇流排短路热稳定校验**

热稳定性是指在短路持续时间内汇流排导体承受短路电流产生的热效应而不致损坏的能力。当设计选择汇流排时，必须进行热稳定性校验。

1）校验要求

汇流排的热稳定性校验要求汇流排系统在短路时的最高温度不能超过汇流排导体允许的最高温度，铜质汇流排允许的最高温度为300℃，铝质汇流排允许的最高温度为200℃。汇流排导体的截面积大于满足热稳定性要求的最小截面积，即 $S > S_M$。

2）校验计算

汇流排短路热稳定计算按绝热过程进行考虑，在短路过程中汇流排导体的发热量等于导体温度升高所吸收的热量。由于导体温度上升得很高，所以导体的电阻率和比热是随温度而变化的，短路电流的变化规律也很复杂，故很难直接计算出短路热效应导致的温升。所以，当短路热稳定校验时，可以用汇流排导体材料的最高允许温度来计算其满足短路热稳定要求所需的最小截面积 $S_M$，再判断所选汇流排截面积是否大于最小截面积。若不满足，则要增大汇流排导体的截面尺寸。

最小允许截面积 $S_M$ 定义为

$$S_M = \frac{\sqrt{Q_d}}{C} \tag{4-5-41}$$

式中，$C$ 为发生短路时汇流排的温度热稳定系数（$A \cdot s^{1/2}/mm^2$），不同工作温度下的热稳定系数 $C$ 值见表 4-5-11。

$Q_d$ 为总的短路电流热效应（$A^2 \cdot S$），近似等于短路电流周期分量热效应与短路电流非周期分量热效应之和，即

$$Q_d = Q_{dd} + Q_{da} \tag{4-5-42}$$

$Q_{dd}$ 为短路电流周期分量热效应：

$$Q_{dd} \approx \frac{I''^2 + 10I_{d,t_d/2}^2 + I_{d,t_d}^2}{12} t_d \tag{4-5-43}$$

$Q_{da}$ 为短路电流非周期分量热效应：

$$Q_{da} \approx (1 - e^{-2t_d/T_a}) T_a I''^2 \tag{4-5-44}$$

式中，$I''$ 为初瞬间短路电流周期分量有效值（A）；$I_{d,t_d/2}$ 为 $t_d/2$ 时刻短路电流周期分量有效值（A）；$I_{d,t_d}$ 为 $t_d$ 时刻短路电流周期分量有效值（A）；$T_a$ 为短路电流非周期分量衰减时间常数（s）；$t_d$ 为短路电流持续时间，等于继电保护时间与相应的断路器全分闸时间之和（s）。

为了简化计算，有时可取 $I_{d,t_d} = I_{d,t_d/2} = I''$ 进行校验，但此时计算得到的最小截面积比实际值偏大。

**表 4-5-11　不同工作温度下的热稳定系数 $C$ 值**

| $\theta/℃$ | 50 | 55 | 60 | 65 | 70 | 75 | 80 | 85 | 90 |
|---|---|---|---|---|---|---|---|---|---|
| 铝裸导体 | 96 | 94 | 92 | 90 | 88 | 86 | 84 | 82 | 80 |
| 铜裸导体 | 182 | 180 | 177 | 175 | 172 | 170 | 168 | 165 | 163 |

# 本 章 小 结

舰船短路电流计算是舰船电力系统继电保护设计的基础，舰船电力系统短路电流通常依据国家军用标准相关规定进行计算，主要核算最大短路电流有效值、最大短路电流峰值、最小短路电流及短路电流功率因数等参数。

# 练 习 题

1. 在舰船电力系统设计中，为什么要做短路电流计算。
2. 舰船交流电力系统在短路电流计算方面有哪些特点。
3. 舰船交流电力系统短路电流常用的计算方法有哪些。
4. 计算舰船交流电力系统短路电流时，如何确定其计算电路和阻抗。
5. 短路电流计算中需要计算哪些相关的电流值？它们各用在哪些方面。
6. 如何计算汇流排附近短路时的短路电流。
7. 如何计算汇流排外馈线处短路时的短路电流。
8. 试计算本章所给计算实例中，当后电站 $F_7$ 点短路时，流经 10 CB 的最大短路电流和功率因数，并与已给结果相对照。
9. 已知某船主配电板母线选用 $8 \times 100 \ \text{mm}^2$ 的截面积，支架数为 9 个，支架间最大跨距为 2 m，三相母线直立放置，母线间距离为 100 mm，计算得到的短路峰值为 36.7 kA，试校验母线的电动力稳定性。

# 第五章

## 舰船用电缆的计算与选型

舰船电力网络是由舰船用电缆连接而成的。根据各部分网络的工作条件选择舰船用电缆型号和截面是电力系统设计的内容之一。

舰船用电缆型号是根据网络的种类（电力网络、弱电流网络等）、敷设位置（有无机械外力作用、有无油类浸蚀等）和工作特点（固定敷设或供电给移动用电设备，是否屏蔽等）等因素选定的。

舰船用电缆的型号选定后，主要的任务就是选择舰船用电缆的截面。本章除了介绍舰船用电缆的一般性能，将重点讨论舰船网络中选择舰船用电缆截面的方法问题。

# 第一节　舰船用电缆和电线

随着电气化现代化程度的提高，舰船上所需要的电缆电线品种和数量越来越多；同时由于电缆电线的使用要受到舰船环境条件等许多因素的影响，存在着如何选择舰船用电缆电线的问题。

## 一、舰船用电缆的工作特点

舰船在航行中，舰体的振动及战斗中出现的强烈冲击振动都可能造成舰船用电缆和电线的机械损伤。舰船舱室内空气潮湿且含有盐分，部分舱室内还有油、海水对舰船用电缆电线的浸蚀。舰船一些舱室内温度很高，由于舰船用电缆和电线大多是成束敷设的，散热件条件不好，加速了舰船用电缆和电线的绝缘老化。在战斗中，如舱室进水，舰船用电缆和电线还可能被浸淹。

舰船用电缆和电线绝缘若受到破坏，可能造成严重的后果。一般舰船均为金属舰体，舰船用电缆和电线敷设在金属舰体或构件上，若发生接地，接地电阻往往很小，因而可能造成严重的短路故障。此外，舰船上舰员多，无论在平时还是战时，舰员活动频繁，而舰船用电缆和电线遍布各个舱室，舱室空间又狭小，因此舰船用电缆和电线绝缘性能直接影响到舰员的安全。

在现代的舰船上，舰船用电缆和电线的用量是很大的，对整个电力系统的重量、尺寸和造价有很大的影响。所以，正确地选用舰船的电缆和电线是很重要的。

## 二、舰船用电缆和电线的结构

舰船用电缆和电线一般由导电的线芯、绝缘层和保护层组成。常见舰船用电缆的结构如图 5-1-1 所示。

舰船用电缆和电线一般采用铜作导体。我国目前生产的舰船用电缆和电线导体是由镀锡铜丝组成的。线芯数量有单芯、双芯、三芯和多芯等。绝缘层包覆在导电线芯外，用于隔离线芯和保护层。保护层覆盖在带有绝缘层的线芯外面，用于保护绝缘层。它包括护套、铠装及外护套等。护套一般具有耐潮、耐油、耐燃烧及耐热老化等船用要求的特点。目前电缆铠装型式主要采用镀锌钢丝（在特殊情况下采用镀锡铜丝）编织工艺，铠装无外套时称为裸金属铠装，为了不使裸露金属丝腐蚀，可在其外面包覆聚氯乙烯外护套。铠装电缆主要用于防止机械损伤。

舰船用电缆和电线的主要区别为保护层的坚固程度。外部有坚韧保护层的称为舰船用电缆，外部带有轻软保护层的称为舰船用电线。

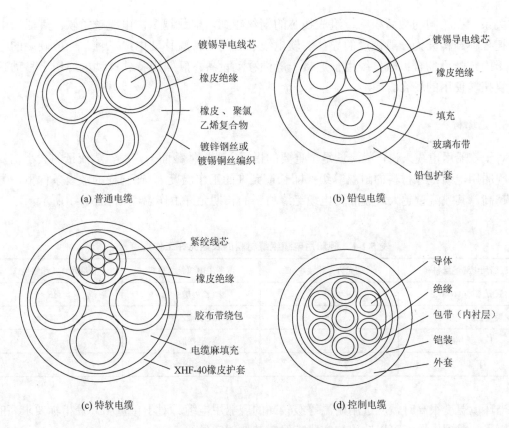

图 5-1-1　常见舰船用电缆的结构

## 三、舰船用电缆的特性

按用途来划分，舰船用电缆分电力电缆、控制电缆、通信电缆和高压电缆。

### 1. 舰船用电缆的电压等级

我国目前使用的舰船用电力电缆的额定电压有三种：交流 500 V、直流 1000 V；0.44/0.75 kV；0.6/1 kV。《船舶电气装置 控制和仪器回路用 150/250 V（300 V）电缆》（GB/T 9332—2008）规定舰船用控制电缆的额定电压为交流 250 V。舰船用电力电缆的多芯（4 芯以上）电缆，截面积为 1 mm²、1.5 mm² 和 2.5 mm²，额定电压分别为交流 500 V 或直流 1000 V、交流 0.44/0.75 kV 及交流 0.6/1 kV，均可以用于相应电压等级的控制电路中。舰船用通信电缆的额定电压为交流 250 V。根据《额定电压 1 kV 和 3 kV 单芯和多芯挤出绝缘非分相屏蔽电力电缆》（IEC 60092-353：2011）规定，舰船用电缆直流额定电压为交流额定电压的 1.5 倍。如将交流 0.6/1 kV 的舰船用电缆用于直流电路中，可以承受额定直流 900/1500 V 电压。

### 2. 舰船用电缆的弯曲性能

舰船用电缆的软硬程度（或弯曲性能）除与绝缘、护套材料有关外，还与导体结构有很大的关系，在相同的截面积下，组成线芯的铜丝越细，根数越多，电缆越柔软。舰船用电缆标准把导体结构分为一般硬度的导体、软电缆和舰船用特软移动电缆三种。一般硬度的导体适用于固定敷设场合；软电缆用于连接一般性移动设备；舰船用特软移动电缆用于移动频繁或重复扭转使用的场合。

### 3. 绝缘材料

对于舰船用电缆来说，载流量是个重要的指标。当导体截面一定时，载流量的大小主要取决于舰船用电缆绝缘材料的耐温等级（即长期允许的工作温度）。在同样的敷设条件下，耐温等级越高，其载流量越大。舰船用电缆绝缘材料的长期允许工作温度如表 5-1-1 所示。

**表 5-1-1　舰船用电缆绝缘材料的长期允许工作温度**

| 舰船用电缆绝缘材料 | 长期允许工作温度/℃ | 舰船用电缆绝缘材料 | 长期允许工作温度/℃ |
|---|---|---|---|
| 聚氯乙烯（60℃） | 60 | 乙丙橡胶 | 85 |
| 聚氯乙烯（75℃） | 75 | 交联聚乙烯 | 85 |
| 丁苯-天然橡胶 | 70 | 硅橡胶 | 95 |
| 丁基橡胶 | 80 | 矿物绝缘 | 95 |

当环境温度很高时，应选用耐温等级较高的舰船用电缆。对于重量和外径指标要求高的，如快艇用舰船用电缆，可以选用航空腊克线或其他航空导线。

乙丙橡胶绝缘电缆是目前较为理想的舰船用电缆。它不但耐温等级高、载流量大，而且电性能好，但价格较高。

丁苯-天然橡胶绝缘电缆在我国已有多年的生产使用的经验，价格便宜，但耐温等级偏低。

聚氯乙烯绝缘电缆的电气和机械性能都比较好，制造成缆的工艺简单，价格低。缺点是其受温度变化影响较大，当发生短路或局部受到高温作用时容易软化变形甚至熔化。当温度低时（如低于−15℃）还容易变硬、发脆甚至开裂。

用于军用舰船的电缆绝缘材料有交联聚乙烯、乙丙橡胶、硅橡胶和矿物绝缘。若采用其他绝缘材料要经过军检或订购方的同意。

### 4. 船用电缆护层

船用电缆的护套一般具有耐潮、耐油、耐燃烧及耐热老化等特点。目前舰船用电缆使用的护套材料有聚氯乙烯塑料、氯丁橡皮和氯磺化聚乙烯，在特殊场合仍使用铅护套。

聚氯乙烯的耐油、耐化学性能好，机械强度高、重量轻、工艺简单、价格便宜，故近年来已获得广泛的应用。但由于它是热塑性材料，物态受温度变化影响大，所以不宜用于冷藏舱和高温场所。

氯丁橡胶和氯磺化聚乙烯都属热固性材料，其物态不受温度的影响，可以在低温冷藏舱和高温等场所使用，而且柔软性、弹性比聚氯乙烯要好。这两种材料都具有一定的耐油性，但比聚氯乙烯差，一般只用于接触油类较少的场所。氯丁橡胶和氯磺化聚乙烯相比较，前者耐水性好，适用于长期浸水使用，后者则更富弹性，宜于移动使用。

铅护套的耐油、耐水、耐温度变化，屏蔽性能最好，但弯曲性能差，价格昂贵，故一般适用于长期浸在油中或水中等特殊场合。

## 四、舰船用电缆产品命名和代号

根据船用电缆的国家标准《船舶电气装置额定电压 1 kV 和 3 kV 挤包绝缘非径向电场单芯和多芯电力电缆》（GB/T 9331—2008）的规定，额定电压 1/3 kV 及以下船用电力电缆和电线采用的代号及命名方法如下所示。

### 1. 代号

代号分为系列代号、绝缘代号、护层代号和特性代号。

1）系列代号

船用电力电缆·······················································································C

船用电线·························································································CB

2）绝缘代号

乙丙橡胶·······················································································E

交联聚乙烯或交联聚烯烃·······························································J

硅橡胶·······························································································G

聚氯乙烯·······················································································V

3）护层代号

内护套、铠装和外护套的代号如表 5-1-2 所示。

**表 5-1-2　内护套、铠装和外护套的代号**

| 代号 | 内护套 | 代号 | 铠装 | 代号 | 外护套 |
|------|--------|------|------|------|--------|
| F | 氯丁橡胶 | 2 | | 0 | |
| H | 氯磺化聚乙烯或氯化聚乙烯 | 3 | 细圆钢丝 | 2 | 聚氯乙烯 |
| V | 聚氯乙烯 | 0 | | 3 | 聚乙烯或聚烯烃 |
| Y | 聚乙烯或聚烯烃 | 8 | 铜丝编织 | 4 | 交联聚乙烯或弹性体 |
| YJ | 交联聚乙烯或交联聚烯烃 | 9 | 钢丝编织 | | |

4）特性代号

软（电缆）·······················································································R

水密式（电缆）···············································································M

火焰条件下的燃烧特性如表 5-1-3 所示。

表 5-1-3　火焰条件下的燃烧特性

| 代号 | 定义 | 代号 | 定义 |
|---|---|---|---|
| Z | 单根燃烧 | U | 低毒 |
| W | 无卤 | N | 单纯供火的耐火 |
| D | 低烟 | | |

## 2. 产品命名方法

舰船用电缆产品的型号、规格的表示方法如图 5-1-2 所示。

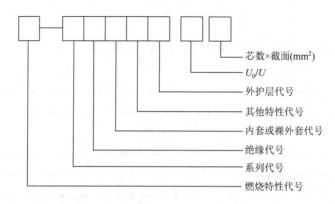

芯数×截面(mm²)

$U_0/U$

外护层代号

其他特性代号

内套或裸外套代号

绝缘代号

系列代号

燃烧特性代号

图 5-1-2　舰船用电缆产品的型号、规格的表示方法

在上述代号中，未列入丁基橡胶的绝缘代号。按照旧代号和命名方法，舰船用丁基橡胶绝缘电力电缆的型号、名称和应用范围如表 5-1-4 所示。

表 5-1-4　舰船用丁基橡胶绝缘电力电缆的型号、名称和应用范围

| 型号 | 名称 | 应用范围 |
|---|---|---|
| CXDHF | 舰船用丁基绝缘氯丁护套电缆 | 固定敷设用，避免接触油类 |
| CXDHF31 | 舰船用丁基绝缘氯丁护套镀锌钢丝编织电缆 | 同 CXDHF |
| CXDHF32 | 舰船用丁基绝缘氯丁护套镀锡铜丝编织电缆 | 同 CXDHF，要求屏蔽 |
| CXDHFR | 舰船用丁基绝缘氯丁护套软电缆 | 连接移动式电气设备，避免接触油类 |
| CXDHY | 舰船用丁基绝缘丁腈聚乙烯复合物护套电缆 | 固定敷设用，能接触油类，避免日光直接照射 |
| CXDHY31 | 舰船用丁基绝缘丁腈聚氯乙烯复合物护套镀锌钢丝编织电缆 | 同 CXDHY |
| CXDHY32 | 舰船用丁基绝缘丁腈聚氯乙烯复合物护套镀锡铜丝编织电缆 | 同 CXDHY，要求屏蔽 |
| CXDHYR | 舰船用丁基绝缘丁腈聚氯乙烯复合物护套软电缆 | 连接移动式电气设备，能接触油类，避免日光直接照射 |
| CXDV | 舰船用丁基绝缘聚氯乙烯护套电缆 | 固定敷设，能接触油类 |

## 第二节　舰船用电缆截面的确定

由于电缆、电线的导体具有电阻，其对于交流电流还存在电抗，当导体中流过电流时，会产生热量，并在电源和供电设备之间产生电压差。

### 一、舰船用电缆载流量表

当舰船用电缆中流过工作电流时，在导体电阻上产生功率损失，这部分损失全部变成了热量。它降低了系统效率，更重要的是引起导电线芯的温度升高。当导体的温度高于环境温度时，舰船用电缆将向周围散热。导体温度越高，散热越快，当发热量与散热量相等时，导体温度将不再上升，舰船用电缆的发热达到热稳定状态，此时导体的温度升高值称为稳定温升。

将45℃作为环境空气温度的标准值，一般适用于航行在任何气候条件下的各种类型船舶。表 5-2-1 为不同绝缘材料的船用电缆载流量。

**表 5-2-1　不同绝缘材料的船用电缆载流量**

| 导体标称截面/mm² | 乙丙橡胶或交联聚乙烯绝缘材料 | | | 硅橡胶或矿物绝缘材料 | | |
|---|---|---|---|---|---|---|
| | 单芯 | 双芯 | 三芯或四芯 | 单芯 | 双芯 | 三芯或四芯 |
| 1 | 16 | 13.6 | 11.2 | 20 | 17 | 14 |
| 1.5 | 20 | 17 | 14 | 24 | 20.4 | 16.8 |
| 2.5 | 28 | 23.8 | 19.6 | 32 | 27.2 | 22.4 |
| 4 | 38 | 32.3 | 26.6 | 42 | 35.7 | 29.4 |
| 6 | 48 | 40.8 | 33.6 | 55 | 46.75 | 38.5 |
| 10 | 67 | 56.95 | 46.9 | 75 | 63.75 | 52.5 |
| 16 | 90 | 76.5 | 63 | 100 | 85 | 70 |
| 25 | 120 | 102 | 84 | 135 | 114.75 | 94.5 |
| 35 | 145 | 123.25 | 101.5 | 165 | 140.25 | 115.5 |
| 50 | 180 | 153 | 126 | 200 | 170 | 140 |
| 70 | 225 | 191.25 | 157.5 | 255 | 216.75 | 178.5 |
| 95 | 275 | 233.75 | 192.5 | 310 | 263.5 | 217 |
| 120 | 320 | 272 | 224 | 360 | 306 | 252 |
| 150 | 365 | 310.25 | 255.5 | 410 | 348.5 | 287 |
| 185 | 415 | 352.75 | 290.5 | 470 | 399.5 | 329 |
| 240 | 490 | 416.5 | 343 | — | — | — |
| 300 | 560 | 476 | 392 | — | — | — |

注：①每个导体标称截面 $A$（mm²）的载流量 $I$（A）可以用以下公式计算：

$$I = \alpha \cdot A^{0.525}$$

式中，$\alpha$ 为导体最高允许工作温度系数。

②当矿物绝缘电缆安装的位置在使用中手可能触及铜护套时，第 6 栏中（三芯或四芯）所示的载流量应乘以修正系数 0.7 以使铜护套的温度不超过 70℃。

表 5-2-1 适用条件为单根敷设长期工作制，环境温度为 45℃；长期工作制指大于临界持续时间。

## 二、网络工作电流的确定

要根据绝缘电缆的载流量表选择导体标称截面，首先应确定各段的网络工作电流。

### 1. 基本网络的工作电流

基本网络包括发电机至主配电板的连接电缆、主配电板之间（电站之间）的跨接线和岸电馈线。

自发电机至主配电板的连接电缆，该电缆应能够长期输送发电机的全部额定电流。

$$I_{ef} = \frac{P_e}{U_e} \times 10^3 \ \text{（A）}$$

三相交流发电机的额定电流按下式进行计算：

$$I_{ef} = \frac{P_e}{\sqrt{3}U_e \cos\varphi_e} \times 10^3 \ \text{（A）}$$

式中，$P_e$ 为发电机额定功率（kW）；$U_e$ 为发电机额定电压（V）；$\cos\varphi_e$ 为发电机额定功率因数。

主配电板之间的跨接线的输送电流按以下两种情况确定：

（1）如果电站是等功率的，那么按电站功率的一半计算输送电流；

（2）如果电站是不等功率的，那么按电站间供电的个体情况而定，没有固定的计算法则。

岸电馈线通常用于舰船停靠码头时由岸上向舰船进行供电。其馈线传输功率可以按照发电机负荷表中停泊状态消耗功率加上每日机械检试所需功率进行计算。由舰船向岸上或其他舰船供电时，一般起动一台大功率的内燃动力发电机，岸电馈线的输电容量应按发电机的容量减去该舰停泊用电量的余额进行计算。

### 2. 配电网络工作电流的确定

#### 1）直流配电网络

供电给单个直流电动机的馈线，工作电流按下式进行计算：

$$I_{gd} = \frac{K_{fd}P_e}{\eta U_e} \times 10^3 \ \text{（A）}$$

式中，$U_e$ 为电动机额定电压（V）；$P_e$ 为电动机额定功率（kW）；$K_{fd}$ 为电动机负荷系数；$\eta$ 为在该负载程度下电动机的效率（%）。

在确定供电给分配电板馈线的工作电流时应考虑下列三点：

第一，保证该馈线可能经历的最大负载状态时的长时供电；

第二，负荷系数和同时系数；

第三，分配电板的备用供电量。

每一个分配电板在舰船不同的工作状态下，它的负载情况是不同的，所以应该选择某一个工作状态，该工作状态对该分配电板来说负载是最大的。应当计算这个工作状态下分配电板的负载电流。从发电机负荷表中可以查出各分配电板最大负载的工作状态，同时，在分配电板上各负载电流的量值也估计了各状态下的负荷系数。

给直流分配电板供电馈线的工作电流按下式进行计算：

$$I_{gk} = K_t \sum I + I_{by}$$

式中，$\sum I$ 为在负荷最大的工况下负载的电流之和；$K_t$ 为负载同时系数；$I_{by}$ 为备用支线电流。

$K_t$ 的数值根据分配电板在选定的工作状态下负载的实际工作情况而定，一般为 0.5～1.0。

在统计负载时，短时使用的临时负载不计算在内。备用支线电流为分配电板上备用断路器要求的裕量，大约占实际总工作电流的 10%。

2）交流配电网络

单台三相交流电动机的馈线工作电流按下式计算：

$$I_{gd} = \frac{K_{fd} P_e}{\sqrt{3} U_e \cos\varphi \cdot \eta} \times 10^3 \quad （\text{A}）$$

式中，$U_e$ 为电动机额定电压（V）；$P_e$ 为电动机额定功率（kW）；$K_{fd}$ 为电动机负荷系数；$\cos\varphi$ 为电动机在该负载程度下的功率因数；$\eta$ 为电动机在该负载程度下的效率（%）。

给交流分配电板供电的馈线，也应计算可能出现的最大负载工作状态下的电流。由于多个交流电流的和为相量和。故求总电流时，应先求得每一个负载电流的有功分量 $I_p$ 和无功分量 $I_q$：

$$I_p = I\cos\varphi, \quad I_q = I\sin\varphi$$

然后求出总负载电流 $I_k$：

$$I_k = \sqrt{\left(\sum I_p\right)^2 + \left(\sum I_q\right)^2}$$

最后确定馈线的工作电流 $I_{gk}$：

$$I_{gk} = K_t I_k + I_{by}$$

式中，$K_t$、$I_{by}$ 意义同前。

当各接入负载的功率因数相差不大于 0.25 时，可以简单地对各电流进行算术相加，得到总负载电流 $I_k$。

以上介绍的是确定各段网络工作电流的一般原则和计算方法。在网络设计中，要根据具体情况做具体分析。

确定了网络工作电流后，即可以根据舰船用电缆载流量表来选择电缆导体截面。所选舰船用电缆导体标称截面一般都满足电缆的发热要求。

## 三、舰船用电缆载流量的修正

然而，考虑到特殊用途的船舶（例如，沿海船舶、渡船、港口船舶）和环境温度持久地低于 45℃的场合，可以增加表 5-2-1 中所列的舰船用电缆载流量（但环境温度不得低于 35℃）。

另外，也应考虑到舰船用电缆周围的空气温度可能高于 45℃时（例如，当舰船用电缆全部或部分安装时会产生大量的热量或热量传输可使舰船用电缆达到较高温度的场所或舱室），则应减少表 5-2-1 中所列的舰船用电缆载流量。

不同环境空气温度下的修正系数如表 5-2-2 所示。

表 5-2-2　不同环境空气温度下的修正系数

| 舰船用电缆导体允许最高工作温度/℃ | 环境空气温度的修正系数 | | | | | | | | | | |
|---|---|---|---|---|---|---|---|---|---|---|---|
| | 35℃ | 40℃ | 45℃ | 50℃ | 55℃ | 60℃ | 65℃ | 70℃ | 75℃ | 80℃ | 85℃ |
| 60 | 1.29 | 1.15 | 1.00 | 0.82 | — | — | — | — | — | — | — |
| 65 | 1.22 | 1.12 | 1.00 | 0.87 | 0.71 | — | — | — | — | — | — |
| 70 | 1.18 | 1.10 | 1.00 | 0.89 | 0.77 | 0.63 | — | — | — | — | — |
| 75 | 1.15 | 1.08 | 1.00 | 0.91 | 0.82 | 0.71 | 0.58 | — | — | — | — |
| 80 | 1.13 | 1.07 | 1.00 | 0.93 | 0.85 | 0.76 | 0.65 | 0.53 | — | — | — |
| 85 | 1.12 | 1.06 | 1.00 | 0.94 | 0.87 | 0.79 | 0.71 | 0.61 | 0.50 | — | — |
| 90 | 1.10 | 1.05 | 1.00 | 0.94 | 0.88 | 0.82 | 0.74 | 0.67 | 0.58 | 0.47 | — |
| 95 | 1.10 | 1.05 | 1.00 | 0.95 | 0.89 | 0.84 | 0.77 | 0.71 | 0.63 | 0.55 | 0.45 |

## 1. 短时工作制的修正系数

短时工作制分为 0.5 h 和 1 h 两种。锚机为 0.5 h 工作制的负载；舵机为 1 h 工作制的负载。

对于短时工作制负载供电的舰船用电缆，其允许电流可以采用图 5-2-1 所给出的修正系数加以提高。但如果停止工作的时间小于舰船用电缆发热时间常数 $T$ 的 3 倍，那么这些修正系数不再适用。舰船用电缆的时间常数如图 5-2-2 所示。图中给出的修正系数是近似值，主要取决于舰船用电缆的直径。通常 0.5 h 工作制适用于带缆绞车、起锚机、重型起货绞车及船艏推力器，但自动张力型带缆绞车和特种船舶的船艏推力器不宜采用 0.5 h 工作制。

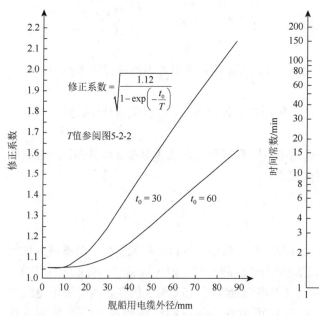

图 5-2-1　0.5 h 工作制和 1 h 工作制的修正系数

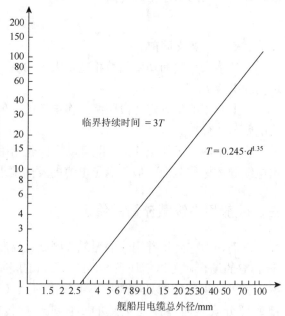

图 5-2-2　舰船用电缆的时间常数

## 2. 重复短时工作制的修正系数

对于重复短时工作制负载用的电缆，其载流量应乘以图 5-2-3 中的修正系数加以提高。

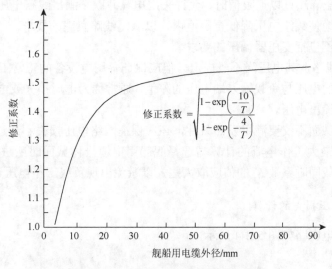

图 5-2-3 重复短时工作制的修正系数

图 5-2-3 中所给出的校正系数是以 10min 为周期粗略计算的，其中承受恒定负载为 4min，空载为 6min。

## 3. 成束电缆敷设时的修正系数

在电缆托架上、导线管、管子或线槽内安装的成束电缆，可以考虑不用修正系数而直接采用表 5-2-1 中的载流量及由此导出的数值。但当六根以上电缆紧靠在一起成束安装时，且可能在同时通以额定满负荷而电缆周围又无空气自由循环的情况下，应乘以 0.85 的修正系数。

# 四、网络电压损失的计算

由于电缆的导电线芯中存在电阻和感抗（交流），当负载工作时，其工作电压比电源电压有所降低。如果电压降低很多，使负载工作电压低于额定电压的数值过大，那么就会影响用电设备的正常工作。同时，消耗在网络上的功率所占比例也会比较高，降低了电力系统的效率。

根据负载的运行特性和实际工作设计要求的合理性，《舰船通用规范总册》（GJB 4000—2000）规定了正常工况下，电力系统中各段网络上电压降的最大允许值。

照明系统：

（1）交流主照明系统的线路电压降不得大于额定电压的 6%；直流主照明系统的线路电压降不得大于额定电压的 8%。

（2）交流应急照明系统的线路电压降不得大于额定电压的 12%；直流应急照明系统的线路电压降不得大于额定电压的 15%（24 V 照明系统除外）。

配电系统：

（1）交流主配电系统的配电板至负载间电缆长度不大于 150 m 时的线路电压降不得大于额

定电压的 6%；直流主配电系统的配电板至负载间电缆长度不大于 150 m 时的线路电压降不得大于额定电压的 8%；跨接电缆的线路电压降不得大于额定电压的 2%。

（2）当采用蓄电池供电电压不超过 50 V 时的线路电压降不得大于额定电压的 10%。

（3）当线路电压降超过以上限值时，允许采用电缆并联来满足线路电压降的限值要求，或另外选择适当的电缆使线路电压降低至限值内，以满足线路负载的要求。

注：以上限值不包括变压器调压的要求。

对于 24 V 的线路，其电压降不予规定，但应保证各用电设备的正常工作。这里所说的电压降是指配电板处的电压与负载输入端电压的差值，通常称为电压损失或电压损耗。额定电压是指发电机的额定输出电压。

舰船用电缆的截面不仅要满足发热条件，还应保证网络电压损失不超过规定值。

舰船用电缆的最大工作电流的计算与选择舰船用电缆导体截面时所进行的工作电流计算是类似的。只是负载同时系数 $K_t$ 的值应取大些，以避免出现负载工作电压过低的情况。

### 1. 直流网络电压损失的计算

给一个负载供电电路如图 5-2-4 所示。

电压损失为

$$\Delta U = U_1 - U_2 = 2IR$$

式中，$R$ 为一根导线的电阻。

将 $R = \rho \dfrac{L}{S}$ 代入上式，得

$$\Delta U = \frac{2\rho L}{S} \cdot I \ (\mathrm{V})$$

式中，$L$ 为一根导线的长度（m）；$\rho$ 为铜的电阻系数，

$$\rho = \rho_{20}[1 + \alpha(\theta - 20)]$$

其中，$\rho_{20}$ 为铜导体 20℃时的电阻系数（0.0184 Ω·mm²/m）；$\alpha$ 为温度系数（0.003921/℃）；$\theta$ 为线芯允许长期工作的温度（℃）；$I$ 为负载工作电流（A）。

对于有几个负载供电电路，其电压损失计算如图 5-2-5 所示。对该电路进行电压损失计算时，应注意校核距电源最远负载处的电压损失。因为此处电压损失最大。

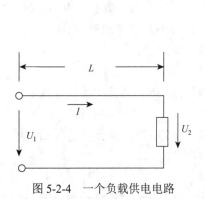

图 5-2-4　一个负载供电电路

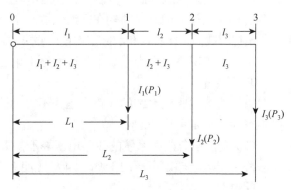

图 5-2-5　几个负载供电电路的电压损失计算

为了工作可靠和安装工艺的方便，一般干线各段舰船用电缆取相同的截面。给几个负载供电电路的电压损失计算方法如下所示。

总电压损失为

$$\Delta U = U_1 + U_2 + U_3$$

式中

$$\Delta U_1 = 2(I_1 + I_2 + I_3)R_1 = \frac{2\rho l_1}{S}(I_1 + I_2 + I_3)$$

$$\Delta U_2 = 2(I_2 + I_3)R_2 = \frac{2\rho l_2}{S}(I_2 + I_3)$$

$$\Delta U_3 = 2I_3 R_2 = \frac{2\rho l_3}{S}I_3$$

所以

$$\Delta U = \frac{2\rho}{S}[(I_1 + I_2 + I_3)l_1 + (I_2 + I_3)l_2 + I_3 l_3]$$

$$= \frac{2\rho}{S}\left[I_1 L_1 + I_2 L_2 + I_3 L_3\right]$$

一般形式为

$$\Delta U = \frac{2\rho}{S}\sum_{i=1}^{n} I_i L_i$$

如果各负载功率 $P_i$（kW）已知，那么上式可以写为

$$\Delta U = \frac{2\rho}{US}\sum_{i=1}^{n} P_i L_i$$

式中，$I_i L_i$ 与 $P_i L_i$ 分别称为电流矩和功率矩，$i = 1, 2, \cdots, n$。

一般来说，当进行电压损失的计算时，应将各段网络上的电压损失计算出来，然后相加得到从电源到负载总的电压损失。

### 2. 交流网络电压损失的计算

交流网络电压损失的计算方法与直流网络不同的地方有三点：

（1）线路中除电阻 $R$ 外，还有感抗 $x$；

（2）当负载是非阻性负载时，有负载功率因数 $\cos\varphi$ 的影响；

（3）在三相交流网络中，电压损失有相与线的区分。

当 $\cos\varphi \neq 1$ 时，电压损失不等于舰船用电缆上的电压降。以对称三相交流网络为例，各电压、电流间的关系图如图 5-2-6 所示。

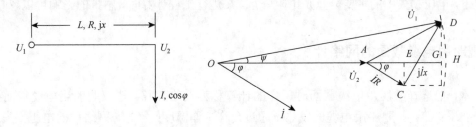

图 5-2-6　三相交流网络的各电压、电流间的关系图

图 5-2-6 中，$\dot{U}_1$、$\dot{U}_2$ 分别为舰船用电缆首端和末端的相电压，$\dot{I}$ 为流过的电流，$\overline{AD} = \dot{U}_1 - \dot{U}_2$ 为电缆上的电压降，$AD = \dot{I}Z = \dot{I}(R + \mathrm{j}x)$，$DH$ 为以 0 为圆心、$U_1$ 为半径所画的圆弧。电压损失 $\Delta U$ 为

$$\Delta U = U_1 - U_2 = 0H - 0A = AH = AE + EG + GH \approx AE + EG$$

因为 $GH = U_1 - U_1\cos\psi$，$\psi$ 很小，故 $GH$ 可略去不计。

由向量图得

$$\Delta U = AE + EG = IR\cos\varphi + Ix\sin\varphi$$

$\Delta U$ 为一根舰船用电缆所产生的电压损失。对于单相电路，总电压损失为

$$\Delta U_S = 2\Delta U = 2(IR\cos\varphi + Ix\sin\varphi)$$

对于三相三线制电路，$\Delta U$ 为一相的电压损失，线电压损失等于相电压损失的 $\sqrt{3}$ 倍，即

$$\Delta U_S = \sqrt{3}\Delta U = \sqrt{3}(IR\cos\varphi + Ix\sin x)$$

当舰船用电缆截面 $S$ 选定后，电压损失计算公式中的电阻 $R$ 和感抗 $x$ 值是可以从电缆技术资料中查取的（表 5-2-3）。

表 5-2-3　舰船用三芯电缆线芯的电阻和感抗值

| 导体标称截面/mm$^2$ | 电阻 $R$/(Ω/km) | 感抗 $x$/(Ω/km) | 导体标称截面/mm$^2$ | 电阻 $R$/(Ω/km) | 感抗 $x$/(Ω/km) |
|---|---|---|---|---|---|
| 1 | 18.4 | 0.128 | 50 | 0.37 | 0.082 |
| 1.5 | 12.2 | 0.120 | 70 | 0.26 | 0.078 |
| 2.5 | 7.36 | 0.117 | 95 | 0.19 | 0.078 |
| 4 | 4.60 | 0.109 | 120 | 0.15 | 0.076 |
| 6 | 3.07 | 0.104 | 150 | 0.12 | 0.076 |
| 10 | 1.84 | 0.098 | 185 | 0.099 | 0.075 |
| 16 | 1.22 | 0.091 | 240 | 0.077 | 0.074 |
| 25 | 0.73 | 0.089 | 300 | 0.061 | 0.074 |
| 35 | 0.53 | 0.085 | 400 | 0.046 | 0.073 |

由表 5-2-3 可知，在小截面的电缆中，电阻 $R$ 比感抗 $x$ 大得多，在负载功率因数不是很低的情况下，电压损失中的主要分量是电阻降落。在进行工程计算时，感抗的影响可以忽略不计。

## 五、舰船用电缆截面的网络计算

通常，把选择舰船用电缆截面时所作的计算称为网络计算。选取舰船用电缆截面必须满足两个要求：第一，舰船用电缆的发热不超过允许工作温度；第二，网络中的电压损失不超过允许值。

　　根据上述要求，应当计算两个不同条件所要求的舰船用电缆截面，比较其结果，取用其中较大的。

　　为了提高效率，使计算简便、合理，需要对上面的两个要求做出分析。

　　从网络计算的角度出发，舰船网络有两种线路，即短线路和长线路。例如，当按发热条件计算的截面大于按电压损失要求计算的截面时，这样的线路称为短线路。反之，当按电压损失要求计算的截面大于按发热条件计算的截面时，这样的线路称为长线路。对短线路来说，按发热条件来选择舰船用电缆截面，必然满足电压损失的要求；对长线路来说，按电压损失来选择舰船用电缆截面，必然满足发热的要求。

　　经实践统计表明，轻型舰船的动力网络一般都属于短线路；照明网络，特别是低压照明网络大多是长线路。

　　按照《舰船通用规范总册》（GJB 4000—2000）的要求，照明网络电缆的截面要根据网络电压损失来计算。对于其他网络，可以先按发热条件来预选截面，然后再校核电压损失是否超过允许值。之所以校核是因为我们并不能在各种条件下都能立即判断出网络是短线路还是长线路。

# 第三节　舰船用电缆的选择与敷设

　　舰船网络是由舰船用电缆连接而成的。合理地选用和敷设舰船用电缆，对于保证供电的可靠性和网络的工作寿命都是很重要的。

## 一、舰船用电缆的选择

　　舰船用电缆的选择应根据敷设场所的环境条件、敷设方法、电流定额、工作制和允许电压降等因素来决定。此外，还应考虑与保护装置的协调问题。其中，电流定额、工作制和允许电压降等因素主要影响舰船用电缆截面的选择。这一点已在前面做了讨论。

　　首先，舰船用电缆应符合相关规范的规定；其次，舰船用电缆的额定电压不得低于使用该电缆的电路的标称电压。

　　对舰船用电缆截面的选择，除前面所述一般原则和方法外，还有一些专门的规定和要求：

　　（1）直流发电机的均压线的载流能力应不小于主回路电缆载流能力的 50%。

　　（2）电动机的连接电缆，包括起动器在内，一般也按电动机的额定电流选择。

　　（3）相复励自励恒压交流发电机在采用转子均压线接法时，均压线截面不小于励磁回路连接舰船用电缆截面的 1/2。

　　（4）为了保证敷设的舰船用电缆具有足够的机械强度，一般单芯电缆和双芯电缆都选用截面为 $1mm^2$ 以上的舰船用电缆，多芯电缆可以选用截面为 $0.8\ mm^2$ 以上的舰船用电缆。

　　（5）在选择多芯电缆时，应考虑备用线芯。当实用线芯数为 5～16 根时，备用线芯数为 1～2 根；当实用线芯数为 19～37 根时，备用线芯数为 2～4 根。

　　为了不使舰船用电缆截面过大和充分地利用舰船用电缆的载流能力，舰船用电缆的长期允许工作温度比舰船用电缆敷设场所的空气温度至少应高 10℃。同一舰船上应尽量地选用相同耐温等级的舰船用电缆，否则耐温等级相差超过 5℃ 的电缆应分束敷设。如果同一束舰船用电缆中耐温等级相差超过5℃，那么束中所有舰船用电缆的载流量都要按耐温等级最低的舰船用电缆载流量考虑。

在机、炉舱等多油的场所应选用具有耐油护套的舰船用电缆。在容易受到机械损伤的场所应选用适当的铠装电缆。在容易受到腐蚀的场所及需要单点接地的场所应选用金属编织层外加防蚀层的舰船用电缆。按规定，电缆编织用的钢丝应是镀锌的，并涂有防腐层，而铜丝只要求镀锡。

柴油机、蒸汽轮机、锅炉附近及其他高温场所的舰船用电缆，必要时要采取隔热措施，如果隔热效果达不到要求，就必须采用耐高温舰船用电缆。携带式电气设备要选用软电缆，转动场所要选用特软电缆。

为了减小工作电流所产生的磁场，除了在敷设上采取措施，直流和交流网络都应尽量地避免采用单芯舰船用电缆。三相交流系统一般采用三芯舰船用电缆，单相交流系统采用双芯舰船用电缆，当载流量超过最大截面舰船用电缆的载流量时，仍采用多芯舰船用电缆并联使用，且并联的舰船用电缆截面和长度要相同。当在交流网络中必须采用单芯舰船用电缆时，舰船用电缆应为非铠装的或非磁性材料铠装的。

需要防止电磁干扰时，应选用屏蔽舰船用电缆或对舰船用电缆进行屏蔽。安装在核反应堆舱的电缆还应该满足耐核辐射要求。

舰船用电缆的短路容量也是选用时要考虑的问题。舰船用电缆的绝缘层、导电线芯应能承受最大短路电流产生的机械应力和热效应。还需注意与保护装置动作特性的配合。

## 二、舰船用电缆的敷设原则

为了减小热老化对舰船用电缆寿命的影响，舰船用电缆一般应明线敷设，并尽量地远离锅炉、蒸汽管路和电热器等热源，否则要采取隔热措施。

为了保护舰船用电缆、延长舰船用电缆的使用寿命，凡有可能接触到油、水和受到机械损伤的场所，敷设舰船用电缆时应采取防止油、水浸渍和机械损伤的可靠措施。舰船用电缆一般避免通过油、水舱和容易产生爆炸性介质的舱室（如弹药舱、蓄电池舱、油漆间等）。不得不经过时，要外套金属管敷设。当穿过油舱时，要加双层金属管保护。

当敷设舰船用电缆时，也要考虑减小电流所产生的杂散磁场。当直流和交流网络必须采用单芯舰船用电缆时，来去线路应尽量地靠近敷设。当舰船用电缆穿过钢板时，同一线路的所有导线都要一起穿过钢板或填料函。

为了避免舰船用电缆电流高频分量的电磁干扰，舰船用电缆不能和小于1V的信号舰船用电缆同束敷设。

当交流三相线路由大截面（大于或等于185 mm$^2$）单芯舰船用电缆组成而线路又较长时，为了使线路阻抗平衡，要求在不超过15 m的间隔内将各相舰船用电缆换位一次。如果舰船用电缆是按品字形敷设的，或线路长度小于30 m，那么不必进行换位。

当同一线路的每一相（极）由两根或两根以上的舰船用电缆并联使用时，每根舰船用电缆的截面和长度都应该是相同的。并联后敷设排列形式也有具体的要求。以上是有关舰船用电缆敷设的主要要求。有一些琐细的规定，这里就不再赘述了。

# 本 章 小 结

　　舰船用电缆的选择是舰船电力系统短路电流计算的前提，同时也是电力系统设计的工作目标之一。舰船用电缆通常具备低烟、无卤、耐盐雾腐蚀、防水等特点。

# 练 习 题

1. 舰船用电缆与电线的工作特点和结构各是怎样的。
2. 对舰船用电缆的电气和物理特性都有哪些基本要求。
3. 舰船用电缆是如何命名的？其代号有哪些？如何根据代号知晓舰船用电缆的特性。
4. 如何根据舰船网络计算确定舰船用电缆截面。
5. 舰船用电缆的选用和敷设有哪些特殊要求。

# 第六章

## 舰船电力系统继电保护

随着舰船电气化、自动化程度的日益提高，对舰船电力系统供电的可靠性和生命力提出了更高的要求。舰船电力系统在实际运行中，由于战斗破损或操作不当及设备本身的问题，可能使系统出现各种故障或非正常运行状态，它们会使电力系统的安全可靠运行受到威胁，严重者会导致设备的损坏或使整个电力系统的供电中断，影响战斗及航行安全。为此，舰船电力系统必须设置可靠的保护装置，即继电保护装置。有了保护装置，一旦发生故障，保护装置就可以迅速地断开故障电路，不使故障蔓延扩大，保证非故障线路能正常连续地供电；或者发出声光报警信号，使值班人员能及时地采取适当措施，排除故障。

本章将分别阐述舰船电力系统继电保护的构成原理，保护方法的选择，相应的保护装置的结构、特性及其工作原理。

# 第一节　舰船电力系统继电保护概述

保证舰船安全可靠连续供电，是对舰船电力系统的基本要求之一。舰船电力系统在实际运行中，可能出现各种不正常运行和故障情况，造成事故，危及相应的电气设备甚至整个电力系统的安全。

在电力系统中，除应采取各项积极措施消除和减少发生故障的可能性以外，故障一旦发生，必须迅速而有选择地切除故障元件，这是保证电力系统安全运行的最有效方法之一。切除故障的时间常常要求小到十分之几甚至百分之几秒，实践证明只有装设在每个电气设备上的继电保护装置才有可能满足这个要求。

## 一、舰船电力系统继电保护的基本任务

继电保护装置是指能反映电力系统中电气元件发生故障或不正常运行状态，并使断路器跳闸或发出报警信号的一种自动装置。它的基本任务如下：

（1）自动、迅速、有选择性地将故障元件从电力系统中切除，保证其他无故障部分迅速地恢复正常运行，使故障元件免于继续遭到破坏。

（2）反映电气元件的不正常运行状态，并根据运行维护条件而动作并发出报警信号。此时一般不要求保护迅速动作，而是带有一定的时延，以保证选择性。

常见的舰船电力系统的故障或不正常运行状态有短路、过载和发电机逆功率等。

短路是舰船电力系最严重的故障之一。短路是指电气设备或线路中不同极性（或不同相）的导电部分碰在一起或同时与金属（包括舰壳）相碰。在三相交流系统中，可能发生的短路故障有单相接地短路、二相接地短路和三相接地短路。若不及时排除短路故障，将会造成严重的后果。首先，短路时回路的电流剧增，可以达到正常电流的 10 倍以上，这么大的电流不但会直接导致电机、电器或电缆的烧毁，引起火灾，还会因为导线之间产生的强大电动力冲击而破坏其他电气设备。其次，短路电流还会导致电网电压急剧下降及并联运行发电机间的失步，破坏电力系统的稳定运行，最后造成整个电力系统断电。所以当电力系统某处发生短路故障时，要求保护装置能很快地自动切断故障线路，以确保电气设备的安全和未发生故障部分电力系统的正常运行。

过载是舰船电力系统最常见的不正常运行状态。过载一般是由于用电设备的负载突然增加，电源电压和频率的波动有时也会造成电流过载。长期过载会使设备和电缆的温升超过允许值而加速绝缘的老化和损坏，就可以发展成故障（如变成短路）。因此除设置短路保护外，还需设置过载保护。当舰船电力系统某段出现过载时，该段的过载保护应及时地发出声光报警信号或自动卸掉一部分不太重要的用电设备，以消除过载状态，若过载状态持续存在，则过载保护装置在经过规定的时延后，将自动切断这部分过载线路。

当有多台发电机组并联运行时，可能会因为其中一台发电机组发生故障不能供电而转入电动机运行状态。这不但加重了其他机组的负担，造成过载，而且对故障机组的原动机不利。因此在有多台发电机组并联工作的电力系统中还应设置逆功率保护，一旦发生上述故障，保护装置经一定的时延后自动地把故障机组切离电网。

此外，在用电设备的电源电路中，接触器触头问题或熔断器熔断等会使电路处于缺相运行状态；在舰船接岸电供电时也可能出现缺相状态，这对舰船上大量的异步电动机会造成过载。因此也常对缺相运行进行限制保护。

## 二、舰船电力系统继电保护的基本要求

为了使保护装置能有效地完成上述的基本任务和作用，本节对其提出一系列基本要求。

1）保护装置的完全性

即要保证各种类型的电气设备全都设有所需类型的保护，并且要明确各种保护的覆盖范围，为此需要确定被防护部分的界限和每一部分保护方法的组成。

2）保护装置的选择性

保护装置的选择性是指电力系统发生故障时，保护装置只选择最靠近故障处的线路并使其断开的性能。因此选择性可以使故障情况下被开断的线路限制在最小范围，从而保证非故障线路继续正常供电。

我们可以用图 6-1-1 来解释保护装置的选择性。假设图中 $A$ 点发生短路，这时短路电流将流过自动空气开关 $DW_1$、$DZ_2$ 和 $DZ_3$（如图中虚线所示）。为了尽可能地减小因故障而造成的停电范围，我们希望开关 $DZ_3$ 能迅速地断开，将故障段切离电网，而不希望 $DZ_2$ 和 $DW_1$ 断开，否则将导致不必要的大范围停电。为了实现这种保护装置

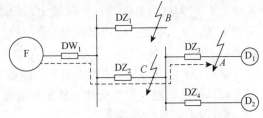

图 6-1-1　电力系统的保护装置选择性

的选择性，应合理地整定各级自动开关或保护装置的动作电流或动作时间。对图 6-1-1 的系统来说，$DZ_3$ 的动作电流或动作时间应该整定得最小，$DZ_2$ 稍大些，$DW_1$ 最大。即各级开关的整定值朝向发电机方向呈逐级增大的趋势。除非故障级的保护装置失灵，否则前一级保护装置不应该抢先动作，这是实现保护选择性的一个基本原则。由此可知，如果短路发生在 $B$ 点或 $C$ 点，那么迅速断开的自动开关应该是 $DZ_1$ 或 $DZ_2$，而不应该是 $DW_1$，除非 $DZ_1$ 或 $DZ_2$ 失灵。如果各级保护装置的动作时间不遵循以上顺序，那么系统就不具有保护的选择性。

3）保护装置的快速性

保护装置的快速性是要求保护装置的尽量地缩短动作时限。迅速切除故障可以减轻被保

护装置的损坏程度；防止故障蔓延，缩小破坏范围；减少对非故障部分的影响，保证其正常安全运行。不同类型的故障对快速性的要求是各不相同的。

对短路故障要求切除时间越短越好，其理由主要有以下两方面。

（1）短路的热效应方面：通过电气元件的短路电流产生的热量 $Q$ 与短路电流 $I_{dl}$ 的平方和时间 $t$ 成正比，即

$$Q \equiv I_{dl}^2 t$$

由此可见，切除得越快，产生的热量越小，设备便不易烧毁，也减少了发生火灾的危险。

（2）对负荷的影响方面：对异步电动机的影响最明显，因为异步电动机转矩 $M$ 和电压 $U$ 的平方成正比，即

$$M \equiv U^2$$

可见若电压下降较大，转矩下降大，会使电动机停转。若短路故障很快切除，非故障部分电压可迅速地恢复，因为电动机有一定的惯性，所以可使非故障部分的电动机仍然正常工作。若切除得慢，则非故障部分的电动机也要停下来，其中，包括一些重要负荷，这是很不利的。

对于过载一般要求经过一定的时延后再切除，时延时间的长短由被保护设备的过载能力所决定；同时，过载的起动时间还应大于正常状态的过渡过程时间（如同步过程、突加负载、起动电机等的过渡过程时间）。

4）保护装置的灵敏性

保护装置的灵敏性是指对于其保护范围内的故障或不正常工作状态的反应能力。一方面，在保护范围内，不管运行情况、短路性质和位置如何，对属于自己保护范围内的故障都应反应灵敏；另一方面，保护装置在所有属于正常工作状态下都不发生误起动。

例如，对于短路保护装置应满足下式要求：

$$I_{g \cdot \max} < I_{qd} < I_{dl \cdot \min}$$

式中，$I_{g \cdot \max}$ 为电力系统被保护区段上，起动或换接负载时、同步时或其他特定状态时的最大工作电流；$I_{qd}$ 为保护起动电流整定值；$I_{dl \cdot \min}$ 为所选短路计算点通过电弧短路时短路电流的最小值。

显然，$I_{g \cdot \max}$ 和 $I_{dl \cdot \min}$ 的差值越大，越容易满足保护所需的灵敏度，越容易选择整定值，同时也可以降低整定值对准确性、稳定性的要求。

5）保护装置的可靠性

保护装置的可靠性是指装置本身要能可靠地工作，对它保护范围之内的故障不应拒绝动作；在正常运行或不属于它保护范围内出现故障时，不应误动作。否则，它本身就可能成为产生和扩大事故的根源。

保护装置的可靠性主要取决于装置本身的结构、制造质量、接线、安装及整定等。目前半导体保护装置在投入运行前，常采用模拟测试或测试孔测试的方法，以增大运行的可靠性。

在舰船电力系统中，设置相邻的后备保护（远后备保护），也是提高可靠性的重要手段。

除了上述提出的基本要求，对保护装置还有其他一些辅助要求，例如，要求保护装置通过短路电流时具有热稳定性和电动力稳定性；要求保护装置维修方便；要求尽量地采用综合保护以减少所占用的重量、尺寸等。

以上这些基本要求是分析研究继电保护的基础，在它们之间既有相互矛盾互为制约的一面，又有在一定条件下统一的一面。例如，为了保护选择性往往会损失一点快速性和灵敏度，而顾及了灵敏度又可能会降低可靠性等。所以我们在实际选取保护装置和整定其动作值时，必须全面地衡量其技术经济指标，以便获得满意的效果。

## 三、舰船电力系统继电保护的基本原理

电力系统的继电保护装置乃是一种能够自动地判断和处理故障的自动化装置。它和其他自动化装置一样，也是人为给予的功能，模仿人工进行工作。当在某电气设备上装设继电保护时，应首先分析该电气设备可能出现的不正常运行和故障情况及其特点，根据需要装设必要的继电保护装置。正如人工寻找和处理故障时的道理一样，继电保护是利用在发生各种不同故障和不正常运行情况时出现的特有信号，进行判断故障、自动控制并进行必要处理的过程。

当在电力系统中发生故障或不正常的运行情况时，总是伴随有电流、电压、频率、功率及电流与电压相位角等物理量的变化。因此，利用正常运行与故障时这些基本参数的区别，便可以构成各种不同功能的继电保护。例如，对于过载和短路，有反映电流量值改变的过电流保护；而根据过电流量值的大小，又可以区分为自动卸载、过载和短路自动跳闸保护。对于欠电压，则有反映电压量值改变的低电压信号，或进行跳闸保护。对于功率倒流，则有反映功率方向改变的逆功率跳闸保护等。

就一般情况而言，整套继电保护装置是由测量部分、逻辑部分和执行部分组成的，其原理结构如图 6-1-2 所示。

图 6-1-2　继电保护装置的原理结构

（1）测量部分：测量部分测量被保护对象输入的有关信号，并和已给的整定值进行比较，从而判断保护是否应该起动。

（2）逻辑部分：逻辑部分根据测量部分各输出量的大小、性质、出现的顺序或它们的组合，使保护装置按一定的逻辑程序工作，最后传动到执行部分。继电保护中常用的逻辑回路有"或""与""否""时延起动""时延返回"等。

（3）执行部分：执行部分根据逻辑部分传送的信号，最后完成保护装置所担负的任务。如故障时，动作，如跳闸；不正常运行时，发出信号；正常运行时，不动作。

继电器按其工作原理可以分为电磁式、感应式、电动式、整流式、晶体管式和数字式等。其中，电磁式、晶体管式、感应式在舰船电力系统继电保护中用得较多，晶体管式及感应式继电器的结构和作用原理，将在本书相应部分中进行介绍。

舰船电力系统继电保护主要包括：舰船发电机的保护；舰船变压器的保护；舰船电力网的

保护和舰船电动机的保护等。本书主要介绍舰船发电机和电力网的继电保护及其装置，以及舰船中压发电机及变压器的保护。

### 四、差动保护原理

当区域内存在两个电路时，保护的基本差动方案如图 6-1-3 所示。为简单起见，图 6-1-3 仅显示了保护范围内的两个电路。实际可能有多个电路但其原理相同，故未在图中显示。在正常运行情况下，流入电流和流出电流相等。

正常工况如图 6-1-3（a）所示，保护继电器的二次电流是差动连接 CT（current transformer，电流互感器）的励磁电流之差，该图也显示了标幺值电流的分布情况。例如，$I_p$ 是线路中流入或流出保护区的一次电流。$I_p - I_e$ 是二次安培电流，等于一次电流除以 CT 变比再减去二次励磁电流。对于变比和型号完全相同的电流互感器，由于保护区内存在电流损失及同型号 CT 的个体差异，继电器电流 $I_{op}$ 较小，但不会为零。前提是假设 CT 在最大穿越电流时没有显著饱和。不同型号和不同电流比的 CT 存在较大的差异，必须尽量地减小差异，或设置继电器的吸合值，防止其在穿越性故障时动作。

内部故障如图 6-1-3（b）所示，差动继电器的工作电流大致为故障的输入电流总和，即按照二次安培得出的总故障电流。除了极小的内部故障，都有可以利用明确的判据来检测差动区内的故障。要触发差动继电器动作，并不需要所有的线路都提供故障电流。

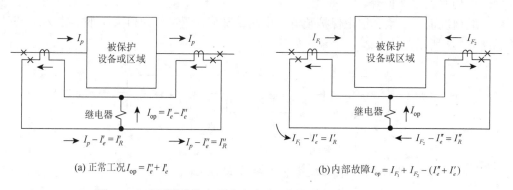

(a) 正常工况 $I_{op} = I_e' + I_e''$ 　　　(b) 内部故障 $I_{op} = I_{F_1} + I_{F_2} - (I_e'' + I_e')$

图 6-1-3　当区域内存在两个电路时，保护的基本差动电流方案

## 第二节　舰船同步发电机的继电保护

发电机是舰船电站中的重要设备。保护发电机不受损坏是实现安全供电的重要手段之一。因此对舰船发电机各种常见的故障，必须装设相应的保护装置。舰船同步发电机的非正常及故障运行情况主要有外部短路、过载、欠压、过压、频率非正常及并联运行时产生的逆功率运行等。

发电机内部也有可能产生故障。例如，定子绕组的相间短路、单相匝间短路、接地；转子绕组的匝间短路、接地等。但由于舰船发电机电压不高，而且又有定期绝缘检查，实践证明，发电机内部故障出现的机会是极少的，故不专设保护装置。

对于不可控自励发电机，几乎不可能产生运行发电机过电压的情况。对于带有电压校正器的发电机，在电压校正器失控等情况下是完全有可能发生的。目前改进的方法大多在校正器上装设相应的保护，由于实际运行中的过电压情况较少，所以目前舰船上几乎都未设过电压保护。

一般不会对非正常频率运行进行保护。因为频率下降会导致系统中机械处于不正常运行状态，如油压降低、循环水压降低等故障，从而会发出报警并通知值班人员采取措施。频率下降对机械和电动机本身也无过热等不良影响。至于频率升高的可能性也不大，且原动机本身已具有超速保护，所以不必专设欠频、过频保护。

根据中国船级社《钢质海船入级与建造规范》规定，舰船发电机应设有如下保护：过载保护和外部短路保护；欠压保护和逆功率保护。通常这些保护装置都是以中断供电来实现保护的。但若保护特性选择不合理，则往往会造成不必要的电源中断，这就与我们所要求的系统能连续供电有矛盾。中断供电显然对电气设备起到了保护作用，但在发生不至于引起发电机等电气设备损坏或引起事故时，保证连续供电是矛盾的主要方面，这时就不应当偏重保护设备，而使系统产生不必要的或不允许的中断供电，影响战斗或航行安全。而当事故可能引起发电机等主要电气设备严重损坏时，这时保护这些设备就转化为矛盾的主要方面，保护装置就应该动作。从长远观点看，这样也是为了更有效地保证航行的安全。

在大多数情况下，故障或非正常运行都是暂时性的。当非正常运行状态在一定数量之内和在一定时间之内可以认为是允许的，因为设备本身有一定的过载能力，而且非正常运行也不会立刻引起破坏性事故。因此在一般情况下，保护装置首先应能避开暂时性的故障和非正常运行状态，以保证连续供电。

## 一、发电机的过载保护

当舰船电站在运行中发电机的容量不能满足负载增长的需要时；应几台发电机并联运行而未作并联运行时；或者当并联运行的发电机中有一台或几台发生故障而自动停机时；或者因为并联运行的发电机间的负荷分配不当时，都可能造成发电机的过载现象。即运行着的发电机的输出功率或电流超过了其额定值。

不论是负载电流超过发电机的额定电流，还是负载的功率超过了发电机的额定功率，对发电机组都是不利的。发电机长时间在这种非正常的状态下运行，会使发电机过热，引起绝缘老化和损坏及原动机寿命缩短和部件损坏等，这都是不允许的。所以应装设相应的保护装置，以保护发电机组。

因为同步发电机上装有自动电压调整器，所以当发电机过载时，必然要出现输出电流过大的现象，因此只要装设反映发电机过流的继电保护装置，就可以实现对发电机的过载保护。

对舰船同步发电机过载采取的保护措施要兼顾到两方面：一方面要保护发电机不受损坏；另一方面还要考虑到尽量地不中断供电。通常当发电机过载时，首先自动卸掉一部分不重要的负载，如生活用电器、空调系统、舱室通风和制冷设备等，以便消除发电机的过载现象，保证重要负荷的不间断供电。同时应自动发出发电机过载的报警信号，以警告运行人员及时地进行处理，或同时发出自启动指令，以自动启动备用发电机组。若在一定时间内仍不能解除过载报警信号，为了保护发电机不被损坏，应该自动地将发电机从汇流排上切除，并发出发电机过载自动跳闸信号。

下面来确定同步发电机过载保护动作的整定值，正如上面所提到的，整定值包括数量和时间两个方面。为此先要分析一下舰船同步发电机过载保护的要求。

从发电机本身允许承受一定程度的过电流来看，根据《舰船通用规范总册》（GJB 4000—2000）的规定，发电机与发电机组在额定电压和额定转速下，按表6-2-1的规定过载连续运行而不致损坏或发生有害变形。即这是发电机或机组出厂时保证可以达到的技术指标。因为发电机本身具有一定的过载能力，所以出现过载时，可以允许有一定的时限来进行保护，而不要求立即跳闸。

表 6-2-1　发电机组允许过载值

| 名称 | 功率因数 | 过功率/% | 过电流/% | 过载时间/min |
| --- | --- | --- | --- | --- |
| 柴油发电机组 | 0.8 | 110 | | 60 |
| 燃气轮发电机组 | 0.8 | 110 | | 60 |
| 蒸汽汽轮发电机组 | 0.8 | 125 | | 30 |

外部系统要求发电机的过载保护是带时限的。例如，当大电机起动或多台电机同时起动时，起动电流可能很大，以致超过发电机的额定值，但起动过程一般不超过10 s。此时发电机的过载保护不应动作，而应该从时间上避开这种暂时的过载现象（或称为运行过载，以区别于事故过载）。当在远离发电机处发生短路时，短路电流也可能超过发电机过载的整定值，但为了保证保护装置动作的选择性，也应该从时间上避开这种情况，先让下一级分路开关动作，上级开关时延一般仅为几十到几百毫秒。

上述两个方面都要求发电机过载保护必须具有一定的时限，即不是瞬时动作。

对发电机过载保护的有关规范规定：过载保护应与发电机的热容量相适应，并满足下列要求。

（1）过载小于10%，建议设一个带时延的音响报警器，其最大整定值应为发电机额定电流的1.1倍，时延不超过15 min。

（2）当过载为10%～50%时，2 min内断路器应分断。

（3）在有自动分级卸载装置时，通常可取发电机输出电流的过载信号作为自动分级卸载装置的输入信号。自动分级卸载装置的过载-卸载工作特性应与发电机断路器的过载保护特性相匹配，在同一过载信号下，自动分级卸载装置的卸载时延应比发电机断路器的脱扣时延至少短3 s。

以上所说发电机过载保护的整定值，只就一般情况而言，对于具体的发电机组应当根据设计制造和使用情况及环境条件和具体要求等进行具体分析，确定实际可行的过载保护装置整定值。例如，对新造舰船，为安全起见，通常将其过载脱扣整定在过电流的115%，时延为20 s左右较为适宜。

舰船同步发电机的过载保护装置主要由自动分级卸载装置、框架式断路器中的过流脱扣器和综合保护装置中的晶体管过电流继电器等组成，后面将做单独的介绍。

应当指出，由于舰船电站自动化程度的不断提高，为发电机的保护特别是过载保护提供了许多新的措施。除上面已提到的自动分级卸载装置外，在自动化程度较高的舰船上还设有重载询问；负载自动分级起动；机械及电气参数的自动巡回检测、报警、自动处理和综合保护等装置，这样不但大大减少了故障发生的可能，而且也提高了保护的有效性和可靠性。

## 二、舰船同步发电机的外部短路保护

短路是绝缘老化或机械操作、战斗破损、误操作、停电检修时导电物品掉在裸露导体或汇流排上造成的。

正如前面指出的，短路故障造成的后果是非常严重的。为了限制短路电流的破坏作用，必须装设继电保护装置，以便在故障发生后，能自动地切断故障部分，保护设备，防止事故扩大，保证非故障部分正常运行。

由于发电机外部短路时，从发电机到短路点，必将出现很大的短路电流，可以利用这一特点来检测发电机的外部短路。

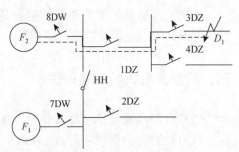

图 6-2-1　通用舰船电力系统

处理发电机外部短路的原则是既要保护发电机，又要保证不中断供电。因此要兼顾到继电保护的选择性和快速性，视短路点的远近而分别处理。在图 6-2-1 中，当 $D_1$ 点发生短路时，应仅使开关 3DZ 中的保护装置动作，切除故障点。如果短路发生在发电机 $F_2$ 的汇流排处，那么只能经过短暂的时延，使 8DW 跳闸了。

为了实现选择性保护，可以从动作时间的长短或动作电流的大小来考虑，前者称为时间整定原则；后者称为电流整定原则。

当按照时间整定原则来选择整定保护装置时，其动作时间的整定从用电负载到总配电板方向应逐级递增，在图 6-2-1 中应该满足：

$$t_{8DW} > t_{1DZ} > t_{3DZ}$$

式中，$t_{8DW}$、$t_{1DZ}$、$t_{3DZ}$ 分别为断路器 8DW、1DZ、3DZ 在同一短路电流作用下的起动时间。

按照电流整定原则来选择整定保护装置时，从用电负载到总配电板方向，各保护装置动作电流的整定值应逐级递增。图 6-2-1 中各断路器的动作电流整定值要满足 $I_{8DW} > I_{1DZ} > I_{3DZ}$。

利用电流整定原则实现对短路保护的选择性，只有在个别情况下才能得到保证，这是因为舰船用电缆长度较短及短路电流范围大，从金属性短路到具有极限限流作用的电弧性短路都存在。而按时间整定原则进行选择性保护，整定比较容易，可靠性高。但是完全按时间整定原则实现选择性往往又带来影响保护快速性要求和使保护装置复杂化等弊病。所以在一个系统中，常常采用时间整定原则和电流整定原则混合的方法，来满足保护选择性和快速性的要求。

用作发电机保护的船用框架式空气断路器具有既能短时延（120～600 ms）动作又能瞬时动作的保护装置。目前舰用同步发电机承受短时短路冲击的能力已大大提高，如《舰船通用规范总册》（GJB 4000-2000）中规定，发电机（及励磁系统）应能承受出线端三相短路和任何两相间出线端短路历时 30 s，而不发生任何部件损坏。因此，为了实现保护的选择性，对少于三台机组并联运行的发电机皆采用短路短时延的保护方式；而对于有三台或三台以上并联运行机组的发电机，再加入具有载流特性（当短路电流超过整定的载流值时，保护装置将加速瞬时动作）的瞬时动作保护。

可见，对发电机外部短路保护方式的选用与起动值的整定，要综合考虑到保护的选择性、快速性、可靠性的要求。

短时延脱扣的始动电流整定值应使发电机在同步状态下起动最大负载及异步电动机群由一个电源转接到另一个电源时都不产生误动作。根据《舰船通用规范总册》（GJB 4000—2000）的规定，其值应小于等于被保护发电机稳态短路电流的80%，建议取发电机额定电流的200%～250%。短时延脱扣的时延应大于该断路器之后任意通往用电负荷的与之串联的下一级断路器的短时延和分断时间之和，通常可取短时延脱扣的最长时延时间段。

当被保护的发电机与两台及两台以上发电机并联运行时，利用断路器的瞬时脱扣特性来选择性地分断发电机侧短路时的特大短路电流，为防止与之并联的发电机断路器的不合理分断，其初始电流的整定值按相关标准的规定应大于被保护发电机的最大非对称短路电流的120%。

舰船发电机的外部短路保护装置是由框架式空气断路器中的过电流脱扣器或综合保护装置中的晶体管过电流继电器等组成的，其结构原理将在后面进行介绍。

## 三、同步发电机的逆功率保护

当几台同步发电机并联工作时，如果其中一台发电机的原动机产生故障，如燃油中断、连接发电机的离合器损坏等，将使该台发电机不但不能输出有功功率，反而从电网吸收功率，成为同步电动机运行，这时将使其他与之并联的机组产生过载，甚至跳闸，使全船供电中断。另外，当同步发电机在非同步条件下并车时，也可能出现逆功率。强大的整步电流不但影响电网的正常供电，而且交变的力矩往往会损坏机组。这时也应该切断主开关，使投入并联成为不可能。

在以上两种情况下，都是使同步发电机变为同步电动机的运行状态，都要从系统中吸收有功功率、它相对于发电机输出功率的方向是相反的，故称为逆功率。当出现逆功率时，要将该发电机从电网上切除，以保证其他发电机的正常供电。

由于舰船发电机组的惯量较小，正常并车时在较短的时间内就可以拉入同步，所产生的整步电流冲击是短暂的，而且出现的逆功率及整步力矩的数值不大，一般都不会超出机组和电网可承受的范围，因此可用时延动作躲过投入时的逆功率，并且时延最好能具有反时限特性。

根据相关标准的规定，对并联运行的每一台发电机均应提供逆功率保护，通过逆功率继电器与发电机断路器分励脱扣器的配合，当逆功率值达到被保护发电机额定功率的 8%～15%（柴油发电机组）或 2%～6%（蒸汽轮机发电机组）或 3%～7%（燃气轮发电机组）时，应延时 3～10 s 分断被保护发电机断路器。

目前用得最多的检测并送出发电机逆功率的装置是感应式逆功率继电器。逆功率继电器是一个有功功率方向元件，它能反映同步发电机有功功率的方向及大小，因而它要输入同步发电机的电流、电压及其相位关系的信号。当同步发电机出现逆功率并达到起动值时，逆功率继电器动作，通过主断路器将该发电机从电网切除。

目前，国产舰船上应用的逆功率继电器绝大多数是感应式的。下面介绍某型逆功率继电器的结构及其工作原理。

某型逆功率继电器是目前交流舰船电站中应用最多的一种逆功率保护电器。该型逆功率继电器型号中的第一个字母 G 表示感应系机构，第二个字母表示功率方向继电器。

### 1. 结构特点

该型逆功率继电器是基于一般感应式仪表的作用原理构成的，所以其结构也与一般感应式仪表的结构相似，其原理结构图如图 6-2-2 所示。

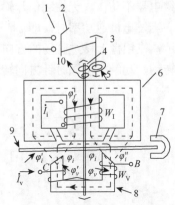

其固定部分主要是∏形上铁芯和绕在上面的电流线圈 $w_i$，以及凵形下铁芯和绕在上面的电压线圈 $w_u$；其转动部分由铝盘、铝盘齿轮轴和动触头齿轮轴构成。铝盘固定在一根可以转动的轴上，在铝盘轴上装有齿轮，它与装有继电器动触头轴上的齿轮相啮合。在铝盘齿轮轴的上方有一个建立反作用力矩的游丝弹簧。当铝盘逆时针方向转动时，动触头将做顺时针方向转动，直到接通两个静触头，便输出使发电机跳闸的控制信号。此外，还有一个永久磁铁跨在铝盘上，其作用是产生阻尼力矩，以使圆盘匀速地旋转。

图 6-2-2　某型逆功率继电器原理结构图

### 2. 工作原理

本节主要说明该型逆功率继电器铝盘驱动力矩的大小、方向与该型逆功率继电器所接电路功率大小和方向的关系。前面已经指出，两个相位不同，且在不同空间位置上的交变磁通将在铝盘上产生转动力矩。由该型逆功率继电器的结构可知，在该型逆功率继电器铝盘上穿过的交变工作磁通共有五个，其相对位置如图 6-2-3 所示。它们分别由线圈 $w_i$、$w_u$ 通过上、下磁路系统所产生。

这样，能够在铝盘上产生力矩的磁通有如下六对：$\varphi_i$ 和 $\varphi_v$；$\varphi_i$ 与 $\varphi_v'$；$\varphi_i'$ 与 $\varphi_v$；$\varphi_i'$ 与 $\varphi_v'$；$\varphi_i''$ 与 $\varphi_v$；$\varphi_i''$ 与 $\varphi_v'$。由于能够产生转矩的是电流线圈中电流的有功分量，或者是对应磁通的有功分量，所以可把上述六对磁通中下标为 $i$ 的磁通都看成其磁通的有功分量在起作用，六对相互作用磁通间相角差的绝对值都是 90°，铝盘工作磁通矢量图如图 6-2-4 所示。

本节设 $U$ 为该型逆功率继电器所接电路的相电压，并接在电压线圈 $w_u$ 上；而 $i_i$ 为对应的相电流，并通过电流线圈 $w_i$。

显然，$\Phi_{um} = \Phi'_{um}$，$\Phi'_{im} = \Phi''_{im} = K_i \Phi_{im}$，则铝盘驱动力矩可以写成

$$M = \sum_{j=1}^{6} M_j = \Phi_{ipm} \cdot \Phi_{um} \sum_{j=1}^{6} M_j = KP$$

式中，$K$ 为比例系数；$P$ 为该型逆功率继电器所接相的功率。

可见，当三相负载平衡时，铝盘驱动力矩的大小与发电机有功功率成正比。驱动力矩的方向用移进磁场的概念来分析。

可以画出铝盘工作磁通的波形图，如图 6-2-5（a）所示。用磁极 N 表示穿过铝盘的正向磁通，用磁极 S 表示穿过铝盘的反向磁通，分别取时刻 $t_1 \sim t_5$，可以画出穿过铝盘各磁通随时间在空间位置上的变化规律，如图 6-2-5（b）所示。从整个铝盘看，工作磁通的合成磁场像是一对磁极，随着时间推移自左至右地移进（或扫描），故称该磁场为移进磁场。

可以把铝盘看作由许多辐射的导线组成，如图 6-2-3 所示。移进磁场使导线切割磁力线，导线中将产生感应电流，其方向可用右手定则进行判断。此载流导线在磁场中要受到力的作用，力的方向可以通过左手定则来判断，因此和感应电动机的原理相同，铝盘转子将会转动起

来，转动方向和移进磁场方向一致。

图 6-2-5 中所画移进磁场的方向，是 $|\varphi|<90°$ 的情况，即发电机输出功率的情况。此时铝盘将按顺时针方向转动，动静触头离开。动触头在一定位置上被一止挡块挡住，此时该型逆功率继电器不动作，无控制信号输出。

当发电机逆功率时，即 $|\varphi|>90°$，此时有功电流反相，其工作磁通的波形如图 6-2-6（a）所示，在铝盘上移进磁场的方向也变为反向，如图 6-2-6（b）所示。因而铝盘将变为逆时针方向转动，动触头按顺时针方向转动，动静触头闭合，送出发电机跳闸控制信号。

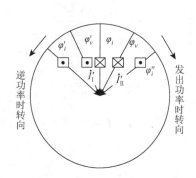

图 6-2-3　某型逆功率继电器穿过铝盘的磁通

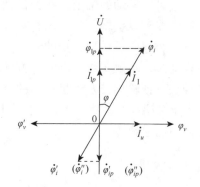

图 6-2-4　铝盘工作磁通矢量图

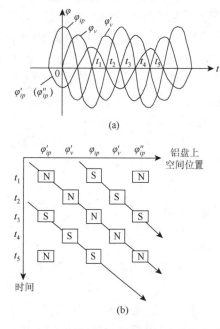

图 6-2-5　正功率时铝盘工作磁通的波形图及其移进磁场

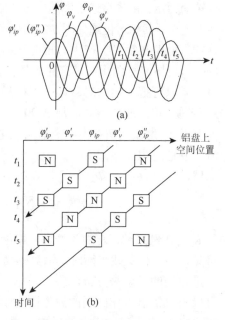

图 6-2-6　逆功率时铝盘工作磁通的波形图及其移进磁场

**3. 接线**

前面讲述的工作原理是在下面三个条件下实现的：

（1）电压线圈、电流线圈分别接入同一相的相电压、相电流；

（2）电压线圈只有电感，电阻为零；即 $R_v = 0$；

（3）不计涡流、磁滞的影响，即电流与其磁通同相。

在此条件下，该型逆功率继电器的旋转力矩只反映发电机的有功功率，且大小与其成正比。这时电压线圈的磁通 $\dot{\Phi}_u$ 与电流线圈磁通的有功分量 $\dot{\Phi}_{ip}$ 的相差为 90°（图 6-2-7），因而该型逆功率继电器具有最大的灵敏度。

但实际舰船发电机绝大多数采用三相三线制，即无法直接接出相电压；条件（2）、条件（3）实际也不成立。下面将通过具体接线来进行综合处理。

现在以 C 相为例来说明接线处理方法。电流线圈接 C 相电流，电压线圈本该接 C 相电压，但因无相电压可接，今采用比 C 相电压落后 30° 的线电压 $\dot{U}_{CB}$ 作为电压线圈的电压。在三相平衡负载时（船上负载基本如此），$\dot{U}_{CB}$ 的大小与 $\dot{U}_C$ 的大小成正比；因此用 $\dot{U}_{CB}$ 代替 $\dot{U}_C$ 并不影响该型逆功率继电器的转矩大小与线路功率呈正比的关系。

若考虑电压线圈的电阻 $R_v$，电压线圈中的电流 $\dot{i}_v$ 滞后电压 $\dot{U}_{CB}$ 的相角 $\beta_v$ 将小于 90°（图 6-2-7），其大小由下式确定：

$$\beta_v = \arctan \frac{\omega L}{R_v}$$

式中，$L$ 为电压线圈的电感。计及涡流及磁滞的影响时，电流 $\dot{i}_c$ 的有功分量 $\dot{i}_{cp}$ 所产生的磁通 $\dot{\Phi}_{cp}$ 将滞后 $\dot{i}_{cp}$ 一个角度。同样 $\dot{i}_v$ 产生的磁通 $\dot{\Phi}_v$ 也滞后 $\dot{i}_v$ 一个角度，如图 6-2-7 所示。为了使工作磁通 $\dot{\Phi}_{ip}$ 与 $\dot{\Phi}_v$ 的相角差仍为 90°，在电压线圈的磁路上装设有磁分路器，调整磁分路器可以改变电压线圈的电感，从而改变 $\beta_v$ 的大小。继电器出厂前可用试验的方法，调整 $\beta_v$ 的大小，使 $\dot{\Phi}_{ip}$ 与 $\dot{\Phi}_v$ 的相角差为 90°，因而完全符合理想情况的分析条件，从而圆满地解决了前述的问题。

由上述作用原理可知，该型逆功率继电器必须按一定规律接线，即采用 30° 接线法，使电压线圈所加电压落后于发电机有功电流 30°。这种接线方法的配伍规律是 $\dot{i}_A$、$\dot{U}_{AC}$；$\dot{i}_B$、$\dot{U}_{BA}$；$\dot{i}_C$、$\dot{U}_{CB}$，只有这样接线才能保证当输出为有功功率时，电流线圈磁通的有功分量超前电压线圈磁通 90°；当输出为逆功率时，电压线圈磁通超前电流线圈磁通有功分量 90°，实现逆功率保护。该型逆功率继电器外部原理接线图举例如图 6-2-8 所示。在试验检查中，当发电机输出

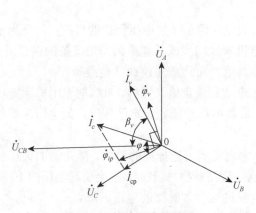

图 6-2-7  接线方法矢量图

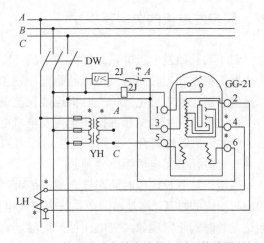

图 6-2-8  某型逆功率继电路外部原理接线图举例

为有功功率时，若铝盘顺时针方向转，则动触头向止挡方向运动，说明接线正确。否则应调换其中一个绕组的接线，最好调换电压线圈的接线。在接线中还应注意，使继电器线圈的同名端与互感器的同名端相对应。

#### 4. 整定

需要整定的一是动作值；二是时延。并联运行发电机逆功率值按原动机的类型可以整定为

（1）原动机为柴油机-发电机额定功率的 8%～15%；

（2）原动机为蒸汽轮机-发电机额定功率的 2%～6%；

（3）原动机为燃气轮机-发电机额定功率的 3%～7%。

将该型逆功率继电器的动作功率值整定成三个数值，它是通过改变电流线圈匝数来实现的。电流线圈有三个抽头，分别焊在插座的三个插孔上，三个插孔对应的动作功率与额定功率之比，自上至下分别为 6.4%、9.6% 和 12.8%。在运行中当改变动作功率整定值时，为了防止电流互感器副边开路，应将插座空挡上的备用插销先插入需要的插孔上，然后再拔掉原来动作功率插孔上的插销，放在空挡插孔上。

当逆功率达到动作功率整定值时，铝盘带动触头开始旋转，从铝盘启动到触头闭合，要经过一定的转角，需要一定的时间，这就是该型逆功率继电器的时延。改变止挡的位置可以改变铝盘的起始位置（粗调）；改变铝盘轴上的反力弹簧弹力可以改变铝盘的转速（细调），它们都可以改变继电器的时延。

逆功率保护的时延应整定为 3～10 s。该型逆功率继电器的时延有 2 s、3 s、5 s、7 s、9 s 和 12 s 共 6 个数值，它是以 1.2 倍动作功率为标准的。因为铝盘转动和实际逆功率值有关，逆功率越大，旋转力矩也越大，时延要短一些；逆功率越小，旋转力矩也越小，时延就长一些，因此其时延具有反时限特性。

除了利用逆功率继电器作用于发电机断路器来实现逆功率保护，在有的船上采用了新的作用方式：在原动机发生故障时，利用原动机本身的自动控制系统，将分闸信号加到发电机的断路器上，利用电磁停车装置使故障机停车，也可以将信号作用在透平机制动阀门上或柴油机燃油泵齿杆上，使发电机断路器分断。这时可以不要时延，从而提高保护的实效性。

### 四、同步发电机的欠电压保护

对于与其他发电机并联运行的发电机，应设有欠电压保护。欠电压保护的目的：一是为了防止发电机不发电时闭合发电机断路器，避免发电机未经同步或其他原因与汇流条的误合闸；二是为了防止发电机电压消失时仍连接在汇流排上，这样将造成短路或其他故障。

为此可以利用欠电压保护装置使发电机电压在未达到设定值（例如，80%的发电机额定电压）前发电机断路器合不上闸；而当运行中的发电机端电压降低到一定限度时，欠电压保护装置经一定时延使发电机断路器开断。

当电压达到设定值时断路器合闸，是瞬时动作。为了满足选择性的要求，断路器的欠压脱扣应有一定的时延，这是由于在系统中有大电机启动或突加较大负载时，也会引起电压的下降，但这是暂时的正常现象，欠电压保护的时延就是为躲过这种暂时性的电压下降。

当发电机组单独工作时，在某些故障情况下欠电压保护有时是使发电机断路器分断的唯一

手段。常见的故障包括原动机的意外停车、发电机内部短路、励磁回路故障等。

根据我国《钢质海船入级与建造规范》规定，并联运行的发电机的欠电压保护应满足如下要求：

（1）用于避免发电机不发电时闭合断路器的场合应瞬时动作。

（2）当电压降低至额定电压的 35%～70% 时，应在系统选择性保护要求的时延后动作。

通常时延应与过流短时延动作特性相配合。例如，对于某型断路器，要求时延不得小于 0.4 s，一般整定在 0.5～2 s。

舰船发电机的欠电压保护装置由框架式空气断路器中的欠电压脱扣器或综合保护中的晶体管欠电压继电器等组成，将在后面进行介绍。

当然，如果采用独立的联锁装置或专用的自动控制装置，那么可以避免发电机未经同步或其他原因与汇流排误合闸及发电机电压消失时仍连接在汇流排上的发生，也可以不单独设置欠电压保护装置。因此新的标准中并未将欠电压保护放在必设之列。

## 五、发电机定子相间故障保护

相间故障很少发生，但会产生很大的故障电流，该故障最理想的保护是差动保护；因此，除容量小于 1 MV·A 的发电机，所有发电机都推荐配置差动保护。该型保护提供了灵敏的相间故障保护，但可能无法提供接地故障保护，这取决于发电机所采用的接地方式。

### 1. 小型发电机的差动保护

小型发电机差动保护的首选方案如图 6-2-9 所示。该方案的不足在于中性点和机端引线需要同时穿过电流互感器且易受电流互感器的影响。然而，由于每相独立，且只需一个口，不需要进行 CT 匹配，从而获得高灵敏度的高速保护。和电流（差流合成磁通）CT 的电流比（通常为 50∶5）与发电机负载电流无关。通常，差动保护装置能够达到大约 5A 的一次差动电

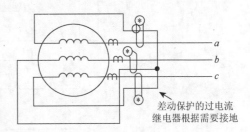

差动保护的过电流继电器根据需要接地

图 6-2-9 小型发电机差动保护的首选方案

流灵敏度。只要差动保护范围内的故障电流水平大于灵敏度，均可以同时为相间和接地故障提供保护。

除非是该 CT 在断路器的汇流排侧并将发电机中性点侧电缆引至汇流排，否则该方案无法为电流 CT 与发电机断路器之间的区域提供保护，所以必须对和电流 CT 和断路器之间的区域提供其他保护。

### 2. 发电机的多 CT 差动保护

差动保护是广泛地用于发电机及其相关回路的快速且灵敏的保护。该保护连接两组 CT：一组在中性点侧，另一组在发电机出线侧。对于发电机连接断路器的情况，出线侧 CT 通常与断路器相关联（即将断路器包括在内），如图 6-2-10 所示。

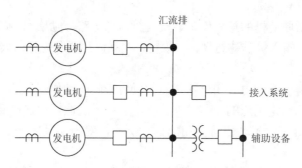

图 6-2-10    一台或多台发电机组差动传感器布置图

对于单元机组，出线侧 CT 一般紧靠发电机，通常位于机端。Y 和 △ 联结发电机的典型差动保护接线如图 6-2-11 所示。

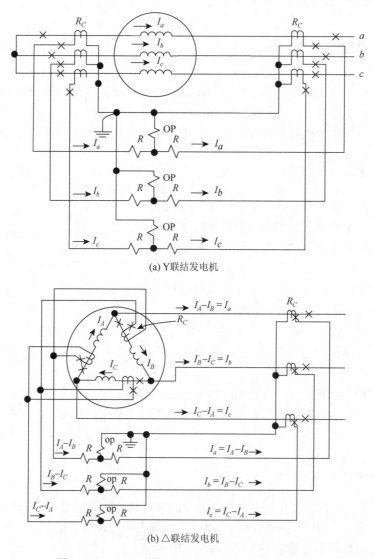

图 6-2-11    Y 和 △ 联结发电机的典型差动保护接线

对于三角形接线机组，若绕组各侧的 CT 均可以引出，则可以用于实现绕组差动保护。CT 联结与 Y 联结发电机类似。但是，这种联结无法为保护区内的绕组连接点和相回路提供保护。

通常，用于差动的 CT 具有相同的电流比，并且采用相同的类型和制造厂商，以尽量地减少出现外部故障时因不匹配引起的误差。通常，差动保护制动绕组的阻抗很低，可以降低整体负载，并提高 CT 性能。

应用建议中允许使用较低比例特性的高灵敏差动保护，一般对于恒定比例特性可取比例为10%～25%，而对于可变比例特性则可以取相当或更低的比例。

固定 10%比例和可变比例差动保护的灵敏度（起动电流）为 0.14～0.18A，固定 25%比例差动保护的灵敏度约为 0.50A。应迅速地断开断路器，切除励磁，并减少原动机的输入。然而，由于发电机的磁通作用在切机后还会继续提供长达数秒（8～16 s）的故障电流，所以无法瞬时切除发电机故障。

虽然发电机的励磁涌流的问题通常不太严重，但差动保护应该具有良好的防误动能力，以避免在外部故障电压显著降低和故障清除电压恢复过程中发生误动。故障清除时可能会产生励磁涌流。该保护不适用于发电机空充主变或系统黑启动等情况。

### 3. 发电机的高阻抗电压型差动保护

高阻抗电压型差动保护可以作为电流差动保护的一种替代选择。保护继电器连接在并联 CT 的相绕组和中性点引线之间。对于外部故障，因为电流在两套 CT 之间流通（图 6-2-10），继电器上的电压会很低。而内部故障时，故障电流流过激励分支和每个 CT 的高阻抗继电器，电流互感器在大多数故障情况下处于饱和状态，从而产生高电压使继电器动作。CT 由相同特性、可忽略的漏抗和完全分布式二次绕组组成。

## 六、定子接地故障保护

绝缘损坏是大多数发电机故障的主要原因。绝缘损坏可能由匝间故障发展为接地故障所致，也可能最初由接地故障引起。因此，尽管接地故障比较少见，但接地故障保护非常重要。发电机中性点接地主要有以下三种类型。

（1）发电机中性点接地。

①低阻抗（电阻或电抗）接地，一般将一次短路电流限制为 50～600A。

②高阻或谐振接地，一般将一次短路电流限制为 1～10A。

③小型机组直接接地。

（2）发电机本身不接地，由所连的系统经低阻抗接地，一般将一次短路电流限制到 50～600A。

（3）发电机和连接系统不接地。断路器或其他切除手段可能导致第二类通过连接系统接地变成第三类不接地。

上述类型①广泛地用于陆用中/小型发电机，而类型②用于舰用中压发电机。舰用低压发电机通常属于第三类。

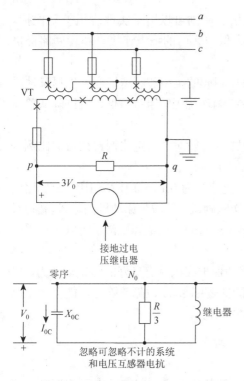

图 6-2-12　使用 Y-△接线三相电压互感器的
接地故障电压检测方法

除一些小型发电机外，零序电抗比正负序电抗更小，变化范围更大。因此，金属性接地故障电流会比相间故障大。一般做法是通过在接地中性点接入电阻或电抗来限制接地故障电流。

### 1. 不接地发电机的接地故障保护

不接地发电机的接地故障容易检测，但是无法进行定位。将过电压继电器安装在 Y 形接地电压互感器的开口三角形绕组上，可以获取接地故障的零序电压 $3V_0$，如图 6-2-12 所示。通过切换或故障跳闸产生不接地状态的系统都应该配置不接地发电机的接地故障保护。

### 2. 中性点高电阻接地的单元接线发电机的接地故障保护

高电阻接地广泛地应用于单元接线发电机。接地高电阻将一次故障电流限制为 1~10A。在此故障水平下，接地故障对发电机的损伤最小，可以避免进行成本高昂的维修。将接地高电阻两侧接入过电压继电器能有效地反映发电机到系统、到厂用变二角绕组部分发生故障后的零序过电压 $V_0$。如图 6-2-13 所示，当出现发电机机端线路接地故障时，接地电阻两端的典型电压为 138 V。过压继电器的动作值从 1 V 变化至 16 V，其灵敏度较高，保护 90%~95% 的发电机定子绕组。该保护需不受三次谐波的影响，因为三次谐波通常以类似于零序的方式流入中性点。接地故障保护也可以通过在发电机机端电压互感器（voltage transformer，VT）接入过电压继电器保护来获得。

在上述高电阻接地系统中，灵敏的过电压继电器应与 VT 的一次熔断器进行配合。若无法配合，则发电机可能由于 VT 故障发生跳闸。在防止电力变压器高压侧接地故障时误动的装置中，这种配合也极为重要。

通常，VT 采用 Y-Y 联结，但带开口三角的电压互感器也可以用于测量三相电压。对于 Y-Y 联结 VT，一次 Y 形联结中性点应该接地，而二次 Y 联结中性点一般不接地，除

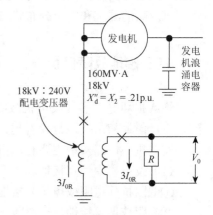

图 6-2-13　通过在中性点接入大电阻
实现高电阻接地的典型示例

非二次 Y 联结中性点需要获取零序。只将一次侧中性点接地是安全的做法，否则 VT 二次接地故障时可能导致过电压继电器产生过电压保护动作。同时，过电压继电器过电压保护也应与 VT 二次熔断器进行配合。

在接地电阻二次侧连接有反时限瞬时过电流保护装置，其保护动作值必须大于正常运行时中性点的最大不平衡电流。发电机中性点电流的典型值一般小于 1A。过电流保护的动作值一

般为该不平衡电流的 1.5～2 倍。50A 过电流保护提供瞬时保护，它的动作值必须高于正常运行时中性点不平衡电流，以及一次系统区外接地故障产生的电流最大值，该值远大于不平衡电流的值。

## 第三节　框架式空气断路器及塑壳式自动空气断路器

框架式空气断路器及塑壳式自动空气断路器是舰船上最常见的两种断路器，是舰船电力系统重要的保护装置，本节主要介绍两种断路器的基本结构和工作原理。

### 一、舰船用框架式空气断路器

舰船用框架式空气断路器（简称框架式断路器），又称作万能式自动空气断路器或自动开关，是舰船电力系统中保护发电机及重要网络最重要的保护电器，在出现短路、过载及欠电压等故障和不正常运行状态时，可自动地断开主电路；在电力系统正常运行时，可以作为接通和断开主电路不频繁转换的开关电器。

框架式断路器主要应用范围是发电机与主配电板间开关；电站之间的跨线开关；电站内汇流排分段开关及主配电板对大容量重要负载的馈线开关等。当然它也可以用于配电网络的保护。

我国舰船用框架式空气断路器型号的表示方法和意义，可用下例表明：

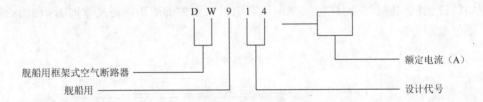

为了学习方便，本节引入图 6-3-1 所示的示意图，用以说明舰船用框架式空气断路器的基本结构和工作原理，以期对该断路器有一个全面概貌的了解。

舰船用框架式空气断路器不管型号如何，都由以下四大部分组成：触头系统（包括灭弧装置）、操作机构、自由脱扣机构及保护装置。触头系统是用来快速可靠地接通或断开主电路；在舰船用框架式空气断路器中除手动操作机构外，还有以电动机或电磁铁为动力的电动操作机构，操作机构的作用是产生合闸能量，供开关闭合用，并储藏一部分能量于断开弹簧中，为分断做准备。自由脱扣机构是舰船用框架式空气断路器特有的部分，它装在操作机构与动触头之间，合闸时，它呈连接状态（也称再扣状态），能把操作机构的能量传送到动触头上去，使触头闭合。当电路发生故障时，在保护装置的作用下，它呈自由脱扣状态（简称脱扣状态），不论此时操作机构在什么位置，动触头都能在断开弹簧的作用下自由地断开。图 6-3-1 中用连杆 2、连杆 3 代表自由脱扣机构。其中，图 6-3-1（a）为合闸位置，此时连杆 2 和连杆 3 几乎呈一条直线，绞链接点 $b$ 稍低于 $a$ 和 $c$ 的连线（此位置也是 $b$ 点可能的最低位置），连杆 2 和连杆 3 成为刚性连接，运动连杆处于死区，触头处于闭合状态。图 6-3-1（b）为自动分闸后的位置。当电路出现故障时，释放器的衔铁（或顶杆）在保护装置的作用下，向上冲击 $b$ 点，使图 6-3-1（a）位置的刚性连接被破坏，因而使触头分闸。图 6-3-1（c）为准备合闸位置（或称再扣位置），此时应将图 6-3-1（b）中手柄向下拉，使连杆 2 和连杆 3 几乎呈一条直线的刚性连接（即再扣状态），经过这一操作后再把手柄推上，才能使断路器重新合闸。

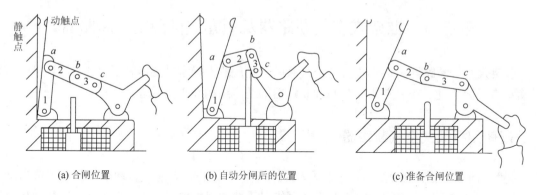

(a) 合闸位置　　　　　　　(b) 自动分闸后的位置　　　　　　(c) 准备合闸位置

图 6-3-1　舰船用框架式空气断路器结构示意图

综上所述，可以得到图 6-3-2 所示的舰船用框架式空气断路器工作原理示意图。在正常工作时，过流保护装置电磁吸力小于弹簧力，铁枢是释放的；由于电压正常，失压保护装置的电磁吸力大于弹簧力，杠杆被吸下；远距离操作的分励脱扣按钮未闭合，将其继电器衔铁释放。如果出现过载或短路，那么过流保护装置的电磁吸力增大，吸动铁枢，使脱扣机构脱扣，主触头在断开弹簧作用下分断；如果电路失压或欠压，那么失压保护装置的电磁吸力减小，释放铁枢，也将使脱扣机构脱扣；同样分励继电器有电时（人为的或出现逆功率时），也使脱扣机构脱扣，而使电路分断。

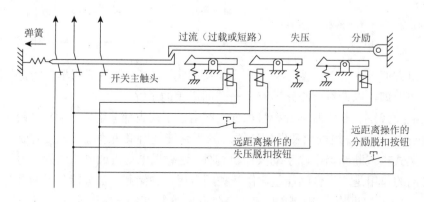

图 6-3-2　舰船用框架式空气断路器工作原理示意图

## 二、AH 型框架式空气断路器

AH 型框架式空气断路器属于低压框架式空气断路器，适用于交流 50～60 Hz、额定电压为 660 V 及以下和直流电压为 440 V 及以下的船用和陆用电力线路中，作为过载、短路和欠电压保护，以及在正常条件下供线路的不频繁转换。

## 1. 概述

AH 型框架式空气断路器的外观图 I 如图 6-3-3 所示。AH 型框架式空气断路器外观图 II 如图 6-3-4 所示。AH 型框架式空气断路器内部结构图如图 6-3-5 所示。可抽出型 AH 型框架式空气断路器外观图如图 6-3-6 所示。

图 6-3-3　AH 型框架式空气断路器的外观图 I

1-接线图、操作说明书（在内部放置）；2-电子型过电流脱扣装置；3-分、合指示窗；4-手动脱扣按钮；5-抽屉座

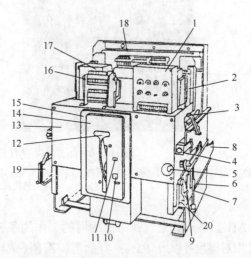

图 6-3-4　AH 型框架式空气断路器外观图 II

1-过流脱扣器；2-提升板；3-联锁杠杆；4-固定断路器螺钉；5-抽出手柄插入口；6-固定杠杆用螺钉；7-抽出用手柄；8-延长导轨；9-断路器止动器；10-手动合闸手柄；11-分合指示器；12-手动脱扣按钮；13-框架前面板；14-正面面板；15-防尘板；16-辅助开关；17-灭弧室；18-二次插入装置；19-抽出导轨

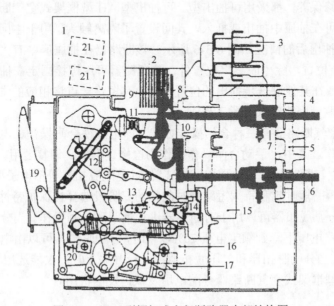

图 6-3-5　AH 型框架式空气断路器内部结构图

1-电子型过电流脱扣装置；2-减弧罩；3-控制回路隔离触头；4-主回路端子；5-抽屉座模压底板；6-主回路端子；7-主回路隔离触头；8-静弧触头；9-动弧触头；10-静主触头；11-动主触头；12-操作机构；13-脱扣子；14-电磁型瞬时脱扣装置；15-CT（用于电子型过电流脱扣装置）；16-储能电机；17-闭合止动销释放装置；18-闭合弹簧；19-储能手柄；20-快合、慢合选择杆；21-辅助开关

图 6-3-6　可抽出型 AH 型框架式空气断路器外观图

1-控制回路隔离触头（可动侧）；2-主回路进线母排；3-主回路出线母排；4-控制回路隔离触头（固定侧）；5-主回路隔离触头（固定侧）；6-主回路隔离触头（固定侧）；7-抽出把手

　　AH 型框架式空气断路器适用的工作的条件是指周围空气温度不高于 50℃，不低于-5℃；空气相对湿度不大于 95%；有盐雾、霉菌、凝露、油气；倾斜小于 30°；有振动、有冲击，适用于舰船及类似的工作环境。

　　与同容量的 DW-94 型框架式空气断路器相比，AH 型框架式空气断路器的重量、体积较小，而断流容量却提高了 50%～100%，因而有较高的可靠性和电动稳定性。

　　AH 型框架式空气断路器按安装方式可以分固定型和可抽出型，因船上环境条件恶劣，地方狭小，为便于维修保养，都采用可抽出型。可抽出型 AH 型框架式空气断路器带有一个抽屉座。该断路器本体可在抽屉中抽出或插入，其间设置了隔离触头，用于主回路与控制回路的通断。该断路器本体抽出后的情况如图 6-3-6 所示。该断路器在抽屉座中有"工作""试验""不连接""脱离"四个位置，除"脱离"位置外，该断路器可用螺栓固定在抽屉座上。当该断路器在"试验"位置或在其他进一步抽出的位置上时，有短路接点将相应的常闭触点短接，保证某些不允许断开的联锁回路继续正常工作。

　　AH 型框架式空气断路器有三种合闸操作方式，即电磁铁合闸操作、电动机储能合闸操作和手动储能合闸操作。其中，手动合闸操作仅作为检修、维护、调整之用。

　　AH 型框架式空气断路器有多种脱扣保护装置。过电流脱扣器包括电子型及电磁型脱扣器，具有过载长时延、短路短时延和特大短路瞬时脱扣的三阶段选择性保护特性；欠压脱扣器包括瞬时、时延两种；分励脱扣器可以用于对断路器进行远距离分闸操作。当分励脱扣器的电源停电或短路故障使线路电压下降到额定电压 70%以下时，分励脱扣器可以由电容器脱扣装置供电（断电 0.5 h 之内）。当分励脱扣器和欠压脱扣器在一台开关上时，仅能选用其中一种。

　　按用途分 AH 型框架式空气断路器分配电用及保护发电机用。

### 2. 触头及灭弧系统

　　AH 型框架式空气断路器触头部的结构如图 6-3-7 所示。

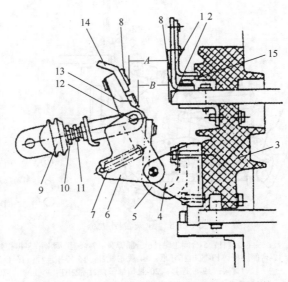

图 6-3-7　AH 型框架式空气断路器触头部的结构

1-静弧触头；2-静主触头；3-模压底板；4-触头支架；5-软连接；6-触头座；7-触头弹簧；8-接点；9-绝缘操作杆；10-锁紧螺母；
11-调整螺母；12-动触头轴；13-动主触头；14-动弧触头；15-螺母；B-主触头开距；A-弧触头开距

AH 型框架式空气断路器触头分为主、弧两组，闭合时弧触头先于主触头接通，断开时迟于主触头分开，以此限制主触头的电磨损，使主触头几乎不被烧蚀也不被消耗。触头系统采用电动补偿回路，即开关闭合时，随负载电流增大，开关触头压力也增大，动、静触头压得越紧；而在断开瞬时，随着电流的减小，电磁力又变为排斥力，加速动、静触头的分离。

开关的主、弧触头都安装在一个灭弧室内，灭弧室外壳采用胶木压制件，内壁衬有耐电弧的绝缘材料板，灭弧室强度很高。当燃弧时，灭弧室下端形成了一个压力区域，对电弧产生了气吹的作用，加速了电弧的向上运动。这一措施有利于灭弧，有效地防止了相间短路。

### 3. 操作及脱扣机构

断路器的操作机构采用了双四连杆传动机构，取消了原 DW 开关的半轴脱扣部分，而采用滚轮滑动支点的方式，避免了该机构中的一个薄弱环节；开关在受力和活动的几个关键支点部件上，采用了滚动轴承，大大减小了摩擦系数，提高了耐磨性，这些都减小了脱扣力，并增加了脱扣的稳定性和可靠性。

开关合闸状态和开关脱扣机构状态图如图 6-3-8 及图 6-3-9 所示。连接杠杆 4 固接在合闸主轴 5 上（图 6-3-8），铰接轴分别与分断弹簧 6、合闸连杆 16 及绝缘操作杆 3 相连。

图 6-3-9（a）所示双四连杆传动机构处于合闸位置，由图可以看出，触头的闭合条件是脱扣杠杆 14 的一端顶住了脱扣杠杆爪 13 和脱扣连杆 15 相连接的活动转轴；脱扣连杆 15 和合闸连杆 16 相连接的活动转轴被合闸制动销 7 的一端顶住，形成了图 6-3-9（a）的合闸位置。触头在闭合时的触头弹簧力、分闸弹簧拉力和再扣弹簧拉力形成了分闸条件。当给分闸信号时，脱扣指 21 拨动脱扣掣子 20 顺时针转动一个角度，脱扣杠杆 14 也顺时针向下转动，自由脱扣机构被瓦解，断路器脱扣，如图 6-3-9（b）所示。由于再扣弹簧 8 的拉力作用，脱扣连杆 15 和合闸连杆 16 之间的转轴受力，成为图 6-3-9（c）的分闸位置，即双四连杆传动机构再扣复位，为再次闭合准备了条件。

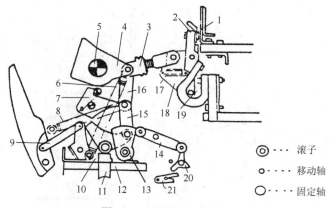

图 6-3-8 开关合闸状态

1-静触头；2、动触头；3-绝缘操作杆；4-连接杠杆；5-合闸主轴；6-分断弹簧；7-合闸制动销；8-再扣弹簧；9-手动合闸连杆；10-合闸连杆（手动）；11-电磁合闸顶杆；12-合闸连杆；13-脱扣杠杆爪；14-脱扣杠杆；15-脱扣连杆；16-合闸连杆；17-触头弹簧；18-触头支架；19-软连接；20-脱扣掣子；21-脱扣指

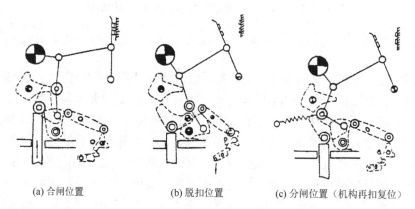

(a) 合闸位置　　　　　(b) 脱扣位置　　　　(c) 分闸位置（机构再扣复位）

图 6-3-9 开关脱扣机构状态图

由图 6-3-8 可见，手动闭合由手柄逆时针向下转动，手动合闸连杆带动合闸连杆逆时针转动，推动合闸连杆顺时针转动，推动双四连杆传动机构完成闭合操作。

电磁铁合闸是由动铁芯导杆向上运动的，直接推动合闸连杆完成闭合操作。

### 4. 合闸操作方式

AH 型框架式空气断路器有三种合闸操作方式：电动机储能式合闸、电磁铁式合闸和手动储能式合闸。

#### 1）电动机储能式合闸

电动机储能合闸线路的原理如图 6-3-10 所示（断路器处于断开状态）。当接通电源后，储能继电器 2J 通过微动开关 2WK、辅助开关触头 $B_1$ 常闭接点获电，使接点 $2J_2$ 闭合，电动机 D 通过 $2J_2$、辅助开关触头 $B_1$ 获电工作（工作前电动机开关已闭合），使闭合弹簧储能，当储能到位时，使微动开关 1WK、2WK 动作；微动开关 2WK 开断使储能继电器 2J 断电，$2J_2$ 打开，使电动机停止工作。微动开关 1WK 的常开触头闭合，为合闸准备好条件。微动开关 1WK 的常闭触头被断开，使防止重合闸继电器 1J 不能获电，从而也为合闸准备了条件。此时再按合闸按钮 HA，则止动销释放装置 AVH 将通过合闸按钮 HA、常闭联锁触头、微动开关 1WK、$1J_2$

及辅助开关触头 $B_1$ 获电，打开释放装置，断路器在闭合弹簧的作用下合闸。闭合弹簧复位，微动开关 1WK、2KW 复位。因为合闸后辅助开关触头 $B_1$ 开断，所以储能继电器 2J 无电，电动机也不工作。当断路器再次开断时，辅助开关触头 $B_1$ 闭合，储能继电器 2J 及电动机 D 立即获电，使合闸弹簧再次储能，为再次闭合作好准备。

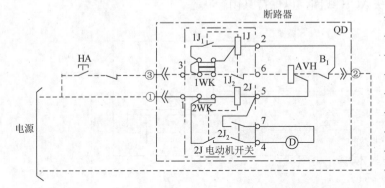

图 6-3-10　电动机储能合闸线路的原理图

①～⑤代表接线端口

| 符号 | 名称 |
|---|---|
| D | 电动机 |
| 1J | 防止重合闸继电路 |
| 2J | 储能继电路 |
| AVH | 止动销释放装置 |
| $B_1$ | 辅助开关触头 |
| HA | 合闸按钮 |
| 1WK，2WK | 微动开关 |

工作电源可以是交流也可以是直流，其相应数据如表 6-3-1 所示。

表 6-3-1　相应数据

| 型号 | 数据 | | | | | |
|---|---|---|---|---|---|---|
| | 额定电压/V<br>（50 Hz/60 Hz） | 操作电压/V | 起动电流峰值/A | 稳态电流/A<br>（有效值） | 储能时间/s | 合闸控制线圈电流 |
| AH-6B<br>AH-10B<br>AH-18B | AC410～470① | 345～517 | 9.6（450 V） | 1（450 V） | 3（450 V） | 1.5（450 V） |
| | 350～395① | 320～435 | 9.6（380 V） | 1（380 V） | 3（380 V） | 1.9（380 V） |
| | 200～230 | 170～255 | 9.6（220 V） | 1（220 V） | 3（220 V） | 2.7（220 V） |
| | 100～115 | 85～130 | 4.7（110 V） | 0.8（110 V） | 6（110 V） | 4.0（110 V） |
| | DC100～110 | 75～125 | 3.2（100 V） | 0.6（100 V） | 6（100 V） | 2.7（100 V） |
| | 48 | 36～53 | 28（48 V） | 3.2（48 V） | 3（48 V） | 5.1（48 V） |
| | 24 | 18～27 | 13（24 V） | 3.0（24 V） | 6（24 V） | 8.1（24 V） |
| AH-20C | AC200～230 | 170～225 | 21（220 V） | 1（220 V） | 3.5（220 V） | 2.7（220 V） |
| AH-20CH | 110～115 | 85～130 | 8.5（110 V） | 0.8（110 V） | 5（110 V） | 4.0（110 V） |
| AH-30C | DC100～110 | 75～125 | 8（110 V） | 0.6（100 V） | 6（100 V） | 2.7（100 V） |
| AH-30CH | 48 | 36～53 | 39（48 V） | 3.5（48 V） | 4.5（48 V） | 5.1（48 V） |
| AH-40C | 24 | 18～27 | 18（24 V） | 3.2（24 V） | 8.5（24 V） | 8.1（24 V） |

注：①当操作电压超过 220 V 时，可另供 300 V·A 电源变压器，其二次电压为 220 V。

电动机为额定短时工作制、频繁操作 30 次后，至少要有 15 min 的冷却时间。

2）电磁铁式

电磁铁式合闸线路原理图如图 6-3-11 所示。

由图 6-3-11 可知，当 1、2 接通电源后，按下合闸按钮 HA，接通 4、5，经过辅助开关触头 $B_1$ 及微动开关 WK 常闭接点，使合闸控制接触器 ACH 线圈通电，合闸使电磁铁 AEH 线圈通电，该线圈因两端直流电压太高，而线圈电阻小（不超过 34 Ω），因而产生强大的电流和电磁吸力，将动铁芯快速吸上，利用其较大的质量与速度，推动合闸机构，使开关闭合。闭合后，辅助开关触头 B₁ 断开，合闸按钮 HA 后的联锁接点也断开，因而即便再次按合闸按钮 HA，也不会使电磁铁 AEH 线圈再次通电而动作。常闭微动开关 WK 在电磁铁 ACH 线圈获电后即开断，使经济电阻 R 串入电磁铁 ACH 线圈，以保持其闭合状态。

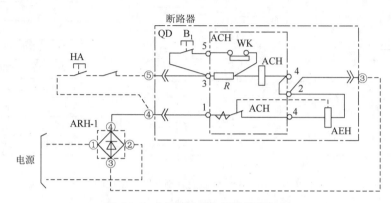

图 6-3-11　电磁铁式合闸线路原理图

　　电磁操作装置也为短时工作制，连续操作 30 次以后，至少要有 15 min 的冷却时间。

　　电磁铁操作装置适用于交、直流电源。当使用交流电源时，应使用交流整流装置 ARH。其相关数据如表 6-3-2 所示。

表 6-3-2　相关数据

| 型号 | 数据 | | | | |
| --- | --- | --- | --- | --- | --- |
| | 额定电压/V（50 Hz/60 Hz） | 操作电压/V | 合开线圈电流/A（DC 峰值） | 合闸控制线圈电流最大值/A | 合闸用整流器[①]型式 |
| AH-6B<br>AH-10B<br>AH-16B | AC440～460 | 374～510 | 8.5（450 V） | 0.23（450 V） | ARH-1B |
| | 350～400 | 295～440 | 11（380 V） | 0.33（380 V） | ARH-1B |
| | 200～240 | 170～265 | 19（220 V） | 0.53（220 V） | ARH-1B |
| | 100～120 | 85～132 | 50（110 V） | 0.85（110 V） | ARH-1B |
| | DC190～210 | 140～265 | 20（200 V） | 0.44（220 V） | — |
| | 100～110 | 75～140 | 36（100 V） | 0.61（100 V） | — |
| AH-20C<br>AH-20CH<br>AH-30C<br>AH-30CH<br>AH-40C | AC440～460 | 374～500 | 5.5（450 V） | 0.23（450 V） | ARH-1B |
| | 350～400 | 295～440 | 6（380 V） | 0.33（380 V） | ARH-1B |
| | 200～240 | 170～265 | 9.5（220 V） | 0.53（220 V） | ARH-1B |
| | 100～120 | 85～132 | 17.5（110 V） | 0.85（110 V） | ARH-1B |
| | DC190～210 | 140～265 | 9（200 V） | 0.44（220 V） | — |
| | 100～110 | 75～140 | 17（100 V） | 0.61（100 V） | — |

注：①合闸整流器在断路器外部安装。

3）手动储能式

　　合闸时将手动合闸手柄（见图 6-3-4 中的 12）扳到停止位置时，即可利用合闸弹簧的力量使 AH 型框架式空气断路器合闸。

5. 保护装置及脱扣方式

1）过电流保护装置

AH 型框架式空气断路器过电流保护由电子式过电流脱扣器和电磁式短路瞬时脱扣器两部分组成。

电子式过电流脱扣器具有短路短时延脱扣、过载长时延脱扣及预报警的保护特性。其方框图如图 6-3-12 所示。其中，各起动电路采用了运算放大器，因而动作值较精确，返回系数高。其他电路则采用分立元件。在起动电路及时延电路上分别设有调节电阻，用以调节各自电路的整定电流和时延。调节电阻装在 AH 型框架式空气断路器正面的右上方（图 6-3-7 中的 1），便于调整、整定。可整定的范围如表 6-3-3 所示，其中，$I_0$ 是脱扣器的额定电流。

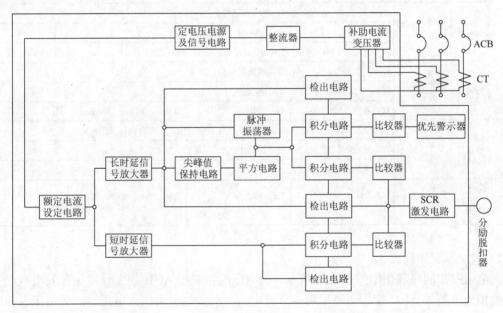

图 6-3-12　AH 型框架式空气断路器电子式过电流脱扣器方框图

脱扣器的电源都来自信号，只有预报警的出口电路电源来自 24 V 交流整流电源。另外，该电源还用作长时延、短时延动作机能的校验。

SCR 的出口电路将信号送入脱扣器的执行元件，执行元件是一个反向激磁释放机构，其中间的永久磁铁使执行元件铁芯吸合；当有过电流信号时，执行元件的线圈通电，产生一个反向磁场来克服永久磁铁产生的磁场，通过弹簧拉力使铁芯释放，带动脱扣杆，使 AH 型框架式空气断路器断开。

电磁式瞬时过电流脱扣器独立于电子式过电流脱扣器，以主电路电流为工作电流。当电路发生短路，电流超过其动作值时，脱扣器瞬时动作，把主电路断开。其动作值只有一个，由制造厂整定，一般不需要用户再调整。

AH 型框架式空气断路器还设有报警开关，其是随电流长时延脱扣、短时延脱扣或瞬时脱扣而动作的，正常时其接点断开，当出现过电流脱扣信号时，其接点闭合，用户可以根据需要连接一个自保持电路，使脱扣报警连续指示。

表 6-3-3　可整定的范围

| 适用断路器型号 | | | | AH-6B | AH-10B | AH-16B | AH-20C | AH-20CH | AH-30C | AH-30CH | AH-40C |
|---|---|---|---|---|---|---|---|---|---|---|---|
| 电子型 | 配电用 | 长时延 | 整定电流 $I_1$ 时延 $T_1$ | $I_0 \times 0.8$；0.9；1.0；1.10　连续可调 | | | | | | | |
| | | | | $<I_1 \times 105\%$ 不动作；$>120\%$ 动作 | | | | | | | |
| | | | | 在 $I_1 \times 600\%$ 时，5～30 s 连续可调 | | | | | | | |
| | | | | 推荐选用：5 s；10 s；15 s；20 s；25 s；30 s，误差为 ±15% | | | | | | | |
| | | 短时延 | 整定电流 $I_2$ 时延 $T_2$ | $I_0 \times 4$；5；6；7；8；9；10　连续可调误差为 ±15% | | | | | | | |
| | | | | 在 $I_2 \times 1.2$ 以上时，120～420 ms，连续可调 | | | | | | | |
| | | | | 推荐选用：120 ms；170 ms；220 ms；270 ms；320 ms；370 ms；420 ms | | | | | | | |
| | | 瞬时 | 整定电流 $I_3$ 整定电流 $I_3$ | $I_0 \times 4$；5；6；7；8；9；10；12；14；16　连续可调误差为 ±20% | | | | | | | |
| | | | | $I_0 \times 4$；5；6；7；8；9；10　连续可调误差为 ±20% | | | | | | | |
| | 保护发电机用 | 长时延 | 整定电流 $I_1$ 时延 $T_1$ | $I_0 \times 1.0$；1.05；1.10；1.25；五档误差为 ±5% | | | | | | | |
| | | | | 在 $I_1 \times 120\%$（或 115%）时，15～60 s 连续可调 | | | | | | | |
| | | | | 推荐选用：15 s；20 s；25 s；30 s；35 s；40 s；45 s；50 s；55 s；60 s，误差为 ±15% | | | | | | | |
| | | 短时延 | 整定电流 $I_2$ 时延 $T_2$ | $I_0 \times 2$；2.5；3；3.5；4；连续可调误差为 ±10% | | | | | | | |
| | | | | 在 $I_2 \times 1.2$ 以上时，120～420 ms 连续可调 | | | | | | | |
| | | | | 推荐选用：120 ms；170 ms；220 ms；270 ms；320 ms；370 ms；420 ms | | | | | | | |
| | | 预报警 | 整定电流 $I_P$ 时延 $T_P$ | $I_1 \times 0.82$；0.84；0.86；0.88；0.90；0.92；0.94；0.96 连续可调误差为 ±5% | | | | | | | |
| | | | | 在 $I_1 \times 120\%$（或 115%）时，5～10 s | | | | | | | |
| | | | | 推荐选用：10 s，误差为 ±15% | | | | | | | |
| 电磁型 | 瞬时或闭合瞬时 整定电流/kA 误差为 ±20% | | | 5；7.5；10；15；20 | 5；7.5；10；15；20；25 | 7.5；10；15；20；25 | 7.5；10；15；20；25；30 | 7.5；10；15；20；30 | 10；15；20；25；30；40 | 10；15；20；25；30；40 | 10；15；20；25；30；40 |

2）欠电压脱扣装置

欠电压脱扣的原理图如图 6-3-13 所示。欠电压脱扣线圈 AUH 的工作电压是发电机电压经欠压脱扣整流装置 ARU 变压、整流后的直流电压。当发电机未建立电压时，欠电压脱扣线圈 AUH 上没有电压或没有达到所需的整定电压，合闸机构处于跳闸状态，此时不论是电磁合闸还是机械合闸都无法使开关闭合。只有当发电机达到所需电压值后，欠电压脱扣线圈 AUH 获得工作电压，合闸机构处于复位状态，这时进行合闸操作，才能使开关闭合。

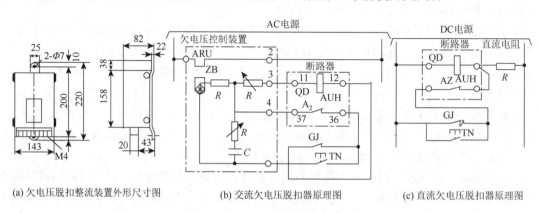

(a) 欠电压脱扣整流装置外形尺寸图　　(b) 交流欠电压脱扣器原理图　　(c) 直流欠电压脱扣器原理图

图 6-3-13　欠电压脱扣的原理图

在交流欠电压脱扣器原理图中，$A_2$ 为断路器常开辅助接点；GJ 为逆功率继电器的常开接点；TN 为遥控脱扣按钮；串联 $RC$ 电路是欠电压脱扣线圈 AUH 的过压吸收电路。

当发电机电压从额定值降至欠压动作值时，欠压脱扣装置动作，使合闸机构动作到跳闸状态，开关自动断开。

当电机发生逆功率故障使 GJ 闭合，或者遥控断开发电机使 TN 闭合时，都将使欠电压脱扣线圈 AUH 短路而断开断路器。

欠压脱扣装置额定数据如表 6-3-4 所示。

表 6-3-4　欠压脱扣装置额定数据

| 欠压脱扣器型号 | | 额定电压/V，50～60 Hz | 开断电压/V，[]内为吸引电压 | 励磁电流/A | 注 |
|---|---|---|---|---|---|
| AUH-1 | AC | 430～470 | 180～225[365] | 0.1（450 V） | 附带瞬时脱扣器型整流装置（ARU-ISB）或时延脱扣型整流装置（ARU-1DB），与断路器本体分开安装 |
| | | 360～400 | 152～190[305] | 0.1（380 V） | |
| | | 200～240 | 88～110[170] | 0.1（220 V） | |
| | | 100～120 | 44～55[85] | 0.1（110 V） | |
| | DC | 200 | 80～100[170] | 0.1（200 V） | 附带并联电阻（2 kΩ，150 W×1） |
| | | 100 | 40～50[85] | 0.1（100 V） | 附带并联电阻（800 Ω，80 W×1） |

在欠压脱扣装置内部，有一个回复杠杆，把回复杠杆拉出，固定于抽出位置，欠压脱扣装置将不再起作用，这样在紧急情况下，在发电机电压尚未达到额定值时即能合闸；而且在合闸后不论是进行断开操作，还是保护动作，都不能使断路器开断，从而达到锁扣的目的。

3）分励脱扣器

分励脱扣器也是一个独立的电磁式继电器，其线圈在额定电压的 70%～110%内可吸合，其衔铁带动脱扣子使断路器开断。分励脱扣器是对断路器进行远距离分闸操作的装置，它与断路器的辅助常开接点在内部进行连接，以保证相互联锁。分励脱扣器额定值如表 6-3-5 所示。

当分励脱扣器的电源停电或短路故障使线路电压下降到额定电压 70%以下时，分励脱扣器线圈 AVH 可由电容器脱扣装置供电。

表 6-3-5　分励脱扣器额定值

| 分励脱扣器型号 | | 额定电压/V，50～60 Hz | 操作电压/V | 励磁电流/A[峰值] |
|---|---|---|---|---|
| AVH | AC | 420～480 | 250～600 | 1.5（450 V） |
| | | 380～420 | 220～530 | 1.9（380 V） |
| | | 180～250 | 100～320 | 2.7（220 V） |
| | | 100～150 | 60～190 | 4.0（110 V） |
| | DC | 150～230 | 90～290 | 2.4（200 V） |
| | | 90～120 | 50～150 | 2.7（100 V） |
| | | 24 | 14～30 | 8.1（24 V） |
| | | 48 | 28～60 | 5.1（48 V） |

电容器脱扣器额定值如表 6-3-6 所示。

表 6-3-6　电容器脱扣器额定值

| 脱扣器型号 | QQB-110 |
| --- | --- |
| 额定电压/V | AC 22 V，380 V |
| 额定频率/Hz | 50/60 |
| 适合分励脱扣器型号 | AVH-1 |
| 分励脱扣器额定电压/V | AC 220 V，380 V |

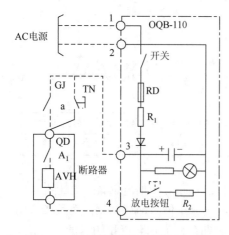

图 6-3-14　电容器脱扣装置的原理图

4）手动脱扣

电容器脱扣装置的原理图如图 6-3-14 所示，其中 TN 为遥控脱扣按钮，GJ 为逆功率继电器的常开接点，$A_1$ 为断路器辅助常开接点。

按下设置在断路器面板上的脱扣按钮可以实现手动脱扣，按钮后面的结构是一根直接作用在脱扣子上的顶杆，按动后断路器断开。

当断路器由于过电流、欠压、分励和手动脱扣时，脱扣表示开关将随之动作，平时表示开关接点断开，有上述情况时，表示开关接点闭合，用户可以连接一个自保持电路，使表示开关连续指示。

6. AH 型框架式空气断路器配线接线及主要技术性能参数

1）AH 型框架式空气断路器配线接线

电磁铁操作配线、端子位置图如图 6-3-15 所示。其中，各电路的功能、原理已在前面进行了介绍，下面介绍保护发电机电子式过电流脱扣器 AOJ-IS-PB 的接线端子说明。

（1）端子 $K_A$、$K_B$、$K_C$、$n$：接至过电流保护装置中的二次电流互感器，其中，$n$ 是公共端。

（2）端子 $T_P$、$T_N$：接至过电流保护装置中晶闸管的出口电路，当该装置出现过电流动作时，过电流脱扣执行元件 MHT 将获得由信号所提供的电源而工作。

（3）端子 $S_P$、$S_N$ 及 $a_1$、$a_2$：$S_P$、$S_N$ 如图 6-3-15 所示，将 24VDC 接入过电流保护装置。$a_1$、$a_2$ 接一个换接开关，当该开关转换至校验位置时，可以将 24 V 电源通过接点 $A_3$ 接至过电流保护装置，用于校验过电流脱扣器装置的机能。

（4）端子 $P_1$、$P_2$：预报警电路 $SCR_2$ 的出口继电器的控制接点，当预报警电路动作时，$P_1$、$P_2$ 接通，再通过继电器 3J 接通报警电路。

电动机储能式、手动储能式断路器配线及端子位置图如图 6-3-16 所示。

2）主要技术性能参数

主要技术性能参数表如表 6-3-7 所示。

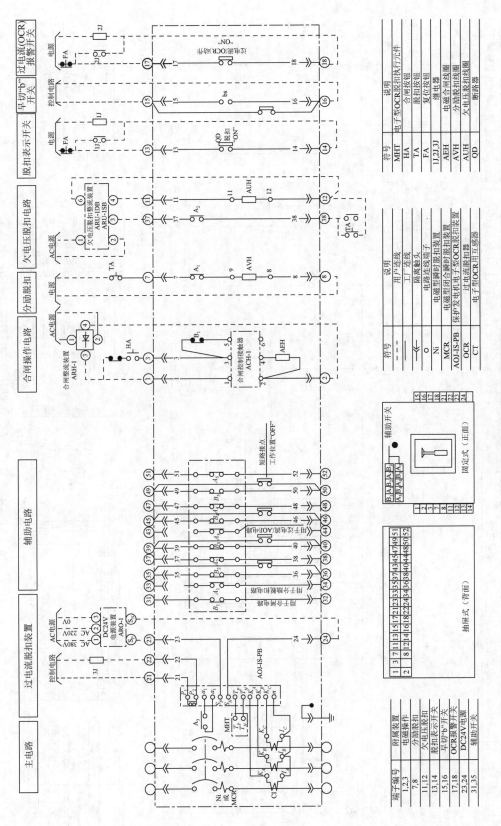

图 6-3-15 电磁铁操作配线、端子位置图

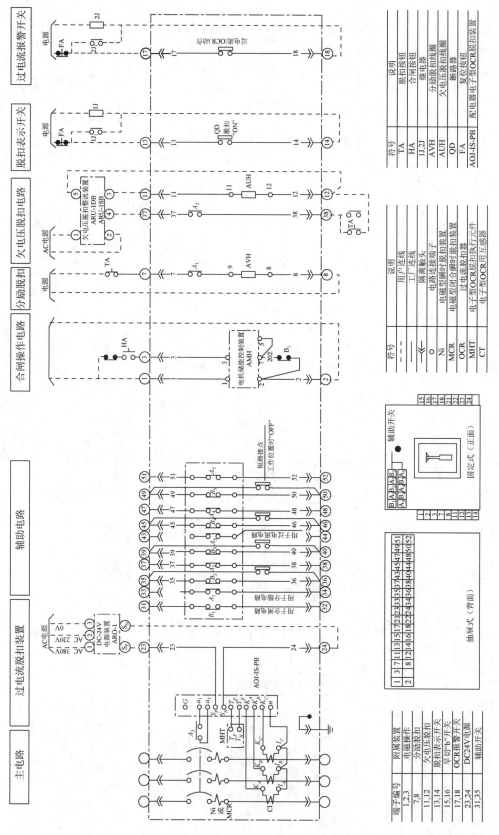

图 6-3-16  电动机储能式、手动储能式断路器配线及端子位置图

表 6-3-7　主要技术性能参数

| 品种号 | 1 | 2 | 3 | 4 | 5 | 6 | 7 | 8 |
|---|---|---|---|---|---|---|---|---|
| 型号 | AH-6B | AH-10B | AH-16B | AH-20C | AH-20CH | AH-30C | AH-30CH | AH-40C |
| 额定电流/A | 600 | 100 | 1600 | 2000 | 2000 | 3200 | 3200 | 4000 |
| 极数 | 3 | 3 | 3 | 3 | 3 | 3 | 3 | 3 |
| 过电流脱扣器额定电流/A　配电用 | 80.100<br>125.160<br>200.250<br>315.400<br>500.600 | 200.250<br>315.400<br>500.630<br>800.1000 | 200.250<br>315.400<br>500.630<br>800.1000<br>1250.1600 | 400.500<br>630.800<br>1000.1250<br>1600.2000 | 400.500<br>630.800<br>1000.1250<br>1600.2000 | 1600.2000<br>2500.3200 | 1600.2000<br>2500.3200 | 3200.4000 |
| 过电流脱扣器额定电流/A　保护发电机用 | 250<br>400<br>600 | 250<br>400<br>630<br>1000 | 250<br>400<br>630<br>1000<br>1600 | 500<br>800<br>1250<br>2000 | 500<br>800<br>1250<br>2000 | 2000<br>3200 | 2000<br>3200 | 4000 |
| 额定绝缘电压/V, AC | 660 | 660 | 660 | 660 | 660 | 660 | 660 | 660 |
| IEC额定分断能力/额定接通能力 /kA　瞬时　DC 400V | 22/22 | 22/22 | 22/22 | 22/22 | 22/22 | 22/22 | 22/22 | 22/22 |
| 瞬时　DC 250V | 40/60 | 40/40 | 40/44 | 40/60 | 40/40 | 40/40 | 40/40 | 40/40 |
| 瞬时　AC 660V | 30/63.5 | 30/63 | 45/94.5 | 30/63 | 30/63 | 50/105 | 50/105 | 85/187 |
| 瞬时　AC 380V | 12/88.2 | 50/105 | 65/143 | 65/143 | 70/154 | 65/143 | 85/187 | 120/264 |
| 瞬时　MCE AC 600V | 30/63 | 30/63 | 45/94.5 | 30/63 | 30/63 | 50/105 | 50/105 | 85/187 |
| 短时延　AC 600V | 22/46.2 | 30/63 | 30/63 | 30/63 | 30/63 | 42/88.2 | 42/88.2 | 60/132 |
| 机械寿命/次 | 5000 | 3000 | 1000 | 1000 | 1000 | 1000 | 1000 | 1000 |
| 电寿命/次 | 1000 | 500 | 100 | 100 | 100 | 100 | 100 | 100 |
| 过负荷试验 ($6I_H$, $105U_H$) | 25 | — | — | — | — | — | — | — |
| 短路而受电流/kA, 1 s | 30 | 40 | 50 | 50 | 50 | 65 | 85 | 100 |
| 环境温度/℃　一般型 | -5~45 | -5~45 | -5~45 | -5~45 | -5~45 | -5~45 | -5~45 | -5~45 |
| 环境温度/℃　耐热型 | 60 | 60 | 60 | 60 | 60 | 60 | 60 | 60 |
| 环境温度/℃　耐寒型 | -25 | -25 | -25 | -25 | -25 | -25 | -25 | -25 |
| 三防(防潮、盐雾、霉菌) | 有 | 有 | 有 | 有 | 有 | 有 | 有 | 有 |
| 环境条件　倾斜 | 22.5° | 22.5° | 22.5° | 22.5° | 22.5° | 22.5° | 22.5° | 22.5° |
| 环境条件　振动 | 有 | 有 | 有 | 有 | 有 | 有 | 有 | 有 |
| 外形尺寸 宽×深×高/mm　固定式 | 350×550×505 | 338×440×487 | 350×560×505 | 496×477×557 | 496×477×557 | 576×542×575 | 576×542×575 | 622×707×655 |
| 外形尺寸 宽×深×高/mm　抽屉式 | | | | 540×632×645 | 540×632×645 | 622×707×655 | 622×707×655 | 622×707×655 |
| 重量/kg　固定式手动·电机·电磁 | 40×44×46 | 42×46×48 | 44×48×50 | 85×90×95 | 85×90×95 | 130×135×140 | 130×135×140 | 235×240 |
| 重量/kg　抽屉式手动·电机·电磁 | 60×70×72 | 69×73×75 | 74×78×80 | 140×145×150 | 140×145×150 | 210×215×22 | 210×215×22 | 235×240 |

### 三、自动空气断路器的维护与检修

#### 1. 自动空气断路器的维护

自动空气断路器是一种比较复杂的电器，需要妥善地维护，才能保证其正常的工作，在一般情况下应尽量地做到以下几点。

（1）自动空气断路器在使用前应将电磁铁工作面的防锈油脂抹净，以免影响磁系统的动作值。

（2）操作机构在使用一定次数后（约 1/4 机械寿命），在转动机构部分（小容量塑料外壳式不需要）应加润滑油。

（3）每经过一段时间（如定期检修时），应清除落于自动空气断路器上的灰尘，以保证其良好绝缘。

（4）灭弧室在因短路分断后或较长时期使用后，应清除灭弧室内壁与栅片上的金属颗粒和黑烟。长期未使用的灭弧室（如配件），在使用前应先烘一次，以保证良好的绝缘。

（5）自动空气断路器的触头在使用一定次数后，应当清理触头表面的毛刺、颗粒等，以保证良好的接触。只有当触头被磨损至原来厚度的 1/3 时才考虑更换触头。

（6）定期检查各脱扣器的电流整定值和时延，特别是半导体脱扣器，应定期用试验按钮检查其动作情况。

#### 2. 自动空气断路器的检修

表 6-3-8 为自动空气断路器可能出现的故障及处理方法。

**表 6-3-8　自动空气断路器可能出现的故障及处理方法**

| 故障现象 | 故障原因 | 处理方法 |
|---|---|---|
| （1）手动操作自动空气断路器，触头不能闭合 | （1）失压脱扣器无电压或线圈烧坏<br>（2）储能弹簧变形，导致闭合力减小<br>（3）反作用弹簧力过大<br>（4）机构不能复位再扣 | （1）检查线路，施加电压或更换线圈<br>（2）更换储能弹簧<br>（3）重新调整<br>（4）调整再扣接触面至规定值 |
| （2）电动操作自动空气断路器，触头不能闭合 | （1）操作电源电压不符<br>（2）电源容量不够<br>（3）电磁铁拉杆行程不够<br>（4）电动机操作定位开关失灵<br>（5）控制器中整流管或电容器损坏 | （1）更换电源<br>（2）增大操作电源容量<br>（3）重新调整或更换拉杆<br>（4）重新调整<br>（5）更换整流管或电容器 |
| （3）有一相触头不能闭合 | （1）一般为自动空气断路器的一相连杆断裂<br>（2）限流开关脱开机构的可折连杆间的角度变大 | （1）更换连杆<br>（2）调整至原技术条件规定要求 |
| （4）分励脱扣器不能使自动空气断路器分断 | （1）线圈短路<br>（2）电源电压太低<br>（3）再扣接触面太大<br>（4）螺丝松动 | （1）更换线圈<br>（2）更换电源电压或升高电压<br>（3）重新调整<br>（4）拧紧螺丝 |
| （5）失压脱扣器不能使自动空气断路器分断 | （1）反力弹簧变小<br>（2）若为储能释放，则储能弹簧变小<br>（3）机构卡死 | （1）调整弹簧<br>（2）调整储能弹簧<br>（3）消除卡死原因 |
| （6）启动电动机时自动空气断路器立即分断 | 过电流脱扣器瞬时动作整定电流太小 | （1）调整过电流脱扣器瞬时整定弹簧<br>（2）若为空气式脱扣器，则可能是阀门失灵或橡皮膜破裂，应查明更换 |

续表

| 故障现象 | 故障原因 | 处理方法 |
|---|---|---|
| （7）自动空气断路器闭合后（约1 h）自动分断 | （1）过电流脱扣器长时延整定值不对<br>（2）热元件或半导体时延电路元件变质 | （1）重新调整<br>（2）若为空气式脱扣器，则可能是阀门失灵或橡皮膜破裂，应查明更换 |
| （8）失压脱扣器有噪声 | （1）反力弹簧力太大<br>（2）铁芯工作面有油污<br>（3）短路环断裂 | （1）重新调整<br>（2）清除油污<br>（3）更换衔铁或铁芯 |
| （9）自动空气断路器温升过高 | （1）触头压力过分降低<br>（2）触头表面过分磨损或接触不良<br>（3）两个导电件连接螺丝松动 | （1）调整触头压力或更换弹簧<br>（2）更换触头或清洁接触面<br>（3）拧紧螺丝 |
| （10）辅助开关发生故障 | （1）辅助开关动触头桥卡死或脱落<br>（2）辅助开关传动杆断裂或滚轮脱落 | （1）拨正或重新装好动触头桥<br>（2）更换传杆和滚轮或更换整个辅助开关 |
| （11）半导体过电流脱扣器误动作使自动空气断路器断开 | 在查明故障后，确认半导体脱扣器本身无损坏时，大多数情况可能是外界电磁干扰 | 仔细寻找故障原因，如果邻近有大电磁铁在操作，那么接触器的分断、电焊等应予以隔离或更换线路 |

## 四、塑壳式自动空气断路器

简称塑壳式断路器或塑壳开关，在电路正常运行时，做不频繁操作，以接通和断开电路之用；在电路不正常运行和故障情况下，可自动断开电路，具有继电保护装置的作用，主要用于电力系统网络（电缆）及负载过载和短路保护。整个开关装在一个硬塑胶盒内。老的国产塑壳式船用开关主要采用 DZ9 系列，此类开关以前又称作装置式断路器，因此用了拼音字母 DZ。DZ9 系列开关型号的意义如图 6-3-17 所示。

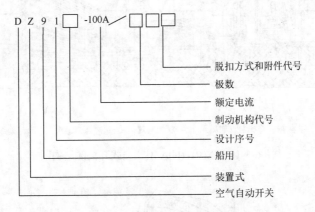

图 6-3-17　DZ9 系列开关型号的意义

DZ91-100A 型塑壳式开关的结构图如图 6-3-18 所示，它由下列部件组成。
（1）外壳，由特殊的耐高温、耐冲击的塑料粉压制成的胶木盒。
（2）灭弧室，是铁片栅熄弧装置。
（3）触头系统，用陶冶合金制成，可以保证触头在通过大电流的情况下不熔焊，并有良好的耐磨性。

（4）操作机构，其示意图如图 6-3-19 所示，由杠杆 A、杠杆 B、杠杆 C、杠杆 D 组成。操作机构的动作均是瞬时发生的（闭合及断开），与手柄的操作速度无关。操作机构有三种稳定工作状态，即自动脱扣断开状态、手动断开及再扣状态和合闸状态。从自动脱扣过渡到闭合位置时，要把手柄先从自动断开位置扳到手动断开位置，连于铰链 O 上的弹簧移位，将杠杆 D 拉动压于扣板上（再扣），如图 6-3-19（b）所示，然后将手柄推向合闸位置，使弹簧越过杠杆 C 的中心线，将铰链 O 右拉使触头合上［图 6-3-19（c）］。

（5）保护装置，采用双金属片热元件做过载保护，用电磁式过流继电器做短路保护。过载保护为热保护，具有反时限特性。短路保护是瞬时动作的。两种保护动作都通过脱扣轴转动扣板，如图 6-3-19（a）的虚线所示，释放杠杆 D，使触头打开。

（6）锁扣机构，在应急情况下需要强迫供电时，可以将锁扣机构（制动装置）扭向"扣"位置上，将脱扣器的牵引杆锁住，使脱扣轴不能动作。在正常工作时，这个制动装置应放在"放"的位置上。

（7）遥控装置，遥控脱扣分为分励脱扣和失压脱扣。两种脱扣器都由电磁铁构成，分励脱扣器是线圈通电时使断路器脱扣断开；失压脱扣器是线圈断电时使断路器脱扣断开。通常两种脱扣器被装在塑壳内部。

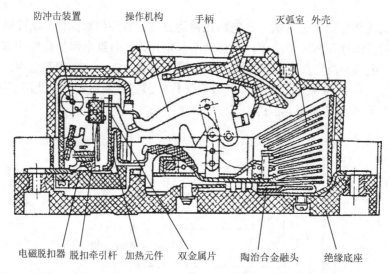

图 6-3-18　DZ91-100A 型塑壳式开关的结构图

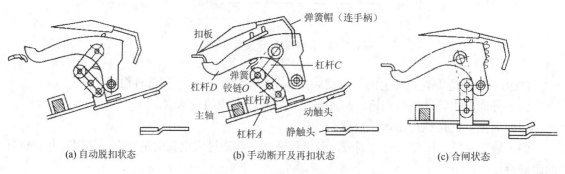

图 6-3-19　操作机构示意图

自动开关的合闸操作可以通过自动合闸操作机构进行，它们可以是电磁式的或是电动式的，通常装设在塑壳的外部。DZ9 系列开关在保护方面可以装有三种类型的脱扣器，即过载用的热脱扣器、短路保护用的电磁脱扣器、两种脱扣皆有的复式脱扣器。热脱扣器由双金属片构成，当电路中电流达到过载保护动作值时，双金属片产生了足够的挠度，在已整定的距离下，可以通过连杆作用于脱扣机构，使开关跳闸。热脱扣器具有反时限保护特性。电磁脱扣器是一个电磁式的过电流继电器，当线圈中电流达到整定动作值时，吸动衔铁，通过脱扣机构，使开关跳闸。电磁脱扣器是瞬时动作的，动作时间为 0.01～0.05 s。开关装有何种类型的脱扣器可以从型号中的附件代号识别。DZ910-250、600 型脱扣器方式和附件代号见表 6-3-9。

**表 6-3-9　DZ910-250、600 型脱扣器方式和附件代号**

| 脱扣方式 | 附件种类 | | | | |
|---|---|---|---|---|---|
| | 不带附件 | 分励 | 辅助触头 | 分励辅助触头 | 二组辅助触头 |
| 热脱扣器 | 10 | 11 | 12 | 14 | 16 |
| 电磁式 | 20 | 21 | 22 | 24 | 26 |
| 复式 | 30 | 31 | 32 | 34 | 36 |

塑壳式自动空气断路器的容量相对于框架式开关要小，但它的重量轻、体积小、价格低廉，因此适用的地方很多。

DZ9 系列自动空气断路器开关的额定参数如表 6-3-10 所示。

**表 6-3-10　DZ9 系列自动空气断路器开关的额定参数**

| 系列 | 型号 | 额定电压/V | 额定电流/A | 过流脱扣器额定电流/A |
|---|---|---|---|---|
| DZ910 | ZD910-100 | 直流 220<br>交流 380 | 100 | 15、20、25、30、40、50、60、80、100 |
| | ZD910-250 | | 250 | 100、120、140、170、200、225、250 |
| | ZD910-600 | | 600 | 200、250、300、350、400、500、600 |
| DZ91 | ZD91-100 | 直流 220<br>交流 380 | 100 | 15、25、35、50、75、100 |
| | ZD91-200 | | 200 | 120、140、170、200 |
| | ZD91-600 | | 600 | 250、300、350、400、500、600 |

## 五、自动空气断路器的额定值

不管是塑壳式自动空气断路器还是框架式自动空气断路器都有以下几个额定数据，即开关的额定电流 $I_B$、脱扣器的额定电流 $I_0$、脱扣器的整定电流 $I_2$。此外还有被保护对象的额定电流 $I_e$。额定电流的确切含义及其相互关系对选择和使用自动空气断路器都是非常重要的。

$I_B$ 是自动空气断路器主触头在正常情况下，可长期通过的最大稳态电流值。

$I_0$：在同型开关中所装置的脱扣器的额定电流。例如，DZ91-100 型自动空气断路器中可选装额定电流为 15A、25A、35A、50A、75A、100A 的脱扣器。显然 $I_0 \leqslant I_B$。

$I_2$：使脱扣器保护动作的动作电流。通常它是以 $I_0$ 为基值，根据保护对象的要求和保护性质设定的。

$I_e$：保护对象的额定电流。$I_2$ 的大小是根据 $I_e$ 的大小，保护类型和特点并参照有关标准而设定的。很显然 $I_2$ 应在所选用的脱扣器可设定的范围内。一般也能满足 $I_e \leqslant I_0$ 的条件。

### 六、根据极限转换能力选择断路器

根据被保护对象的电气特性，选择具有合适的额定电压、额定电流、额定频率的断路器是显而易见的，也是容易做到的；而断路器的极限转换能力能否满足保护性能的要求，常常是选择的决定性因素。

极限转换能力是指极限分断能力和极限接通能力。极限分断能力 $I_a$ 取决于在已知电压和回路功率因数 $\cos\varphi_a$ 条件下，熄弧触头分断瞬时三相短路电流周期分量最大有效值 $I_t$ 的值。有效是指触头在规定时间内（有时延或无时延）能将短路电流分开，而且分断后开关仍能正常工作。

显然，根据最大分断能力选择自动开关的条件是

$$I_a \geqslant I_t, \ \cos\varphi_a < \cos\varphi_s$$

式中，$\cos\varphi_s$ 是指短路时回路的功率因数。

由于生产厂家在确定开关极限转换能力时，常在短路电流周期分量不存在衰减的大电网上进行实验，所以可以采用短路初瞬的超瞬变电流 $I_s''$ 作为 $I_t$ 的数值，这样 $I_a$ 则应满足下式：

$$I_a \geqslant I_s''$$

极限接通能力 $i_a$ 取决于短路最大冲击电流 $i_c$，在该电流下，断路器能接通而触头不出现熔焊和其他损伤。根据接通能力选择断路器的条件是

$$i_a \geqslant i_c$$

图 6-3-20 是具有三台发电机的通用舰船电力系统图。

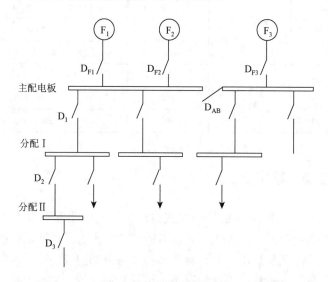

图 6-3-20　具有三台发电机的通用舰船电力系统图

表 6-3-11 为通用舰船电力系统冲击短路电流和断路器整定值。

表 6-3-11 通用舰船电力系统冲击短路电流和断路器整定值

| 断路器 | $i_c$/kA | | | 断路器采用的整定值 | |
| --- | --- | --- | --- | --- | --- |
| | 电力系统功率/kW | | | 电流（标准值） | 时间/s |
| | 1000 | 2000 | 3000 | | |
| $D_3$ | 10~30 | 10~50 | 10~70 | 10~15 | <0.04 |
| $D_2$ | 20~45 | 25~90 | 30~120 | 3~7 | 0.04~0.15 |
| $D_1$ | 45~50 | 90~100 | 120~150 | 3~5 | 0.04~0.4 |
| $D_{AB}$ | 30~40 | 60~70 | 80~100 | 3~5 | 0.15~0.6 |
| $D_{F1}$、$D_{F2}$、$D_{F3}$ | 30~40 | 60~70 | 80~100 | 2.5~3.5 | 0.4~1.0 |

测试断路器极限转换能力的操作程序的选择，对其极限转换能力的结果有很大的影响。制造厂应采用标准操作程序来确定极限转换能力的相关参数。标准程序如下：

$$O—I—CO \text{ 和 } O—I—CO—O—CO$$

式中，O 为分断短路；C 为接通短路；I 为间断时间（不超过 3 min）；CO 为接通操作后立即进行分断操作。

有时会采用 O 或 CO 一次操作程序所得到的参数作为极限转换能力值。通常用这种方法得到的值为按标准程序操作所得值的 1.2~1.5 倍。国际电工委员会第 18 技术分委员会船舶电力系统保护特别小组对主配电板上断路器建议按 O—I—CO—O—CO 操作程序进行选择；而其他配电网的断路器按 O—I—CO 操作程序进行选择。

在决定短路电流计算值时，选择短路点也对断路器极限转换能力的确定有重要的影响。通常是采用将短路点的选择和操作程序的选择结合起来的方法进行处理。

（1）在按照极限转换能力值选择主配电板上的馈电断路器时，应在两个点处计算短路参数：被选择断路器的出线端（第一点）和靠近负载处（第二点）。第一点的短路计算参数对应于操作程序为 O—I—CO 所得到的值。断路器应按上述两个标准程序中最繁重的一个来选择。

（2）在按照极限转换能力选择发电机和配电屏间的断路器时，应计算断路器出线端短路参数，此时应按操作程序为 O—I—CO—O—CO 的条件进行选择。

除极限转换能力外，短路时保护设备还应具有足够的热稳定性和电动力稳定性。

## 七、过电流脱扣器的保护参数选择和整定

过电流脱扣器的保护参数可按下述顺序进行选择：

（1）选定过电流脱扣器的额定电流；

（2）确定短路短时延动作时间的整定值；

（3）确定短路短时延动作电流的整定值；

（4）校验对短路电流最小值的保护灵敏性；

（5）校验故障状态下和故障状态后保护的可靠性。

### 1. 过电流脱扣器额定电流的确定

过电流脱扣器额定电流 $I_0$ 通常按下述条件进行选取：

$$I_0 \geqslant I_{ec}$$

式中，$I_{ec}$ 是被保护对象的额定电流。很显然 $I_0$ 的大小决定了过载保护区的范围及保护效果。

如果脱扣器是用于电动机的馈电开关，而且这种保护是采用装于启动器中的热继电器，那么必须对选定的值在热保护区进行校验，通常应满足

$$I_0 = (1.1 \sim 1.2) \cdot I_{eh}$$

式中，$I_{eh}$ 为热继电器热元件额定电流。

### 2. 短路短时延动作时间 $T_2$ 的整定

$T_2$ 选取的原则是使保护具有满意的选择性。选择性与舰船电力系统的结构、负载电源备用程序和快速动作要求等有关。

目前国产自动空气断路器（框架式）DW94 系列可以调整为三个等级：0.2 s、0.4 s、0.6 s；而 DW914 系列（AH 系列）自动空气断路器可以在 0.12 s、0.42 s 的范围内连续可调（推广选用 0.12 s、0.17 s、0.22 s、0.27 s、0.32 s、0.37 s 和 0.42 s）。

为了保证整个电网的选择性，保护发电机的开关整定值通常选用可整定值中的最大者，即 0.6 s 或 0.42 s。

### 3. 短路短时延动作电流值 $I_1$ 的整定

在短路区域中选取 $I_1$ 并满足在正常运行状态下不产生误动作的条件。

对于发电机和配电板间的开关及电站间的联络开关，其整定值应满足的条件是发电机在同步状态下起动最大负载或异步电动机群由一个电源同时换接到另一电源时都不产生误动作。通常，发电机保护开关整定值等于发电机额定电流的 2.5~3.5 倍；而配电板间和电站间的联络开关整定值等于其相应馈线工作电流的 3~5 倍。

对于电动机馈电回路开关的整定（用相对于过电流脱扣器额定电流的倍数表示，下同）应满足条件：

$$I_1 \geqslant K_D \cdot K_a \cdot K_q \cdot \frac{I_{eD}}{I_0} \tag{6-3-1}$$

式中，$I_{eD}$ 为电动机回路的额定电流；$K_D$ 为考虑电动机启动电流值和整定值误差而引进的系数，一般可选 1.3；$K_a$ 为考虑电动机起动电流非周期分量和过电流脱扣器惯性而引进的系数，一般不大于 1.5（电动机功率在 100 kW 左右）；$K_q$ 为电动机起动电流为额定电流的倍数。

对变压器馈电回路开关，应满足下述条件：

$$I_1 \geqslant \frac{I_{ST}}{I_0}$$

式中，$I_{ST}$ 为变压器回路的接通电流：

$$I_{ST} = K \cdot n_x \cdot I_{eT} \tag{6-3-2}$$

式中，$K = 1.1$（变压器功率 $P_T < 25 \, \text{kV} \cdot \text{A}$）$= 1.5$（$25 \, \text{kV} \cdot \text{A} < $ 变压器功率 $P_T < 100 \, \text{kV} \cdot \text{A}$）$= 1.8$

（变压器功率 $P_T > 100\,\mathrm{kV \cdot A}$ ）； $n_x$ 为变压器空载电流对额定电流的百分数； $I_{eT}$ 为变压器初级绕组额定电流。

对于白炽灯开关，由于接通时存在电流冲击，所以 $I_1$ 的数量级选为 10。

当配电板馈电回路上的开关无时延时按式（6-3-3）进行整定：

$$I_1 \geqslant \frac{I_{s1} + \sum_{i=2}^{m} I_{si} + I_f - \sum_{i=1}^{m} I_{ei}}{(1-\delta)I_0} \tag{6-3-3}$$

式中， $I_{si}$ 为最大功率负载的接通（或换接）电流（A）； $\sum_{i=2}^{m} I_{si}$ 为其他负载的接通（或换接）电流之和（A）； $I_f$ 为电源板馈线计算电流（A）； $\sum_{i=1}^{m} I_{ei}$ 为同时起动或同时换接负载的额定电流之和（A）； $\delta$ 为在短路区域开关动作电流的负误差（可取 0.2）。

在接通（或换接）电动机时 $I_{s1}$ 为

$$I_{s1} = K_D \cdot K_a \cdot K_q \cdot I_{eD} \tag{6-3-4}$$

式中，符号意义同式（6-3-1）。

在接通变压器时 $I_{s1}$ 由式 $I_{ST} = K \cdot n_x \cdot I_{eT}$ 决定。

$\sum_{i=2}^{m} I_{si}$ 可按式（6-3-5）算出

$$\sum_{i=2}^{m} I_{si} = K_D \sum_{i=2}^{L} K_{qi} I_{eDi} + \sum_{i=L+2}^{m} I_{sTi} \tag{6-3-5}$$

式中， $L$ 为异步电动机的数量； $\sum_{i=2}^{m} I_{si}$ 仅用于控制设备允许同时起动或同时换接若干电动机的情况。

考虑到异步电动机起动电流的正误差，式（6-3-4）、式（6-3-5）中的系数 $K_D$ ，一般可以取 1.2。

当动力分配电板电源馈线上的开关有时延时，其整定值可按式（6-3-6）进行计算：

$$I_1 \geqslant \frac{\sum_{i=1}^{m} I_{si} + I_f - \sum_{i=1}^{m} I_{ei}}{(1-\delta)I_0} \tag{6-3-6}$$

比较式（6-3-3）与式（6-3-6）可知，在具有时延的情况下没有考虑负载电流的非周期分量，这是因为其时间很短。

### 4. 校验对短路电流最小值的保护灵敏性

保护的灵敏性可按下式进行校验：

$$I_1 \leqslant I''_{p\min} / K_s I_0$$

式中， $I''_{p\min}$ 为当发电机总功率为最小值、在保护区域的最末端短路时的周期分量最小值。 $I''_{p\min}$ 可由下式决定：

$$I''_{p\min} = \frac{1}{Z_{sh\max}} I_b$$

其中，$Z_{sh\max}$ 为开关保护区域至短路点的电缆阻抗计算值的标幺值；$I_b$ 为等效发电机的基值电流（A）；$K_s$ 为灵敏性系数，对于发电机馈线开关 $K_s$ 约等于 1.7，其他处开关 $K_s$ 约等于 2.0。

灵敏性不满足校验式的要求，意味着短路时保护可能不动作。可以通过以下措施，使其满足要求：

（1）对于小截面馈电电缆增加其截面；

（2）对于配电板的馈电线，重新组合其负载，使其同时接通的负载数目减少或把大功率负载转接到更大功率的分配电板上；

（3）对于发电机馈电线和电站间的联络线，增设专门的保护电弧短路的过电流保护。

### 5. 校验故障状态下和故障状态后保护的可靠性

首先是针对短路时间大于最小时延整定时间的发电机保护开关、汇流排分段开关、电站间的跨接开关，校验在短路切除后异步负载自起动最大电流对保护装置正常工作的影响。因为当启动的最大电流大于开关脱扣器的返回电流时，开关便可能发生误动作。

为此，发电机保护开关的整定值应满足的参考范围：当自起动功率 $P_{zq} = 30\% P_{eF}$ 时，整定值 $I_1$ 取 1.8；当 $P_{zq} = 40\% P_{eF}$ 时，$I_1$ 取 2.2；当 $P_{zq} = 60\% P_{eF}$ 时，$I_1$ 取 3.0；当 $P_{zq} = 90\% P_{eF}$，$I_1$ 取 3.5。

对于分段开关和跨接开关，其整定值可按下式进行校验：

$$I_1 \geqslant 3.5 \frac{\sum I_{ezq}}{I_{ef}}$$

式中，$\sum I_{e\cdot zq}$ 为自起动电动机额定电流之和（A）；$I_{ef}$ 为额定馈线电流（A）。

其次，是针对无时延的电动机负载开关，校验在短路时由电动机馈送的电流对保护整定值的影响。开关的整定值可近似用下式进行校验：

$$I_1 \geqslant 6.0 \frac{\sum I_{eD}}{I_0}$$

式中，$\sum I_{eD}$ 为对短路点供电的电动机额定电流之和（A）。

## 第四节    舰船电力网的继电保护

舰船电力网的故障及不正常运行情况主要是短路、过载、单相接地、绝缘降低、相序接错等。当舰船电力网中发生过载或短路时，导线中将有很大的电流通过，这将使导线过热和承受过大机械力的作用，甚至使舰船电力网遭受破坏或引起火灾，因此在舰船电力网中安装继电保护装置来进行保护，如图 6-4-1 所示。舰船电力网多为单侧电源、辐射形线路，并且距离较短、无中线等，这些特征必将反映到对线路保护装置选择的具体情况中。过载和短路保护利用在过载和短路时舰船电力网必将出现的过电流现象来识别故障，进而采用带时限的过电流保护装置进行保护。

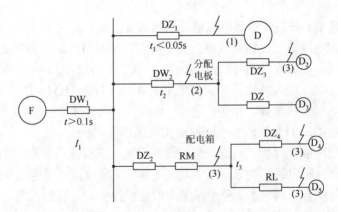

图 6-4-1　舰船电力网继电保护示意图

## 一、舰船电力网的过载保护

由于船舶电力网多为单侧电源、辐射形线路，线路导线截面又是与发电机及用电设备的容量相配合的，故舰船电力网的过载保护一般不需要特殊考虑和装设专门的保护装置。

由于发电机出线到主配电板线路导线的截面是按发电机额定容量选择的，所以这段线路的过载保护与发电机共用一套保护装置，如 $DW_1$ 中的过载保护装置，既保护发电机，又保护该段线路。

由主配电板到用电设备 D 的导线截面是根据用电设备选择的，故 $DZ_1$ 开关中的热脱扣器既是用电设备又是该线路的过载保护装置。

由主配电板到分配电板或配电箱的线路可用万能式自动开关 $DW_2$ 或装置式自动开关 $DZ_2$ 中的保护装置做过载保护。根据用电设备组的最大负荷电流整定过载保护的动作值。因为该用电设备组中大部分用电设备同时过载的可能性是很小的，所以这段线路过载的可能性很小。

由分配电板或配电箱到各用电设备线路的过载保护与用电设备的过载保护共用一套保护装置，如采用 DZ 开关或 RL 熔断器。

对于给舵机供电的线路，不论是舵机本身还是线路，都不安装过载保护装置。

## 二、舰船电力网的短路保护

由于舰船电力系统中发电机和用电设备的短路保护装置都尽量地设在靠近电源侧的出线端，所以电网的短路保护不需要装设专门的保护装置。

由于保护选择性的要求，所以对电网的短路保护需要考虑各段线路保护装置动作时限的相互配合问题。关于实现保护选择性的两个基本原则，即时间原则和电流原则，在第三节中已有所叙述。下面结合图 6-4-1 说明一下各段线路的短路保护是如何实现选择性的。

由于从发电机端部到 $DW_1$ 开关线路较短，故障可能性不大，可以不设短路保护。

主配电板到用电设备 D 的线路可与用电设备共用一套短路保护装置，安装在出线端。短路保护装置可由 $DZ_1$ 开关中的电磁脱扣器来实现。因为 $DZ_1$ 的动作时间为 $0.01 \sim 0.05$ s，而 $DW_1$ 的最小瞬时动作时间约为 0.1 s，所以 $DZ_1$ 与 $DW_1$ 配合是可以按时间原则来实现选择保护的。

分配电板或电力箱到用电设备 $D_2 \sim D_5$ 的线路，与上面同理，其短路保护装置与用电设备共用一套。可以采用 DZ 开关中电磁脱扣器或熔断器 RL 来实现。

　　主配电板到分配电板或配电箱的线路，其短路保护装置可以采用万能式开关 DW$_2$ 或熔断器 RM。若采用 DW$_2$，则 DW$_1$ 需要具有时延（$0.2\sim0.6\ \text{s}$）。DZ$_3$、DW$_2$、DW$_1$ 中的短路保护装置可以按时间原则实现三段选择性保护。若采用 RM，则 DZ$_4$、RM、DW$_1$ 或 RL、RM、DW$_1$ 也可以按时间原则实现三段选择性保护。这时，DZ$_2$ 是用来做过载保护的。若以 DZ$_2$ 做短路保护，则 DZ$_4$、DZ$_2$ 或 RL、DZ$_2$ 只能按电流原则实现选择性保护。

　　为了保证舰船电网继电保护具有选择性，可以采取以下措施。①采用时间和电流原则进行保护。②合理地选择和整定保护装置。③尽力地减少从主配电板到用电设备之间分段保护的级数。如果保护快速性受到限制，那么整个系统实现选择性保护是有困难的，这是因为电网线路较短，按电流原则实现选择性保护很困难。因此，对于电动机的线路，从自主配电盘板开始，分段保护一般不多于 4 级；对于照明线路，从自主配电板开始，分段保护一般不多于 5 级。

## 三、舰船电力网单相接地监视及绝缘检测

### 1. 单相接地监视

　　舰船三相交流电力系统，通常都是采用中性点绝缘的三相三线制。因此电网中任何一点单相接地均属于不正常状态。虽然这种状态在短时间内不致出现问题。但是，未接地的两线对地电压已是线电压，影响人身安全，若再有一线接地，则形成线间短路。因此，这是一种潜伏性的事故状态，必须及时地发现并消除。为此，有的舰船在主配电板和照明系统的分配电板上，均装有信号监视装置，即地气灯，用来监视系统接地，其原理图如图 6-4-2 所示。

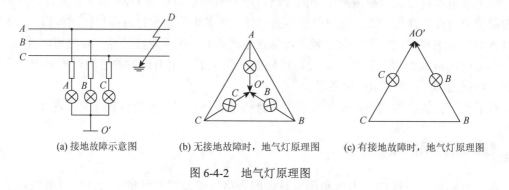

(a) 接地故障示意图　　　(b) 无接地故障时，地气灯原理图　　　(c) 有接地故障时，地气灯原理图

图 6-4-2　地气灯原理图

　　当电网工作正常时，$A$、$B$、$C$ 三灯构成一个星形连接的对称三相负载，$O'$ 点为人工中性点。此时，因为三灯所承受的电压均为相电压，所以三灯亮度相同。

　　设若 $A$ 线某点 $D$ 接地（船体），则 $A$ 灯被接地线短接，$O'$ 点电位被拉到与 $A$ 点接近，而 $B$、$C$ 两灯电压将上升到约为线电压。故 $A$ 灯将暗下来或熄灭（视接地电阻的大小而定），而 $B$、$C$ 灯将特别亮，这就指示给值班人员：电力系统中 $A$ 线有接地情况，应立即采取措施进行检查并排除故障。

　　当接地故障出现时，要分析判断故障点可能发生在何处，如考虑最近是否有新安装的电气设备、因接线碰壳而形成接地或者本船运行中有哪些薄弱环节易于形成接地等。必要时，可以用分区域断电的方法进行检查，分级逐个去检查直到找出故障点。

### 2. 配电板式高阻表

舰船上供电网络绝缘情况的性能直接影响全舰供电的可靠性。为了能及时地了解网络绝缘情况，通常在舰船主配电板上装有高阻表。它能在网络供电情况下，对网络绝缘进行带电测量。高阻表是由广角度磁电系仪表测量机构和附加装置组成的。配电板式高阻表原理线路图如图 6-4-3 所示。图中 $M\Omega$ 是配电板式高阻表的测量机构；FY 是附加装置；Z 是网络负载阻抗；$R_{xA}$、$R_{xB}$、$R_{xC}$ 分别是各相对地的绝缘电阻。测量所需的直流电压由附加装置 FY 提供。

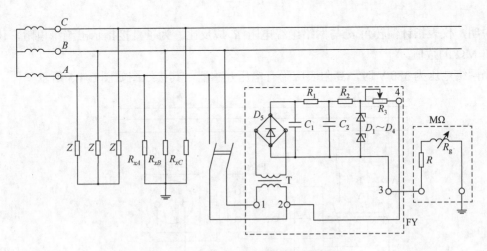

图 6-4-3 配电板式高阻表原理线路图

高阻表测量网络绝缘电阻的简化电路图如图 6-4-4 所示。

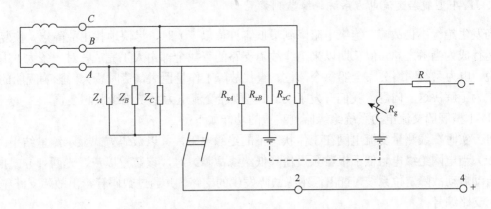

图 6-4-4 高阻表测量网络绝缘电阻的简化电路图

由于高阻表采用了磁电式测量机构，通过活动线圈的交流电流不起作用，故可不予考虑，而对于图 6-4-4 所示的简化电路图，发电机绕组和用电负载的电阻比网络对地的绝缘电阻小得多，故三个相对地的绝缘电阻 $R_{xA}$、$R_{xB}$、$R_{xC}$ 可以看成并联，其等效绝缘电阻为

$$R_x = \cfrac{1}{\cfrac{1}{R_{xA}} + \cfrac{1}{R_{xB}}\cfrac{1}{R_{xC}}} = \cfrac{R_{xA}R_{xB}R_{xC}}{R_{xA}R_{xB} + R_{xB}R_{xC} + R_{xC}R_{xA}}$$

根据简化电路图，可以求出通过仪表的直流电流为

$$I = \frac{U}{R_x + R + R_g}$$

由于 $R_x \gg R + R_g$，故 $I \approx \dfrac{U}{R_x}$。这样，仪表偏转角为

$$\alpha = \frac{K'}{R_x}$$

上式说明，仪表指针偏转角 $\alpha$ 与网络绝缘电阻 $R_x$ 成反比。为了直接指示出绝缘电阻，仪表刻度标出 MΩ 的数值。

当网络电压为 380 V 时，高阻表应附有电压互感器，其接线图如图 6-4-5 所示。

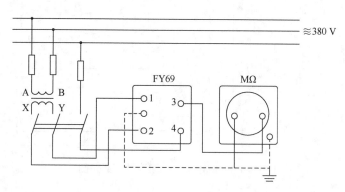

图 6-4-5　当网络电压为 380 V 时高阻表的接线图

**3. JJY-1 型舰船交流电力系统绝缘监测装置**

当发生绝缘不良故障（绝缘电阻降到最低容许值以下）时，尽快地找出故障点，恢复系统正常运行成为当务之急，但长期以来绝缘故障支路的查找全部由人工完成。对一条大、中型舰船来说，电力系统网络分布全船每个部位、查找故障工作量巨大，费时费力，影响舰船的战备任务。为了解决这一问题，我们开发了 JJY-1 型舰船交流电力系统绝缘监测装置。

JJY-1 型舰船交流电力系统绝缘监测装置的功能如下：

（1）实时在线测量交流电网在工作状态下的绝缘电阻，并以数码方式显示测量结果；

（2）当电网绝缘电阻低于报警预设值（低绝缘故障）时，该装置以声、光两种方式报警，同时自动启动故障定位系统，查出低绝缘故障发生的支路，并通过数码管给出故障支路绝缘电阻值和支路编号；

（3）该装置具有自检、消音功能。

JJY-1 型舰船交流电力系统绝缘监测装置结构图如图 6-4-6 所示。

（1）主机：由单片机系统及其相关设备、测量信号源及其相关设备组成。其功能是控制与协调装置各子系统有序运行；数据处理；与子系统间进行通信；电网实时在线绝缘监测；双低频（5 Hz、10 Hz）交流信号源产生、投入电网及低频信号电压检测等。

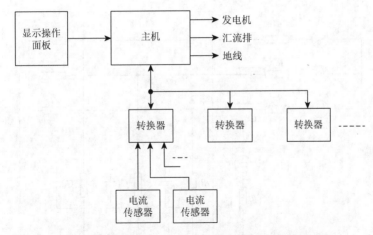

图 6-4-6　JJY-1 型舰船交流电力系统绝缘监测装置结构图

（2）转换器：用于接收电流传感器输出的信号；经前置放大、A/D 变换后进行数字滤波，综合低频信号源的漏泄电流及低频信号电压，计算相应支路绝缘电阻，送到主机。

（3）电流传感器：为高导磁材料制成的穿心式电流互感器。其原边为被测支路三相穿心电缆，而其副边则用于拾取该支路绝缘漏泄电流。

（4）显示操作面板：板上装有数码管、控制按钮、指示灯及报警器等。

数码管可以显示电网对地绝缘电阻值；出现故障时显示故障支路编号；当系统绝缘正常时，正常指示灯亮，并且可以用控制按钮查看电网各区域的绝缘电阻值；当电网某区域绝缘电阻值低于报警预设值时，报警指示灯及报警器工作，当按下消声按钮时，报警消失；当按下自检按钮时，该装置可以进入自检状态。

实时在线电网绝缘电阻监测的原理框图如图 6-4-7 所示。

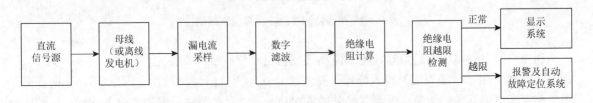

图 6-4-7　实时在线电网绝缘电阻监测的原理框图

图 6-4-7 中的直流信号源即图 6-4-8 中的 $U_s$，其中，$Z_l$ 为负载；$R_t$ 为电源内阻抗；$R_1$、$R_2$、$R_3$ 为电网的等效绝缘电阻；$C_1$、$C_2$、$C_3$ 为电网等效分布电容；$R_0$ 为采样限流电阻。

在 $R_0$ 上采集的电流、电压信号，变换后进行数字滤波，取出其直流分量，即可容易地算出绝缘电阻值，再与设定值进行比较，判断绝缘电阻是否正常，若正常系统显示其阻值大小，则正常指示灯亮；如果越限（即绝缘电阻低于设定值），那么会报警并自动启动故障定位系统。

其中，

$$R = U_s / I = （R_1 // R_2 // R_3 + R_0）$$

如上面所述，装置测量绝缘电阻的原理与配电板式高阻表的工作原理基本相同；不同的是监测装置设置了绝缘电阻越限检测环节，在出现故障时，报警并自动启动故障定位系统。

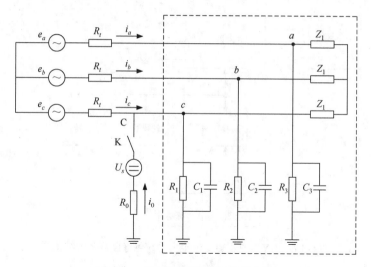

图 6-4-8　电网及等效绝缘电阻电路

　　绝缘故障支路定位系统原理图如图 6-4-9 所示。当定位系统被启动时,将频率为 $f_1$ 及 $f_2$ 的低频($f_1 = 5$ Hz、$f_2 = 10$ Hz)信号源分别投入电网。其中,$U_s$ 为低频信号源(频率为 $f_1$ 或 $f_2$);其他符号含义与图 6-4-8 中的相同。

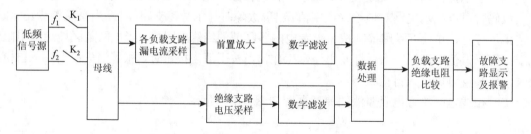

图 6-4-9　绝缘故障支路定位系统原理图

　　当电网发生对地绝缘故障时,绝缘监测装置将自动进行故障支路定位。

　　向电网 $A$ 相(与舰壳间)投入低频正弦波信号 $u_s$,测量出 $A$ 相对地电压量 $u_{ab}$,同时在受测支路穿套电流互感器测量出受测支路处的漏电流 $i_n$,应用双频法原理计算出各支路对地绝缘电阻值。通常,由于发电机及负载内阻很小,可以忽略不计,所以低频信号作用的网络可以简化成图 6-4-10。

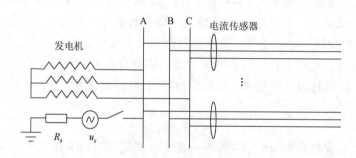

图 6-4-10　绝缘故障支路定位多支路简化交流电网

由图 6-4-10 可知，当低频信号源的频率为 $f_1$ 时，有

$$i_1 = \frac{u_{ab1}}{R} + \mathrm{j} \cdot 2\pi \cdot f_1 \cdot C \cdot u_{ab1} \tag{6-4-1}$$

当低频信号源的频率为 $f_2$ 时，有

$$i_2 = \frac{u_{ab2}}{R} + \mathrm{j} \cdot 2\pi \cdot f_2 \cdot C \cdot u_{ab2} \tag{6-4-2}$$

式中，$R$ 为某一条支路的等效绝缘电阻；$C$ 为该条支路等效的对地电容；$f_1$、$f_2$ 为所加低频信号的频率；$i_1$ 为由频率为 $f_1$ 的信号源单独作用时产生的漏电流；$i_2$ 为由频率为 $f_2$ 的信号源单独作用时产生的漏电流；$u_{ab1}$ 为由频率为 $f_1$ 的信号源单独作用时绝缘电阻上的电压降；$u_{ab2}$ 为由频率为 $f_2$ 的信号源单独作用时绝缘电阻上的电压降。

由式（6-4-1）和式（6-4-2）可以得到绝缘电阻和分布电容值：

$$R = \frac{u_{ab1m} \cdot u_{ab2m} \cdot \sqrt{k^2 - 1}}{\sqrt{k^2 \cdot I_{1m}^2 \cdot u_{ab2m}^2 - I_{2m}^2 \cdot u_{ab1m}^2}} \tag{6-4-3}$$

$$C = \frac{1}{2\pi \cdot f_1 \cdot \sqrt{k^2 - 1}} \cdot \sqrt{\frac{I_{2m}^2}{u_{ab2m}^2} - \frac{I_{1m}^2}{u_{ab1m}^2}} \tag{6-4-4}$$

式中，$u_{ab1m}$ 为 $u_{ab1}$ 的幅值；$u_{ab2m}$ 为 $u_{ab2}$ 的幅值；$I_{1m}$ 为 $i_1$ 的幅值；$I_{2m}$ 为 $i_2$ 的幅值；$k = f_2 / f_1$。

当频率为 $f_1$ 的低频信号源投入后，通过电流传感器检测到电流信号应为频率为 $f_0 = 50\ \mathrm{Hz}$ 的电网电源与频率为 $f_1$ 或 $f_2$ 的低频信号源共同作用的结果。

为了找出低频信号源单独作用时的电流响应，将电流传感器检测到的电流信号送入采用离散傅里叶算法软件构成的数字滤波器，经离散傅里叶运算处理后，可以得到以所投入低频信号的频率 $f_1$ 为基频的幅值。

以 $2\pi$ 为周期的函数 $f(x)$ 的一般傅里叶级数有如下的基本关系：

$$f(x) = \frac{a_0}{2} + \sum_{k=1}^{\infty} (a_k \cos kx + b_k \sin kx)$$

式中

$$a_k = \frac{1}{\pi} \int_{-\pi}^{\pi} f(x) \cdot \cos kx \, \mathrm{d}x$$

$$b_k = \frac{1}{\pi} \int_{-\pi}^{\pi} f(x) \cdot \sin kx \, \mathrm{d}x$$

其中，$k$ 为第 $k$ 次谐波。

当运用离散傅里叶算法时，可以将电流传感器检测到的电流信号的一个周期分成多个点（如 400 个点）并进行采样，其基波函数的幅值为

$$A_{f_1} = \sqrt{a_{f_1}^2 + b_{f_1}^2}$$

式中

$$a_{f_1} = \frac{1}{\pi} \sum_{i=0}^{399} f\left(\frac{2\pi \times i}{400}\right) \times \cos\left(\frac{2\pi \times i}{400}\right) \times \frac{2\pi}{400}$$

$$= \frac{1}{200} \sum_{i=0}^{399} f\left(\frac{2\pi \times i}{400}\right) \times \cos\left(\frac{2\pi \times i}{400}\right)$$

$$b_{f_1} = \frac{1}{200} \sum_{i=0}^{399} f\left(\frac{2\pi \times i}{400}\right) \times \sin\left(\frac{2\pi \times i}{400}\right)$$

由此可以得到频率为 $f_1$ 的低频信号源单独作用时流过负载支路中绝缘阻抗的漏电流 $i_1$。

对地电压是网络电源（$f_0 = 50$ Hz）和低频（$f_1$）信号源 $u_s$ 共同作用的结果。因此也要采用寻找 $i_1$ 时的方法，即经过数字滤波，找出 $u_s$ 单独作用时的对地电压 $u_1$。

这种两次分别通入不同频率低频信号源的测试方法是双频法。该方法的优点是在测试绝缘电阻时，可以消除分布电容的影响。

在实际电力系统网络中，由于用电设备及设备数量的不同，各支路的分布电容也不是相等的，有的支路电容大，有的支路电容小。对于多支路电网进行判别故障支路，必须检测出每一条支路的绝缘电阻，然后比较绝缘电阻值的大小，再对故障支路进行定位。

## 四、岸电供电的保护

舰船靠港时，有时可以用陆地的电源来供电，称为岸电。岸电通过岸电箱引入舰船电力网。接岸电时，要确认舰船发电机与舰船电力网已脱离，为了保险起见，配电盘上发电机主开关和岸电开关的脱扣线圈通过其辅助触点应有联锁。

### 1. 相序测定器

在接入岸电时必须保证岸电相序与船电相序一致，否则电动机将反转，其他与相序有关的用电设备也会工作不正常。为了判断接入岸电时相序是否正确，在岸电箱上附有相序测定器，其线路如图 6-4-11（a）所示。

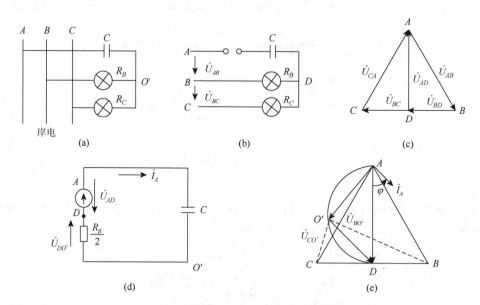

图 6-4-11　相序测定器原理图、线路图

相序测定器电路的三相负载是不对称的。下面分析一下其中性点 $O'$ 将如何位移。可用等值发电机原理来求解图 6-4-11（a）中所示电路。

（1）求电容 $C$ 两端开路电压 $\dot{U}_{AD}$。如图 6-4-11（b）所示，显然，此时 $B$、$C$ 灯串联，所

加电压为 $\dot{U}_{BC}$。

（2）求等值发电机的等效内阻抗。将 $A$、$B$、$C$ 三点短接，由电容 $C$ 断开处看进去，电路的等效阻抗就是 $R_B$ 和 $R_C$ 并联，所以等效电阻 $R_d = \dfrac{1}{2}R_B$。

（3）画出等值电路，如图 6-4-11（d）所示。

（4）求电容 $C$ 支路上的电流 $\dot{I}_A$。

图 6-4-11（d）为一个容性电路，其阻抗为 $Z = \dfrac{1}{2}R_B - \mathrm{j}\dfrac{1}{\omega C}$，阻抗角为 $\varphi = \arctan\dfrac{\frac{1}{\omega C}}{\frac{R_B}{2}}$，故

电流 $\dot{I}_A$ 超前于 $\dot{U}_{AD}$ $\varphi$ 角，如图 6-4-11（e）所示。

（5）求电容 $C$ 上的电压 $\dot{U}_{AO'}$，找出负载中性点 $O'$。

由图 6-4-11（d）可知：$\dot{U}_{AD} = \dot{U}_{AO'} + \dot{U}_{O'D}$，又由于 $\dot{U}_{AO'}$ 和 $\dot{U}_{O'D}$ 相差 90°，故 $O'$ 必在 AD 半圆上；$\dot{U}_{AO'}$ 落后于 $\dot{I}_A$ 90°；$\dot{U}_{O'D}$ 与 $\dot{I}_A$ 同相位，所以可以找出 $O'$ 点，如图 6-4-11（e）中所示。$O'$ 位移到了左边。

（6）求两灯上的电压 $\dot{U}_{BO'}$、$\dot{U}_{CO'}$。如图 6-4-11（e）所示，连接 $B$、$O'$；$C$、$O'$，即得
$$\dot{U}_{BO'} = \overline{BO'},\ \dot{U}_{CO'} = \overline{CO'}$$

（7）结论。

由图 6-4-11（e）可知：当正序时，$\dot{U}_{BO'} > \dot{U}_{CO'}$，故 $B$ 灯较亮，$C$ 灯较暗；当负序时，$\dot{U}_{BO'}$ 加在 $C$ 灯上，而 $\dot{U}_{CO'}$ 加在 $B$ 灯上，故 $C$ 灯较亮，$B$ 灯较暗。

2. 负序继电保护

在接岸电时，可能发生相序接错或一相断线：若相序相反，则使电动机反转；若单相供电，则使电动机烧坏，故需要加继电保护。负序继电器就是用来防止接岸电时相序接错和单相运行的继电保护装置。负序继电器原理接线图如图 6-4-12 所示。

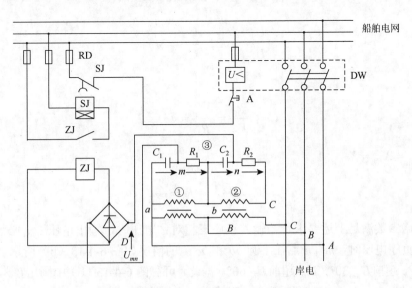

图 6-4-12　负序继电器原理接线图

负序继电器实质上就是一个负序电压滤过器，它主要由电阻 $R_1$、$R_2$ 和电容 $C_1$、$C_2$ 构成。经变压器 B 接入岸电电压；输出电压为 $U_{mn}$。当负序电压滤过器的输入接正序电压且三个电压对称时，其输出电压 $U_{mn}=0$，中间继电器 ZJ 不动作；当接负序电压或断一相线时，输出电压 $U_{mn}\neq0$，滤过器有电压输出，使 ZJ 动作，接通时间继电器 SJ，经时延，使失压脱扣器 $U<$ 断电，岸电开关 DW 自动断开。下面分析负序继电器的作用原理。

由图 6-4-12 中滤过器的三个回路①、②、③，可得三个电压回路方程式：

$$\dot{U}_{ab}=\dot{U}_{R_1}+\dot{U}_{C_1}=\dot{I}_{ab}R_1+\dot{I}_{ab}X_{C_1}\mathrm{e}^{-\mathrm{j}90°}$$

$$\dot{U}_{bc}=\dot{U}_{R_2}+\dot{U}_{C_2}=\dot{I}_{bc}R_2+\dot{I}_{bc}X_{C_2}\mathrm{e}^{-\mathrm{j}90°}$$

$$\dot{U}_{mn}=\dot{U}_{R_1}+\dot{U}_{C_2}=\dot{I}_{ab}R_1+\dot{I}_{bc}X_{C_2}\mathrm{e}^{-\mathrm{j}90°}$$

画出上式矢量图，因回路①、②皆为容性电路，故 m、n 两点必在 ab 和 bc 两个半圆上，如图 6-4-13（a）所示。当输入接正序电压且三相电压对称时，要求输出电压 $U_{mn}=0$，即 m、n 两点在矢量图上重合。故 m、n 点必在半圆 $\overset{\frown}{ab}$、$\overset{\frown}{bc}$ 的交点处，由图 6-4-13（a）可知：

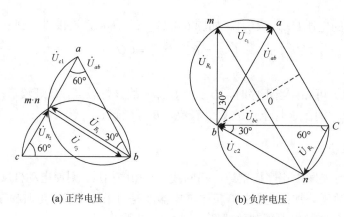

(a) 正序电压　　　　　　(b) 负序电压

图 6-4-13　负序电压滤过器矢量图

$$\frac{U_{R_1}}{U_{C_1}}=\sqrt{3}, \quad \frac{U_{C_2}}{U_{R_2}}=\sqrt{3}$$

即

$$\frac{R_1}{X_{C_1}}=\frac{X_{C_2}}{R_2}=\sqrt{3}$$

若取 $X_{C_1}=X_{C_2}=X$，则

$$R_1=\sqrt{3}X, \quad R_2=\frac{X}{\sqrt{3}}$$

只要电路参数满足上述要求，当输入正序三相对称电压时，输出电压 $U_{mn}$ 必然为零。

当输入负序电压时，m、n 点在半圆 ab 和 bc 上的情况如图 6-4-13（b）所示。由图 6-4-13（a）可知：$\dot{U}_{R_1}$ 超前 $\dot{U}_{ab}$ 30°；$\dot{U}_{R_2}$ 超前 $\dot{U}_{bc}$ 60°。据此，可在图 6-4-13（b）中画出 $\dot{U}_{R_1}$、$\dot{U}_{R_2}$、$\dot{U}_{C_1}$、$\dot{U}_{C_2}$ 分别与半圆 $\overset{\frown}{ab}$、$\overset{\frown}{bc}$ 的交点即 m、n。连接 m、n 点即得电压 $U_{mn}$：

$$U_{mn} = U_{mo} + U_{on}$$

$$= \frac{\sqrt{3}}{2}I_{ab}R_1 + \frac{\sqrt{3}}{2}I_{bc}X_{C_2}$$

$$= \frac{\sqrt{3}}{2}\left(\frac{\sqrt{3}}{2}U_{ab}\right) + \frac{\sqrt{3}}{2}\left(\frac{\sqrt{3}}{2}U_{bc}\right)$$

$$= \frac{3}{4}U_{ab} + \frac{3}{4}U_{bc}$$

$$\because \qquad U_{ab} = U_{bc}$$

$$\therefore \qquad U_{mn} = 1.5U_{bc}$$

由上式可见，当输入负序电压时，滤过器输出电压 $U_{mn}$ 为 1.5 倍的线电压，此电压经整流器 D 加在 ZJ 上，使 ZJ 动作、SJ 动作、$U<$（欠压继电器）断电，DW 开关断开，从而实现了负序保护。

当发生一相断线时，电路将变为三相不对称电路，即单相运行。例如，当 $A$ 相断线时，由图 6-4-12 可知此时的输出电压 $U_{mn}$ 为

$$U_{mn} = U_{C_2}$$

由图 6-4-13 可知

$$U_{C_2} = \frac{\sqrt{3}}{2}U_{bc}$$

所以断一相线时，负序电压过滤器输出电压为

$$U_{mn} = \frac{\sqrt{3}}{2}U_{bc}$$

上式表明一相断线时过滤器输出电压 $U_{mn}$ 为 $\sqrt{3}/2$ 的线电压，此电压经整流后，加在 ZJ 上，通过 SJ、$U<$，使岸电开关不能合闸。

上述推导是在假设从 $m$、$n$ 端向整流器方向看进去的阻抗为无穷大的基础上进行的，实际上整流器直流侧接有 ZJ，当考虑 ZJ 的影响时，只是使 $U_{mn}$ 的数值有所减少，而相应的基本关系不变。所以希望 ZJ 的电阻值应大些（相对于 $R_1$、$C_2$ 来说）。

综上所述，当岸电接线相序正确，三相电压对称时，负序继电器输出 $U_{mn}$ 为零，岸电开关可以合上闸；当相序接错或一相断线时，则 $U_{mn}$ 不等于零，有电压输出，使岸电开关合不上闸。

## 五、汇流排差动保护

电流差动保护是以电流差值作为判断进行动作的保护方法，其原理来自于基尔霍夫电流定律：在电路中任意一个节点上，在任意时刻，流入节点的电流之和等于流出节点的电流之和。

差动保护取被保护设备两侧的电流差，若该电流差为 0，则说明该设备内部没有发生问题，保护不用动作；若该差值不为 0，则说明该设备内部可能发生问题，保护选择性动作或告警。

如图 6-4-14 所示，若该段内正常运行或出现段外故障，则有

$$\dot{I}_d = \dot{I}_M + \dot{I}_N = 0$$

若该段内故障，则有

$$\dot{I}_d = \dot{I}_M + \dot{I}_N = \dot{I}_k \neq 0$$

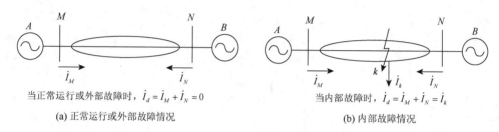

当正常运行或外部故障时，$\dot{I}_d = \dot{I}_M + \dot{I}_N = 0$

当内部故障时，$\dot{I}_d = \dot{I}_M + \dot{I}_N = \dot{I}_k$

(a) 正常运行或外部故障情况 　　　　　　　　　(b) 内部故障情况

图 6-4-14　差动保护运行示意图

电流差动保护作为纵联保护的一种，也称为纵联电流差动保护，具备纵联保护全线速动、双端测量等特点。作为纵联保护的一种，电流差动保护按照通信通道类型分类分为导引线（导体连接）、电力载波（高频）、微波通道（技术复杂、成本高）及光纤通道。舰船通常采用导引线方式。

**1. 动作判据**

差动电流的定义是两侧电流的差值，工程上检测电流由 CT（电流互感器）输出，CT 按同名端的顺序连接。差动保护判据为

$$|\dot{I}_d| > I_{set}$$

图 6-4-15 为差动保护判据示意图。

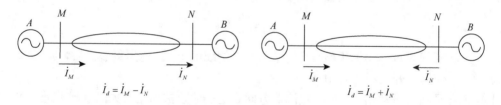

$\dot{I}_d = \dot{I}_M - \dot{I}_N$ 　　　　　　　　　　　　$\dot{I}_d = \dot{I}_M + \dot{I}_N$

图 6-4-15　差动保护判据示意图

**2. 差动保护存在的问题**

为什么判据不是大于 0 而是大于 $I_{set}$？从原理来讲，纵差保护非常容易理解，但关键的问题是在正常情况下，相同的电流，不同 CT 的输出并不一致。

（1）我们在差动保护中计算的电流是二次电流，来自于 CT，CT 的变比特性直接决定了这个值准不准。因此 CT 特性不一致直接决定了纵差保护的可靠性。

（2）二次电流经通道传输到保护，传输通道特性和损耗也会影响差动电流的计算。

（3）线路充电电容电流也会对差动电流的计算造成影响。

（4）励磁涌流。变压器在正常运行时，它的励磁电流只流过变压器的电源侧，因此，通过电流互感器反映到差动回路中就出现不平衡现象。在正常情况下，变压器励磁电流为变压器额定电流的 2%～3%；在外部故障时，由于电压降低，励磁电流也相应地减少，其影响会减小。在实际整定时可以不予考虑。但是，在变压器空载投入和外部故障切除后电压恢复时，可能产生数值很大的励磁涌流，其数值可达变压器额定电流的 6～8 倍。励磁涌流会造成差动保护的误动作。

（5）变压器各侧绕组的连接方式不同。变压器各侧绕组的连接方式不同，如当双绕组变压器采用 $Y$, $d$ 接线，三绕组变压器采用 $Y$, $y$, $d$ 接线时，各侧电流相位就不同。这时，即使变压器各侧电流互感器二次电流大小能相互匹配，但如果不进行调整，相位差也会在差动回路中产生很大的不平衡电流。

（6）变压器实际变比与计算变比不同的影响。由于电流互感器选用的是定型产品，其变比都是标准化的，很难与通过计算得出的变比相吻合，这样就会在主变差动回路中产生不平衡电流。

（7）有载调压变压器档位的改变。改变有载调压变压器档位实际上就是改变变压器的变比。而差动保护已按照某一变比调整好，当分接头改换时，就会产生一个新的电流流入差动回路。

（8）电流互感器本质就是一个变压器，正常运行时变压器两端（一次，二次）按理想变压器的特性运行时，励磁电流很小引起的误差可以忽略不计，一次二次电流呈现明显的线性关系。然而 CT 铁芯的铁磁材料具有磁饱和特性（参考磁滞回线），当一次电流突然增大时，铁芯磁通饱和。当铁芯磁通饱和时，虽然 CT 一次电流继续增加，但是磁通量却增加很小，一次二次电流不再呈现线性关系，CT 不再工作于线性区。在相同的电流下，CT 二次负载阻抗越大，CT 就越容易进入饱和。

当一次电流相等时，二次电流之差不为零会对纵差保护造成影响，此时电流之差称为不平衡电流。消除或尽量地减少不平衡电流的影响是纵差保护的重要问题。

为了防止差动保护误动，通常采用比率制动方法：引入一个能反映穿越性电流的制动电流，当穿越性电流增大引起不平衡电流增加时，差动电流定值随制动电流增大而按某一比率相应地提高。

比率制动式电流差动保护的基本判据为

$$|i_1 + i_2 + \cdots + i_n| \geqslant I_0 \tag{6-4-5}$$

$$|i_1 + i_2 + \cdots + i_n| \geqslant K \cdot (|i_1| + |i_2| + \cdots + |i_n|) \tag{6-4-6}$$

式中，$i_1, i_2, \cdots, i_n$ 为支路电流；$K$ 为制动系数；$I_0$ 为差动电流门槛值。

式（6-4-5）的动作条件是由不平衡差动电流决定的，而式（6-4-6）的动作条件是由汇流排所有元件的差动电流和制动电流的比率决定的。当外部故障短路电流很大时，不平衡差动电流较大，式（6-4-5）易于满足，但不平衡差动电流占制动电流的比率很小，因而式（6-4-6）不会满足，装置的动作条件由上述两判据"与"门输出，提高了差动保护的可靠性，所以当外部故障短路电流较大时，式（6-4-6）使得保护不误动，而当出现内部故障时，式（6-4-6）易于满足，只要同时满足式（6-4-5）提供的差动电流动作门槛，保护就能正确动作，这样提高了差动保护的可靠性。比率制动式电流差动保护动作曲线如图 6-4-16 所示。图中，$i_d = |i_1 + i_2 + \cdots + i_n|$ 为差动电流，$i_f = |i_1| + |i_2| + \cdots + |i_n|$ 为制动电流，$K$ 为制动系数。

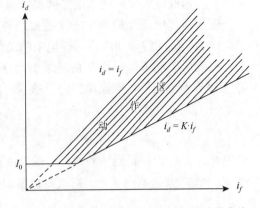

图 6-4-16 比率制动式电流差动保护动作曲线

# 第五节　电力变压器继电保护

舰船电力系统采用中压发电机，除了一部分中压负荷，还要通过电力变压器供给相当大的低压负荷，因而使变压器的容量变得相当大。这就使舰船电力变压器成了舰船电力系统的重要元件之一，它的安全运行是舰船电力系统运行可靠性的必要条件，因此需要根据变压器的容量和重要程度，考虑对其设置相应的继电保护装置。

舰船电力变压器本身的故障主要有箱内绕组的相间短路、匝间短路和单相接地；箱外套管与引出线的相间短路和单相接地。变压器的不正常运行情况主要有过负荷和外部短路引起的过电流及中性点过电压。

## 一、电力变压器继电保护概述

电压为 6～10 kV 的主变压器，通常装设有带时限的过电流保护。如果过电流保护的动作时间大于 0.5～0.7 s，那么应装设电流速断保护。容量在 400 kV·A 及以上的变压器，当数台并列运行或单台运行并作为其他负荷的备用电源时，应根据可能过负荷的情况装设过负荷保护。

## 二、变压器的过电流保护、电流速断保护和过负荷保护

### 1. 变压器的过电流保护

无论是采用电流继电器还是脱扣器，也无论是定时限还是反时限，变压器过电流保护的组成、原理与前面所讲电力线路过电流保护的组成、原理完全相同。

变压器过电流保护动作电流的整定与电力线路过电流保护的整定基本相同。

变压器过电流保护动作时间的整定与电力线路过电流保护的整定相同，也按阶梯原则整定。电力系统的终端（用户）变电所的动作时间可以整定为最小值（0.5 s）。

按变压器低压侧母线在系统最小运行方式下发生两相短路时换算到高压侧的短路电流值 $I'_{k.\min}$ 来检验变压器过电流保护的灵敏度，要求灵敏系数

$$S_P = \frac{K_w I_k^{(2)}}{K_i I_{qb}} \geqslant 2$$

式中，$K_w$ 是保护装置返回系数；$K_i$ 是电流互感器的变比；$I_{qb}$ 是速断电流；$I_k^{(2)}$ 为最小两相短路电流。如果 $S_P$ 达不到要求，那么可以采用低电压闭锁的过电流保护。

### 2. 变压器的电流速断保护

变压器的电流速断保护的组成、原理与电力线路的电流速断保护完全相同。

变压器电流速断保护的动作电流（速断电流）的整定计算公式与线路电流速断保护的整

定计算公式基本相同，变压器电流速断保护的速断电流应按躲过低压母线三相短路电流周期分量有效值来整定。

按变压器的电流速断保护装置安装处（即高压侧）在系统最小运行方式下发生两相短路的短路电流来检验变压器电流速断保护的灵敏度。要求其灵敏系数 $S_P > 2$。

变压器的电流速断保护也有保护不到的死区。弥补死区的措施是配备带时限的过电流保护。

考虑到变压器在空载投入或者突然恢复电压时将出现一个冲击性的可高达（8～10）$L_{N.T}$ 的励磁涌流，为了防止此冲击性电流引起电流速断保护误动作，可在变压器速断保护整定后，将变压器空载试投几次，以检查变压器速断保护是否误动作。

### 3. 变压器的过负荷保护

变压器的过负荷保护的组成、原理也与电力线路的过负荷保护完全相同。

变压器过负荷保护的动作电流与电力线路过负荷保护的运作电流基本相同，其动作时间取为 10～15 s。

图 6-5-1 是变压器的定时限过电流保护、电流速断保护和过负荷保护的综合电路图。

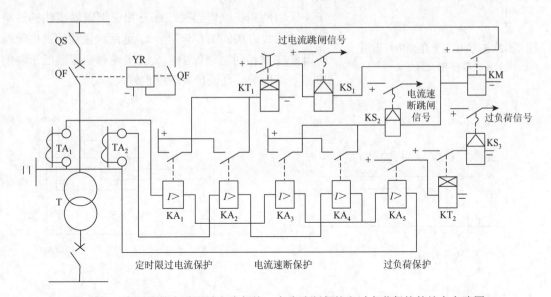

图 6-5-1　变压器的定时限过电流保护、电流速断保护和过负荷保护的综合电路图

## 三、变压器低压侧的单相短路保护

针对变压器低压侧的单相短路保护，可以采取下列措施之一。

（1）在低压侧装设三相均带过电流脱扣器的低压断路器来保护这种低压断路器，既作为低压侧的主开关，操作方便，便于自动投入，提高供电可靠性，又可以用来保护低压侧的相间短路和单相短路。这种措施在各类用户配电变电所中得到广泛的应用。

（2）在低压侧三相装设熔断器保护既可以保护变压器低压侧的相间短路，也可以保护其单相短路。但由于熔断器熔断后更换熔体需要一定的时间，影响连续供电，所以这种措施主要用在供不重要负荷的较小容量的变压器上。

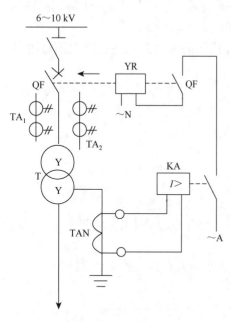

图 6-5-2　在变压器低压侧中性点引出线上装设零序电流保护示意图

在变压器低压侧中性点引出线上装设零序电流保护示意图（图 6-5-2）。这种零序电流保护的动作电流 $I_{op(o)}$ 按躲过变压器低压侧的最大不平衡电流来整定，其整定计算公式为

$$I_{op(o)} = \frac{K_{rel}K_{dsq}}{K_i} I_{2N.T}$$

式中，$I_{2N.T}$ 为变压器的额定二次电流；$K_{dsq}$ 为不平衡（disequilibrium）系数，一般取 0.25；$K_{rel}$ 为可靠系数，可取 1.3；$K_i$ 为零序电流互感器的电流比。

零序电流保护的动作时间一般取 0.5～0.7 s。

零序电流保护的灵敏度，按低压干线末端发生单相短路来检验。对架空线，$S_p \geq 1.5$；对电缆线，$S_p \geq 1.25$。

这种零序电流保护灵敏度较高，但投资较大，故一般用户中较少采用。

采用两相三继电器接线或三相三继电器接线的过电流保护接线方式如图 6-5-3 所示。这两种接线的过电流保护既能实现相间短路保护，又能实现对变压器低压侧的单相短路保护，且保护灵敏度也较高。

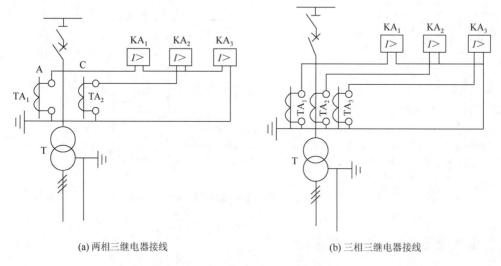

(a) 两相三继电器接线　　　　　　　　　(b) 三相三继电器接线

图 6-5-3　适于变压器低压侧单相短路保护的两种过电流保护接线方式

这里必须指出：通常作为变压器过电流保护的两相两继电器接线和两相一继电器接线方式，均不宜作为低压单相短路保护。下面分别进行简单的分析。

（1）采用两相两继电器过电流保护的变压器在低压侧单相短路时的电流分析如图 6-5-4 所示。

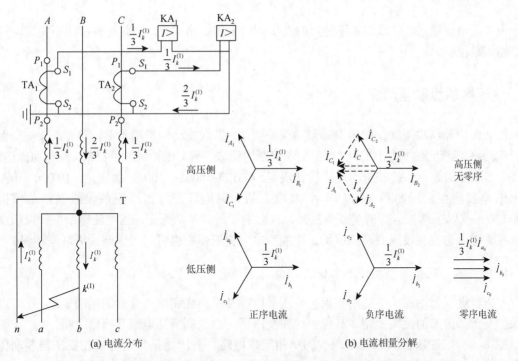

图 6-5-4　采用两相两继电器过电流保护的变压器在低压侧单相短路时的电流分析

假设变压器的变压比和电流互感器的电流比均为 1

　　假设未装设电流互感器的 $B$ 相对应的低压侧 $b$ 相发生单相短路，则低压单相短路电流 $\dot{I}_k^{(1)} = \dot{I}_b$，按照对称分量法可以分解为正序分量 $\dot{I}_{b_1} = \dot{I}_b/3$，负序分量 $\dot{I}_{b_2} = \dot{I}_b/3$，零序 $\dot{I}_{b_0} = \dot{I}_b/3$，由此可以绘出变压器低压侧各相电流的正序、负序和零序的相量图。三相三心柱变压器低压侧互差 120° 的正序分量和负序分量能感应到高压侧去；但低压侧的零序分量 $\dot{I}_{a_0}$、$\dot{I}_{b_0}$、$\dot{I}_{c_0}$ 是同相的，它们产生的零序磁通不可能在三相三心柱的变压器铁芯内闭合，这些磁通不可能与高压绕组交链，高压侧不可能感应出零序电流。因此变压器高压侧各相电流只有正序分量与负序分量的叠加。

　　由以上分析可知，当变压器低压侧 $b$ 相发生单相短路时，在变压器高压侧两相两继电器接线的继电器中只能反映 1/3 的单相短路电流，灵敏度很低，所以这种接线不适于做低压侧的单相短路保护。

　　（2）采用两相一继电器过电流保护的变压器在低压侧单相短路时的电流分析（图 6-5-5）。

　　同样假设未装电流互感器的 $B$ 相对应的低压侧 $b$ 相发生单相短路，根据上述分析可知，高压侧的继电

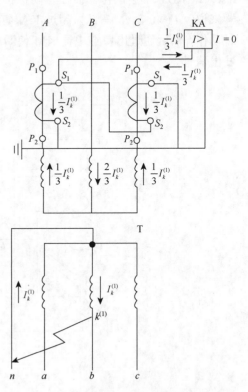

图 6-5-5　采用两相一继电器过电流保护的变压器在低压侧单相短路时的电流分析

器中根本无电流通过，即它根本不能反映低压侧的单相短路电流，因此这种接线不能做低压侧的单相短路保护。

## 四、变压器的纵联差动保护

差动保护分纵联差动保护和横联差动保护两种，纵联差动保护用于单回路，横联差动保护用于双回路。差动保护利用故障时产生的不平衡电流来动作，保护灵敏度很高，而且动作迅速。按《电力装置的继电保护和自动装置设计规范》（GB/T 50062—2008）的规定，10 000 kV·A 及以上的单独运行变压器和 6300 kV·A 及以上的并列运行变压器，应装设纵联差动保护；6300 kV·A 及以下单独运行的重要变压器，也可装设纵联差动保护。当电流速断保护灵敏度不符合要求时，也宜装设纵联差动保护。在舰船电力变压器中也可以考虑装设纵联差动保护。

### 1. 变压器纵联差动保护的基本原理

变压器纵联差动保护主要用来保护变压器内部及引出线和绝缘套管的相间短路，也可以用来保护变压器内部的匝间短路，其保护区在变压器一二次侧所装电流互感器之间。

图 6-5-6 是变压器纵联差动保护的单相原理电路。变压器正常运行或在变压器差动保护的保护区外 $k$-1 点发生短路时，如果电流互感器 $\mathrm{TA_1}$ 的二次电流 $I_1'$ 与 $\mathrm{TA_2}$ 的二次电流 $I_2'$ 相等或相差很小时，那么流入继电器 KA（或差动继电器 KD）的电流 $I_{\mathrm{KA}} = I_1' - I_2' \approx 0$，继电器 KA（或 KD）不会动作。而在差动保护的保护区内 $k$-2 点发生短路时，对于单端供电的变压器来说，$I_2' = 0$，$I_{\mathrm{KA}} = I_1'$，超过 KA（或 KD）所整定的动作电流 $I_{\mathrm{op}(d)}$，使 KA（或 KD）瞬时动作，然后通过出口继电器 KM 使断路器 QF 跳闸，切除短路故障，同时由信号继电器 KS 发出信号。

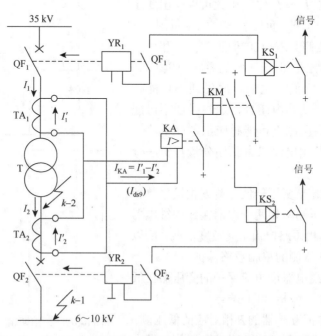

图 6-5-6　变压器纵联差动保护的单相原理电路

**2. Yd11 联结变压器的纵联差动保护接线**

总降压变电所的主变压器通常采用 Yd11 联结组，这就造成该变压器两侧电流有 30°的相位差。为了消除它在差动回路中产生的不平衡电流 $I_{dsq}$，因此将装设在变压器星形联结一侧的电流互感器接成三角形联结，而将装设在变压器三角形联结一侧的电流互感器接成星形联结，如图 6-5-7（a）所示。由图 6-5-7（b）可知，这样接线就可以消除差动回路中由变压器两侧电流相位不同而引起的不平衡电流。

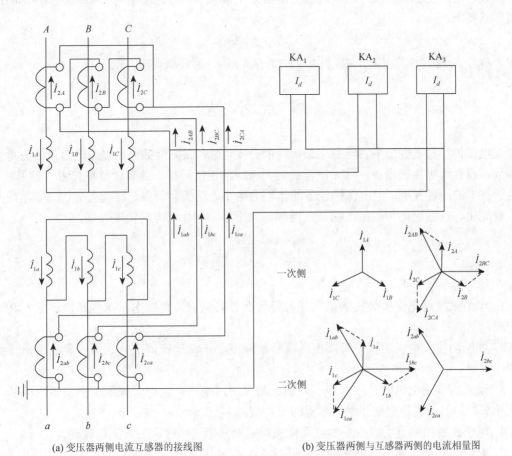

(a) 变压器两侧电流互感器的接线图 　　　　　 (b) 变压器两侧与互感器两侧的电流相量图

图 6-5-7　Yd11 联结变压器的纵联差动保护接线

设变压器和互感器的匝数比均为 1

此外，在变压器纵联差动保护装置中，还应设法减小由两侧电流互感器电流比与变压器电压比不能完全配合而引起的不平衡电流，并设法减小由变压器励磁涌流（只通过变压器一次绕组）而引起的不平衡电流，因此这种保护装置是比较复杂的，成本也是比较高的。实际上，在差动回路中产生不平衡电流的因素很多，不可能完全消除，而只能使其减小到最小值。

**3. 变压器纵联差动保护动作电流的整定**

变压器纵联差动保护的动作电流 $I_{op(d)}$ 应满足以下三个条件。

（1）应躲过变压器差动保护区外短路时出现的最大不平衡电流 $I_{dsq.max}$，即

$$I_{op(d)} = K_{rel} I_{dsq.max}$$

式中，$K_{rel}$ 为可靠系数，可取 1.3。

（2）应躲过变压器的励磁涌流，即

$$I_{op(d)} = K_{rel} I_{1N.T}$$

式中，$I_{1N.T}$ 为变压器的额定一次电流；$K_{rel}$ 为可靠系数，可取 1.3～1.5。

（3）当电流互感器二次回路断线且变压器处于最大负荷时，差动保护不应误动作，因此需满足下式要求：

$$I_{op(d)} = K_{rel} I_{L.max}$$

式中，$I_{L.max}$ 为最大负荷电流，取（1.2～1.3）$I_{1N.T}$；$K_{rel}$ 为可靠系数，取 1.3。

# 本 章 小 结

继电保护学科是舰船电力学科中最活跃的分支，继电保护设备也是舰船电力设备的重要组成部分，没有继电保护设备，就无法维持电力系统的正常运行。随着计算机技术、信息技术、微电子技术的不断发展，继电保护设备的体积会更小、功能会更强、性能会更优，必然向网络化、智能化、自适应化和保护、测量、控制、数据通信一体化方向快速发展。

# 练 习 题

1. 电力系统继电保护装置的基本任务是什么？对保护装置提出了哪些基本要求？其基本结构应包括哪几部分。

2. 舰船同步发电机工作中可能出现哪些故障或非正常运行情况？必须设置的继电保护有哪些。

3. 设置同步发电机的过载保护、外部短路保护、逆功率保护、欠压保护设备时的基本要求是什么？如何正确整定这些保护装置的整定值。

4. 电子式脱扣装置由哪些基本电路构成？试以典型线路图说明其工作原理。

5. 舰船用框架式断路器的主要功能是什么？主要用于哪些线路中？其基本结构由哪些部分组成。

6. 自动空气断路器的额定值有哪些？它们确切的含义是什么。

7. 自动空气断路器及其脱扣器是根据哪些特定参数来选择和整定的。

8. 舰船电力网需要进行哪些保护？电力系统绝缘监测装置的基本工作原理是怎样的？岸电供电需要设置哪些保护。

# 第七章

## 舰船配电装置

舰船配电装置是舰船电力系统组成的重要部分，是完成对电能的接受、控制及分配的设备。本章将分别阐述舰船配电装置的主要功能、结构组成，详细地分析舰船常见仪表的工作原理，并对舰船中常见的配电装置进行详细的分析；实例分析某型号舰船主配电板的工作原理及线路连接；同时对中压配电装置进行介绍。

# 第一节　配电装置概述

舰船电源发出的电能需要集中控制，然后分配给各用电设备使用。船用配电装置均做成金属结构的箱体，其中，装设开关电器、保护及自动化设备、测量仪表、连接汇流排和其他辅助设备。

## 一、配电装置的功能及其分类

配电装置的主要功能如下所示。

（1）正常情况下接通和开断电源至用电设备间的供电网络，指示开关的通断位置。

（2）测量和监视电力系统的电气参数（如电压、电流、频率、功率、功率因数等）。

（3）控制、调整电力系统的各电气参数。

（4）当电力系统发生故障或不正常运行时，保护装置将自动地切除故障电路或发出声光报警信号。

（5）完成自动化或遥控设备的相关功能。

配电装置按其用途分类可以分为如下几种。

（1）主配电板——用于控制舰船主电源所产生的电力，并对舰船在作战状况和正常航行时，对使用的所有电力负载进行配电的开关设备和控制设备的组合装置。

（2）应急（停泊）配电板——用于控制应急（停泊）电源所产生的电力，并在舰船应急（停泊）状态下，对舰船、人员安全（生活）所必须的电力负载进行配电的开关设备和控制设备的组合装置。

（3）负载中心（区配电板）——介于舰船主配电板与分配电板（箱）之间，用以向分配电板（箱）或单个负载供电而进行控制的开关设备和控制设备的组合装置。负载中心汇流条可以视为主配电板汇流排向负载密集区的延伸。

（4）分配电板——用于对最后分路（指位于分配电板最后一级过电流保护装置后面的电路）进行配电，并带有一个或多个过电流保护设备的组合装置。

分配电板按用途又可以分成：

①动力分配电板；

②照明分配电板；

③武备分配电板；

④舰内通信和信号分配电板；

⑤观通分配电板；

⑥导航分配电板；

⑦消磁分配电板；

⑧电热分配电板等。

（5）充放电板——用于监视、控制、保护蓄电池充放电的配电板。

（6）岸电箱——舰船停靠码头或厂修时，船上发电机停止供电，将岸上电源线接到舰上岸电箱，再由岸电箱送电到应急配电板和主配电板进行分配；当有要求时该系统应同时具备向其他舰船供电的能力。

（7）两舷电源转换装置——用于重要设备两舷供电转换的装置，分为手动和自动两种。

按结构型式分类可以分为如下几种。

（1）防护式：较大型配电板如主配板、应急配电板等均采用此种结构。通常用钢板制成，板前有面板，使操作时不触及带电部分，但不能防止水滴渗入，适用于干燥舱室内。板后敞开，便于修理，为防止蒸汽凝结水滴的侵入，配电装置的顶部应是一块完整的无孔平钢板。连接电缆一般从下部开孔引入。

（2）防滴式：防滴式装置的外壳能防止与垂直线呈45°角的下落水滴侵入。安装在机舱、舵机舱等机械舱室的配电装置一般采用这种型式。电缆多从下面引入，也有从侧面通过套管引入的，两侧可开散热窗。

（3）防水式：这种型式的配电装置能够经受4～10 m水柱的集中水流，从任意方向进行喷射15 min而不致有水滴进入。连接电缆的引入采用水密填料函。适用于露天或潮湿处所安装，如岸电箱等多采用此种型式。

电气设备采用何种防护等级，是由电气设备的安装位置决定的。防护等级及防护性能如表7-1-1所示。表示防护等级的标志由特征字母IP及后面加两位数字组成。

**表 7-1-1　防护等级及防护性能**

| 序号 | 防护型式 | 允许代用 IP 等级 | 防护性能 | 适用场所 |
|---|---|---|---|---|
| 1 | 防护式 | IP21 | — | — |
| 2 | 防滴式 | IP22 | 当电气设备倾斜15°时，水滴垂直落下，对设备无有害影响 | 一般舱室 |
| 3 | 防滴式 | IP23 | 当电气设备倾斜45°时，水滴垂直落下，对设备无有害影响 | 一般舱室 |
| 4 | 防溅式 | IP44 | 从任何方向向设备外壳溅水无有害影响 | 潮气、蒸汽、油雾、尘埃等明显积聚或有溅水的场所 |
| 5 | 防水式 | IP56～IP57 | 猛烈的海浪冲击对设备无有害影响 | 露天甲板或类似场所 |
| 6 | 水密式 | IP58 | 电气设备在规定的深度（压力）和时间下，浸在水中对设备无有害影响 | 舰船水线以下有可能淹没在水中工作场所 |
| 7 | 潜水式 | 无 | 电气设备在规定深度（压力）下，长期地浸在水中对设备无有害影响 | 设备需长期处于水下工作或不工作场所 |

## 二、配电装置的正常工作条件及技术要求

配电装置应能在舰船上较严酷的环境条件下正常工作。这些条件包括：环境空气温度为50℃；空气相对湿度为95%，并有凝露；应能适应盐雾、油雾和霉菌的环境；应具有耐倾斜和摇摆的能力；应能承受舰船在正常航行和战斗情况下出现的振动及冲击；应能在规定的电压和频率偏离额定值的波动情况下正常工作；经过运输和试验后，配电装置应无松动和损坏。

　　配电装置的结构原则上采用垂直、自立、固定面板式。配电板的外壳一般用厚 1.2 mm 以上的结构薄钢板制成。构架、底座、面板、盖板等应采用能承受一定的机械、电气和热应力的材料制成，在振动和冲击及运输吊装中，装置不应发生有害的变形。在保证电气性能的前提下，应尽量地减小装置的尺寸和重量。

　　仪表、指示灯与转换开关等小型电器常安装于面板上，仪表和指示灯的布置应便于观看，大型开关和调节、控制设备常安装于底座上，操作手柄伸出板面，其布置要便于操作。配电装置内部电器的布置应便于调整、检修和拆换，尤其应注意接触器、继电器触头的维护和熔断器的调换。

　　交流舰船的配电方式一般分为三种，即三线绝缘系统、中点接地四线系统和中点接地三线系统，如图 7-1-1 所示。其中，三线绝缘系统应用最为普遍。因为这种方式安全可靠，照明系统与动力系统是电磁连接的，相互影响小，并且单相接地并不形成短路，仍可维持电气设备短时工作。当发生单相接地时中点接地系统会形成短路故障，有使主要用电设备（如舵机电源、服务于主机的机舱辅机等）断电的危险，因而船上较少采用。

　　对于配电盘里面的不同相载流汇流排必须清楚地标以不同的颜色，以示区别：$A$ 相-绿色；$B$ 相-黄色；$C$ 相-褐色或紫色；接地线-黑色；中性线-灰色。

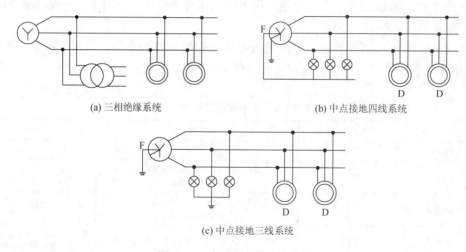

(a) 三相绝缘系统　　　　　　　　　　　(b) 中点接地四线系统

(c) 中点接地三线系统

图 7-1-1　交流舰船的配电方式

## 三、应急（停泊）配电板及其他配电装置

　　关于主配电板的有关问题将在后面专门论述，这里只对除主配电板外的其他配电装置做简要的说明。

### 1. 应急（停泊）配电板

　　在中型以上的水面战斗舰船中都设有两个或两个以上电站且每个电站都有两台或两台以上的发电机，它们可以互为备用，通常不单设应急电站，而是设置应急的蓄电池组。当在供电生命力和电站设置上有特殊要求时，才设置由发电机组供电的应急电站及相应的应急配电板。

　　应急配电板包括发电机控制屏和负载屏。因为应急发电机总是单机运行，所以不需要并车屏和逆功率继电器。在应急配电板上需要装设仪表电器，其原则与主配电板基本一样。

应急电网平时可由主配电板供电，在应急情况下由应急机组供电，因此应急配电板的电源开关与主配电板上接向应急配电板的供电开关间应设有电气联锁。

应急发电机组一般装有自起动装置，当主电网失压时，应急发电机组按编制好的程序自动启动，并使应急发电机主开关自动合闸。

战斗舰船应急配电板的供电对象包括以下负荷：

①航行灯；

②信号灯；

③舵机；

④损管设备；

⑤应急无线电通信设备；

⑥部分武备；

⑦应急照明和部分导航设备。

辅助舰船不包括上面的⑤、⑥两种负载。

图 7-1-2 是交流应急配电板的原理线路图。

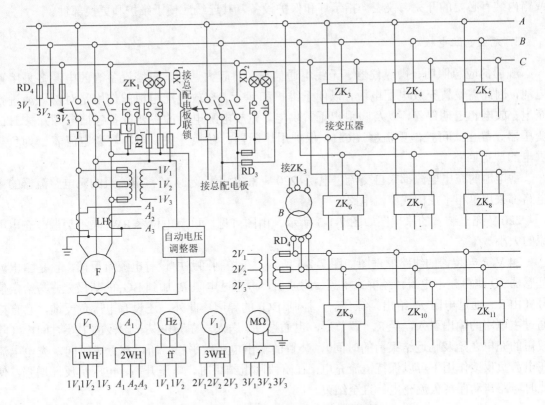

图 7-1-2　交流应急配电板的原理线路图

舰船应急电站应安装在水线以上，并远离主电站。应急电站的配电板与应急电站的发电机组必须安装在同一舱室。

2. 负载中心（区配电板）和分配电板

负载中心是在舰船按区段配电或按"大块"功能负载分区的情况下而设置的。此时负载中心向位置相近的负载组和大型辅助设备供电，以减少主配电板的馈线数量，并获得馈线电缆的经济负载。

根据下列原则集中在一起的负载由一个负载中心供电：

（1）同一类型的负载或相类似的负载及动作有联系的负载集中在一起；

（2）同一舱室或附近舱室的负载集中在一起；

（3）通风机等使用上有必要集中在同一配电板的负载集中在一起。

负载中心应布置在负载密集区。分配电板可以由负载中心供电，也可以直接由主配电板供电。分配电板向位置相近的负载组供电，故分配电板也应布置在负载密集区。分配电板的最多分路不应超过 14 路，其中，包括一定数量的备用分路。

照明分配电板每一独立分路的总电流和照明灯点数规范都有相应的规定，应按规定设置。

舵机分配电板只向直接与操舵装置的操作或与舵机舱有关的电气设备或系统供电。负载中心（区配电板）一般为板型或柜式的配电装置，分配电板一般为板型或箱型的配电装置。板上或箱内装有必要的开关、仪表、指示灯和保护设备，其连线应便于维护和更换部件。

3. 充放电配电板

舰船的应急照明、操纵仪器、无线电通信设备、舰内通信、报警设备等的电源多采用蓄电池，因此需设置充放电配电板，以便于维护和运行。充放电配电板的作用是对蓄电池进行充电、放电和定期保养，以及向用户正常供电。充放电配电板的主要设备包括电源开关 HZ、变压器、静止式可控硅整流器 SCH、保护用熔断器、转换开关、电压表和电流表、为负载供电的放电回路等。

蓄电池的充电电源都来自交流主电源，220 V 蓄电池组及 24 V 蓄电池组的充电整流器的主电路都采用单相半控桥式整流电路。

220 V 充电装置的原理图如图 7-1-3 所示。由图可见，可用电位器 $RW_1$ 来手动调节充电电流的大小。

24 V 充电装置的线路原理图如图 7-1-4 所示。在控制回路中设有电流负反馈，它是由电流互感器 JQ 测得充电电流，经桥式整流、滤波后，再通过电阻 $R_8$ 加到 $BG_1$ 的基极上，与给定信号（由 $R_{W_1}$ 通过电阻 $R_7$ 给出）综合后，控制 $BG_1$ 的导通。此外，还设有电压负反馈，它直接通过主电路的输出引入，经 $R_{W_2}$ 调节后，也通过 $R_8$ 送入。在充电某一阶段的主要时间内（除较短的充电之始及临近结束前的时间），装置的输出电压较平稳，所以在近段时间，充电电流在电流负反馈作用下可以保持恒流充电；在阶段临近结束时，电压升高，电压负反馈增强，使此时电路自动保持欠流充电，直至结束。

4. 岸电箱

1）岸电箱概述

舰船在停泊码头或进坞修理时，一般都需要接用岸上的交流电源。岸电箱连接了陆地上岸电电源，通过岸电开关将岸电电源传输到舰船上的岸电稳压装置后，接入主配电板主汇流排，再分别将电力传输给日用电器和照明用电设备或将舰船上舰电传输到邻舰船使用。

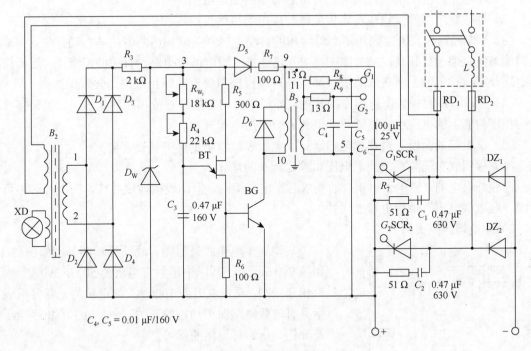

图 7-1-3　220 V 充电装置的原理图

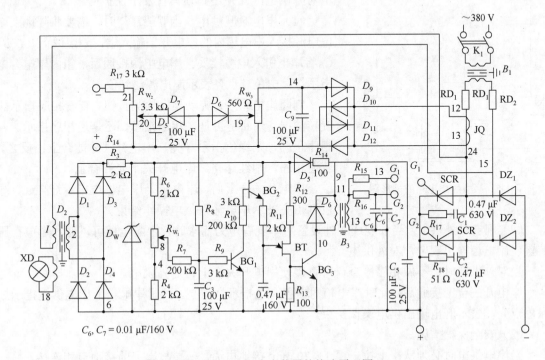

图 7-1-4　24 V 充电装置的线路原理图

岸电箱通常设置在能与外部电源软电缆连接方便之处，尽可能地设在舰船主甲板中心部位。用作接通岸电（或其他外来电源）的岸电箱具有以下配置：

（1）岸电箱与主配电板之间应设有足够容量的固定电缆。

（2）连接软电缆的接线柱及连接船体与岸电的接地接线柱。

（3）岸电箱内应设有能切断所有绝缘相的自动空气开关或加熔断器的非自动开关，保护岸电馈线电缆免遭过载和高阻抗故障的损害；迅速排除岸电馈线电路、有关的汇流排、汇流排跨接电路及汇流排电路上所有低阻抗故障；还可以根据需要设置断相保护与欠压保护。

（4）应设有检测外来电源相序的装置，如相序自动对接装置或相序测定器，以保证接入岸电的相序与舰上的电网相序相同时才能允许合上岸电箱开关。

（5）岸电箱的面板上设有岸电指示灯或电压表，以指示岸电是否有电。

（6）标明舰船配电系统额定电压和额定频率的铭牌。

向舰外供电的"舰电供电箱"的要求与岸电箱相同，但不设接地接线柱，在设计时也可以考虑"舰电供电箱"由岸电箱来代替。

2）岸电箱典型实例

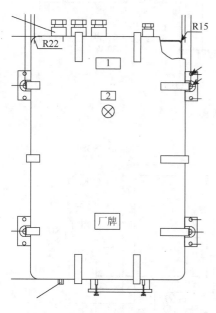

图 7-1-5　某型舰岸电箱的外形图

某型舰岸电箱的外形图和线路原理图分别如图 7-1-5 和图 7-1-6 所示，其岸电箱额定电压为 50 Hz 390 V，采用三相三线制，额定电流为 1000 A。岸电箱的元器件组成包括具有过载短路保护功能的开关、检查相序的相序指示器及旋钮、指示灯、熔断器等。

该舰岸电箱的主要工况有两种，即岸电对舰供电和舰电对外供电，此外还必须具备安全保护措施。

（1）岸电对舰供电。当舰船靠岸时，需要将陆地上岸电电源接入岸电箱内的岸电开关输入端，按相序标识 $A$、$B$、$C$ 将岸电引入电缆接妥。岸电电源接通后，箱内岸电有电指示灯，白色灯点亮表示岸电源已到位。

判断岸电相序：旋动相序检测按钮，查看相序指示器旋转情况，判断是否顺相序指示，还是逆相序指示。若相序正确，则绿色指示灯亮，岸电开关才能合上；反之，若逆相序，则红灯亮，岸电开关不允许合上。

岸电开关合上后，岸电箱上岸电供电指示灯亮起，绿色灯点亮表示岸电输入供电操作结束。

（2）舰电对外供电。当邻舰或舰外设备对本舰有电力需求时，主配电板可以通过岸电稳压装置、岸电箱输出舰电，对外供电。

当对外供电时，不做相序检查，可直接使岸电开关合上，对外供电。

岸电开关合上接通后，此时岸电箱内白色有电指示灯点亮，同时岸电箱上岸电供电指示灯绿色点亮，表示舰电输出供电操作结束。

（3）安全保护措施。

当岸电供电时必须从岸上拉一根 $1 \times 70 \text{ mm}^2$ 接地电缆，一端与岸上的接地点相连接，另一端与船壳上的接地箱连接，保证接地良好、可靠。

当岸电箱有电时，决不允许拆除电缆，以防止触电事故发生。

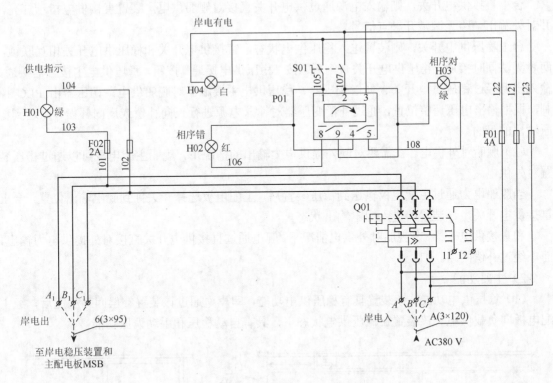

图 7-1-6　某型舰岸电箱的线路原理图

### 5. 岸电稳压装置

岸电稳压装置用于对岸电稳压，改善岸电品质，以确保舰船的供电指标，保证电力系统的连续性和可靠性。必要时，舰船主配电板可以通过岸电稳压装置向舰外供电。岸电稳压装置主要由供电开关、补偿变压器、调压器、主接触器、电压电流测量仪表及指示灯和辅助控制电路组成，该装置具有稳压供电、直接供电、对外供电及报警和保护等功能。

1）基本原理

按电力输送方向的不同来分，岸电稳压装置具有岸电对舰船供电和舰船对外供电两种，某型舰岸电稳压装置外形图和主干线路原理图分别如图 7-1-7 和图 7-1-8 所示。该舰设一套岸电稳压补偿装置和一个岸电箱，其额定电流为 1000 A，岸电输入电压为 314～456 V 时，稳压补偿装置能保证舰上电网电压在 390 V±11.7 V 内，以确保舰上用电设备的安全与正常运行。

（1）岸电对舰船供电。岸电经岸电箱接入稳压装置后，如主配电板选择开关打在岸电输入位置，岸电输入指示灯亮，稳压装置对输入电源进行相序检测，若输入电源为逆序，则输入逆序指示灯亮，并发出声光报警，提醒有关人员做相应的处理。在逆序状态控制回路无法工作，稳压装置不会对外供电。若输入电源缺相，则装置同样无法工作，至于是否报警，需视缺哪一项而定：若缺 B 相，则装置会同逆序一样，发出报警，若缺 A、C 相，则装置无报警。若输入电源为顺序，则输入顺序指示灯亮，装置进入待机工作状态。此时可以选择直接供电或稳压供电两种供电方式。

合上直接供电开关，则输入电源通过供电开关直接对舰船供电，装置直接供电指示灯亮，并对外输出一路无源常开触点信号。

合上稳压供电开关，则装置进入稳压供电状态，直接供电开关和稳压供电开关相互联锁，两者无法同时接通。稳压供电开关合闸后，按"稳压供电接通"按钮，稳压供电主接触器接通，输入电源经过稳压供电开关、补偿变压器、稳压供电主接触器对舰船供电。调压器由 PLC 控制，根据输出电压调整位置，通过补偿变压器对输入电源进行正向补偿或反向补偿，以达到稳压输出的目的。

（2）舰船对外供电。在需要对舰外提供电力输出的情况下，舰船主配电板可以通过稳压装置对外供电。

当舰船电力通过主配电板输送到稳压装置后，主配电板选择开关打到舰电输出位置，合上直接供电开关，该装置即进入舰电输出状态。

和直接供电一样，在舰船对外供电情况下，舰电通过直接供电开关直接对外提供电力输出，而不经过补偿回路。

2）主要功能

（1）稳压供电功能。该装置具有稳压供电功能，即岸电通过该装置补偿回路稳压后，经主配电板向负载供电。该装置在稳压供电状态下，具有自动稳压和手动调压功能。

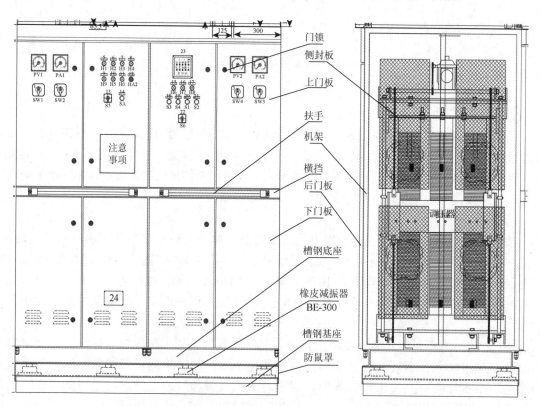

图 7-1-7　某型舰岸电稳压装置外形图

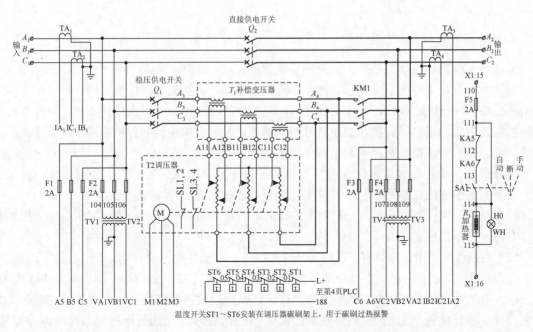

图 7-1-8 某型舰岸电稳压装置主干线路原理图

（2）直接供电功能。该装置具有直接供电功能，即岸电可以通过直接供电开关回路向负载供电。

（3）舰电对外供电功能。该装置具有舰电对外供电功能，即主配电板可以通过该装置直接供电开关向舰外供电。

（4）报警和保护功能。该装置具有输入逆序、输入过（欠）压、输出过（欠）压、伺服及传动机构故障、过电流、绕组温度过高、连锁等报警、保护功能，并具有延伸报警输出的功能。

3）操作使用

（1）直接供电。当岸电顺序接入后，主配电板选择开关置于"岸电输入"位置，合上直接供电开关，直接通电指示灯亮，该装置进入直接通电状态。通过面板电压、电流表及转换开关可以观察输入、输出电压和电流。

（2）稳压供电。当岸电顺序接入后，主配电板选择开关置于"岸电输入"位置，合上稳压供电开关，稳压供电指示灯亮，按下"稳压供电接通"按钮，稳压供电主接触器吸合，该装置进入稳压供电状态。按下"稳压供电断开"按钮，稳压供电主接触器释放，则该装置停止供电。稳压供电状态可选择自动稳压和手动稳压两种工作方式。

（3）舰电对外供电。当舰船电力输送到该装置后，主配电板选择开关置于"舰电输出"位置，合上直接供电开关，舰电输出指示灯亮，该装置进入舰电输出状态。

（4）风机控制。散热风机具有自动和手动两种工作方式，当选择开关置于"自动"位置时，装置自动控制散热风扇工作，当环境温度大于 30℃时，风扇运行，反之，风扇停止，当选择开关置于"手动"位置时，散热风扇保持运行。

（5）报警面板操作。当该装置工作发生异常时，报警面板发出声光报警，按"消音"键可消音，当报警 2 min 无人应答时，该装置处于锁定状态，报警现象排除后，按"复位"键可以实现复位，报警面板按下"试灯"按钮，指示灯全亮和蜂鸣器响，以便检查指示灯和蜂鸣器是否完好。

**6. 两舷电源自动转换装置**

两舷电源自动转换装置是专为低压网络负载提供一种电源切换的过渡设备，其种类繁多，凡需用到负载双路电源供电的场合，就存在两舷电源自动转换装置，是诸多用户不可缺少的一种附带设备，转换迅速准确、运行安全可靠，而且对其他设备和用户无任何干扰。两舷电源自动转换装置主要利用电磁转换开关电气联锁的特性，并适当地控制和保护电路，用电动或手动方式接通、分断和转换电路，实现电源供电的转换。

两舷电源自动转换装置有优先选择电源和无优先选择电源两种形式，为用户提供两舷供电，以提高供电连续性和可靠性，其主要功能包括以下几个方面。

（1）自动转换：当左舷（右舷）电源中断时，将在规定时间（0.5～20 s）内自动转换到右舷（左舷）电源供电。

（2）左舷优先供电：除具有"自动转换"功能外，只要左舷电源有电，即由左舷电源供电。

（3）右舷优先供电：除具有"自动转换"功能外，只要右舷电源有电，即由右舷电源供电。

（4）电动操作：当左舷、右舷电源有电时，可以通过按钮使转换开关由左舷或右舷向负载供电或处于断开位置，以达到中断对负载的供电。在其他模式，可用分断按钮断开电源并报警，经复位按钮复位后，设定控制功能。

（5）备用手操功能：在检修和紧急情况下，可以打开箱体的门，进行转换开关手动操作。转换开关本体设有备用手操机构，手柄放置于转换装置箱体内左侧。使用前应切断上级断路器，以确保人身安全。使用时，将手柄套入备用手操机构凸轮的指部，根据需要，转向电源 1、电源 2 或分断位置 O。

两舷电源自动转换装置的控制模式通过万能转换开关进行选择，其功能流程框图及原理图如图 7-1-9 所示。

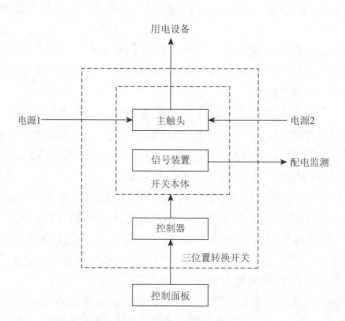

(a) 两舷电源自动转换装置功能流程框图

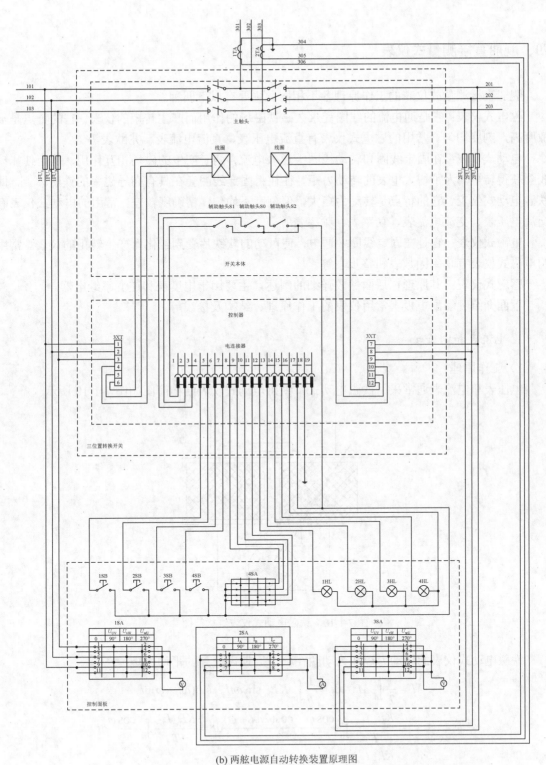

(b) 两舷电源自动转换装置原理图

图 7-1-9 两舷电源自动转换装置功能流程框图及原理图

## 四、舰船直接测量式仪表

舰船直接测量式仪表的工作原理各不相同，主要有以下四种。

磁电式仪表：它是通电流的线圈受永久磁铁磁场的作用而产生转矩的仪表。它的特点是灵敏度高，刻度均匀。常用的磁电式仪表有直流电压表、直流电流表、兆欧表等。

电动式仪表：在固定线圈和转动线圈中通入电流，两者产生的磁场相互作用，从而使能动线圈获得转矩。为了增大电表的转动力矩，往往将固定线圈套在具有高导磁率的铁磁体上，即铁磁电动式仪表。它的特点是转动力矩大，但刻度不均匀，精确度较差。常用的电动式仪表有交流电压表、交流电流表、功率表、频率表等。

电磁式仪表：它是在固定线圈中通电，使可动的软铁片受到磁化而产生转矩的仪表。常用的电磁式仪表有功率因数表和整步表等。

感应式仪表：其原理在后面做较详细的阐述，主要用于电度表和逆变率继电器。

下面介绍舰船配电板上常用仪表的工作原理、结构及接线等。

### 1. 电流表和电压表

1）工作原理

电压表和电流表通常采用铁磁电动式。铁磁电动式仪表结构简图如图 7-1-10 所示。

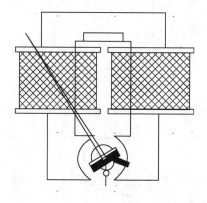

图 7-1-10　铁磁电动式仪表结构简图

铁磁电动式仪表的转动力矩即为动圈在一个周期内受到的平均力矩：

$$M = \frac{1}{T}\int_0^T M(t)\mathrm{d}t = \frac{1}{T}\int_0^T K I_{1m}\sin\omega t I_{2m}\sin(\omega t+\varphi)\mathrm{d}t$$

$$= \frac{K I_{1m}I_{2m}}{T}\int_0^T \frac{\cos\varphi - \cos(2\omega t+\varphi)}{2}\mathrm{d}t = \frac{K I_{1m}I_{2m}}{T}\int_0^T \frac{\cos\varphi}{2}\mathrm{d}t$$

$$= \frac{K I_{1m}I_{2m}}{2T}\int_0^T T\cos\varphi = K I_1 I_2 \cos\varphi$$

式中，$I_1$、$I_2$ 为通入定圈和动圈中电流的有效值；$I_{1m}$、$I_{2m}$ 为通入定圈和动圈中电流的最大值；$\varphi$ 为 $I_1$ 与 $I_2$ 之间的相位差；$K$ 为比例系数。

2）电流表

电流表通常采用铁磁电动式，反抗力矩是由游丝弹簧所产生的。在多数情况下动圈和定圈都是串联在一起的，流过同一电流，如图 7-1-11 所示。故其转动力矩为 $M = KI^2$。当转动力矩与反抗力矩 $M_{反} = K'\alpha$ 相等时，指针就停留在固定的 $\alpha$ 角度上。

当需要扩大量程时，电流表常与电流互感器配合使用，如图 7-1-12 所示。在分别测量每相电流时，通常可用两只电流互感器，分别接于 $A$ 相和 $C$ 相。而 $B$ 相电流的测量则可以利用 $\dot{I}_B = -(\dot{I}_A + \dot{I}_C)$ 得到。由于在测量过程中不允许电流互感器副边开路，故在测量中对不测量相的电流互感器副边必须通过转换开关进行短接，在转换开关的转换过程中开关也必须要等互感器副边已接上电流表或短接后，才允许断开原来接入的电流表或开关的短接触头。电流表转换开关的接线图如图 7-1-13 所示。

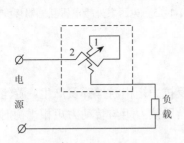

图 7-1-11　电流表结构简图

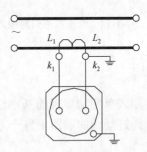

图 7-1-12　电流表外接电流互感器接线图

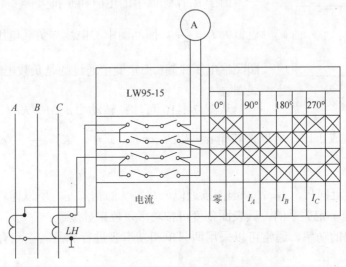

图 7-1-13　电流表转换开关的接线图

3）电压表

电压表通常采用铁磁电动式，反抗力矩是由游丝弹簧所产生的。动圈和定圈都是串联在一起的，并串接有限制活动线圈电流的附加电阻，如图 7-1-14 所示。故其转动力矩为 $M = KU^2$。当转动力矩与反抗力矩 $M_{反} = K'\alpha$ 相等时，指针就停留在固定的 $\alpha$ 角度上。当需要扩大量程时，电压表常与电压互感器配合使用，如图 7-1-15 所示。

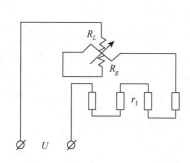

图 7-1-14　电压表结构简图

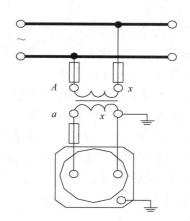

图 7-1-15　电压表外接电压互感器接线图

### 2. 功率表

铁磁电动式单相功率表的基本结构与电流表相似，反抗力矩由游丝弹簧产生。游丝弹簧一方面是电流通过动圈的通路，另一方面产生反抗力矩。当反抗力矩与转动力矩相平衡时，即可得到读数。

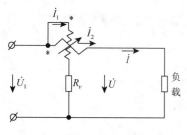

图 7-1-16　单相功率表原理图

单相功率表原理图如图 7-1-16 所示。动圈与附加电阻 $R_v$ 相串联，然后接于电源上。而定圈则与负载相串联。

由于 $R_J$ 比动圈中的电阻和感抗大得多，所以动圈中电流近似为 $\dot{I}_1 = \dfrac{\dot{U}}{R_J}$。因动圈中的电流与负载电压成正比，所以动圈又称电压线圈；而定圈中通过的是负载电流 $\dot{I}$，也称为电流线圈。

从图 7-1-16 可知：转动力矩 $M = KI_1I_2\cos\varphi$，而指针偏转角 $\alpha$ 与转动力矩成正比，所以偏转角 $\alpha = K'UI\cos\varphi$。式中，$K' = \dfrac{K}{R_J}$；$\varphi$ 为 $I_1$ 与 $I_2$ 之间的相角差。

因为 $\dot{U}$ 和 $\dot{I}_1$ 接近同相，$\dot{I} = \dot{I}_2$，因而 $\varphi$ 近似为 $\dot{U}$ 与 $\dot{I}$ 的相角差，所以偏转角 $\alpha$ 是与负载的功率 $P = UI\cos\varphi$ 呈一定关系的，其表面刻度可按功率单位来分度。

对三相交流电的功率，通常可以采用两只单相功率表进行测量。三相有功功率的测量如图 7-1-17 所示。

由图 7-1-17（a）可知，两套铁磁电动式测量机构读数之和为

$$P = P_1 + P_2 = U_{AC}I_A\cos\varphi_1 + U_{BC}I_B\cos\varphi_2$$

式中，$\varphi_1$ 为 $\dot{U}_{AC}$ 与 $\dot{I}_A$ 之间的相角差；$\varphi_2$ 为 $\dot{U}_{BC}$ 与 $\dot{I}_B$ 之间的相角差。

由图 7-1-17（b）可知：

$$\varphi_1 = 30° - \varphi, \quad \varphi_2 = 30° + \varphi, \quad \varphi \text{ 为负载的功率因数角}$$

所以

$$
\begin{aligned}
P &= U_{AC}I_A \cos(30° - \varphi) + U_{BC}I_B \cos(30° + \varphi) \\
&= U_{线}I_{线}\left[\cos(30° - \varphi) + \cos(30° + \varphi)\right] \\
&= U_{线}I_{线}\left[2\cos\frac{(30° - \varphi) + (30° + \varphi)}{2}\cdot\cos\frac{(30° - \varphi) - (30° + \varphi)}{2}\right] \\
&= U_{线}I_{线}2\cos 30°\cos\varphi = \sqrt{3}U_{线}I_{线}\cos\varphi
\end{aligned}
$$

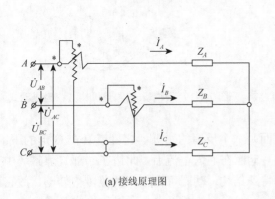
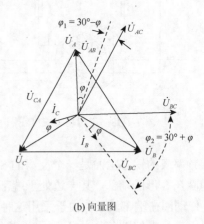

(a) 接线原理图　　　　　　　　　　　(b) 向量图

图 7-1-17　三相有功功率的测量

由此可见，两个功率表读数相加就是三相电路的有功功率。为了测量方便，常将两套铁磁电动式测量机构装在一个表盒里，即在同一根轴上，上下各放置一个动圈，并与之对应地放置两个定圈，这样仪表的指针就直接表明了三相总功率。这种表又称为二元表。

使用功率表时一定要注意表的极性问题。功率表的电压线圈及电流线圈引出端均有一个接线端标有"*"或"±"的记号，代表同名端。当电流都从同名端流入或流出时，指针的偏转方向为正的方向。功率表的接线如图 7-1-16 及图 7-1-17（a）所示。如果接错，那么功率表将反转。这是因为指针的偏转方向取决于转动力矩的方向，而转动力矩的方向取决于电流线圈的磁场方向和电压线圈中的电流方向。如果电压线圈和电流线圈的方向同时改变，那么力矩方向不变。如果两个线圈中只改变了一个线圈中的电流方向，那么力矩方向就会反过来，所以指针方向也就反过来了。

在船上使用功率表，若电压与电流均通过电压互感器接入，则接入时还要注意电压互感器的极性，在电压互感器中副边的 $a$、$x$ 对应原边的 $A$、$X$，在电流互感器中副边的 $K_1$、$K_2$ 对应原边的 $L_1$、$L_2$。接入功率表的电压和电流可用 $U_{AC}$、$U_{BC}$ 及 $I_A$、$I_B$ 或者 $U_{BA}$、$U_{CA}$ 及 $I_B$、$I_C$ 来表示，当然也可以用 $U_{AB}$、$U_{CB}$ 来表示但对应的电流必须为 $I_A$、$I_C$，其接线图如图 7-1-18 所示。如果电压或电流中有任意一项接法有误，那么指针将不走、反走或者指示不准确。

### 3. 频率表

频率表用于测量交流电的频率。频率表的测量机构（铁磁电动式）如图 7-1-19 所示。

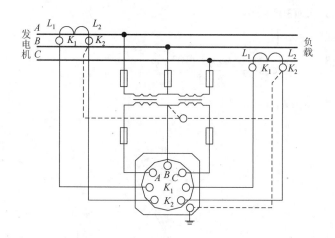

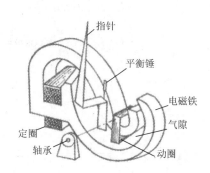

图 7-1-18　三相功率表接线图　　　　图 7-1-19　频率表的测量机构（铁磁电动式）

频率表的铁芯上面是一个反写的 S 形，下面是一个反写的 G 形。定圈就套在 G 形的下部，而动圈在 S 形的端部。其一边处于端部气隙中。动圈在通入电流后，此边在端部气隙磁场中受力，使动圈在端部转动。由于采用这种 S 形的特殊结构，动圈可在很广的范围内转动，故它比一般电表最大偏转角（90°）要大，其偏转角可达 230°，甚至更大，所以称为广角式电表。对于同样量程，它可以读得更方便、更准确。

铁磁电动式频率表的工作原理为：定圈中的交变电流和动圈中的交变电流相互作用产生了偏转力矩。同时，定圈的交变磁场在动圈中感应出电流，该电流又与交变磁场作用产生反抗力矩。在定圈边附近磁场最大，反抗力矩也最大；在远离定圈的电磁铁端部气隙磁场最小，反抗力矩也最小。磁场分布正比于偏转角，使反抗力矩也正比于偏转角。为了使指针不来回摆动，

以便迅速获得正确的读数，在转轴上固定了一块扇形金属片，称为金属阻尼片，如图 7-1-20 所示。将金属阻尼片放在固定的气隙磁场中，当指针振荡时，金属阻尼片将切割磁场，在金属阻尼片中感应出来的涡流受磁场的作用，会产生一个阻尼力矩。它的方向和转动方向相反。当指针不偏转时，金属阻尼片不切割磁场，就不产生阻尼力矩，因此它能使偏转迅速稳定而不影响读数。为了加强阻尼的作用，在金属阻尼片中还嵌放几块永久磁铁。

图 7-1-20　金属阻尼片

下面从频率表的电路来分析频率与 $I_1$、$I_2$、$\cos\varphi$ 的关系。

图 7-1-21 中，$R_g$ 为可动线圈电阻；$R_L$ 为固定线圈电阻；$R_1$ 为 2.8 kΩ；$R_2$ 为 18 kΩ；$L_1$ 为可调电感；$L_2$ 为滤波电感，$C_1$ 与 $C_2$ 分别为 0.6 μF 和 0.22 μF 的电容；$B$ 为 100 V/200 V 的变压器。

为了分析方便起见，可以忽略变压器 $B$ 及滤波电路 $L_2$、$C_2$，把电路改画成图 7-1-22。

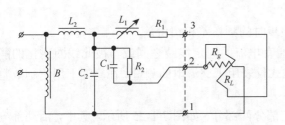

图 7-1-21　频率表电路图

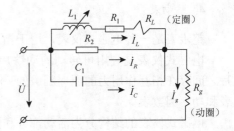

图 7-1-22　频率表简化电路图

当电路接通之后，在电容支路上的电流 $\dot{I}_C$ 超前于 $\dot{U}$ 90°，$\dot{I}_R$ 与 $\dot{U}$ 同相。在 $L_1$、$R_1$ 和 $R_L$ 串联电路中，由于 $L_1 \gg (R_1 + R_L)$，所以 $\dot{I}_L$ 滞后于 $\dot{U}$ 接近 90°。当电网频率变化时，感抗 $\omega L_1$ 和容抗 $\dfrac{1}{\omega C_1}$ 将随之变化。由于调整电感 $L_1$ 保证在量程范围内（如 45～55 Hz）的感抗 $\omega L_1$ 始终小于容抗 $\dfrac{1}{\omega C_1}$，故 $I_L$ 始终大于 $I_C$，而动圈 $R_g$ 中电流 $\dot{i}_g$ 为 $\dot{I}_L$、$\dot{I}_R$ 和 $\dot{I}_C$ 三者的向量和。因为 $I_L > I_C$，故 $\dot{i}_g$ 始终滞后于 $\dot{U}$ 一个角度，而动圈电流和定圈电流间相位差 $\varphi$ 也始终小于 90°，其向量图如图 7-1-23 所示。

当电网频率在 45～55 Hz 变化时，一方面，$\omega L_1$ 随频率增加而增大，$\dot{I}_L$ 减小，即定圈电流减小，而 $\dfrac{1}{\omega C_1}$ 却随频率的增加而减小，故 $\dot{I}_C$ 增大，合成的结果使动圈电流减小。另一方面，动圈电流和定圈电流间的相位差 $\varphi$ 增大，上述两方面的原因使转动力矩 $M = KI_1I_2\cos\varphi$ 减小。因此，频率表在 45 Hz 时转动力矩最大，偏转角最大。当频率为 55 Hz 时转动力矩最小，所以偏转角也最小，这就是频率表指针的偏转角反映频率大小的原理。

由于电路中附加元件较多，所以将这些附加元件（电容、电阻、电感、变压器）装在另外一个盒子里，构成频率表的附加装置。频率表接线图见图 7-1-24。

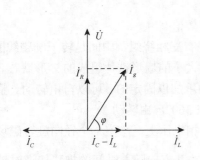

图 7-1-23　频率表中电压电流向量图

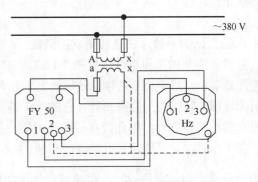

图 7-1-24　频率表接线图

### 4. 整步表

整步表是一种电磁式仪表，用于指示整步时的频率差和相角差。

电磁式仪表是利用可转动的动铁片与通有电流的固定线圈之间或与被此线圈磁化的静铁片之间存在相互作用力的原理制成的。电磁式仪表用于交流电的测量，在舰船上用它制成整步表和功率因数表。

电磁式仪表的结构分为活动部分和固定部分两部分，如图 7-1-25 所示。其中，活动部分包括：装在转轴上的铁片 2、指针 3、阻尼铝片 4 和弹簧 5。固定部分包括线圈 1、阻尼用永久磁铁 6 和钢质磁屏 7。

在线圈通电时，它所产生的磁场磁化铁片，线圈磁场吸引磁化铁片产生转动力矩 $M$，将铁片吸向线圈窄缝。当转动力矩和弹簧的反作用力矩平衡时，指针停止转动并指示出被测的数值。线圈中通过的电流方向和铁片转动方向无关，如图 7-1-26 所示。因此，电磁式仪表可以用来测量交流电。

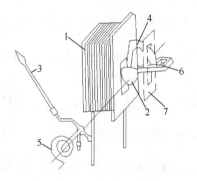

图 7-1-25　电磁式仪表结构

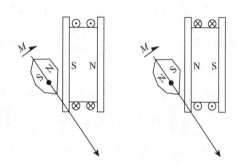

图 7-1-26　铁片转动方向图

转动力矩的大小和铁片磁化后磁性的强弱成正比，和线圈产生的空间磁感应强度 $B$ 成正比。在空气磁路中，这二者都和线圈中通过的电流大小成正比，于是，转动力矩 $M$ 和电流的平方成正比，即

$$M = K_\alpha I^2$$

式中，$K_\alpha$ 为比例系数，它是转角 $\alpha$ 的函数；$I$ 为电流的有效值。

整步表的结构图和原理图见图 7-1-27。它的定子上绕有三相绕组，中间是转子励磁线圈，固定在底盘上。最中央是转轴，转轴的上下各有一块同样大小的扇形铁片组成的 Z 形铁芯。转轴上无线圈，转轴的上端有指针，它的两头是通过宝石轴承加以固定的，可以自由转动。整步表没有游丝和导电片，因此没有反作用力矩，指针可以在 360° 自由转动。

在工作时，定子绕组接在待并发电机的 $A$、$B$、$C$ 三相电压上，产生一个径向旋转磁场，其大小是固定的，为 $\dfrac{\sqrt{3}}{2}\Phi_m$。而 $\Phi_m$ 为一相磁通的最大值，其方向随着时间的推移按逆时针方向做旋转运动。转子铁芯的励磁线圈接在电网的 $A_1B_1$ 相上。这样在铁芯的励磁线圈中通过由电网电压 $A_1B_1$ 所产生的单相交流电，从而产生一个脉动磁场，其脉动频率是由电网频率决定的。这个脉动磁场的方向原先沿着转轴的轴向磁场，但因扇形铁片的导磁系数很高，绝大部

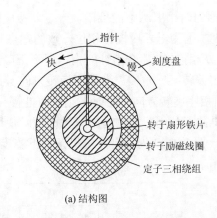

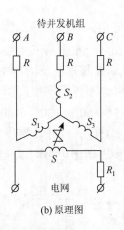

(a) 结构图　　　　　　　　(b) 原理图

图 7-1-27　整步表的结构图和原理图

分磁力线都被改变为径向脉动磁场。如图 7-1-28 所示。这样，在整步表的空间就有一个铁芯励磁线圈产生的径向脉动磁场 $\Phi_w$ 和一个定子三相绕组产生的径向旋转磁场 $\Phi_F$，它们的频率分别为电网频率 $f_w$ 和待并发电机的频率 $f_F$。两个磁场的合成磁场吸引着扇形铁片，使扇形铁片停留在合成磁场最大的位置上，这也就决定了指针的位置。因此，整步表是一种电磁式仪表。在定子和转子电路中均串入较大的电阻 $R_1$ 及 $R_2$，这样可以把电路近似地看作电阻性电路，其电压与电流就可以同相。

当待并发电机的频率 $f_F$ 与电网频率 $f_w$ 相等时，相位也相同，则最大值合成磁场的位置总是固定在某一个空间位置上，这个位置即为 $\dot{U}_{A_1B_1}$ 的向量位置。从图 7-1-29 中可以看出，这个位置在 $A$ 相绕组轴线前 30°处，即滞后 $\dot{U}_C$ 为 90°。因为每当径向旋转磁场 $\dot{\Phi}_F$ 转至此位置时 $\dot{\Phi}_w$ 脉动磁场出现最大值，合成磁场最强，扇形铁片及指针也就停留在此位置，刻度上指示为零。

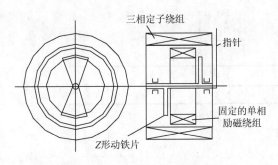

图 7-1-28　整步表转子磁通图

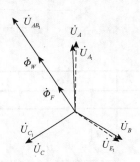

图 7-1-29　整步表中频率、相位相同时最大磁场方向

当待并发电机的频率 $f_F$ 超过电网频率 $f_w$ 时，电网的径向脉动磁场 $\Phi_w$ 达到最大值，径向旋转磁场的合成磁通 $\Phi_F$ 在空间的位置每转一周都要多转过一个角度。因此，每转一周要吸引扇形铁片与指针逆时针方向转过一个角度。这样看起来指针就是逆时针方向转动，即指针向快的方向旋转。这就表示待并发电机的频率超过了电网频率。指针的旋转速度为差频 $f_F - f_w$。

同理，当 $f_F < f_w$ 时，指针按顺时针方向旋转。这就表示待并发电机的频率比电网频率慢了。因此，可以根据刻度盘上指针的旋转方向来调整待并发电机的频率。

　　在整步表接线中，要注意转轴激磁线圈的两相电源不能接错，一定要接电网的 $A$、$B$ 相。船上电网的电压相序一定要与陆上电网一致，因为电表厂校正相位一致的零点是按陆上电网相序把激磁线圈接 $A$、$B$ 相来校正的。如果 $A$、$B$ 相接错，那么指针的指示便不正确，即使 $f_w = f_F$，且相位一致，指针也不指示零点，而是固定偏转某一角度。当相序旋转方向一致时，指针可能慢 60°、120° 或者快 60°、120°、180°。当相序旋转方向不对时，指针可能慢 30°、90°、150° 或者快 30°、90°、150°。此外，整步表只供并车使用，故制造时只考虑短时使用。因此，并车完毕后，需将整步表切出电路，以免烧坏。图 7-1-30 为三台发电机条件下整步表的接线图。

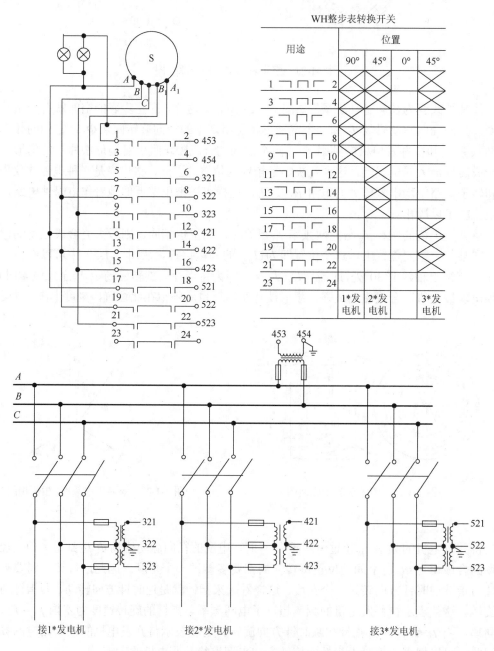

图 7-1-30　三台发电机条件下整步表的接线图

### 5. 功率因数表

功率因数表是一种电磁式仪表，其结构及原理与整步表类似，如图 7-1-31（a）所示。功率因数表定子为三相绕组，同样产生一个旋转磁场。但与整步表不同之处是在转子励磁线圈中不是通入 $U_{A_1B_1}$，而是 $I_A$，因此通过扇形铁片同样产生一个径向脉动磁场，其相位与 $I_A$ 相同，因与定子绕组是同一电源，所以频率相同，即径向脉动磁场脉动一个周期，恰好旋转磁场旋转一周。这样当三相电路中相位角 $\varphi$ 为某一定值时，径向脉动磁场 $\dot{\Phi}_I$ 出现最大值时旋转磁场的空间位置是固定的，从而吸引扇形铁片及指针到空间固定的位置。这样仪表可以按功率因数来指示电路中的功率因数。功率因数表的接线图如图 7-1-31（b）所示。

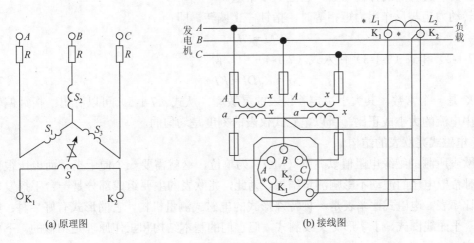

(a) 原理图　　　　　　　　　　　(b) 接线图

图 7-1-31　功率因数表的原理图和接线图

### 6. 兆欧表

兆欧表是一种电磁式仪表，主要用来测量和检验电机、电气设备、输电线和电缆的绝缘电阻。它是船舶管理人员必备的主要测量仪表之一。兆欧表具有使用简单、携带方便，测量时不要其他辅助设备，不用外接电源，并可以直接读出测量结果等优点，所以使用极为广泛。

兆欧表常采用比率表结构。比率表不同于一般指示仪表，其特点主要在于它不是用游丝来产生反作用力矩的，而是和转动力矩一样，也由磁力来产生。

兆欧表的种类型式很多，但其结构、工作原理大致相同。测量绝缘电阻范围的大小与其测试时所发出的额定直流电压的高低有关，额定电压越高，所能测得的绝缘电阻也就越大。通常所使用的兆欧表大多数采用电磁式测量机构，并且由手摇直流发电机供电，所以电磁式兆欧表又称摇表。

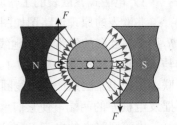

图 7-1-32　电磁式仪表测量机构的原理图

#### 1）电磁式仪表的工作原理

电磁式仪表测量机构的原理图如图 7-1-32 所示。当活动线圈通过的电流为 $I$ 时，作用在活动线圈并与磁场相垂直的每一线圈边上的电磁力 $F$ 为

$$F = BIlW \tag{7-1-1}$$

式中，$B$ 为气隙中的磁感应强度；$l$ 为线圈边在磁场内的有效长度；$W$ 为活动线圈匝数。由于活动线圈两边受到同样大小的作用力，故作用在活动线圈上的转动力矩 $M$ 为

$$M = 2Fr = 2BIlWr \tag{7-1-2}$$

式中，$r$ 表示框架中心线到框架边的距离。

式（7-1-2）说明，活动线圈产生的转动力矩与通过该线圈电流的大小成正比，电流越大，转动力矩也就越大。线圈偏转使螺旋弹簧变形，由于产生反作用力矩 $M_\alpha$，该力矩的大小与活动线圈的偏转角 $\alpha$ 成正比，即

$$M_\alpha = D\alpha \tag{7-1-3}$$

式中，$D$ 为螺旋弹簧的弹性系数，它是一个常量。

当转动力矩与反作用力矩相等时，指针停止偏转，即

$$M = M_\alpha \tag{7-1-4}$$

将式（7-1-2）和式（7-1-3）代入式（7-1-4）中，得

$$\alpha = K_i / DI = KI \tag{7-1-5}$$

式中，$K$ 是一个常数，其大小决定着仪表的灵敏度。从式（7-1-5）可以看出：指针偏转角 $\alpha$ 与线圈中电流的大小成正比，所以电磁式仪表的刻度是均匀的。

2）电磁式兆欧表的结构

兆欧表所测的绝缘电阻值以兆欧（MΩ）为单位，这就需要一个便于携带而电压很高的电源，同时希望电压的波动不影响测量结果。为此，兆欧表的主要组成部分是一台手摇发电机和电磁式比率表。电磁式比率表是一种特殊形式的电磁式测量机构，它的形式有好多种：如交叉线圈式、平面线圈式、丁字形交叉线圈式，但它们的基本结构和工作原理是相似的。下面介绍丁字形交叉线圈式。

如图 7-1-33 所示，大的为电流线圈 1，小的为电压线圈 2。但没有产生反作用力矩的游丝。动圈的电流是采用柔软的细金属丝（简称导丝）引入的。此外，在动圈内的 5 是一个中空 C 形柱体铁芯，它使得仪表磁路系统空气隙内的磁场不均匀。两个动圈彼此间相交，形成一个固定的 $\alpha$ 角度并连同指针固定在同一轴上，可以套在 5 上转动。

直流发电机（或交流发电机与整流电路配合的装置）的容量很小，而电压却很高。它是兆欧表的电源。兆欧表的分类就是以发电机能发出的最高电压来划定的，电压越高，兆欧表测得的绝缘电阻值也就越高。

3）电磁式兆欧表的工作原理

兆欧表的原理电路图如图 7-1-34 所示，虚线框内表示兆欧表的内部电路。被测绝缘电阻 $R_j$ 接于兆欧表的线路 L 和地线 E 之间。此外在 L 的外圈还有一个铜质圆环，称为保护环，它与发电机负极相连。从图 7-1-34 上可以清楚地看出，电流线圈 1、内阻 $R_C$ 与被测电阻 $R_j$ 相串联，组成电流回路；电压线圈 2 与内阻 $R_v$ 相串联，组成电压回路；它们都被连接到同一个手摇发电机 F 的两端，使它们承受相同的电压。

电流回路中的电流 $I_1$ 与被测绝缘电阻 $R_j$ 的大小有关。$R_j$ 越小，$I_1$ 越大，磁场与 $I_1$ 相互作用产生的力矩 $M_1$ 越大。使指针向标度 0 的方向的偏转也就越大。而电压回路通过的电流 $I_2$ 与被测绝缘电阻 $R_j$ 无关，仅与发电机电压 $U$ 及附加电阻 $R_v$ 有关。当转动手摇发电机手柄使电流经导丝通过电流线圈和电压线圈时，使得磁场与通过电流线圈和电压线圈的电流相互作用产生的力矩 $M_1$ 与 $M_2$ 的方向相反。如图 7-1-33 所示。若把 $M_1$ 看作转动力矩，则 $M_2$ 是反作用力矩。

显然，兆欧表的反作用力矩也是由电磁力产生的。

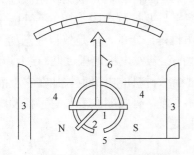

图 7-1-33　兆欧表结构图

1-电流线圈；2-电压线圈；3-永久磁铁；
4-极掌；5-中空 C 形柱体铁芯；6-指针

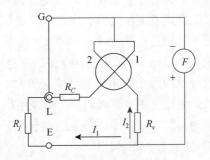

图 7-1-34　兆欧表的原理电路图

由于磁场的分布是不均匀的，所以，对于同一个电流 $I_1$ 来说，电流线圈在不同的位置受到的力矩 $M_1$ 是不一样的，也就是说 $M_1$ 随着兆欧表可动部分偏转的角度 $\alpha$ 而变化。用数学形式表示为

$$M_1 = I_1 F_1(\alpha) \tag{7-1-6}$$

同理，对 $M_2$ 也可以写成

$$M_2 = I_2 F_2(\alpha) \tag{7-1-7}$$

$F_1(\alpha)$、$F_2(\alpha)$ 表示当 $\alpha$ 变化时，由于磁场分布不均匀，$M_1$ 与 $M_2$ 随 $\alpha$ 而变化的函数。

当接上被测绝缘电阻后，转动手摇发电机手柄时，由于 $M_1$ 和 $M_2$ 两个方向相反的力矩同时作用的结果，兆欧表可动部分将转到 $M_1 = M_2$ 的某一个位置方才停止。由式（7-1-6）、式（7-1-7）可得

$$I_1 F_2(\alpha) = I_2 F_2(\alpha)$$

所以

$$I_1 / I_2 = F_2(\alpha) / F_1(\alpha) = F_3(\alpha) \tag{7-1-8}$$

式（7-1-8）通过数学变换后可以表示为

$$\alpha = F(I_1 / I_2) \tag{7-1-9}$$

式（7-1-9）表明，当没有任何其他力矩作用于兆欧表可动部分时，可动部分的偏转角将取决于电流 $I_1$ 和 $I_2$ 的比值。当 $R_j$ 变化时，$I_1$ 的大小及 $I_1/I_2$ 的大小也随着变化，$M_1$、$M_2$ 两力矩互相平衡的位置也相应地改变。因此，兆欧表指针偏转到不同位置就指出了不同的被测绝缘电阻的数值。

当 L 与 E 之间开路时，转动手摇发电机手柄，这时电流回路中没有电流通过，使 $M_1 = 0$，而电压回路中有电流通过，使电压线圈在磁场中受力，按反时针转动，直到在与磁力线方向相垂直的位置停下来，这个位置就是铁芯缺口处（图 7-1-33），此时指针指在 ∞ 位置。

当 L 与 E 之间短路时，$I_1$ 为最大，使可动部分顺时针偏转，直到 $M_1 = M_2$ 时停止，这时指针偏转到右侧最大位置即指向 0 位。

因为这种比率表没有产生反作用力矩的游丝，所以使用前，指针可以停留在标尺的任意位置上。

兆欧表内的手摇发电机发出的电压是不稳定的，它与手摇速度快慢有关，但是比率表的特点是仪表的读数主要取决于两个动圈内流过电流的比率。当电压降低时，电流线圈流过的电流减少了，但通过电压线圈的电流同样也按比例减少了，结果只要被测电阻不变，不管电压如何变化两个动圈的电流比率总是不变的，因此相应的偏转角也是一定的。但是值得注意的是，在兆欧表中将电流引入动圈的导丝或多或少存在一点残余力矩，若发电机电压过低，使力矩减小，将导致导丝的残余力矩对测量结果带来一定的影响。同时绝缘材料的电阻也与加在它上面的电压有关。因此使用兆欧表时，手摇发电机转速不宜太快和太慢。有些兆欧表装有手摇发电机的离心调速装置，使转子以恒定速度转动，保持输出电压稳定。

4）兆欧表的正确使用

（1）兆欧表的选择。①兆欧表的测量范围选择。测量范围的选择要适当，被测绝缘电阻的电阻值与所选兆欧表的测量范围不要相差太远，尽量地避免读数时使用到表盘下限或上限刻度密集处，这是因为这些位置会使读数产生较大的误差。在常温（20℃）时，测定低压电器设备的绝缘一般可以选用 0～200 MΩ 的兆欧表；测定高压电气设备或电缆可以选用 0～2000 MΩ 的兆欧表；测定特高压电气设备电缆或瓷套管等，可以选用 0～4000 MΩ 或 0～10 000 MΩ 的兆欧表。

②兆欧表电压范围的选择。因为兆欧表在使用时，实际加在绝缘电阻上的电压低于手摇发电机发出的电压，所以在选用兆欧表的电压范围时，一般应使兆欧表的电压高于被测物的额定电压，并顾及到不损坏被测物，这样才能测试出被测物是否能在额定电压下达到必要的绝缘电阻值。

当测量额定电压为 500 V 以上的绝缘电阻时，应使用 1000 V 兆欧表；当测量额定电压为不到 500 V 线圈的绝缘电阻时，应使用 500 V 兆欧表；对于有规程规定的应以规程为准。

根据有关资料介绍，以下实例仅供参考。测量额定电压为 380 V 以下发电机线圈的绝缘电阻时可以采用 1000 V 兆欧表；测量电力变压器及额定电压为 500 V 以上的发电机、电动机线圈的绝缘电阻时可以采用 1000～2500 V 兆欧表；测量额定电压为 500 V 以内的电气设备的绝缘电阻时，可以采用 1000 V 兆欧表；测量额定电压为 500 V 以上设备的绝缘电阻时，可以使用 2500 V 的兆欧表。

（2）兆欧表的接线。①接线柱的识别。一般兆欧表上有三个接线柱。线接线柱 L，在测量时，它与被测试物和大地绝缘的导体部分相接；地接线柱 E，在测量时，它与被测试物的外壳或其他导体部分相接；保护接线柱 G，测量时，它与被测物上保护遮蔽环或其他不须测量部分相接。一般测量时，只用 L 和 E 两个接线柱，G 接线柱只在被测物表面漏电很严重的情况下才使用。

②保护接线柱的使用。当兆欧表测量较大的绝缘电阻及额定电压又较高时，有两条途径会产生漏电流，这种漏电流将引起较大的测量误差。为了消除由漏电流引起的误差，就需加保护环。现以测量单心同轴电缆芯线对包皮的绝缘电阻为例，说明保护环是如何消除漏电流带来的测量误差的。

图 7-1-35 为没有保护环的测量线路，此时会有两条途径产生漏电，一是由发电机正端 E 沿兆欧表壳体流向 L 端的电流 $i_1$，二是电缆包皮沿绝缘物的表面而流向芯线的电流 $i$。这是两种不可忽略的表面漏电流，从图 7-1-35 中可以看到，它们都会通过电流线圈流入测量机构，给测量结果带来很大的误差。图 7-1-36 是带有保护环的测量线路，从图中可看到，加上保护环 G

之后，$i_1$ 与 $i$ 两路表面电流可以直接通过铜质保护环 G 流回发电机负极，L 与 G 相绝缘，所以漏电流不经过测量机构。由此避免了测量时由表面漏电所引起的测量误差。但要注意，保护环引线必须与设备接触良好，否则，就起不到保护的作用。

在使用兆欧表测量绝缘电阻时，若被测物表面的影响很显著而又不易除去时，必须接入保护环。但在大多数情况下，擦干净被测物的表面就能够把表面的不良情况排除，使得测量的数值接近绝缘物内部绝缘电阻的实际值。但在特殊条件下，例如，空气太潮湿，绝缘材料的表面受到侵蚀而不能擦干净时，上述办法就不行了。有时测量出的绝缘电阻值太低，需要区别是内部绝缘不好，还是表面漏电的影响，这就需要把表面和内部绝缘电阻分开，以便进行比较与判别。这时利用保护环，就可以把表面绝缘完全撇开到兆欧表的指示之外。如果在不接保护接线时，绝缘电阻的数值就很高，那就不一定要把表面和内部的情况分开了。

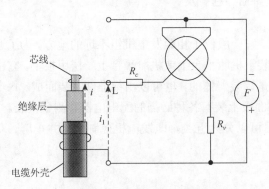
图 7-1-35　没有保护环的测量线路

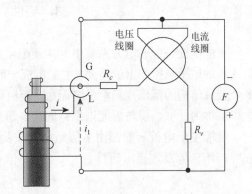
图 7-1-36　带有保护环的测量线路

③正确连线。应该分别将 L 接线柱及 E 接线柱用单根导线与被测物相联，特别要注意的是 L 所用的连接线一定要对大地绝缘良好。因为这一条线的绝缘电阻相当于和被测物的绝缘电阻是相关联的。如果用双股绞线的一股接 E 接线柱，另一股接 L 接线柱，那么测量结果是不会令人满意的。

5）注意事项

（1）使用前应先检查一下所选用的兆欧表工作是否正常。当 L 接线柱与 E 接线柱之间不接任何被测物时（处于开路状态时）并以 120 r/min 的摇速摇动手柄，观察兆欧表是否指∞；再检查一下将 L 接线柱与 E 接线柱短路时，慢慢摇动手柄，观察兆欧表是否指零。若既能指到∞，又能指到 0，说明工作正常，可以使用。否则将需调整。修理校正后才能使用。

（2）若被测物连有电源，在测试前必须将电源切断，不然，不但测量结果不准确，而且对于测试人员和仪表都是很危险的。对此必须严格重视。

若被测电气设备上的电源在测试前刚刚断开，还应让该设备放电。特别是大电容、大容量的变压器与发电机等设备放电时间较长，一般要 2～3 min。

（3）当使用兆欧表时，应将其放在平稳、坚硬的场地上，尽量避免由测量机构存在少许不平稳而造成的不平衡误差和由测量机构的倾斜引起的倾斜误差。

（4）虽然兆欧表的读数一般不受摇速变化的影响，但摇速与规定摇速相差太大也会对兆欧表有损害或产生测量误差。一般要求摇速不超过额定转速的±20%。

摇动时还应避免先快后慢。因为摇动快时电机输出电压高，使被测物绝缘介质上充上高电压；当摇速慢下来时，兆欧表中的电压过低，使绝缘介质上的电荷倒流，造成读数误差。

（5）在测量较大容量的电容器、发电机、电缆线路和变压器等设备的绝缘电阻之后，由于它们本身存在的电容被兆欧表的高压充电，测完后还带有高压，可能会造成人身被短时电击。所以测量完毕后应先对被测物进行短路，也就是将测量时所用的地线从兆欧表 E 接线柱取下与被测物接触一下就行了。

（6）当使用兆欧表测试时，兆欧表的 L 接线柱与 E 接线柱之间有很高的直流电位差，绝对不能用手去碰兆欧表端子或被测物，以免被击伤。当测试结束，发电机转子还没有完全停止转动，设备还没有完全放电之前，也应注意不要马上用手去拆除连线，避免发生触电事故。

# 第二节　主配电板

主配电板是舰船电力系统中的主要配电装置，它一般位于相距发电机组不远的地方。为了避免油水的玷污及操作上的需要，主配电板一般都装于机舱平台上或机舱平台上一层甲板上。它由多个金属结构的落地式箱柜组装而成，箱柜可以是焊装一体的，也可以由标准件组装而成。每一个箱柜称为一屏，屏与屏间以螺钉固紧，每屏的面板上装有各种必需的配电电器和测量仪表。

舰船主配电板一般都由多屏组成，按其作用可以分为五类，即发电机控制屏、并车屏、负载屏、跨接屏及连接汇流排。

## 一、主要功能

### 1. 保护功能

（1）发电机保护功能。对发电机进行过电流预报警、长时延、短时延、瞬时、逆功率、欠压及发电机绕组高温保护。

（2）跨接线保护功能。可对跨接线进行过电流预报警、长时延、短时延保护。

（3）主汇流排保护。当主汇流排一侧发生短路时，可进行过电流短时延保护。

### 2. 报警功能

断路器预报警、综合故障报警。

### 3. 电压和转速的调节功能

在主配电板的发电机控制屏通常设有发电机的调速和调压转换开关，该开关均采用自复位方式。当调压、调速转换开关的手柄位置处于中间位置时，半自动或集控控制的调压和调速才能有效；当进行手动调压、调速时（手柄离开中间位置），各机组控制器的调压和调速的输出指令无效，保证手动调节优先。

### 4. 控制功能

在母联屏一般设有电站控制方式转换开关，能实现电站控制方式的功能转换，进而实现更为复杂的电站控制功能。

电站控制方式的设置操作主要分为以下两种。

（1）当单回路跨接断路器和母联断路器均接通时，整个电站连接成一个电站；在这种情况下电站将按照控制的优先级来确认电站的控制方式。当任意一个电站控制方式转换开关选择"手动"时，整个电站默认为手动控制方式。

（2）当单回路跨接断路器未全部接通而母联断路器接通时，形成前、后电站分区供电，则前、后电站按照各自设定的控制方式运行，前、后电站控制方式的设置相互独立，并且同时有效。

①手动方式。主配电板用于实现电站分系统在手动状态下的控制功能，如合/分闸、加/减速、升/降压、手动并车、解列等。

②半自动方式。电力监控装置进行控制决策制定并在电力集控台、电站控制器及配电区域控制器等装置实现控制决策辅助提示，可接收各操作部位的按键指令并实现对被控对象的控制和操作功能，达到一种人工管理与自动控制的有机结合。此时除手动方式下的功能外，同时还具备调频调载功能、控制策略辅助建议功能、卸载功能、执行人工指令功能（失电启动、机组的启动、停机和断路器合闸/并车等控制操作可以通过控制器的操作面板、电力集控台上的按键进行）。

③自动控制方式。根据当前电网状态和相关设置，统一协调和管理发电设备、配电设备自动运行。由电力监控装置进行电站运行状态和参数的监测、显示、故障报警和故障保护。还将实现如下主要控制功能：电网失电自启动、自动增/减机、调频调载、故障换机、卸载等。

5. 联锁功能

1）联锁装置功能

联锁装置作为主配电板的配套部件，主要实现对电站分系统中各发电机组断路器、母联断路器、跨接断路器、岸电断路器进行联锁及分断保护，联锁装置根据检测到的各断路器及转换开关的状态作出判断，如果违反了联锁装置的相关原则，将会作出相应的报警指示。通过观察报警指示的故障代码可以判断出故障类型和故障位置，方便现场操作人员及时地排除故障，保证系统的正常运行，防止电站系统出现非正常操作危害，确保电站系统的正常运行。联锁的主要原则如下：

（1）并联运行的机组不允许超过4台；

（2）在任何情况下，供电网络都不允许形成环网；

（3）岸电与发电机组可实现不断电转移，但不能长时间并联；

（4）禁止两台或两台以上发电机组与岸电并联。

2）绝缘监测装置联锁

主配电板的前、后主配电板的左跨接屏均安装了一套绝缘监测装置，该装置的转换功能根据不同的情况分为以下三种：

（1）在同一路跨接断路器未合闸的情况下，通过左跨接屏的绝缘监测装置监视各自电站的绝缘情况；

（2）在同一路跨接断路器全部合闸的情况下，通过前左跨接屏的绝缘监测装置检测整个电站的绝缘情况，后左跨接屏的绝缘监测装置停止对电站绝缘的检测；

（3）在岸电断路器闭合的情况下，绝缘监测装置将停止对电站绝缘的检测。

## 二、发电机控制屏

每一台发电机应有一个独立控制屏，以便对发电机进行控制、监测、调整。

发电机控制屏一般包含励磁控制部分、发电机主开关及其指示操纵部分、发电机保护和自动化装置部分、测量部分等。

除安装在发电机上的励磁系统外，励磁控制部分（自激恒压装置和自动电压调整器等）均安装在配电板发电机屏的下部。

发电机主开关安装于发电机控制屏中部便于操作的地方。其功能是控制发电机向汇流排输送电能，同时对发电机做短路和过载保护，并具有失压或分励脱扣器以便连接其他保护装置和遥控按钮。粗同步并车控制部分一般放在发电机控制屏后面或侧面，其操纵按钮及指示灯均安装于面板上。发电机主开关上还应有与岸电联锁的辅助触头。

除了发电机主开关的几种保护，部分发电机的保护和自动化装置还有逆功率保护。有的发电机装有单元自动化装置或全自动化装置，如自动调频调载装置、自动分级卸载装置、报警信号装置等。

测量部分包括转换开关、仪用互感器和测量仪表。根据规范要求，发电机控制屏必须装设配备转换开关的电流表；配备转换开关的电压表；多相功率表；频率表及同步指示器（带转换开关的同步指示灯一套）。而功率因数表、励磁电流表及电机运行计时器等可在必要时进行设置。转换开关和仪表应安装在发电机控制屏的上部面板上，以便于操作及观察，互感器安装于发电机控制屏内。

## 三、并车屏

在并车屏上一般安装有隔离开关，用于将左右两侧母线接通或断开。装有粗同步并车装置的同步电抗器、主接触器、保险丝等也装在并车屏内。装有准同步并车装置的相关设备则装于并车屏的下部。并车屏的面板上装有同步表、同步指示灯、转换开关、操作按钮及指示灯。在并车屏上可以操纵任意一台发电机的调速、投入、切除、自动或半自动并车。

## 四、负载屏

在负载屏上装有塑壳式自动开关，从汇流排上馈电给各重要负载或区配电板，并对它们和线路进行保护。负载屏上也常装有电流表，并通过转换开关测量各馈电线路的负载电流。

负载屏上还装有指示电网绝缘情况的装置，如绝缘指示灯和兆欧表等。

## 五、跨接屏

在跨接屏上半屏面板上设置电压表、电流表，以及配套的转换开关；另外，在跨接屏上安装了指示灯、带灯指示按钮、绝缘监测装置显示器；跨接屏的下半屏开设通风百叶窗，有利于跨接屏内热量的挥发。内部设置跨接断路器，可在跨接屏对断路器进行手动合、分闸操作，电站左、右跨接断路器并车操作均可在单一母联屏上实现，显示跨接段电压、电流。同时，跨接屏还可以对跨接段的带电情况及跨接断路器合、分闸状态进行指示。

## 六、连接汇流排

各发电机输出的电能经过开关控制送到集中的导体上，再由此向外分配。这部分汇集电流的导体称为汇流排。

汇流排的相关规定如表 7-2-1 所示。

表 7-2-1　汇流排的相关规定

| 汇流排相序或极性 | | 汇流排颜色 | 汇流排安装相互位置 | | | 附图 |
|---|---|---|---|---|---|---|
| | | | 垂直布置 | 水平布置 | 引下线 | |
| 交流 | U（A）相 | 绿 | 上 | 前 | 左 | 配电板正视方向示意图 |
| | V（B）相 | 黄 | 中 | 中 | 中 | |
| | W（C）相 | 褐或紫 | 下 | 后 | 右 | |
| 直流 | 正极 | 红 | 上 | 前 | 左 | |
| | 均压线 | 应与引出极的汇流排颜色相同，再涂上白圈以示区别 | 中 | 中 | 中 | |
| | 负极 | 蓝 | 下 | 后 | 右 | |
| 接地线 | | 黄、绿间隔 | | | | |

# 本 章 小 结

配电装置主要对电能进行集中控制，并分配给各用电设备使用，配电装置种类繁多，是电气装备的重要组成部分，也是机电部分舰员常用的电气设备，配电装置的设计应遵循人机工程，便于舰员操作及故障排查。

# 练 习 题

1. 直接测量和变换器式电工测量仪表的工作原理有什么不同？它们各有什么优缺点。

2. 电工测量仪表的测量单位、工作原理图形、电流种类、准确度等级的符号都各是怎样的？其工作位置、绝缘强度及工作条件的符号又都是如何表达的。

3. 直接测量式电工仪表如何正确接入配电板的测量电路中？不同的仪表在接线时要特别注意哪些问题？并结合其工作原理了解为什么要这样连接。

4. 配电装置的功能有哪些？按其用途分类舰船上设置了哪些配电设备。

5. 对舰船配电装置的工作条件和技术性能提出了哪些基本要求（按不同配电装置分别阐述）。

6. 配电板汇流排的安装是如何规定的。

7. 舰船电站主配电板由哪些主要装置构成？各装置的功能是什么。

8. 如何根据一次线路、主开关及保护电路、励磁控制线路、测量仪表线路、并车线路、其他自动控制及遥测线路，理清各装置的接线方法，以及相互作用关系。

9. 如何读懂多张线路环节图间的相互连接关系，试按所给典型线路图解读各张图间的相互连接方式。

# 第八章

## 舰船中压电力系统

目前，国内外建造的舰船大多数是 440 V 或者 380 V 低压交流电力系统。随着舰船用电量的增加，发电机的容量也在增加，特别是一些特种用途舰船及电力推进舰船装备的大功率用电设备，为了降低电路及电器的电流值而必须提高其电压值，使高压开始进入舰船电力系统，而且发展前景良好。例如，一些大型电力推进舰船的中压发电、变频控制装置、配电、用电设备和电力网络。

## 第一节  舰船中压电力系统概述

中国船级社《钢质海船入级规范》对交流高压电气装置的特殊要求指出：交流高压电气装置适用于额定电压超过 1 kV 的交流三相电气装置。除另有明文规定外，低压电气设备的构造和安装一般也适用于交流高压电气装置。系统额定电压应不超过 15 kV，但如果有特殊需要，经中国船级社同意可以采用更高的电压等级。

促使舰船使用中高压电力系统的主要原因如下所示。

（1）目前，舰船低压工频发电机的设计容量上限为 2.5 MW，接近或超过这个极限的发电机在制造技术上是困难的，且在经济上也不合算。如今很多大型舰船的电站容量已经达到十几兆瓦甚至几十兆瓦，若采用常规船用低压发电机，则一艘船上需要安装十几台甚至更多发电机组，这显然是不合理的，在实船上也无法实现。

（2）随着舰船用电设备的增多和电站容量的增大，当舰船电力系统发生短路故障时，短路电流也大幅度地增加。若采用低电压等级的舰船电力系统，则大幅度增加的短路电流使目前所能生产出的开关电器与保护装置的断流容量无法满足要求。

（3）如果输送大功率电能仍采用低电压等级，那么舰船电缆的截面积会很大，并且需要多股并联，线路传输损耗严重，电缆的发热量将增大，敷设时更加困难。随着电压等级的提高，输送同一功率采用的电缆规格与数量都可能大幅度地下降。特别是在舰船特殊空间条件下，由敷设工作量降低所带来的效益更是不可低估的，在舰船电缆的选择上，采用高电压等级的优越性尤为显著。

（4）采用高压电力系统可以有效地减小电气设备的体积和重量，节省空间和减轻舰船自重。

实践证明，中压电站应用到现代舰船上取得了很好的效果，舰船中压电站可以降低线路损耗，减少发电机组数量，提高电站容量，满足舰船日益提高的用电需求，必将越来越多地应用在未来大型舰船电站中。中压电力系统已成为大型驱护舰、补给船、航母及某些特殊工程船舶等的必选，是今后舰船电站的主要发展方向。

采用中压电力系统后，保护装置、接地、高压变压器、配电方式、主开关型式、电缆端头的构造及处理方法都与低压电力系统有很大的差别，特别是舰船中压电力系统往往采用中性点接地方式，与低压电力系统普遍采用中性点绝缘方式有着明显的区别，中性点采用何种接地方式也是舰船中压电力系统需要解决的关键技术。目前，从国内外应用来看，舰船中压电力系统普遍采用高电阻接地方式。舰船中压电力系统给舰船电气系统带来一系列新的变化，设计者、使用者和管理者必须特别注意。

# 第二节　舰船中压电力系统基本知识

## 一、中压电力系统的电压等级

中压电力系统是指电网额定电压达到中压的电力系统。关于电压等级的划分，不同国家和不同领域的定义存在差别，在我国，电器方面仅划分两个电压等级：交流电压 1000 V 或直流电压 1500 V 以下为低压电器，高于这个标准的为高压电器。而在岸上电系统中，一般将电压等级划分为高、中、低三个等级：高压是指 35 kV 以上的电压等级；中压指 3～35 kV（含 35 kV）的电压等级；低压是指 1 kV 以下的电压等级。

电压等级划分常用的 IEEE（电气与电子工程师协会）标准规定，中压交流电力系统定义是额定电压大于 1 kV、小于 10 kV 的电力系统，比中压电力系统电压高的是高压和超压电力系统。对于额定频率为 60 Hz 的电力系统，电压额定值有 3.3 kV、6.6 kV、11 kV 三个等级；而额定频率为 50 Hz 的电力系统，电压额定值有 3.0 kV、6.0 kV，10 kV 三个等级。舰船中压电力系统的电压等级一般是指额定电压大于 1 kV、小于 10 kV。

## 二、中压电力系统的结构

船舶中压电力系统结构原理图如图 8-2-1 所示，该电力系统由高压系统和低压系统两部分组成。高压系统主要包括主发电机、主配电板、高压负载和变流机组的高压电动机（或变压器）；低压系统主要包括变流机组的低压发电机（或变压器）、辅助发电机、辅助配电板、应急发电机、应急配电板、低压负载、应急负载、照明变压器、照明负载和岸电连接开关。

从图 8-2-1 中可以看出，中压电力系统中的低压部分与普通低压电力系统的组成非常相似，中压电力系统变流机组的低压发电机（或变压器）和辅助发电机等相当于低压系统的主发机组；中压电力系统的辅助配电板相当于低压系统的主配电板。其他部分，如应急发电机、照明变压器及其配电板等都与低压电力系统基本相同。因此，中压电力系统与低压电力系统的主要差别是增加了中压部分。

中压电力系统中压部分的主发电机组一般也采用中高速柴油机作为原动机，主发电机组的发电机通常为容量较大的同步发电机。中压系统的负载通常都是容量很大的负载，如电力推进舰船的推进电动机、大容量降压变压器等。这些中压负载电动机的调速往往采用变频调速，其调速设备或其他辅助设备也要求为中压设备，有的负载设备可能存在不同的电源频率。

中压电力系统除了中压负载，还有大量的普通低压负载，因此需要将中压三相交流电变换成低压三相交流电。一种方法是采用变压器实现中压变成低压，但中压负载采用变频调速时产生的大量高次谐波会污染低压系统，造成低压系统的电能质量恶化，因此要有谐波抑制措施。为了解决这个问题，另一种方法是采用旋转变流机组进行电压变换，将谐波截留在中压系统中，避免低压负载的谐波污染。

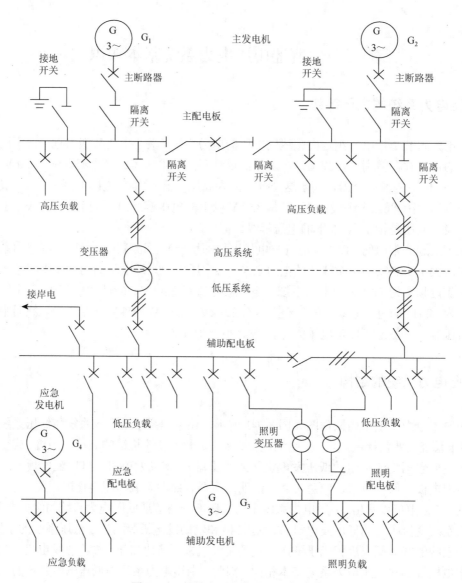

图 8-2-1  船舶中压电力系统结构原理图

## 三、中压电力系统的特点

　　船舶中压电力系统最主要的特点之一是电压等级上升到高压的水平。电压等级的提升带来的问题主要有两个方面：一是必须加强电气设备的绝缘，二是管理人员必须注意避免触电的危险。

　　与普通船舶采用的 400～450 V 低压电力系统不同的是，由于电工材料的绝缘是相对的，当电压足够高时，绝缘体也会击穿。在中压电力系统中，操作人员即使没有直接接触带电部分，如果不慎距离带电部分过近，那么小于规定的安全操作距离，也可能受到严重的触电伤害。因此，中压电气设备，例如，变压器、电流互感器、电压互感器、断路器都安装在完全封闭的开关柜中。

#### 四、舰船中压电力系统防护要求

外壳防护等级（IP 代码）是将产品依其防尘、防止外物侵入、防水、防湿气的特性加以分级。这里所指的外物包含工具、人的手指等，均不可接触设备内的带电部分，以免触电。

IP 代码一般由两个数字组成：第一个数字表示产品防尘、防止外物侵入的等级；第二个数字表示产品防湿气、防水侵入的密闭程度。数字越大，表示其防护等级越高。

舰船中压电气设备的外壳防护等级均应与其安装场所相适应，除至少应符合外壳防护等级的最低要求外，还应满足下列要求：

（1）旋转电机的外壳防护等级至少应为 IP23，其接线盒的防护等级至少应为 IP44。安装在非专职人员可以到达处所的电动机，其外壳防护等级至少为 IP4X，以防止人员接近或触及电机的带电或转动部分。

（2）变压器的外壳防护等级至少应为 IP23，如安装在非专职人员可以到达的处所，其外壳防护等级至少为 IP4X。

（3）具有金属外壳的控制设备、配电设备组件和静止变换器的外壳防护等级至少应为 IP32，如安装在非专职人员可以到达的处所，其外壳防护等级至少为 IP4X。

（4）由于功率大，损耗的绝对值也大，加上机舱水雾灭火系统对舰船发电机的防护性能要求，所以舰船中压发电机绝大多数采用水冷却方式，其防护等级一般为 IP54 以上，可以满足 IP44 的最低要求。至于冷却水用淡水还是海水，视具体舰船设计而定，但不论何种水质，水冷却器均应做成双管式，具有水泄漏传感器报警装置。

## 第三节　舰船中压电力系统实例

本节以 5000 kW 绞刀功率自航绞吸挖泥船的中压电力系统为例，简单地介绍中压电力系统的结构。

"天鲲号"自航绞吸挖泥船满载排水量为 17000 t，总长 140 m，宽 27.8 m，深 9 m，绞刀功率为 5000 kW，最大挖深可达 35 m，配置通用、黏土、挖岩及重型挖岩四种不同类型的绞刀。图 8-3-1 是该船电力系统的单线原理图。图中，电网由三个层次组成：一是 6.6 kV 的中压主电力系统；二是 400 V/50 Hz 的低压辅助电力系统；三是 400 V/Hz 的应急电力系统。

#### 一、6.6 kV 的中压主电力系统

中压主电力系统的电源：三台 7680 kV·A、750 r/min、60 Hz 的主发电机组可以单独或者并联向中压电网供电。三台主发电机可以长期并联运行，6.6 kV 中压主配电板中汇流排联络开关一般保持闭合。中压主电力系统的负载：两台 4MW 推进电机，由移相变压器和推进变频器供电；两台绞刀电机，通过移相变压器和绞刀变频器供电；两台绞车/封水泵移相变压器；两台水下泵、一台舱内泵和一台侧推电机。

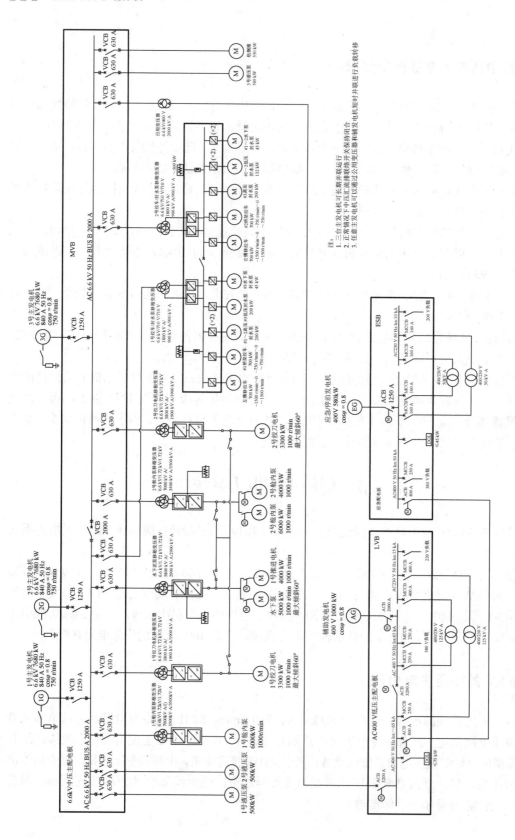

图 8-3-1 5000 kW 绞刀功率自航绞吸挖泥船电力系统的单线原理图

## 二、400 V/50 Hz 的低压辅助电力系统

低压辅助电力系统的电源由三个来源提供：

（1）航行时，电源来自中压系统的日用变压器，其规格为 6.6 kV/400 V，功率为 2000 kV·A，此时低压电力系统的电能来自于中压主配电板，日用变压器两端的断路器都处于合闸位置。

（2）当日用变压器发生故障或检修时，以及在码头没有挖泥作业时，电源来自一台 1000 kV·A、400 V、50 Hz 的辅助发电机组，此时图中日用变压器两端的断路器都处于分闸位置。

（3）在该级电网中，通过降压变压器将电压降至 AC230 V，用于日常单相交流负载。低压辅助电力系统的负载包括：常规船舶运行时需要供电的各种设备，例如，淡水循环泵、燃油传输泵、滑油传输泵、低温泼水泵、高温水循环泵、中央冷却海水泵、通风机、燃油锅炉、空压机、锚机、消防泵、甲板液压起货机、照明电力配电板、航海仪器、机舱监控系统的供电等。低压辅助电力系统的负载包括：电力推进装置的方位控制泵，电力推进装置变压器，变频器的冷却泵，货物起重机，半潜船的空压机，用于三台主发电机、辅助发电机、旋转变流机组、电力推进驱动装置的保温装置、动力定位系统的供电。

## 三、400 V/50 Hz 的应急电力系统

应急、电力系统的电源有两个来源：在正常情况下，电源来自 400 V 的辅助供配电系统，此时图 8-3-1 中连接辅助电力系统和应急电力系统的断路器都处于合闸位置。在应急情况下，电源来自 1 台 580 kV·A、400 V、50 Hz 应急发电机组。

应急电力系统的负载包括：常规船舶应急时需要供电的各种设备，例如，蓄电池充放电板、应急照明、航行灯、雷达、陀螺罗经、机舱通风机、消防系统、应急消防泵、电话、报警系统、机舱监控系统等的供电。应急电力系统的负载也包括：半潜船的压载水控制台、吊舱推进器控制台、动力定位（dynamic positioning，DP）控制台的供电。

其配电装置包括：在应急发电机控制室共有三块低压配电板分别用于应急发电机的控制、与 400 V 辅助供配电系统的连接、电动机起动和输出负载的分配。

# 第四节　舰船中压电力系统接地技术

舰船中压电力系统往往采用中性点接地方式，与低压电力系统普遍采用中性点绝缘方式有着明显的区别，中性点采用何种接地方式也是舰船中压电力系统需要解决的关键技术难题。

电力系统中性点接地方式是指电源或变压器的中性点采用何种方式接地。通常，中性点接地方式分为四种，分别为不接地方式、直接接地方式、消弧线圈接地方式和高电阻接地方式。目前，从国内外应用来看，舰船中压电力系统普遍采用高电阻接地方式。

## 一、不接地方式

不接地方式又称中性点绝缘。船舶低压电力系统中性点一般采用不接地运行方式。

图 8-4-1 是中性点绝缘系统的电路图及相量图，图中，电力系统中的三相导线之间和各相导线对地之间都存在着分布电容，因此在导线中就有附加电流，即存在容性电流。图 8-4-1 中的 $C_U$、$C_V$、$C_W$ 分别表示各相导线的对地电容。由于三个相电压是对称的，所以三相导线对地之间的电流 $I_U$、$I_V$、$I_W$ 相等，其相量和为零。

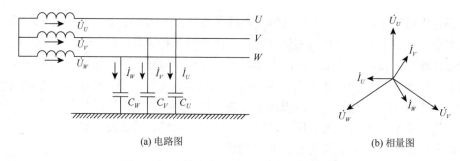

|(a) 电路图|(b) 相量图|

图 8-4-1　中性点绝缘系统的电路图及相量图

当任何一相绝缘受到破坏发生单相接地故障时，如图 8-4-2 所示的 $W$ 相接地。从相量图可以看出，各相对地电压、对地电容电流都要发生改变。但三相电压各相之间仍然保持对称，单相接地也不形成短路，用电设备的运行不受影响，可以继续带接地故障供电，这就提高了供电的可靠性，供电连续性好。但是不允许长期持续单相接地运行状态。

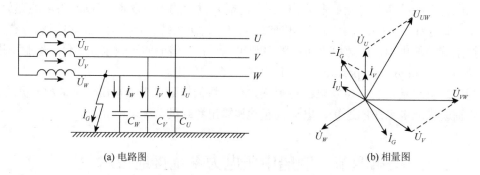

|(a) 电路图|(b) 相量图|

图 8-4-2　中性点绝缘系统中任何一相绝缘受到破坏发生单相接地故障时的电路图及相量图

中性点不接地方式的缺点是易绝缘击穿和短路。当一相接地时，一旦另一相发生接地故障，将会形成两相接地短路故障，在线路中产生很大的短路电流，使线路及其设备受到损坏；而且，当一相接地时，另外两相对地电压由相电压升高到线电压（$\sqrt{3}$ 倍相电压），很容易造成绝缘薄弱处被击穿，也将形成两相接地短路。

中性点不接地方式对高电压、长距离输电不适宜：单相接地的电容电流一般很大，该电容电流超前电压 90°，当故障点的电容电流在第一个半波过零熄弧时，加在故障点上的电压正好为峰值，极易将故障点重新击穿，形成周期性的间歇电弧，引起电网产生高频振荡，形成间歇性弧光过电压（3～4倍相电压），可能击穿设备绝缘，造成短路故障，严重地威胁电力系统的安全运行。为了避免发生间歇电弧，要求3～10 kV电网单相接地电流小于30 A；35 kV以上电网单相接地电流小于10 A。

我国电力规程规定，中性点不接地的电力系统发生单相接地故障时可以带故障继续运行2 h。

## 二、直接接地方式

如图8-4-3所示，中性点直接接地方式的优点是一相接地时，其他两相对地电压不升高，不存在间歇电弧造成的过电压危险。因此，可以降低整个电力系统的绝缘水平。另外，当中性点直接接地即系统单相接地时，短路电流很大，可使保护装置迅速、准确地动作，提高保护的可靠性。但由于短路电流很大，需要选择容量较大的开关及设备，并有造成系统不稳定和对通信线路造成强烈干扰等缺点。

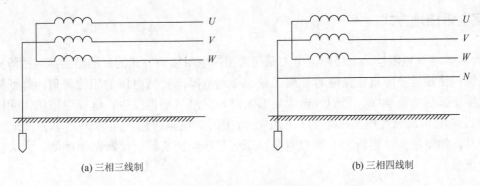

(a) 三相三线制　　　　　　　　　　　　(b) 三相四线制

图8-4-3　中性点直接接地方式

## 三、消弧线圈接地方式

图8-4-4是中性点经消弧线圈接地时的电路图及相量图，消弧线圈是一个具有铁芯的电感线圈，线圈本身电阻很小，感抗很大。利用电感线圈产生感性电流去补偿电网的容性电流，可以大大减小接地电流。若感性电流等于容性电流，则可以达到完全补偿，对熄灭接地电弧十分有利。但实际上完全补偿是不可能的，这是由于存在线路电阻、接地点电阻、漏电阻、变压器和消弧线圈的有功损耗等，使故障点流过一个不确定的剩余电流。

图8-4-4中，在正常运行时，三相系统是对称的，中性点电流为零，消弧线圈中没有电流；当发生单相接地时，就把相电压加到了消弧线圈上（$\dot{U}_O = -\dot{U}_W$），消弧线圈就有电感电流$\dot{I}_o$。流过接地点的电流$I_G$是接地电容电流$I_U$、$I_V$和流过消弧线圈的电感电流$I_o$的相量和。由于相量$\dot{I}_U + \dot{I}_V$超前$\dot{U}_O$ 90°，而相量$\dot{I}_o$滞后$\dot{U}_O$ 90°，因此容性电流和感性电流在接地点互相补偿。

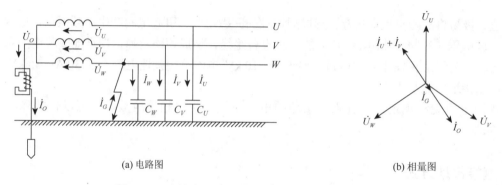

(a) 电路图　　　　　　　　　　　　(b) 相量图

图 8-4-4　中性点经消弧线圈接地时的电路图及相量图

在正常运行时，如果三相线路对地分布电容不对称，或出现一相断线，那么可能出现消弧线圈与分布电容的串联谐振，这时电力系统中性点可能出现危险的高电位。为此，消弧线圈一般采用过补偿运行，即电感电流大于电容电流，其目的是防止由全补偿引起的谐振过电压，损坏设备绝缘，这是消弧线圈接地方式的一个缺点。

## 四、高电阻接地方式

图 8-4-5 是高电阻接地电路图。电力系统采用高电阻接地方式的目的是给接地故障点注入阻性电流，使接地故障电流呈阻容性质，减小接地故障电流与电压的相位差角，降低故障点电流过零熄弧后的重燃率。当阻性电流足够大时，重燃将不再发生，这样可以防止间歇性弧光接地过电压和谐振过电压；电力系统中性点采用高电阻接地还可以限制单相接地故障电流。而且，如果阻容性电流大于容性电流，那么零序保护装置会使断路器跳闸，大大提高零序保护灵敏度。

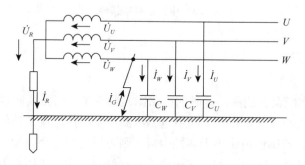

图 8-4-5　高电阻接地电路图

高电阻接地方式的最大特点是，当电力系统发生单相接地故障时，同不接地一样，接地相电压为零，其他两相电压将升高为线电压，可以继续带接地故障运行 2 h，但也可以选择定时或快速跳闸。

高电阻接地系统的设计应符合：中性点接地电阻小于或等于电力系统各相对地分布电容的总容抗，即 $R_N \leqslant X_{c0}$，以限制由接地故障产生的瞬态过电压。

## 五、接地方式的选择

在舰船中压电力系统中，工作接地常常被用于保护系统的单相（极）接地故障，防止系统接地故障扩大成为短路故障，造成严重危害。

中压电网接地方式比较如表 8-4-1 所示。

表 8-4-1　中压电网接地方式比较

| 接地方式 | 不接地 | 直接接地 | 低电阻接地 | 高电阻接地 | 谐振接地 |
| --- | --- | --- | --- | --- | --- |
| 暂态过电压 | 6.0 p.u.以下 | 2.5 p.u. | 2.5 p.u. | 2.5 p.u. | 3.2 p.u. |
| 故障定位 | — | 可 | 可 | 可 | — |
| 第一次故障跳闸 | 不跳闸 | 跳闸 | 跳闸 | 不跳闸 | 跳闸 |
| 人身安全 | 差 | 尚好 | 好 | 最好 | 尚可 |
| 多点故障 | 经常 | 很少 | 很少 | 很少 | 经常 |
| 故障损失 | 小 | 大 | 中等 | 小 | 小 |
| 继电保护配合 | 困难 | 好 | 好 | 最好 | 差 |
| 供电连续性 | 最好 | 差 | 差 | 好 | 最好 |

传统舰船的低压电力系统通常不设置工作接地，最大的优点就是单相接地故障时，系统没有构成接地回路，能够持续运行，不影响供电连续性。

舰船中压电气系统需要工作接地的主要原因是系统容量规模提升带来的对地分布电容增大，而分布电容储存的能量导致系统发生故障时会产生较大的故障电流和过电压，极易造成故障扩大，对系统供电连续性的威胁严重。因此，需要采用接地手段降低故障点电流，同时抑制系统过电压。

### 1. 抑制弧光过电压

在传统的中压交流电力系统中，假定 $A$ 相在工频电压最大值发生绝缘击穿，且故障点的接地电弧一段时间后熄灭。此时，非故障相上的自由电荷将沿三相对地电容重新分布，于是在各相上便产生了同等的位移电压。此后，每经过 0.5 个工频周波，接地电弧重燃一次，由于非故障相上积累的自由电荷不断增多，位移电压逐步升高，于是非故障相上的暂态过电压随着接地电弧重燃次数的增多，一次比一次升高。

针对交流系统的弧光过电压，IEEE 通过实验模拟，得到交流系统在不同容抗与接地电阻值条件下，电弧过电压峰值情况，如图 8-4-6 所示。

可以看出当系统分布电容容抗 $X_c$ 与接地电阻 $R_n$ 比值等于 1 时，接地点的弧光过电压峰值约为 2.5 倍的相电压峰值，且比值越大，过电压倍数越小。也就是说在系统分布电容一定时，接地电阻越小，对弧光过电压的抑制也就越好。

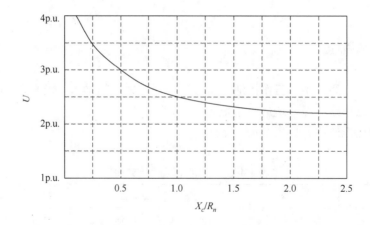

图 8-4-6　系统分布电容容抗 $X_c$ 和接地电阻 $R_n$ 比值对电弧过电压峰值的影响

根据 IEEE Std C62.92.1—2016 中关于高电阻接地方式对过电压的抑制试验，如果期望过电压水平可以抑制在 2.6 倍正常值以下，那么接地电阻的阻值必须小于系统容抗值：

$$R_n \leqslant \left| \frac{1}{3\omega C_0} \right|$$

**2. 抑制故障电流**

在要求发电机在一定时间内带单相接地故障继续运行，而定子铁芯的叠片也不会出现烧损问题的前提下，我国学者对于发电机安全电流做过大量试验，确定了不同额定电压发电机的安全接地电流（表 8-4-2）。

表 8-4-2　发电机参数

| 额定电压/kV | 安全接地电流/A |
| --- | --- |
| 6 及以下 | 4 |
| 10 | 3 |
| 13.8～15.75 | 2 |
| 18 及以上 | 1 |

因此为了有效抑制单相接地时的故障电流，使其在安全接地电流范围之内，接地系统的阻抗必须要足够大，在任何系统工况下均能满足相关标准要求。

国内对于舰船中压电气系统中性点接地方式的应用处于起步阶段，目前在建的中压舰船基本全部采用高电阻接地方式，其阻值整定范围主要取决于弧光过电压和故障电流两个故障因素。

中压直流电力系统也需要通过接地方式对其进行保护，目前常采用的做法是在十二相整流发电机的整流桥中点处通过高电阻进行接地，如图 8-4-7 所示。这样设置接地点和接地方式，同样可以对故障电流和弧光过电压进行抑制。

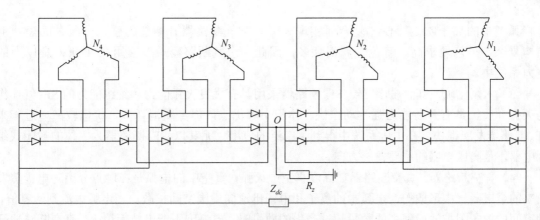

图 8-4-7　十二相整流发电机工作接地示意图

# 第五节　舰船中压电力系统的配电装置与发电机保护

## 一、中压配电装置

为了控制和分配电能，在中压配电装置（一般称为中压开关柜）上装有各种开关、控制及保护电器、电气测量仪表、信号指示灯。其中，极其重要、较为复杂又与低压电力系统区别较大的开关电器主要有中压断路器、中压真空接触器等。

中压配电装置应遵循中国船级社相关规范要求：应将主配电板至少分成两个独立的分断，通过至少一个断路器或其他合适的隔离设备分隔开，每一分断至少由一台发电机供电。若两个独立配电板由电缆进行连接，则在电缆的每一端应设有断路器。由于分断中压断路器的下端不可能再从该屏中接汇流排连接第二分断母线，只能旁接至另一屏再连接第二分断母线，该屏就称为提升屏或母联开关屏，是低压配电板中不会有的特殊结构。

中压配电板的控制与低压配电板类似。对于中压发电机而言，其具有与低压发电机完全相同的同步控制要求，包括调压、调速、同步检测及自动准同步或手动准同步控制。除了在中压配电板上进行控制，还可以在集中控制台上进行控制。

### 1. 中压断路器

中压断路器是中压电力系统中最重要的控制和保护设备。在正常运行时，根据电网的需要，接通或断开电路，起控制作用；当电网发生故障时，中压断路器和保护装置及自动装置相配合，迅速、自动地切断故障电流，保障电网无故障部分的安全运行，以减少停电范围，起保护作用。

根据断路器使用的灭弧介质可将其分为以下几种类型。

（1）油断路器。油断路器以绝缘油为灭弧介质，可以分为多油断路器和少油断路器。在多油断路器中，油不仅作为灭弧介质，而且还作为绝缘介质，因此用油量多、体积大；在少油断路器中，油只作为灭弧介质，因此用油量少、体积小、耗用钢材少。

（2）空气断路器。空气断路器以压缩空气作为灭弧介质，该介质防火、防爆、无毒、无腐蚀性，使用方便。空气断路器靠压缩空气吹动电弧使之冷却，在电弧达到零值时，迅速将弧道中的离子吹走或使之复合而实现灭弧。空气断路器开断能力强、开断时间短，但结构复杂、工艺要求高、有色金属消耗多，因此，空气断路器一般应用在 11 kV 及以上的电力系统中。

（3）六氟化硫（SF<sub>6</sub>）断路器。SF$_6$断路器采用具有优良灭弧能力和绝缘能力的 SF$_6$ 气体作为灭弧介质，具有开断能力强、动作快、体积小等优点，但金属消耗多、价格较高。近年来 SF$_6$断路器发展很快，在中压系统中得到了广泛的应用。尤其以 SF$_6$ 断路器为主体的封闭式组合电器，是高压电器的重要发展方向。

（4）真空断路器。真空断路器在高度真空中灭弧，真空中的电弧是在触点分离时电极蒸发出来的金属蒸气中形成的，电弧中的离子和电子迅速向周围空间扩散。当电弧电流到达零值，触点间的粒子因扩散而消失的数量超过产生的数量时，电弧因不能维持而熄灭。真空断路器开断能力强、开断时间短、体积小、占用面积小、无噪声、无污染、寿命长，可以频繁操作，检修周期长。目前，真空断路器在我国的配电系统中已逐渐得到广泛的应用。

此外，还有磁吹断路器和自产气断路器，它们具有防火防爆、使用方便等优点。但是磁吹断路器和自产气断路器一般额定电压不高，开断能力不大，主要用作配电用断路器。

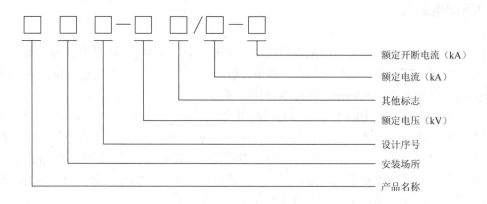

产品名称：S 为少油断路器；Z 为真空断路器；D 为多油断路器；L 为 SF$_6$ 断路器；K 为空气断路器。

安装场所：N 为户内型；W 为户外型。

其他标志：G 为改进型；Ⅰ、Ⅱ、Ⅲ为断流能力代号；Q 为防振型；C 为手车式。

中压真空断路器（或称中压开关）常用作发电机主开关及中压母线联络开关。它在正常情况下用于接通和断开电路；在电路发生短路、过流及出现其他不正常现象时，将通过独立的保护装置的作用，切断过负荷电流和短路电流，它具有相当完善的灭弧结构和足够的断流能力。与空气断路器不同的是，它可以用于中压电网，如 3300 V 或 6300 V 的电网，其触点处于真空中，在断开电路时，由于没有空气的存在，高压大电流电弧容易熄灭。图 8-5-1 为 ABB 公司的 VD4 型真空断路器外形图。ABB VD4 型真空断路器使用了弹簧储能、自由脱扣的模块化机械操动机构，如图 8-5-2 所示。操动机构和极柱固定在一个金属壳体上，该金属壳体也是固定式断路器的安装壳体。这种紧凑的结构保证了断路器的坚固和机械可靠性。除了隔离触头和连接到辅助电路带软管的航空插，可抽出式断路器还装配有手车底盘，可以实现断路器的摇进摇出操作。

图 8-5-1 ABB 公司的 VD4 型真空断路器外形图

图 8-5-2 ABB VD4 型真空断路器操动机构

A-分合闸辅助开关；B-储能马达；C-内置的储能杆；D-断路器分合闸机械指示；E-计数器；F-电气附件插头-插座连接；G-储能状态指示；H-脱扣器；I-合闸按钮；L-分闸按钮；M-合闸闭锁电磁铁；N-第二分闸脱扣器；O-电气分闸信号滑动触点；P-弹簧储能/未储能信号触点

整体浇注的真空极柱受到可靠保护，避免了机械撞击、灰尘和潮气的影响，其结构如图 8-5-3 所示。

整体浇注的真空极柱的核心部件为真空灭弧室，图 8-5-4 为 ABB 真空灭弧室结构图。在一个真空灭弧室内，真空电弧随着载流触头的分离而产生。随着触头的分离，阴极触头的整个表面形成多个独立的斑点，该斑点产生的金属蒸汽维持着真空电弧，并维持到电流过零点结束。

在真空灭弧室的额定电流范围内，电弧总是发散型的。触头的烧蚀可以忽略不计，因此额定电流开断次数可以非常高。

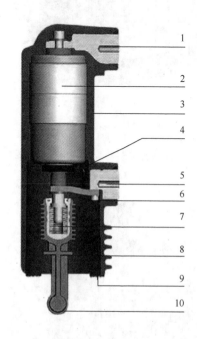

图 8-5-3　整体浇注的真空极柱结构

1-上出线端；2-真空灭弧室；3-浇注极柱壳体；4-动出线杆；
5-下出线端；6-软连接；7-触头压力弹簧；8-绝缘拉杆；
9-极柱固定嵌件；10-操动机构连接处

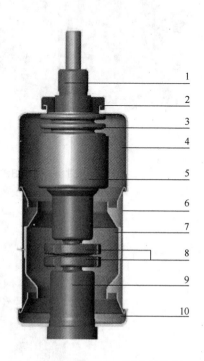

图 8-5-4　ABB 真空灭弧室结构图

1-出线杆；2-扭转保护环；3-波纹管；4-端盖；5-屏蔽层；6-陶瓷
绝缘外壳；7-屏蔽罩；8-触头；9-出线杆；10-端盖

### 2. 中压电磁接触器

中压电磁接触器在电力系统中与隔离开关、熔断器配合用作中压电动机的开关，控制电动机的运行与停止，像中压真空断路器一样，也有真空灭弧作用，只是它的切断容量不够大，因此它本身只有过电流保护，中压电动机的短路保护由熔断器来完成。

图 8-5-5 是 CKJ-200/3 型交流真空接触器结构示意图，它主要由电磁系统、触点系统、灭弧系统及其他部分组成。

（1）电磁系统：电磁系统包括电磁线圈和铁芯，是真空接触器的重要组成部分，依靠它带动触点的闭合与断开。触点的控制机构一般均采用电磁式操作机构。

（2）触点系统：触点是真空接触器的执行部分，包括主触点和辅助触点。主触点的作用是接通和分断主回路，控制较大的电流。而辅助触点是在控制回路中，以满足各种控制要求。

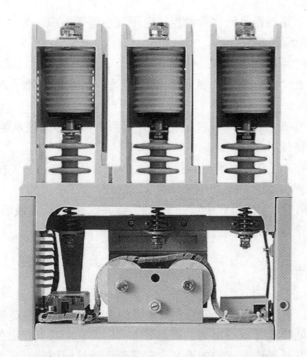

图 8-5-5　CKJ-200/3 型交流真空接触器结构示意图

（3）灭弧系统：灭弧装置用来保证触点断开电路时，产生的电弧可靠地熄灭，减少电弧对触点的损伤。为了迅速熄灭断开时的电弧，通常真空接触器都装有灭弧装置，一般采用半封式纵缝陶土灭弧罩，并配有强磁吹弧回路。

（4）其他部分：有绝缘外壳、弹簧、短路环、传动机构等。

其工作原理为当交流真空接触器电磁线圈不通电时，弹簧的反作用力和衔铁的自重使主触点保持在断开位置。当电磁线圈通过控制回路接通控制电压（一般为额定电压）时，电磁力克服弹簧的反作用力将衔铁吸向静铁芯，带动主触点闭合，接通电路，辅助触点随之动作。

**3. 中压开关柜的组成**

（1）开关柜的断路器小室。断路器小室两侧装有水平方向导轨，使断路器能沿着导轨前后移动，其内部装有一套螺旋推进机构，提供手动推进摇把。该摇把顺时针转动，使断路器小车前进；该摇把逆时针转动，使断路器小车退出，从而使断路器在"工作"位置和"试验/断开"位置之间移动。断路器上装有一次隔离动触点和二次动触点。随着断路器的移动，在"工作"位置时，一次、二次动触点和安装在柜体上的一次、二次静触点插入并可靠锁住。在"试验/断开"位置时，随着断路器的移动，一次、二次动、静触点自动脱离，此时二次动触点可手动插入，使二次回路接通，保证试验工作正常进行。

（2）断路器小车（又称断路器手车）。断路器小车的移动是靠手动操作的机械机构实现的，小车由真空断路器和其他辅助设备组成，真空断路器主回路由一次静触点、一次动触点组成。当小车移动到"试验/断开"位置或"工作"位置的同时，在小车上的位置开关也动作，在控制屏上有小车的位置指示状态灯。小车上有分合闸手动控制按钮、弹簧储能指示器、合闸计数器。断路器小车由高压熔断器、一次静触点、电压互感器等组成。

开关柜具有以下联锁功能：

（1）断路器小车一旦离开"工作"位置或"试验/断开"位置时，断路器不能合闸。

（2）断路器小车在"工作"与"试验/断开"位置，当断路器处于合闸状态时，小车不能被移动。

（3）当断路器小车在"工作"与"试验/断开"两个位置移动或从柜内进出时，断路器储能的合闸弹簧能自动释放。

（4）断路器小车在"工作"位置时，接地开关不能合闸；接地开关在合闸状态时，断路器不能进入"工作"位置。

（5）接地开关合闸后，才能打开中压开关柜的后盖板。打开后盖板后，接地开关不能分闸，只有盖上后盖板后，接地开关才能进行分闸操作。

## 二、中压发电机保护

中压电力系统中，中压同步发电机是十分重要的电气设备，它的安全运行在电力系统的正常工作、用户的不间断供电、保证电能的质量等方面，都起着极其重要的作用。

由于中压发电机是长期连续运转的设备，它既要承受机械振动，又要承受电流、电压的冲击，因而常常导致定子绕组绝缘的损坏。因此，中压同步发电机在运行中，定子绕组和转子励磁回路都有可能产生危险的故障和不正常的运行情况。

为了使中压同步发电机能根据故障的情况有选择地、迅速地发出信号或将故障发电机从系统中切除，以保证发电机免受更为严重的损坏，减少对系统运行所产生的不良后果，使系统其余部分继续正常运行，在发电机上装设能反映各种故障的保护是十分必要的。

一般来说，中压发电机的内部故障主要是由定子绕组及转子绕组绝缘损坏而引起的，常见的故障有

（1）中压发电机内部定子绕组相间短路；

（2）中压发电机内部定子绕组同一相的匝间短路；

（3）中压发电机内部定子绕组的单相接地；

（4）中压发电机内部转子绕组的一点接地或两点接地。

因此，舰船中压发电机除了与舰船低压发电机具有相同的短路、过载、欠压、逆功率保护外，针对舰船中压发电机内部可能出现的故障，还应设置中压发电机的纵联差动保护、中压发电机定子绕组的零序电压保护、中压发电机转子接地保护等，以实现对舰船中压发电机内部故障的保护。

# 第六节　舰船中压电力系统安全操作及检修注意事项

## 一、安全操作规程

电工材料的绝缘是相对的，当电压足够高时，绝缘体也会击穿。对于舰船中压电力系统，

操作人员即使没有直接接触带电设备，如果不慎距离带电设备太近，小于规定的安全操作距离，也可能发生严重的触电事故。舰船中压电力系统的变压器、电流互感器、电压互感器、断路器等一般要求安装在完全封闭的配电柜中。当需要带电操作某些设备时，要严格地按照安全操作规程，戴绝缘手套，穿绝缘鞋，使用专用的绝缘工具。

### 1. 舰船中压发电机检修操作规程

舰船中压发电机只有作为备用机时才能进行检修，以保证船舶电站供电的连续性。检修舰船中压发电机，必须将发电机组方式选择开关打到"手动"位置，防止发电机组误起动。断开发电机主开关，关闭励磁电源，合上接地开关，才能进行检修。如果需要测量舰船中压主发电机绕组的绝缘，必须将发电机中性点接地电阻断开。

检修时，操作人员必须戴绝缘手套，穿绝缘鞋。

### 2. 舰船中压主开关检修操作规程

中压配电板通常分为左右两侧，分别放置在不同的中压配电室中，中压配电室都配有高压绝缘地面，并且中压配电板都具有非常高的防护等级，保证操作人员的安全。舰船中压主开关检修的流程为：将舰船中压主开关置于"断开"位置，断开相应的隔离开关，闭合接地开关，打开开关柜，方可检修舰船中压主开关。检修完毕后，首先关闭开关柜，断开接地开关，闭合相应的隔离开关，将舰船中压主开关置于"工作"位置。虽然主开关、隔离开关与接地开关和柜门之间都有电气或机械联锁，以防止误操作，但是操作人员仍应按照操作流程逐步操作。

### 3. 舰船中压隔离开关操作规程

舰船中压隔离开关是舰船中压电力系统中重要的开关电器，需与中压断路器配套使用，其主要功能是：保证中压电器及装置在检修工作时的安全，起隔离电压的作用，仅可用于不产生强大电弧的某些切换操作。由于断路器的断开点在外是看不见的，为了保证在检修舰船中压电力系统时操作人员的人身安全，在舰船中压主发电机断路器与中压汇流排之间，在分断中压汇流排的断路器两端，以及在中压变压器的断路器与中压汇流排之间，都串联了隔离开关。隔离开关是具有可见断开点的开关，由于隔离开关没有灭弧装置，因此不能带电进行分合闸操作。由于有机械或电气的联锁，当操作舰船中压隔离开关时，要与断路器的分合闸操作相配合，只有当断路器断开后，才能进行断开舰船中压隔离开关的操作。断路器在合闸位置时，不能分断舰船中压隔离开关。同样，必须先合上舰船中压隔离开关之后才允许合上中压断路器。其操作规程如下：

（1）操作前应确保断路器在相应分合闸位置，以防带负载分合隔离开关。

（2）在操作中，当发现绝缘子严重破损、隔离开关传动杆严重损坏等现象时，不得进行操作。

（3）当操作隔离开关时有异常声音，应查明原因，不得硬分、硬合。

（4）当隔离开关、接地开关和断路器之间安装有防误操作的闭锁装置时，倒闸操作一定要按顺序进行。当倒闸操作被闭锁不能操作时，应查明原因，正常情况下不得随意解除闭锁。

（5）当确实因闭锁装置失灵而造成隔离开关和接地开关不能正确操作时，必须严格按闭锁要求的条件，检查相应的断路器和隔离开关的位置状态，只有在核对无误后才能解除闭锁进行操作。

（6）解除闭锁后应按规定方向迅速、果断地操作，即使发生带负载分合隔离开关，也禁止再返回原状态，以免造成事故扩大，但也不要用力过猛，以防损坏隔离开关。对于单极刀闸，合闸时先合两边相，后合中间相；分闸时，顺序相反。

（7）分合带负载和有空载电流的刀闸时应符合有关规定。

（8）对具有远程控制操作功能的隔离开关操作，一般应在主控室进行操作。只有在远控电气操作失灵时，才可在征得技术负责人许可，并有现场监督的情况下在现场就地进行电动或手动操作。

（9）远程控制操作完毕，应检查隔离开关的实际位置，以免因控制回路中传动机构故障，出现拒分、拒合现象，同时应检查隔离开关的触头是否到位。

（10）发现隔离开关绝缘子断裂时，应根据规定将相应断路器分闸。

（11）操作时应戴好安全帽、绝缘手套，穿好绝缘靴。

（12）操作隔离开关后，要将防误闭锁装置锁好，以防下次发生误操作。

### 4. 中压接地开关的操作规程

为了确保维修人员正在接触的线路无电，中压供配电线路上还安装了多处接地开关。接地开关（三相）的一端与汇流排相连，另一端与接地点可靠相连，与隔离开关相同，接地开关也没有灭弧装置，不可以带负载分合闸。在停电维修某一段线路和设备时，合上相应的接地开关，能保证被维修线路和设备可靠地接地，防止线路上电荷积累。在断路器意外合闸时，由于线路三相接地，短路电流会使断路器立即跳闸。

检修完成后，首先打开接地开关，才能合上舰船中压隔离开关，最后才可以进行相应的断路器合闸操作。

### 5. UPS 管理操作规程

不间断电源（uninterrupted power supply，UPS）是中压电站控制系统的应急供电设备，如果 UPS 不能正常工作，那么在舰船失电后，中压电站控制系统将不能工作，导致中压自动电站处于瘫痪状态。因此，对 UPS 的操作和管理应予以重视，同时，UPS 的功能试验也是中压电力系统的船舶必检内容。

平时保持电瓶间整洁，并确保通风良好。保持电瓶及接线柱清洁，确保接线紧固。经常检查 UPS 设备各参数是否正常。平日 UPS 设备采用浮充电制，每月充分放电一次，然后手动充足，再转浮充。检修 UPS 时，应将其他电源代替 UPS 供电，保证中压电站控制系统的供电。

## 二、舰船中压开关柜的五防措施

随着舰船中压电力系统的不断发展，特别是控制技术的不断更新，舰船中压电力系统防误装置得到不断的改进和完善。防误装置的设计原则是：凡有可能引起误操作的中压电气设备，均应装设防误装置和相应的防误电气闭锁回路。为了保证安全及各联锁装置可靠不至于损坏，必须按联锁防误操作程序进行操作。舰船中压开关柜的五防措施成了舰船中压电力系统安全工作的重要措施之一。

舰船中压开关柜的五防措施的具体内容如下所示。

（1）防止误分合中压断路器。对中压断路器分合闸按钮做防护设计，防止在正常运行时误分闸操作或不具备合闸条件时误合闸。舰船中压断路器在"工作"位置时，二次插头被锁定不能拔出，防止了带负载误分合中压断路器。只有在"试验"或"工作"位置时才可以分合断路器。

（2）防止带负载分合隔离开关。隔离开关无灭弧装置，因此不能带负载分合隔离开关。隔离开关与相应的中压断路器有机械或者电气的联锁，只有中压断路器分闸后，才能分合隔离开关。

（3）防止带电分合接地开关。仅当相应的中压断路器处于"试验"位置时，接地开关才能进行合闸操作，实现了防止带电误合接地开关。

（4）防止带接地开关合中压断路器。仅当接地开关处于"分闸"位置时，相应的中压断路器才能从"试验"位置移至"工作"位置，防止接地开关处于"闭合"位置时合中压断路器。

（5）防止误入带电间隔。接地开关处于"分闸"位置时，中压开关柜的下门及后门都无法打开，防止人员误入带电间隔。

## 三、中压开关柜抗燃弧设计

在箱体内由于气体间隙击穿而引燃电弧这种故障称为金属封闭开关设备的内部电弧故障。电弧通常由开关柜的缺陷或异常的工作环境导致绝缘性能劣化引起，也可能是由工作人员错误操作等导致产生的。

当开关柜的某个隔室出现故障时，故障电弧在中心导体和壳体间燃烧，在内部磁场电磁力的作用下，电弧通常是不稳定的，会在电磁力的作用下沿中心导体做圆周方向或径向转动。这种转动使故障电弧对壳体的作用时间大大延长，所以实际的烧融-烧穿时间比静止电弧造成的时间要长。

开关柜内部电弧故障是非常严重的，这是由内部电弧故障的特性所决定的。开关柜内部电弧故障特性可以总结为以下几点：

（1）电弧在相关材料的金属蒸汽中形成，因此质量极轻，在电动力和气体的作用下可在柜内高速移动，弧根可沿导体跳动及转移。因此电弧故障范围广并能迅速转移扩大。最严重时可以将一组并列的金属封闭开关设备完全烧毁，造成大面积长期断电。

（2）会产生强功率的放电现象温度高，破坏力极强，在开断数十千安的短路电流时，电弧的温度可达上千摄氏度。任何固体材料都不能耐受电弧烧灼。材料会融化、蒸发，零件表面严重变形、变色，绝缘材料会被高温气化分解。在此情况下有毒及腐蚀性气体绝缘零件也会严重烧毁，从而造成严重的损坏。

（3）电弧故障是一种自持放电现象，它不用很高的电压就可维持相当长时间的稳定燃烧而不熄灭。高温电弧会使柜内气体升温，也会使绝缘材料、金属材料气化，这些现象会造成隔室内、柜内压力骤升，会造成隔室或柜体的隔板、盖板、门板、观察窗及螺栓、铰链变形、损坏或使内部零部件飞出。当面板因强度不足而破坏时有可能危及人员的安全。

内部燃弧故障产生原因较为复杂，包括：

（1）因绝缘老化或破坏而引起的绝缘降低，常见于空气绝缘开关柜中及 SF6 气体绝缘开关柜的电缆室内。

（2）大气过电压或操作过电压、雷击等。

（3）不按规程操作或运行人员培训不足而造成的误操作，如在进线带电情况下合接地刀等。

（4）闭锁机构失效。

（5）主回路接触面腐蚀或连接螺栓松动导致发热等。当开关柜内部出现故障时，内部温度和压力急速升高，开关柜内部出现机械应力、金属部件出现融化、解体和汽化。

由于开关柜内部故障时的故障电流和电弧电压都非常高，所以产生的热能达到几十兆瓦。电弧根部的金属受热而出现熔融现象，随着故障电流的持续和不断增大，壳体甚至可能出现烧穿。内部故障时释放出大量的能量，导致 $SF_6$ 气体和固体材料快速升温，引起封闭壳体的 $SF_6$ 气体压力迅速升高，同时 $SF_6$ 气体及其分解物和从电极蒸发的金属之间产生化学反应后释放出大量的能量，又加剧了内部的压力。如果壳体和绝缘子等机械强度设计不合理，压力释放装置又不能及时动作，高压气体得不到快速释放，那么将导致壳体发生爆炸。

为了避免内部燃弧故障危害，需采取相应措施来限制电弧产生的各种效应。故障所释放出的巨大能量和由此引起的压力是对开关造成损害的主要原因。控制内部电弧的措施包括主动防护和被动防护两个方面，主动防护主要是指系统保护及弧光保护系统等；被动防护包括外壳设计及内部燃弧试验、设置压力释放装置和压力释放通道等加强开关柜结构、密封各单元隔室。

### 1. 壳体耐受能力

对于静止电弧导致的壳体熔融-烧穿时间，一般取决于故障电流大小、气室结构和体积、壳体材料种类及厚度等因素。本节采取经验公式对气体绝缘开关柜内部承受故障电弧能力进行分析：

$$T = Kxt^{1.77} / I$$

式中，$T$ 为壳体熔融-烧穿时间（ms）；$K$ 为材料耐受系数，铁为 500、铝为 180；$t$ 为壳体厚度（mm）；$I$ 为短路故障电流有效值（kA）。

由公式可以得到图 8-6-1 所示的铁壳体熔融-烧穿时间与故障电流、材料厚度关系。

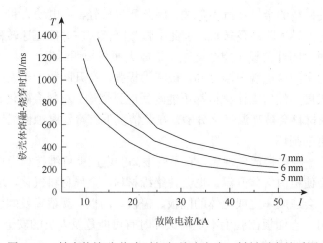

图 8-6-1　铁壳体熔融-烧穿时间与故障电流、材料厚度关系图

### 2. 压力释放装置和压力释放通道

为了防止内部故障电弧造成的外部效应，出现极限压力而导致壳体发生爆炸，每个充气式

开关柜壳体都应装设压力释放装置，通常为防爆膜。防爆膜的额定爆破压力应按照长期运行的最大压力来考虑，为了避免带来误动作，同时为了避免该防爆膜本身构成内部故障的原因，该防爆膜的压力应足够高，通常为充气式开关柜额定运行压力或设计压力的2～3倍。

另外，防爆膜的总截面积也必须设计合理，对充气式开关柜应有可靠的保护作用，其理论关系式如下：

$$S = 2.8I/(P_m - P_e)$$

式中，$S$ 为防爆膜的总截面（$cm^2$）；$I$ 为短路故障电流有效值（kA）；$P_m$ 为防爆膜的破坏压力（MPa）；$P_e$ 为充气式开关的额定运行压力（MPa）。

现在国内市场上充气式开关柜厂家和产品很多，从类别上区分共有两大类产品：全绝缘全密封金属封闭充气式开关柜和半绝缘金属封闭充气式开关柜。因为设计理念和结构的不同，每个开关柜厂家实现泄压装置和泄压通道的方式也不尽相同。对于全绝缘全密封金属封闭充气式开关柜来说，大部分泄压通道位于柜体底部不可触及位置，而半绝缘金属封闭充气式开关柜大部分是位于柜体后部。两者比较，全绝缘全密封金属封闭充气式开关柜对人身和设备的防护性相对更高。

《3.6 kV～40.5 kV 交流金属封闭开关设备和控制设备》（GB 3906—2006）对内部燃弧试验有明确的要求，通过该试验的开关柜必须符合下列条件：

（1）压力释放装置正常打开。
（2）门和盖板没有打开；试品变形，但没有部件到达每一侧指示器或墙壁的位置。
（3）在试验规定的时间内外壳没有开裂。
（4）电弧在高度不超过2 m 的可触及面上没有形成孔洞。
（5）热气体没有点燃指示器。
（6）外壳仍旧和接地点相连。

# 第七节　中压岸电连接

## 一、中压岸电系统的组成

舰船中压岸电系统主要包括中压岸电电缆绞车、中压岸电连接屏和中压岸电接收屏，如图8-7-1所示。

两套中压岸电电缆绞车分别位于船尾左右舷。连接岸电时，先将绞车的移门打开，然后用动液压泵将电缆搁架向船舷方向完全放出，再通过电动机转动电缆绞车将电缆慢慢地放到码头上，由码头工作人员将电缆插头与码头上的岸电插座相连，岸电首先被引到中压岸电连接屏。

中压岸电连接屏位于机舱，由左舷中压岸电连接屏、右舷中压岸电连接屏和中压岸电配电屏组成。操作人员在中压岸电配电屏上检查岸电相序是否正确（若不对，则通知码头换相），并分别检查岸电的电压、频率等参数，若参数正常，就可以在左舷（或右舷）中压岸电连接屏上闭合断路器，将6600 V 的岸电送至位于集控室的中压主配电板上的中压岸电接收屏。中压岸电接收屏用来将岸电通过主汇流排向舰船电网供电。中压岸电接收屏上有真空断路器、接地开关、相序指示仪、数字式多功能表（可进行电压、频率、电流和功率指示）等，并通过数字式保护装置实现岸电的过电流保护（长延时、短时延）和欠压/断相保护。

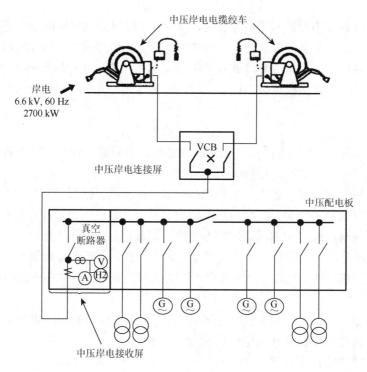

图 8-7-1　中压岸电系统

## 二、岸电系统的安全操作

整个操作过程必须有两名以上专业人员参加，应该是机电长现场指挥，机电员具体操作，一名机电员协助；现场人员配备对讲机，保持舰船内部指挥协调及与岸上人员的沟通联络，确保操作安全顺利进行。

岸电系统的安全操作共分为六个步骤。

### 1. 舰船岸电系统接地放电

舰船接岸电前，岸上专业人员上船接洽，并要求舰船岸电系统进行接地放电。在岸电专业人员的监护下，船员在中压岸电连接屏上完成接地放电程序。

### 2. 电缆的送岸连接

电缆绞车有自动张紧功能（类似自动绞缆机），能够保持电缆在设定张力下伸出一定的长度，间隔一定时间自动收绞一次，可有效地保护电缆不受外力损坏。必要时可适当地调节电缆绞车力矩和设定的绞缆时间。调定后电缆应该是不吃紧也不松弛外溜，10 min左右自动绞缆3 s。如果原来设定的自动力矩偏大、时间设定偏长等，均有必要调小和调短。

操作人员操纵舰船尾部两舷岸电箱内的6600 V中压电缆专用收放装置，依下列程序进行：

（1）放出液压电缆导缆托架。

（2）操作电缆绞车，将两根6600 V中压电缆顺着导缆托架逐步送出。

（3）岸上人员接到电缆后，将其与岸上电源接妥。

3. 应急断电线路的连接、试验和送电

应急断电线路的原理：将连接电缆中的应急停止控制回路接入中压真空开关合闸线圈电路（串联，电压为 110 V），当舰船任何一个应急按钮按下，或船上电缆绞车送出到仅存最后一圈电缆时，自动断开岸电中压开关起到应急保护作用。依下列程序进行：

（1）岸上人员接妥电缆接口后，连接应急断电线路。

（2）与船上操作人员配合，在舰部岸电箱、中压岸电连接屏、中压配电板上的中压岸电接收屏等三处，按照岸上人员的指挥操作应急断电按钮，做应急断电试验。

（3）岸上人员确认试验成功，就完成了 6600 V 中压电的全部供电准备工作，随时可合闸供电。

4. 相序检验

在中压岸电连接屏上检验相序，待确认后可以合闸，向中压岸电接收屏送电。

5. 中压配电板合闸送电

中压配电板的合闸送电有多种方式（舰船供电断电合闸和不断电合闸）；舰船供电不断电合闸方式又分为自动同步合闸和手动同步合闸。为了安全起见，一般要求舰船断电合闸。

舰船断电合闸：相序检测后，按下发电机主开关分闸按钮，全船失电。接着按下中压岸电系统的合闸开关，恢复舰船供电。

若选用自动同步模式，只要按下合闸按钮，则自动同步并车后供电，舰船发电机自动进行负载转移、分闸，机舱在不断电的情况下完成岸电供应转换（类似发电机转换操作）。

6. 岸电供电结束的恢复程序

先起动一台舰船发电机，选择确定并网模式。若选用不断电自动同步模式，只要按下待并发电机合闸按钮，则自动同步并车后岸电负荷自动转移到舰船发电机，岸电分闸，机舱在不断电的情况下完成船电供应转换（类似发电机转换操作）。

舰船断电合闸与上述程序相同，起动舰船发电机后，先岸电分闸，全船失电，接着按下发电机的合闸开关，恢复舰船供电。接着在中压岸电连接屏上分闸，岸电撤除程序如下：

（1）通知岸上人员停止供电（当然，舰船操作人员也可以按下应急断电按钮，遥控岸电开关分闸断电）。

（2）配合岸上人员脱开电缆连接。

（3）操纵 6600 V 中压电缆专用收放装置，逐步收起电缆。

（4）操纵收起液压导缆托架，关上舷门。

## 三、中压岸电的连接方式

1. 断电方式

断开船上大容量的用电设备，将舰船发电机主开关分闸。然后，按下中压岸电接收屏上的 CLOSE 按钮，接通岸电。

### 2. 同步并车方式

该方式可以实现船电和中压岸电的不间断转换。

在确认岸电相序正确后进行并车操作，并车的条件包括：①舰船主发电机单机运行；②电压相等；③频率相等；④相位相等。并车方式（手动或自动准同步）可以通过同步屏上的转换开关进行选择（通常选择 AUTO）。并车操作可按发电机的并车操作规程进行，但在并车过程中只能调节舰船发电机的电压、频率和相位。

若选择 AUTO 方式，电站管理系统将视岸电为另一台舰船发电机，进行岸电和船电的自动并车、负载转移、发电机自动解列及自动停机的控制。自动并车和负载转移的过程延续约 10 s，10 s 后发电机的主开关将自动分闸。

## 四、中压岸电系统的日常管理

在中压岸电系统的日常管理中，应注意以下几个方面：

（1）定期测试系统绝缘，抵港准备接岸电前一周测试一次。

（2）对电缆专用收放装置进行定期检查和效用试验，即将液压导缆托架放出、收进，将电缆送出和收回；抵港准备接岸电前一周进行检查和效用试验各一次。

（3）岸电绞车室内装有 220 V 电加热器，电源开关不能关闭，室内应保持干燥。不能关闭岸电绞车控制箱 440 V 电源开关。

（4）恶劣天气结束后，尽快地检查岸电绞车室内和设备状况。

# 本 章 小 结

本章介绍了舰船使用中压电力系统的主要原因；中压电力系统的电压等级、结构及特点；"泰安口"半潜式电力推进特种运输船的中压电力系统实例；舰船中压电力系统接地技术；舰船中压电力系统的配电装置与发电机保护；舰船中压电力系统安全操作及检修注意事项；中压岸电连接。

本章的重点内容如下：

（1）舰船使用中压电力系统的主要原因。

（2）中压电力系统的电压等级、结构及特点，以及隔离开关、接地开关的功能。

（3）舰船中压电力系统接地技术。

（4）舰船中压电力系统安全操作及检修注意事项。

# 练 习 题

1. 中压真空断路器的功能有哪些？与低压空气断路器相比，其结构有哪些特点。

2. 中压发电机及其电力变压器需要设置哪些特殊的保护（相对于低压系统）？其保护装置的基本工作原理是怎样的。

# 附　　录

## 附录 A　电动机某工况下实际效率和功率因数

| 同步转速 /(r/min) | 功率/kW | 负荷时的效率/% | | | | | 负荷时的功率因数 | | | | |
|---|---|---|---|---|---|---|---|---|---|---|---|
| | | 1/4 | 2/4 | 3/4 | 4/4 | 5/4 | 1/4 | 2/4 | 3/4 | 4/4 | 5/4 |
| 3000 | 0.37 | | | | | | | | | | |
| | 0.55 | | | | | | | | | | |
| | 0.75 | 59 | 67 | 73.5 | 74.5 | 73 | 0.49 | 0.68 | 0.8 | 0.86 | 0.88 |
| | 1.1 | 66 | 74 | 76.5 | 76.6 | 75.5 | 0.53 | 0.7 | 0.8 | 0.86 | 0.9 |
| | 1.5 | 69.8 | 76.2 | 79.5 | 79 | 77.8 | 0.61 | 0.7 | 0.78 | 0.84 | 0.87 |
| | 2.2 | 70 | 78 | 80 | 79.5 | 78.2 | 0.5 | 0.7 | 0.8 | 0.86 | 0.88 |
| | 3 | 74 | 80 | 82.5 | 82 | 80.5 | 0.53 | 0.73 | 0.82 | 0.86 | 0.88 |
| | 4 | 78 | 84.5 | 85.5 | 85 | 83 | 0.58 | 0.75 | 0.83 | 0.87 | 0.9 |
| | 5.5 | 68 | 80 | 85 | 86.7 | 86.7 | 0.7 | 0.81 | 0.85 | 0.88 | 0.88 |
| | 7.5 | 80.5 | 87.5 | 89 | 88 | 86.5 | 0.7 | 0.83 | 0.9 | 0.91 | 0.91 |
| | 11 | 82 | 86 | 88 | 87 | 86 | 0.72 | 0.84 | 0.88 | 0.89 | 0.9 |
| | 15 | 83 | 87.5 | 88.4 | 87.5 | 86 | 0.72 | 0.84 | 0.88 | 0.89 | 0.9 |
| | 18.5 | 83 | 89 | 90 | 90 | 90 | 0.77 | 0.85 | 0.89 | 0.9 | 0.91 |
| | 22 | 73.5 | 83.5 | 86.5 | 87.5 | 87.9 | 0.77 | 0.85 | 0.90 | 0.91 | 0.91 |
| | 30 | 81 | 88.2 | 90.1 | 90.5 | 90.2 | 0.64 | 0.81 | 0.87 | 0.9 | 0.9 |
| | 37 | 82 | 88.1 | 90.5 | 91 | 90.5 | 0.67 | 0.8 | 0.87 | 0.89 | 0.89 |
| | 45 | 83 | 88 | 91 | 91.5 | 91.5 | 0.67 | 0.8 | 0.87 | 0.89 | 0.89 |
| | 55 | 83 | 88 | 91.5 | 92 | 92 | 0.69 | 0.8 | 0.88 | 0.9 | 0.89 |
| | 75 | 83 | 88 | 91 | 91.5 | 91 | 0.67 | 0.82 | 0.88 | 0.89 | 0.89 |
| | 90 | 82.5 | 89 | 91.5 | 92 | 91.5 | 0.67 | 0.82 | 0.88 | 0.89 | 0.89 |
| 1500 | 0.25 | | | | | | | | | | |
| | 0.37 | | | | | | | | | | |
| | 0.55 | 54 | 67 | 73 | 73 | 72 | 0.38 | 0.55 | 0.65 | 0.72 | 0.75 |
| | 0.75 | 62 | 72 | 74 | 74 | 73 | 0.38 | 0.55 | 0.65 | 0.73 | 0.75 |
| | 1.1 | 68 | 76 | 79.2 | 79 | 77.8 | 0.38 | 0.56 | 0.69 | 0.77 | 0.8 |
| | 1.5 | 65 | 79 | 81.3 | 80.5 | 79 | 0.43 | 0.57 | 0.7 | 0.78 | 0.81 |
| | 2.2 | 70 | 77 | 80 | 80 | 78 | 0.42 | 0.61 | 0.75 | 0.82 | 0.84 |
| | 3 | 70 | 79 | 81.2 | 81.8 | 81 | 0.44 | 0.6 | 0.72 | 0.8 | 0.84 |
| | 4 | 74 | 82.5 | 84.5 | 84 | 82 | 0.41 | 0.64 | 0.75 | 0.82 | 0.84 |
| | 5.5 | 77 | 83.5 | 85.7 | 85.5 | 84 | 0.5 | 0.69 | 0.8 | 0.85 | 0.86 |
| | 7.5 | 73 | 82.5 | 85.3 | 85.8 | 85 | 0.62 | 0.75 | 0.82 | 0.85 | 0.87 |
| | 11 | 81.5 | 87 | 88 | 87.1 | 85.3 | 0.52 | 0.72 | 0.8 | 0.83 | 0.84 |

续表

| 同步转速/(r/min) | 功率/kW | 负荷时的效率/% | | | | | 负荷时的功率因数 | | | | |
|---|---|---|---|---|---|---|---|---|---|---|---|
| | | 1/4 | 2/4 | 3/4 | 4/4 | 5/4 | 1/4 | 2/4 | 3/4 | 4/4 | 5/4 |
| 1500 | 15 | 81 | 88.7 | 89.4 | 88.4 | 86.9 | 0.56 | 0.74 | 0.83 | 0.85 | 0.85 |
| | 18.5 | 82 | 89 | 89.5 | 89.5 | 89 | 0.58 | 0.77 | 0.85 | 0.89 | 0.89 |
| | 22 | 84 | 89.5 | 90 | 90.2 | 89.5 | 0.6 | 0.78 | 0.86 | 0.9 | 0.89 |
| | 30 | 85 | 90 | 91.5 | 91 | 90 | 0.64 | 0.75 | 0.8 | 0.87 | 0.87 |
| | 37 | 85 | 90 | 92 | 91.6 | 91 | 0.64 | 0.75 | 0.8 | 0.87 | 0.87 |
| | 45 | 88 | 91.7 | 92.5 | 92 | 91 | 0.7 | 0.81 | 0.86 | 0.88 | 0.88 |
| | 55 | 90 | 92 | 92.3 | 92.4 | 92.2 | 0.8 | 0.86 | 0.89 | 0.91 | 0.91 |
| | 75 | 83 | 91.3 | 92.7 | 92.9 | 92.6 | 0.73 | 0.87 | 0.91 | 0.91 | 0.91 |
| | 90 | 83 | 92 | 93.5 | 93.5 | 93 | 0.73 | 0.8 | 0.9 | 0.9 | 0.91 |
| 1000 | 0.75 | 58 | 70 | 73.5 | 73.5 | 72.5 | 0.34 | 0.5 | 0.62 | 0.69 | 0.7 |
| | 1.1 | 62 | 70 | 73.5 | 74 | 72.5 | 0.37 | 0.51 | 0.63 | 0.71 | 0.75 |
| | 1.5 | 65 | 76 | 79 | 78 | 77 | 0.4 | 0.56 | 0.69 | 0.74 | 0.76 |
| | 2.2 | 66 | 77 | 81.5 | 81.5 | 80.5 | 0.4 | 0.56 | 0.69 | 0.73 | 0.75 |
| | 3 | 68 | 80 | 83 | 83 | 82 | 0.41 | 0.58 | 0.7 | 0.76 | 0.78 |
| | 4 | 70 | 82 | 84 | 84 | 83 | 0.42 | 0.59 | 0.71 | 0.77 | 0.78 |
| | 5.5 | 72 | 83 | 85.5 | 85 | 83 | 0.43 | 0.6 | 0.72 | 0.79 | 0.8 |
| | 7.5 | 75 | 84 | 88 | 87 | 86 | 0.42 | 0.59 | 0.71 | 0.77 | 0.79 |
| | 11 | 78.6 | 86.6 | 88.2 | 87.7 | 86.2 | 0.43 | 0.63 | 0.70 | 0.78 | 0.79 |
| | 15 | 77 | 87 | 90 | 89.5 | 87.5 | 0.49 | 0.64 | 0.75 | 0.81 | 0.82 |
| | 18.5 | 77.5 | 88 | 90.5 | 90 | 88 | 0.55 | 0.69 | 0.77 | 0.83 | 0.84 |
| | 22 | 77.5 | 88 | 90.8 | 90 | 88 | 0.55 | 0.69 | 0.77 | 0.83 | 0.84 |
| | 30 | 78 | 89 | 91 | 90.5 | 89 | 0.59 | 0.73 | 0.79 | 0.84 | 0.85 |
| | 37 | 78.5 | 89.5 | 91.5 | 91 | 90 | 0.63 | 0.76 | 0.82 | 0.86 | 0.87 |
| | 45 | 79 | 90 | 93 | 92.5 | 92 | 0.67 | 0.79 | 0.84 | 0.87 | 0.88 |
| | 55 | 79 | 90 | 93 | 92.5 | 92 | 0.67 | 0.79 | 0.84 | 0.87 | 0.88 |
| 750 | 2.2 | 67 | 78 | 81 | 81.5 | 81 | 0.33 | 0.51 | 0.63 | 0.71 | 0.75 |
| | 3 | 69 | 80.5 | 82 | 82.5 | 82 | 0.34 | 0.51 | 0.64 | 0.72 | 0.76 |
| | 4 | 71 | 82.5 | 84 | 84.5 | 83.5 | 0.41 | 0.54 | 0.65 | 0.73 | 0.74 |
| | 5.5 | 78 | 84 | 86 | 85.5 | 84 | 0.48 | 0.58 | 0.7 | 0.74 | 0.74 |
| | 7.5 | 80.5 | 84.5 | 86 | 86.5 | 85 | 0.5 | 0.61 | 0.72 | 0.75 | 0.76 |
| | 11 | 81 | 85 | 87 | 87.5 | 86 | 0.57 | 0.66 | 0.75 | 0.77 | 0.78 |
| | 15 | 83 | 86 | 88 | 88.5 | 87 | 0.54 | 0.65 | 0.74 | 0.76 | 0.77 |
| | 18.5 | 83.5 | 86.5 | 88.5 | 90 | 88 | 0.54 | 0.65 | 0.74 | 0.76 | 0.77 |
| | 22 | 84 | 87 | 89 | 90.5 | 88.5 | 0.61 | 0.69 | 0.76 | 0.78 | 0.79 |
| | 30 | 85 | 88 | 90 | 91.5 | 89 | 0.67 | 0.74 | 0.78 | 0.8 | 0.81 |
| | 37 | 85.5 | 89.5 | 91.5 | 92 | 90 | 0.66 | 0.73 | 0.77 | 0.79 | 0.80 |
| | 45 | 86 | 90 | 92 | 92.5 | 91 | 0.67 | 0.74 | 0.78 | 0.8 | 0.81 |

附注：（1）表中同步转速为 1000 r/min 及以上的数据以某系列舰用三相同步电动机的试验数据为基础。

（2）同步转速为 750 r/min 的数据以某系列船用三相异步电动机的试验数据为基础。

（3）某系列舰用三相异步电动机的效率是用实测杂散损耗分析法确定的。某系列舰用三相异步电动机的杂散损耗用推荐值，即取 $0.5\%P_H$ 值。

## 附录 B  常用舰船电气设备的短路计算参数表

| 发电机型号 | 发电机额定值 | | | | 发电机结构参数（设计值） | | | | | |
| --- | --- | --- | --- | --- | --- | --- | --- | --- | --- | --- |
| | 功率 $P$/kW | 频率 $f$/Hz | 电压 $U$/V | 电流 $I$/A | 直轴电抗 $X_d$/$\Omega$ | 瞬变电抗 $X_d'$/$\Omega$ | 超瞬变电抗 $X_d''$/$\Omega$ | 电枢电阻 $R_a$/$\Omega$ | $T_d''$/s | $T_a$/s |
| 352-4 | 200 | 50 | 390 | 370 | 3.29 | 0.205 | 0.119 | 0.0254 | 0.003 | 0.017 |
| 354-4 | 250 | | | 463 | 3.33 | 0.179 | 0.105 | 0.0186 | 0.003 | 0.020 |
| 356-4 | 280 | | | 518 | 3.48 | 0.154 | 0.0885 | 0.0172 | 0.003 | 0.018 |
| | 315 | | | 583 | 3.91 | 0.173 | 0.0996 | 0.0194 | | |
| 404-4 | 355 | | | 657 | 3.3 | 0.186 | 0.109 | 0.0191 | 0.003 | 0.021 |
| 406-4 | 400 | | | 740 | 2.98 | 0.151 | 0.088 | 0.0141 | 0.003 | 0.023 |
| 454-4 | 450 | | | 833 | 3.58 | 0.174 | 0.105 | 0.0153 | 0.003 | 0.025 |
| | 500 | | | 925 | 3.98 | 0.193 | 0.117 | 0.0169 | | |
| 456-4 | 560 | | | 1036 | 3.11 | 0.141 | 0.0807 | 0.0146 | 0.003 | 0.020 |
| | 630 | | | 1166 | 3.5 | 0.158 | 0.0908 | 0.0165 | | |
| 502-4 | 710 | | | 1314 | 3.52 | 0.169 | 0.0988 | 0.0157 | 0.003 | 0.023 |
| 504-4 | 800 | | | 1480 | 4.07 | 0.164 | 0.0937 | 0.0163 | 0.003 | 0.021 |
| 506-4 | 900 | | | 1665 | 4.26 | 0.159 | 0.0908 | 0.0149 | 0.003 | 0.023 |
| 562-4 | 1000 | | | 1850 | 3.62 | 0.176 | 0.101 | 0.0147 | 0.005 | 0.025 |
| 564-4 | 1120 | | | 2073 | 3.41 | 0.175 | 0.102 | 0.0137 | 0.005 | 0.027 |
| 566-4 | 1250 | | | 2313 | 3.50 | 0.161 | 0.0924 | 0.0123 | 0.005 | 0.027 |
| 632-4 | 1400 | | | 2591 | 3.69 | 0.225 | 0.138 | 0.0117 | 0.006 | 0.043 |
| 634-4 | 1600 | | | 2961 | 4.05 | 0.213 | 0.125 | 0.0126 | 0.006 | 0.036 |
| 636-4 | 1800 | | | 3331 | 4.3 | 0.202 | 0.118 | 0.0118 | 0.006 | 0.036 |
| 356-6 | 200 | | | 370 | — | — | — | — | — | — |
| 404-6 | 250 | | | 463 | 2.64 | 0.156 | 0.0844 | 0.0205 | 0.002 | 0.015 |
| 406-6 | 280 | | | 518 | 2.30 | 0.126 | 0.0689 | 0.016 | 0.002 | 0.015 |
| | 315 | | | 583 | 2.59 | 0.142 | 0.0766 | 0.018 | | |
| 454-6 | 355 | | | 657 | 2.02 | 0.137 | 0.0792 | 0.0148 | 0.003 | 0.019 |
| | 400 | | | 740 | 2.27 | 0.154 | 0.0892 | 0.0167 | | |
| 456-6 | 450 | | | 833 | 2.62 | 0.151 | 0.0883 | 0.0162 | 0.003 | 0.019 |
| | 500 | | | 925 | 2.91 | 0.168 | 0.0981 | 0.018 | | |
| 502-6 | 560 | | | 1036 | 2.67 | 0.146 | 0.0775 | 0.0186 | 0.003 | 0.016 |
| 504-6 | 630 | | | 1166 | 2.72 | 0.147 | 0.0784 | 0.015 | 0.003 | 0.019 |
| 506-6 | 710 | | | 1314 | 2.49 | 0.128 | 0.0674 | 0.0143 | 0.003 | 0.017 |
| | 800 | | | 1480 | 2.81 | 0.144 | 0.0760 | 0.0161 | | |
| 564-6 | 900 | | | 1665 | 2.57 | 0.151 | 0.0780 | 0.0127 | 0.003 | 0.022 |

续表

| 发电机<br>型号 | 发电机额定值 | | | | 发电机结构参数（设计值） | | | | | |
|---|---|---|---|---|---|---|---|---|---|---|
| | 功率<br>$P$/kW | 频率<br>$f$/Hz | 电压<br>$U$/V | 电流<br>$I$/A | 直轴电抗<br>$X_d$/$\Omega$ | 瞬变电抗<br>$X_d'$/$\Omega$ | 超瞬变电抗<br>$X_d''$/$\Omega$ | 电枢电阻<br>$R_a$/$\Omega$ | $T_d''$/s | $T_a$/s |
| 566-6 | 1000 | | | 1850 | 2.62 | 0.155 | 0.0835 | 0.0123 | 0.004 | 0.025 |
| 632-6 | 1120 | | | 2073 | 2.31 | 0.150 | 0.0851 | 0.0129 | 0.005 | 0.024 |
| | 1250 | | | 2313 | 2.58 | 0.167 | 0.0930 | 0.0144 | | |
| 624-6 | 1400 | | | 2591 | 2.64 | 0.158 | 0.0882 | 0.0146 | 0.005 | 0.022 |

注：规格栏中只简略标注机座号、铁芯长代号及极数号。

# 附录 C　断路器短路分断能力的换算

## （参考件）

　　断路器的额定短路分断能力是由制造厂提供的该断路器在额定频率和规定的短路功率因数下对应于不同额定工作电压的短路分断电流值。

　　在舰船电力系统中，短路电流由交流同步发电机和异步电机馈给，功率因数较低，与一般断路器规定的功率因数不一致。若短路功率因数不同，则断路器的短路分断能力也不相同。当短路功率因数计算结果比断路器规定的短路功率因数低时，需进行短路分断能力的换算。

　　由图 C-1 可知断路器规定的短路功率因数 $\cos\varphi_k$ 对应的峰值系数 $n$。

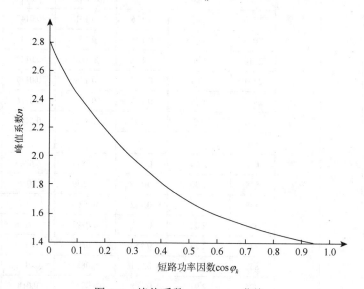

图 C-1　峰值系数 $n = f(\cos\varphi_k)$ 曲线

　　在短路功率因数 $\cos\varphi_k$ 下，断路器的短路分断能力 $I_{on}$：

$$I_{on} = \frac{n}{n'} I_{cnN} = C I_{cnN}$$

式中，$I_{cnN}$ 表示断路器额定短路分断能力。

# 附录 D　变压器的阻抗换算

## （参考件）

在某些产品样本中有关变压器的参数为阻抗标幺值 $u_k$、容量 $S_{NT}$、初级电压/次级电压（$U_{N_1}/U_{N_2}$）、空载损耗 $P_o$、负载损耗 $P_k$，可以用下列算式计算其参数：

$$Z_T = u_k \frac{U_{N_1}^2}{S_{NT}}, \quad R_T = P_k \frac{U_{N_1}^2}{S_{NT}^2}, \quad X_T = \sqrt{\left|Z_T\right|^2 - \left|R_T\right|^2}$$

# 附录 E　舰船交流电力三种标准界面电能品质特性

舰船交流电力标准界面分为 I 型、II 型及III型，其特性如表 E-1 所示。表 E-1 摘自《舰船通用规范总册》（GJB 4000—2000）。

表 E-1

| 电能品质 | I 型 | II 型 | III型 |
|---|---|---|---|
| 电压： | | | |
| （1）用电设备标称电压（有效值） | 380 V 或 220 V | 380 V 或 220 V 或 115 V | 380 V 或 220 V 或 115 V 或 200 V |
| （2）用电设备电压容差 | | | |
| 　a. 三相线电压的平均值容差 | ±5% | ±5% | ±0.5% |
| 　b. 包括（2）a 和（3）的任意线电压容差 | ±7% | ±7% | ±1.17% |
| （3）线电压不平衡容差 | 3% | 3% | 1% |
| （4）电压的周期性变化容差 | 2% | 2% | 1% |
| （5）暂态电压 | | | |
| 　a. 暂态电压容差 | ±16% | ±16% | ±5% |
| 　b. 暂态电压恢复时间 | 2 s | 2 s | 0.25 s |
| （6）尖峰电压（峰值） | 2500 V | 2500 V | 2500 V |
| （7）暂态或故障情况除外，由（2）a 和（4）组合引起的与用电设备标称电压的最大偏离 | ±6% | ±6% | ±1% |
| （8）故障情况除外，由（2）a、（4）和（5）a 组合引起的与用电设备标称电压的最大偏离 | ±20% | ±20% | ±5.5% |
| 波形： | | | |
| （9）正弦性畸变率 | ±5% | ±5% | ±3% |

续表

| 电能品质 | Ⅰ型 | Ⅱ型 | Ⅲ型 |
|---|---|---|---|
| （10）最大的单次谐波含量 | 3% | 3% | 2% |
| （11）偏离系数 | 5% | 5% | 5% |
| 频率： | | | |
| （12）标称频率 | 50 Hz | 400 Hz | 400 Hz |
| （13）频率容差 | ±3% | ±5% | ±0.5% |
| （14）频率的周期性变化容差 | 0.5% | 0.5% | 0.5% |
| （15）暂态频率 | | | |
| a. 暂态频率容差 | ±4% | ±4% | ±1% |
| b. 恢复时间 | 2 s | 2 s | 0.25 s |
| （16）故障情况除外，由（13）、（14）和（15）a 组合引起的与标称频率的最大偏离 | ±5.5% | ±6.5% | ±1.5% |
| 供电连续性： | | | |
| 电压： | | | |
| （17）典型的断电时间 | 0.5～20 s | 0.5～20 s | 0.5～3 s |

# 附录 F　电力品质的定义

用电设备的电压允差（user voltage tolerance）。正常运行时允许的以用电设备标称电压百分数表示的最大电压变化，但不包括瞬态电压允差和电压周期性变化允差。用电设备的电压允差包括由负差变化、环境（温度、湿度、振动、倾斜）、配电板仪表误差和漂移所引起的种种变化。

线电压不平衡允差（三相系统）（line voltage unbalance tolerance（three phase system））。允许的线电压最大值和最小值之差，以用电设备标称电压百分数表示。

电压的周期性变化允差（幅值）（voltage cycle variation tolerance（amplitude））。

用电设备允许的周期性变化（波峰至波谷）。如由有规则地重复脉冲负载所引起的变化。为了便于规定，一般认为电压周期性变化的周期大于 1 s、小于 10 s。下列电压周期性变化允差方程式所用的电压值全为峰值或全为有效值。

$$电压周期性变化允差\% = \frac{U(最大值) - U(最小值)}{2 \times U(标称值)} \times 100\%$$

瞬态电压允差（voltage transient tolerance）。超过用电设备允差以外的电压突然变化（不包括尖峰电压）限值，以用电设备标称电压百分数表示。从扰动开始至规定的恢复时间，它恢复并保持在用电设备电压允差以内。瞬态电压允差不包括用电设备电压允差。

电压瞬态恢复时间（voltage transient recovery time）。从扰动开始至电压恢复到并保持在用电设备电压允差以内所经过的时间。

尖峰电压（voltage spike）。时间持续很短的电压称为尖峰电压。尖峰电压波形见图 F-1。

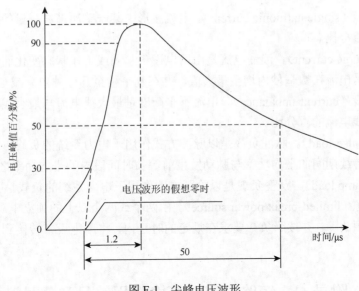

图 F-1　尖峰电压波形

纹波电压（ripple voltage）。纹波电压是直流电压中的交流分量，以纹波电压的有效值与直流电压平均值的百分比表示。

正弦性畸变率（voltage total harmonic distortion）。正弦性畸变率是电压波形中不包括基波在内的所有各次谐波有效值平方和的平方根与该波形基波有效值之比，以百分数表示。

单次谐波含量（single harmonic content）。单次谐波含量是单次谐波的有效值与基波有效值之比，以百分数表示。

偏离系数（deviation factor）。偏离系数是电压波形和同样频率的等效正弦波在对应纵坐标上的最大差值与电压的等效正弦波的最大纵坐标比，此时两波的叠加方式应使得最大差值尽可能小。

$$偏离系数（\%）=\frac{对应纵坐标上的最大差值}{电压的等效正弦波的最大纵坐标}\times100\%$$

频率允差（frequency tolerance）。在正常运行期间，频率将标称频率之间的最大允许偏差，但不包括瞬态频率允差和频率的周期性变化允差，以标称频率的百分数表示。频率允差包括由负差变化、环境（温度、湿度、振动、倾斜）、配电板仪表误差和漂移所引起的种种变化。

瞬态频率允差（frequency transient tolerance）。瞬态频率允差指超过频率允差以外的频率突然变化限值，以标称频率的百分数表示。从扰动开始至规定的恢复时间，它恢复并保持在频率允差以内。瞬态频率允差不包括频率允差。

瞬态频率恢复时间（frequency transient recovery time）。从扰动开始至频率恢复到并保持在频率允差以内所经过的时间。

频率的周期性变化允差（frequency cycle variation tolerance）。正常运行期间允许的频率周期性变化，如由有规则的重复脉冲负载所引起的变化，以标称频率的百分数表示。为了便于规定，一般认为频率周期性变化的不超过 10 s。

$$频率周期性变化允差=\frac{F(最大值)-F(最小值)}{2\times F(标称值)}\times100\%$$

单次谐波电流（single harmonic current）。电流波形中某一单次谐波分量的有效值相对于基波分量有效值的百分比。

浪涌电流（surge current）。浪涌电流是由用电设备起动或工作状态变化而引起的电流暂态变化。典型情况是电流在数毫秒内增至最大值，并在几毫秒至几分钟内衰减至额定值。

电流不平衡度（current unbalance）。电流不平衡度是最大线电流与最小线电流之间的差值相对于三相平均线电流的百分比。

脉冲负载（pulse load）。脉冲负载是以脉冲方式作用于电力系统的负载。如声呐和雷达其量值通常以脉动持续期间的平均功率与脉动发生前等长时间段内的平均功率之差来表示。

跃变负载（ramp load）。跃变负载是以阶跃方式作用于电力系统的负载。

有限间断电源（limited-break power source）。由两个或两个以上的独立电源之一个供用的、内有用来检测电源故障，并按照负载要求在规定的时延内，将用电设备转接到另一个电源的组合电源装置。

# 附录 G　短路电流计算中常用符号和代号

| 一、电压 | |
| --- | --- |
| $U_{Ng}$ | 发电机额定线电压 |
| $V_{Ng}$ | 发电机额定相电压 |
| $U_{Nm}$ | 电动机额定线电压 |
| $V_{Nm}$ | 电动机额定相电压 |
| 二、电流 | |
| $I_{Ng}$ | 发电机额定电流 |
| $I_{NG}$ | 等效发电机的额定电流 |
| $I''_g$ | 发电机超瞬态对称短路电流初始值（空载） |
| $I'_g$ | 发电机瞬态对称短路电流初始值（空载） |
| $I_{acog}$ | 短路发生后第一个半周期时发电机对称短路电流（空载） |
| $I_{acg}$ | 短路发生后第一个半周期时发电机对称短路电流（额定负载） |
| $I_{dcg}$ | 短路发生后第一个半周期时发电机的短路电流非周期性分量 |
| $I_{\max g}$ | 发电机馈送的不对称短路电流最大有效值 |
| $I_{pg}$ | 发电机馈送的短路电流最大峰值 |
| $I''_{gi}$ | 第 $i$ 台发电机超瞬态对称短路电流初始值（空载） |
| $I'_{gi}$ | 第 $i$ 台发电机瞬态对称短路电流初始值（空载） |
| $I_{acogi}$ | 短路发生后第一个半周期时第 $i$ 台发电机对称短路电流（空载） |
| $I_{acgi}$ | 短路发生后第一个半周期时第 $i$ 台发电机对称短路电流（额定负载） |
| $I_{\max gi}$ | 第 $i$ 台发电机馈送的不对称短路电流最大有效值 |
| $I_{pgi}$ | 第 $i$ 台发电机馈送的短路电流最大峰值 |

续表

| | |
|---|---|
| $I_G''$ | 等效发电机超瞬态对称短路电流初始值（空载） |
| $I_G'$ | 等效发电机瞬态对称短路电流初始值（空载） |
| $I_{acoG}$ | 短路发生后第一个半周期时等效发电机对称短路电流（空载） |
| $I_{acG}$ | 短路发生后第一个半周期时等效发电机对称短路电流（额定负载） |
| $I_{dcG}$ | 短路发生后第一个半周期时等效发电机的短路电流非周期性分量 |
| $I_{\max G}$ | 等效发电机馈送的不对称短路电流最大有效值 |
| $I_{pG}$ | 等效发电机馈送的短路电流最大峰值 |
| $I_k$ | 发电机稳态短路电流 |
| $I_{NM}$ | 等效电动机额定电流 |
| $I_{acM}$ | 短路发生后第一个半周期时等效电动机馈送的对称短路电流 |
| $I_{\max M}$ | 等效电动机馈送的不对称短路电流最大有效值 |
| $I_{pM}$ | 等效电动机馈送的短路电流最大峰值 |
| $I_{ac}$ | 短路发生后第一个半周期时短路点的对称短路电流 |
| $I_{\max}$ | 短路点的不对称短路电流最大有效值 |
| $I_p$ | 短路点的短路电流最大峰值 |
| $I_{\min}$ | 最小短路对称分量有效值 |
| $I_{ac2}$ | 短路发生后第一个半周期时变压器次级侧对称短路电流 |
| $I_{\max 2}$ | 变压器次级侧不对称短路电流最大有效值 |
| $I_{p2}$ | 变压器次级侧短路电流最大峰值 |
| $I_{gf}$ | 发电机短路时的励磁电流 |
| $I_{of}$ | 发电机空载额定电压时的励磁电流 |

三、电阻、电抗和阻抗

| | |
|---|---|
| $X_d''$ | 发电机超瞬变电抗 |
| $X_d'$ | 发电机瞬变电抗 |
| $R_a$ | 发电机电枢电阻 |
| $X_d$ | 发电机直轴电抗 |
| $Z_d''$ | 计及发电机至主汇流排之间线路阻抗的发电机超瞬变阻抗 |
| $Z_d'$ | 计及发电机至主汇流排之间线路阻抗的发电机瞬变阻抗 |
| $X_D''$ | 等效发电机超瞬变电抗 |
| $X_D'$ | 等效发电机瞬变电抗 |
| $R_A$ | 等效发电机电枢电阻 |
| $Z_D''$ | 等效发电机超瞬变阻抗 |
| $Z_D'$ | 等效发电机瞬变阻抗 |
| $R_C$ | 发电机至主汇流排的电缆电阻 |

续表

| | |
|---|---|
| $X_C$ | 发电机至主汇流排的电缆电抗 |
| $R_f$ | 主汇流排至短路点的线路电阻 |
| $X_f$ | 主汇流排至短路点的线路电抗 |
| $Z_{eG}''$ | 在短路点处呈现的等效发电机合成超瞬变阻抗 |
| $Z_{eG}'$ | 在短路点处呈现的等效发电机合成瞬变阻抗 |
| $R_{f1}$ | 主汇流排至变压器初级端的线路电阻 |
| $X_{f1}$ | 主汇流排至变压器初级端的线路电抗 |
| $R_{f2}$ | 变压器次级端至短路点的线路电阻 |
| $X_{f2}$ | 变压器次级端至短路点的线路电抗 |
| $R_{f2}'$ | 折算到变压器初级侧的变压器次级侧线路电阻 |
| $X_{f2}'$ | 折算到变压器初级侧的变压器次级侧线路电抗 |
| $R_T$ | 折算至初级的变压器电阻 |
| $X_T$ | 折算至初级的变压器电抗 |
| $R_{T\Delta}$ | 三角形接法的变压器电阻 |
| $X_{T\Delta}$ | 三角形接法的变压器电抗 |
| $Z_k$ | 在短路点呈现的短路电路电源侧总阻抗 |
| $R_k$ | 在短路点呈现的短路电路电源侧总电阻 |
| $X_k$ | 在短路点呈现的短路电路电源侧总电抗 |

四、时间常数

| | |
|---|---|
| $T_d''$ | 发电机直轴超瞬态短路时间常数 |
| $T_D''$ | 等效发电机直轴超瞬态短路时间常数 |
| $T_a$ | 发电机非周期时间常数 |
| $T_A$ | 等效发电机非周期时间常数 |
| $T_{dcbg}$ | 计及发电机至主汇流排之间线路阻抗影响的发电机非周期时间常数 |
| $T_{dceG}$ | 计及线路阻抗影响的等效发电机非周期时间常数 |
| $T_{eG}''$ | 计及线路阻抗影响的等效发电机直轴超瞬态短路时间常数 |

五、其他

| | |
|---|---|
| $\cos\varphi_k$ | 短路电路的短路功率因数 |
| $S \cdot C \cdot R$ | 短路比 |
| $e$ | 自然对数的底数 |
| $\beta$ | 电阻与电抗的比值 |
| $\lambda$ | 电动机馈送电流的峰值系数 |

# 参 考 文 献

管小铭，1999. 船舶电力系统及自动化[M]. 大连：大连海事大学出版社.

何秀伟，1988. 电机测试技术[M]. 北京：机械工程出版社.

黄伦昆，朱正鹏，刘宗德，1994. 船舶电站及其自动装置[M]. 北京：人民交通出版社.

蒋心怡，1998. 舰船电力系统短路故障研究[R]. 武汉：海军工程学院.

兰海，卢芳，孟杰，2015. 舰船电力系统[M]. 2 版. 北京：国防工业出版社.

李麟，钟守谦，1991. 舰船供电[D]. 武汉：海军工程学院.

马伟明，张晓锋，焦侬，等，2009. 中国电气工程大典·第 12 卷·船舶电气工程[M]. 北京：中国电力出版社.

施亿生，谢绍惠，1981. 船舶电站[M]. 北京：国防工业出版社.

唐志平，2019. 供配电技术[M]. 北京：中国工信出版集团.

汪进锋，余兆荣，彭发东，等，2014. 配网开关柜内部燃弧故障及泄压通道浅析[J]. 电网技术（6）：1-9.

王伟，2011. 12 kV 开关柜内部燃弧仿真及柜体强度优化[D]. 沈阳：沈阳工业大学.

王栩楠，2004. CSC-150 数字式母线保护装置使用说明书[R]. 北京：北京四方继保自动化股份有限公司.

徐启焯，刘信和，1987. 舰船电气设备（下册）[D]. 武汉：海军工程学院.

张晓锋，2000. 舰船交流电力系统绝缘监测装置[R]. 武汉：海军工程大学.

ЯСАКОВ Г С. 1998. КОРАБЕЛЬНЫЕ ЭЛЕКТРОЭНЕРГЕТИЧЕСКИЕ СИСТЕМЫ ВОЕННО-МОРСКАЯ АКАДЕМИЯ САНКТ-ПЕТЕРБУРГ.